社会稳定与风险治理

彭宗超　曹峰　马奔　李贺楼　著

U0299197

清华大学出版社

北京

图书在版编目（CIP）数据

社会稳定与风险治理 / 彭宗超等著 . —北京：清华大学出版社，2023.7

ISBN 978-7-302-64053-0

Ⅰ . ①社… Ⅱ . ①彭… Ⅲ . ①社会稳定－风险管理－研究－中国 Ⅳ . ① D63

中国国家版本馆 CIP 数据核字 (2023) 第 129895 号

责任编辑：周　菁
封面设计：常雪影
版式设计：方加青
责任校对：王荣静
责任印制：刘海龙

出版发行：清华大学出版社
　　　　网　　　址：http://www.tup.com.cn，http://www.wqbook.com
　　　　地　　　址：北京清华大学学研大厦 A 座　　　　邮　　编：100084
　　　　社 总 机：010-83470000　　　　邮　　购：010-62786544
　　　　投稿与读者服务：010-62776969，c-service@tup.tsinghua.edu.cn
　　　　质 量 反 馈：010-62772015，zhiliang@tup.tsinghua.edu.cn
印 装 者：天津鑫丰华印务有限公司
经　　销：全国新华书店
开　　本：170mm×240mm　　　印　　张：23.25　　　字　　数：414 千字
版　　次：2023 年 9 月第 1 版　　　印　　次：2023 年 9 月第 1 次印刷
定　　价：86.00 元

产品编号：093519-01

Abstract

Since China's reform and opening up, the social contradictions and social risks have posed challenges to the social and political stability with the economic growth and social development. The research built up a new social risk assessment index using the theories of social ecosystem governance, social-psychology and integrated risk governance. On the basis, it had a comprehensive evaluation and analysis of the social risk process, current situation and future trend, and carried out a detailed study on the evolutionary path of social conflict and the prevention model of social contradictions in combination with the theories of social conflicts and social contradictions. The study also used the idea of people-based and cooperative-harmonious thought to innovatively present the strategy, operational mode and policy measures of cooperative-harmonious social risk governance.

序一

    中华人民共和国成立 70 多年来，中国的发展取得了举世公认的伟大成就，人民生活不断改善、综合国力不断增强、社会总体稳定。然而发展从来都不是一帆风顺的，社会观念和利益格局不断调整的过程，不可避免地会有成本和代价，甚至会出现一定程度的矛盾冲突，以及局部与短时社会失范失序，若应对不当则可能引发更大的社会问题。中国是大国，有大的好处，也有大的难处。正如许多研究者所认识到的，中国的很多治理难题主要难在大国治理的复杂性。同时，作为坚持独立自主原则的社会主义国家和发展中大国，中国的举手投足无不在国际聚光灯之下。就此而言，中国之所以取得举世公认的发展成就，主要是因为能够统筹发展和安全，务实处理好改革、发展与稳定三者间的辩证关系，能在不断发展中解决在先前发展中出现的问题，从而能够有效应对国内外的各种干扰和冲击，走上一条不断改革创新并稳定可持续发展的道路。

    人民对美好生活的向往无止境，发展也就永无止境。在不断变化的时代里统筹发展和安全，处理好改革、发展与稳定的关系，并在总体国家安全观指导下统筹发展与安全，始终是中国国家治理的一个重要议题，也是值得研究者们投入时间和精力的一个重要研究议题。2011 年以来，彭宗超教授及其团队依托教育部哲学社会科学重大课题攻关项目"社会稳定风险评估与社会矛盾预防研究"（批准号：11JZD029），展开了持续和深入的研究，取得了以本书为主要代表的大量成果。在本书中，彭宗超教授及其团队在充分回顾和系统总结以往相关研究的基础上，构建了由"环境""心态""行为"和"治理"构成的中国社会稳定风险评估分析框架与指标体系，进而利用各类数据就社会稳定风险演变过程与趋势及社会矛盾与冲突的发生和演化机制等展开了充分的实证研究，最后基于理论和实证研究提出了中国合和式社会风险治理理念与战略设计。本书发展了关于中国社会稳定的既有理论和研究，直面并回应了当下中国国家治理的一些重要现实问题，对于相关研究和实际工作都有重要参考价值与启发意义。

国家治理体系和治理能力现代化过程是"泥泞前行"之路。作为研究者，我们受益于这条能为我们提供不竭问题意识和研究素材的"泥泞"之路，我们也有责任充当好可被撒在这条路上、使后人走起来更为顺畅的"铺路石"。希望有更多的研究者能持续、深入地关注中国社会稳定与风险治理的有关议题，以便在新时代继续统筹发展和安全，处理好改革、发展与稳定的关系，在总体国家安全观下统筹发展与安全，推进国家治理体系和治理能力现代化，从而为国家长治久安献计献策。

薛　澜

清华大学公共管理学院教授

清华大学苏世民书院院长

序二

党的十八大以来，面对纷繁复杂和风云变幻的国际形势、周边环境以及艰巨繁重的国内改革发展及稳定任务，以习近平同志为核心的党中央始终坚持底线思维，不断增强忧患意识和提高防控能力，高度重视防范化解重大风险，既保持经济持续健康发展，也有效维护了国家安全和社会稳定大局。习近平总书记有关防范化解重大风险的一系列重要论述立意高远、内涵丰富且思想深刻，对于我们切实防范化解重大风险，战胜各种艰难险阻，全面进行社会主义现代化建设，实现第二个百年奋斗目标并实现中华民族伟大复兴中国梦，都具有特别重要的意义。

当前我国正处于经济转轨、社会转型和主要社会矛盾转化的关键时期，社会矛盾风险大量存在，不确定因素增加，认真研究社会矛盾、风险的预防和化解，对于国家治理体系与治理能力现代化应具有重要意义。从本质上讲，社会矛盾的根源在于生产关系与生产力发展之间的不相适应，社会进步是在不断解决生产关系中不相适应问题与持续弥补治理体系和治理能力短板中逐渐取得的。随着改革不断深入和互联网广泛应用，社会中的矛盾、风险也逐渐演变，出现突发性强、波及面广、传播加快、影响力大等新特点，探寻社会矛盾和风险的形成、发展及演化规律，对于完善风险防范制度，提升社会矛盾风险化解能力，贯彻落实总体国家安全观等新理念和构建新发展格局都应该具有非常重要的支撑作用。

经过改革开放四十多年的建设和探索，我国社会各项制度、机制建设取得了巨大成就，在一些领域甚至显现出了无可比拟的制度优势。但还需要看到在城乡基层社会治理、网络舆论治理、地区及行业社会风险监测预防等方面仍然存在薄弱环节，社会矛盾风险的防范化解体系和能力还需要加强和提升。进入新时代，社会矛盾风险的演化速度在不断加快，社会矛盾风险的社会影响也相应不断增大，研究社会矛盾、风险必须提前关注重点时段、地区、行业、领域的潜在社会风险，探究相关矛盾的内在本质规律。

在这一社会现实背景下，清华大学公共管理学院彭宗超教授团队所著的《社会稳定与风险治理》为我们认识和了解中国社会矛盾风险特点，把握中国社会风险的形成逻辑与发展走势，提升中国社会矛盾风险的预防化解能力具有重要的学术与实践意义。特别是该著作在社会冲突、社会矛盾和社会风险的本质规律认识和预防评估机制建设方面具有系统性、深入性和创新性，能够为以后相关研究提供有价值的学术支撑，也能为中国式现代化建设道路的社会安全治理体系和治理能力现代化建设，完善相关治理制度实践提供智力支持。

夏诚华

中国社会法学研究会副会长、教授

原中央维稳办副主任

前言

老子云："治大国，若烹小鲜。"其关键是要梳理、把握并运用好治国理政中一些核心要素的关系，而统筹发展和安全，处理好改革、发展与稳定的关系就是最重要的一组关系。在纪念改革开放 40 周年庆祝大会上习近平总书记明确指出："必须坚持辩证唯物主义和历史唯物主义世界观和方法论，正确处理改革发展稳定关系。"对于三者的关系，人们的关注可能有所不同。中国改革开放以来的经济社会改革、转型与发展成就举世瞩目，但其间中国如何保持社会稳定的经验也值得更多关注。改革、发展和稳定是相互依存且缺一不可的。一般而言，发展是目标，改革是动力，稳定是保障，就像汽车系统中方向盘、油门与刹车三者的关系一样，谁也少不了谁。可以说没有社会的基本稳定，过去几十年里的改革与发展都无从谈起。正是社会保持了基本稳定，各项改革事业才能稳步推进，经济社会发展目标才能逐步得以实现。当然，社会稳定也会受社会改革和发展的关键影响，尤其从战略上有利于社会长治久安。

正是基于上述关系机理，我们既要关注中国的改革发展事业，也要重视中国的社会稳定经验。我有一位来自非洲国家的 IMPA 学生曾跟我说："我非常惊叹，非洲很多国家尽管国家不大，人口不多，但战乱频仍，政局动荡，而中国那么大，人口那么多，却可以持续和平，社会稳定，繁荣发展。"对此，我跟他解释："中国过去的历史上不是没有战乱和动荡，这方面的经验与教训也都不少；正是有了这些历史经验与教训，当代中国才会更加珍视社会稳定的价值意义。"

在改革开放和经济社会高速发展的 40 多年间，我们的社会稳定也不断遇到一系列的风险与挑战。这些风险本身是客观存在的，但人们对这些风险的感觉、认知或判断则很不相同。国际上有些人总在唱衰中国，肆意夸大相关社会风险，甚至宣扬"中国崩溃论"；也有一些人总是过于"看好"中国，甚至别有用心地宣扬"中国威胁论"。国内也有一些不同看法，要么认为中国很难持久稳定发展，要么认为中国很容易做到长治久安。这些看法都是不客观的，需要我们注意规避，要尽量理性地评估和判断我们的社会稳定风险状况，既不能肆意夸大，也不能过度乐观。2017 年 10 月，习近平总书记在党的十九大报告中明确指出："当前，国内外形势正在发生深刻复杂变化，我国发展仍处于重要战略机遇期，前景十分光明，挑战也十分严峻。全党同志一定要登高望远、居安思危，勇于变革、勇于创新，永不僵化、永不停滞，团结带领全国各族人民决胜全面建成小康社会，奋力夺取新时代中国特色社会主义伟大胜利。"2019 年 1 月，习近平总书记在中央党校省部级主要领导干部研讨班上，就防范化解政治、意识形态、经济等有关领域重大风险曾进行深刻分析且明确提出要求：面对波谲云诡的国际形势和复杂敏感的周边环境以及艰巨繁重的改革发展稳定任务，我们必须始终高度警惕"黑天鹅"事件和"灰犀牛"事件；要有风险防范先手和风险挑战应对化解高招；要打好有准备之战和战略主动战；等等。

中共中央关于"十四五"规划和二〇三五年远景目标的建议也曾明确指出："当前和今后一个时期，我国发展仍然处于重要战略机遇期，但机遇和挑战都有新的发展变化。……全党要统筹中华民族伟大复兴战略全局和世界百年未有之大变局，深刻认识我国社会主要矛盾变化带来的新特征新要求，深刻认识错综复杂的国际环境带来的新矛盾新挑战，增强机遇意识和风险意识。"

党的二十大报告指出："国家安全是民族复兴的根基，社会稳定是国家强盛的前提。必须坚定不移贯彻总体国家安全观，把维护国家安全贯穿党和国家工作各方面全过程，确保国家安全和社会稳定。"同时报告强调，要"完善社会治理体系。健全共建共治共享的社会治理制度，提升社会治理效能。在社会基层坚持和发展新时代'枫桥经验'，完善正确处理新形势下人民内部矛盾机制，加强和改进人民信访工作，畅通和规范群众诉求表达、利益协调、权益保障通道，完善网格化管理、精细化服务、信息化支撑的基层治理平台，健全城乡社区治理体系，及时把矛盾纠纷化解在基层、化解在萌芽状态"。

总体而言，现在我们正处在两个一百年历史交汇期和"十四五"规划中期，各类社会矛盾仍然严峻复杂，社会稳定风险及风险评估依然需要各方给予高度关注与重视，及时开展综合性的和关于重大决策的社会稳定风险评估。

改革开放以来各级党委和政府机关一直高度重视维稳工作，其中特别重视各类社会群体事件风险及隐患的排查、评估、预防与控制。2012 年 3 月在四川遂宁、贵州铜仁等地方经验的基础上，中共中央办公厅和国务院办公厅联合下发《关于建立重大决策社会稳定风险评估机制的指导意见（试行）》，要求各地各部门必须高度重视开展重大决策相关社会稳定风险评估。2012 年 11 月，党的十八大报告明确要求"要建立健全重大决策社会稳定风险评估机制"。十八届三中和五中全会有关政策文件也都强调要高度重视重大决策的相关社会稳定风险评估。

我国学界一直很关注社会稳定风险评估问题。20 世纪 80 年代末，宋林飞等学者就开始关注并设计出有关社会稳定风险评估的综合指标体系。后来牛文元教授、肖唐镖教授、闫耀军教授等也相继开展了一系列综合社会稳定风险评估研究。2012 年后适应实践需要，学界开始更多聚焦关注重大决策和工程项目的社会稳定风险评估问题研究。国家社科基金和教育部社科基金以及国家自然科学基金都特别重视资助此类研究项目。

清华大学应急管理研究基地（以下简称"研究基地"）自 2004 年成立后，前期较多关注自然灾害和事故灾难及公共卫生等三大类突发事件的应急管理。2006 年后在薛澜教授带领下开始更多关注风险评估，专门承担了国家社科基金的重大项目即"建立健全社会预警机制和应急管理体系：转型期中国风险治理框架建构与实证分析"，还直接参与了 2007 年北京市有关奥运会的风险评估研究。2008 年研究基地还获得北京市社科规划办专项资助，关注后奥运时代北京社会群体突发事件应急管理机制研究。这些研究让我们越来越多地开始关注社会安全类风险评估与治理研究，并为社会稳定风险评估及社会矛盾预防研究做了扎实的前期准备与积累。

2011 年研究基地申报获批教育部哲学社会科学研究重大课题攻关项目"社会稳定风险评估与社会矛盾预防研究"，当年 12 月下旬正式开题。2013 年 9 月提交课题中期研究报告，2016 年 4 月提交课题结题报告，2016 年 10 月通过课题结题评审。其间 5 年多的时间，课题组认真履行课题承诺，紧紧围绕社会稳定风险评估这一重点和关键问题，特别是重点聚焦综合性社会稳定风险评估，集中开展了一系列深入具体的专题研究，既做了大量文献梳理，又有理论创新与实证研究。课题组主要依据社会生态系统治理理论与全面风险治理理论，自主提出了"环境—心态—行为—治理"这一社会稳定风险综合评估框架和指标体系，并利用统计数据、心态调查数据、信访行为数据和网络大数据等开展了系统深入的实证研究；进而对重大决策的社会稳定风险评估问题有所涉及，特别是对社会冲突的发生发展机理与社会矛盾的预防模式进行了专门的研究；最后运用中国合和思想，明确提出了合和式社会风险治理的总体思路，并在群体突发事件协商谈判与警察维稳两个领域做了专门的实证研究。

多年来，课题研究中几位子课题负责人曹峰、马奔、钟开斌、纪丰伟、薛澜等不仅在各自子课题领域做了大量精深研究，而且全程参与总课题研究各个阶段的研讨交流和事务协调，做出了突出的学术贡献。课题前期参与论证的有黄小勇、刘涛雄、李宇环、彭龙、赵静、曾春潮、朱琴、周玲、卫五名、刘冰、沈华、范世炜、万如意等。课题进行过程中新增的主要研究人员有刘新传、谢起慧、邵东珂、李贺楼、吴进进、王凯、黄琳妍、李一涵、史小婧、田栋、吴洪涛等。其他课题参与人员还有周胜、金哲男、周尚安、曾超群、刘宝霞、郑心遥、薛文军、祝哲、程佳旭、刘波、古丽娜·朱马汗、黄昊、曾学华、彭睿、刘力、戴怡、张濛、郭安莉、毛庆铎、边琦、韩璐、高涵、王世梅、赵昊骏、王磊、聂琳、马闯、林依帆、贾国伟、曹永芳、李珍珍、务玉姣、卢君如、乔莉、黄琴、苏巴提、陈新魁、王旭冉、陈劲红、徐永莉等。他们或者全程或者大多在不同阶段上参与课题研究、论证及行政支持。上述课题参与人有的是高校教师，他们为本课题论证与推进提供了一系列的学术帮助与智力支撑；还有的是相关实际工作部门有丰富实践经验的同志，他们则为我们实地调研及成果应用等做出了突出贡献；其中主要是我们的博士后、博士生和硕士生，他们的出站报告或学位论文大多与本课题相关，从不同层面深化了本课题的有关研究，也从多个方面大大延展了本课题研究的范围与视野。在此，向所有子课题负责人和全部参与者表示深深的谢意！没有你们的辛苦付出，就绝不可能有本书的顺利推进和最终的研究成功。

本书是在该项目结题报告基础上，又根据教育部结项评审专家的宝贵建议修改完善而成。各章节的主要分工如下。绪论：马奔、曹峰、彭宗超等；第一章：马奔、钟开斌、彭宗超、曹峰、李贺楼、邵东珂等；第二章：彭宗超、曹峰、邵东珂、张宗林、王凯、刘新传、张濛、程佳旭、祝哲、谢起慧、刘波等；第三章：曹峰、李一涵、周胜、曾超群等；第四章：王世梅、赵昊骏、李贺楼等（本章第一节第一、三小节由李贺楼负责撰写，其余部分主要由王世梅、赵昊骏负责撰写）；第五章：彭宗超、曹峰、邵东珂等；第六章：曹峰、彭宗超等。每一章节的具体分工在文中有专门标注。在结题报告和全书统稿过程中，吴进进、吴洪涛、古丽娜·朱马汗、程佳旭、刘波、曾学华、彭睿、郭玮翰、贾思诺等先后做了大量的整理、加工与编辑和翻译工作。在此，我们应该专门感谢教育部匿名评审专家的诸多指点与建议，也要特别感谢上述主要作者与后期编辑者们付出的大量辛勤汗水！

特别感谢先后参与我们课题研究咨询的各位专家：原国务院参事、国务院应急管理专家组组长、国家减灾委专家委员会副主任闪淳昌教授；原中央维稳办副主任夏诚华教授；中国科学院科技政策与管理科学研究所已故牛文元研究员；北京大学政府管理学院公共政策研究所宁骚教授；中国社会科学院社会学研究所单光鼐研究员；中国社会科学院社会学研究所杨宜音研究员；北京大学社会学系刘能教授；南京大学政府管理学院肖唐镖教授；中国政法大学政治与公共管理学院李程伟教授；天津工业大学公共管理学院阎耀军教授；《新华文摘》高级编审胡元梓研究员；中央统战部八局副局长胡联合博士；中科院科技政策与管理科学研究所刘怡君研究员；北京市信访办原副主任、北京市信访矛盾分析研究中心原主任张宗林；以及清华公共管理学院的胡鞍钢教授、于安教授、邓国胜教授等。他们从课题设计、开题到课题中期论证以及后续研究及成果转化等各个阶段和环节都给予悉心指导与大力帮助！

还要非常感谢在本课题实地调研中曾经给予我们很多热情帮助和全力支持的部门与单位：原中央维稳办、公安部办公厅、北京市委政法委维稳办、北京市总工会、北京市海淀区公安局、贵州省毕节市政法委及下属有关县区政法部门、黔南州瓮安县委县政府及公安局、广东省广州市增城市委组织部、吉林省延边朝鲜族自治州和龙市政法委和朝鲜族自治州教育局、吉林省安图县县委和群众诉求服务中心、新疆乌鲁木齐市委政法委和社会服务局、新疆喀什市委宣传部、浙江省绍兴市委政法委，等等。

课题组先后发表了数十篇高质量的中英文学术论文，并在国内外一些高水平学术会议上发布了相关研究成果，有些内部报告还得到一些内刊的刊载和有关部门重视应用，因此，我们也要感谢所有发表或采用过我们课题成果的杂志、出版社、学术会议与内部刊物及有关部门。

此外，项目运行非常顺利，还主要源自于教育部社科司、清华大学文科处、清华大学公共管理学院科研办、清华大学应急管理研究基地与中国社会风险评估研究中心的大力支持和诸多帮助！

2014年，习近平总书记在中央国家安全委员会第一次会议上提出"坚持总体国家安全观"。党的二十大报告指出，要"推进国家安全体系和能力现代化，坚决维护国家安全和社会稳定"。这大大提升了我们对国家安全和社会稳定风险治理重要性的认知，也明确了社会矛盾预防工作和更好维护社会稳定的重大意义。在本书付诸出版过程中也很荣幸能获得国家重点研发计划的重点专项即"国家安全风险管理关键技术研究"（项目编号：2018YFC0806900）的经费支持。故在此一并致谢！

十年一剑！近十年里课题组群策群力而来的研究成果终于能够汇集成书，以飨天下同仁，非常令人欣慰！同时我们也深知，我们的有关研究还不够深入，也不尽成熟；有关的研究发现与未来主张还需要更多更有深度的分析与论证。因此，我们非常期盼各界同仁对我们的研究成果多多批评指教，也特别希望未来能与学术界和实际工作部门一道，共同推进相关研究的继续深化和延展应用，积极助力新百年、新时代中国社会的长治久安与繁荣进步！

彭宗超
清华大学公共管理学院教授、党委书记
中国社会风险评估研究中心主任
应急管理研究基地主任

目 录

Contents

图目录

表目录

绪　论

第一节　研究背景

　　党的十九大报告指出："当前，国内外形势正在发生深刻复杂变化，我国发展仍处于重要战略机遇期，前景十分光明，挑战也十分严峻。"党的二十大报告进一步指出："当前，世界百年未有之大变局加速演进，新一轮科技革命和产业变革深入发展，国际力量对比深刻调整，我国发展面临新的战略机遇。同时，世纪疫情影响深远，逆全球化思潮抬头，单边主义、保护主义明显上升，世界经济复苏乏力，局部冲突和动荡频发，全球性问题加剧，世界进入新的动荡变革期。"报告强调："我国发展进入战略机遇和风险挑战并存、不确定难预料因素增多的时期，各种'黑天鹅''灰犀牛'事件随时可能发生。"

　　要深刻理解最新的发展变化形势，首先需要回顾过去。改革开放以来，稳定的社会环境为我国经济社会发展取得世人公认的伟大成就奠定了坚实的基础，但在这一过程中大量的矛盾和问题也逐渐凸显出来。特别是进入新世纪以来，我国经济社会发展步入关键时期，经济体制深刻变革，社会结构持续变动，利益格局不断调整，人们的思想观念随之发生变化；再加上国际政治、贸易经济、军事安全等多重因素的相互交织，边缘摩擦、宗教和文化冲突以及政治经济矛盾相互作用，仍存在一系列不稳定、不确定和不安全问题。

　　《中共中央关于制定国民经济和社会发展第十四个五年规划和二〇三五年远景目标的建议》指出："当今世界正经历百年未有之大变局，新一轮科技革命和产业变革深入发展，国际力量对比深刻调整，和平与发展仍然是时代主题，人类命运共同体理念深入人心，同时国际环境日趋复杂，未来趋势的不稳定性及不确定性明显增加，新冠肺炎疫情所造成的影响广泛而深远，经济全球化趋势遇冷，世界进入动荡变革期，单边主义、保护主义、霸权主义重新抬头，对世界和平与发展构成威胁。在国内，尽管我国已转向高质量发展阶段，制度优势显著，治理效能提升，经济长期向好，物质基础雄厚，人力资源丰富，市场空间广阔，发展韧性强劲，社会大局稳定，继续发展具有多方面优势和条件，但同时我国发展不平衡不充分问题仍然突出，重点领域关键环节的改革任务仍然艰巨，创新能力不适应高质量发展要求，农业基础还不稳固，城乡区域发展和收入分配差距较大，生态环保任重道远，民生保障存在短板，社会治理还有弱项。"①

这些社会风险环境态势新变化是否就意味着社会不稳定形势加剧？我们需要对现阶段中国的社会稳定风险形势作出客观而准确的判断，既不能对社会稳定风险掉以轻心，也不能随便夸大有关风险，从而使有关战略与策略决策走偏。

若将社会稳定视作社会治理行为目标，则可将其理解为社会状态的诸多属性之一，其最基本的特征是具有相对稳定性且能够被社会成员普遍接受和自觉依循的社会共同价值观，以及人或群体生存和发展所需的最基本秩序框架能得以有效维持，从而使各种具有正向价值的社会行动能有效开展。若这种社会状态属性受到破坏，即产生社会不稳定，其表现形式通常是与社会共同价值观相悖，危及社会正常秩序且造成较严重后果的各类社会冲突事件。从风险管理角度来看，社会不稳定及其表现形式——各类社会冲突事件的产生取决于三方面因素的共同作用：其一，风险因子；其二，触发事件；其三，社会治理系统自身的脆弱性。

现在我国社会发展过程中积聚起来的一些社会矛盾是滋生社会不稳定的风险因子；各类现实性的利益或价值冲突事件是可能引发社会不稳定的触发机关；社会治理系统自身的脆弱性则由个体和群体对社会公正、政治体系及其政策产出合法性等的价值认知和判断决定，消极、负面的价值认知和判断会增强整个社会系统应对社会稳定风险的脆弱性。因而，要寻求实现社会稳定目标，即避免各类社会冲突事件发生，需要从排查风险因子、避免触发事件发生以及减轻社会系统脆弱性三个方面着手。

因此，本书要解决的核心问题是：如何准确分析与阐释当前我国社会稳定形势及其风险根源，并在此基础上提出社会稳定风险评估及其实施、保障机制的相关思路，从而为国家、地方及有关部门有效开展社会治理、预防社会矛盾、实现和谐发展提供专业支撑。围绕这个核心问题，本书拟从以下几方面展开研究：

首先，本书拟从理论上厘清社会稳定、社会矛盾与社会冲突、社会稳定风险等不同概念的内涵与关联。

其次，本书主要基于社会生态治理系统视角，建构一套科学的社会稳定风

---

① 中华人民共和国国民经济和社会发展第十四个五年规划和 2035 年远景目标纲要，参见中华人民共和国中央人民政府官网 http://www.gov.cn/xinwen/2021-03/13/content_5592681.htm，2023 年 4 月 22 日访问。

险评估指标体系，并实证分析中国社会稳定的当前形势与威胁社会稳定状态的环境因素、心理状态和行动状况及治理水平等几大核心问题。

再次，本书拟对不同阶段的社会稳定风险之间的演化机制进行分析，阐明触发事件在社会稳定风险由宏观、抽象到微观、具体的转化过程的作用机理。同时，基于社会心理分析对社会治理系统对应于不同阶段社会稳定风险所具有的脆弱性进行研究。

进而，利用社会生态治理系统理论，结合集体行为理论和社会冲突理论等，分析社会矛盾到局部社会冲突、社会不稳定与政治不稳定状态之间的演变规律；利用社会稳定风险预警机制，构建变被动应对为主动防控的社会矛盾预防机制与治理模式。

最后，在上述研究基础上，主要根据全面风险治理和中国"和合"思想，设计中国合和式社会稳定风险治理的有关制度机制及其政策举措。

本书同时具有重要的理论意义和实践指导价值。

一方面，本书从多个理论视角，特别是从社会生态治理系统和全面风险治理视角，对社会稳定风险评估与社会矛盾预防进行规范研究与实证分析，能为全面认知和判断中国社会稳定风险与社会矛盾治理模式的有关问题提供新视角、新观点和新证据，因而具有重要的学术创新意义。

另一方面，本书系统构建了一套社会稳定风险评估指标体系，并根据中国"和合"思想，提出了有中国特色的社会风险治理模式建议，能为实践部门及早评估、防范、消除和控制有关社会风险与社会矛盾，维护社会政治稳定，提供重要的决策参考和应用工具，因而也具有重大的现实意义。

第二节　文献综述

一、社会稳定、社会矛盾与社会冲突的相关研究

（一）社会稳定的相关研究

1. 党的主要领导人论社会稳定

（1）毛泽东：稳定与不稳定是辩证的统一

毛泽东同志高度重视社会稳定问题，认为国家的统一，人民的团结，国内各民族的团结，这是我们的事业必定要胜利的基本保证。他指出："社会主义社会也是对立统一的，有人民内部的对立统一，有敌我之间的对立统一。在我

们国家里还有少数人闹事，基本原因就在于社会上仍然有各种对立的方面——正面和反面，仍然有对立的阶级，对立的人们，对立的意见。""我们不要认为天下稳固了，它又稳固又不稳固。"同时强调："我们的人民民主专政的国家制度是保障人民革命的胜利成果和反对内外敌人的复辟的有力武器，我们必须牢牢地掌握这个武器。"[①]

（2）邓小平：稳定是压倒一切的任务

邓小平同志反复强调社会稳定对中国的重要性。他指出："我们已经摆脱了林彪、'四人帮'所造成的十年混乱，获得了一个安定团结的政治局面，这是我们的社会主义现代化建设事业必不可少的条件和保证。""我们全党的党员，尤其是担负领导责任的党员，都要十分注意珍惜和维护这个政治局面。"同时强调，"中国如果不稳定就是个国际问题，后果难以想象。只有稳定，才能发展。"[②]

（3）江泽民：改革是动力，发展是目标，稳定是前提，三者相互协调，相互促进

江泽民同志认为唯有稳定才能搞好经济建设，指出"改革是动力，发展是目标，稳定是前提"。他强调："要善于统观全局，精心谋划，从整体上把握改革、发展、稳定之间的内在关系，做到相互协调，相互促进。"他把三者比作我国现代化建设棋盘上的三着紧密关联的战略性棋子，认为如果"每一着棋都下好了，相互促进，就会全局皆活；如果有一着下不好，其他两着也会陷入困境，就可能全局受挫"。[③]

（4）胡锦涛：发展是硬道理，稳定是硬任务，要坚持改革力度、发展速度和社会可承受程度的统一

胡锦涛同志指出："必须把促进改革发展同保持社会稳定结合起来，坚持改革力度、发展速度和社会可承受程度的统一，确保社会安定团结、和谐稳定。三十年来，我们既大力推进改革发展，又正确处理改革发展稳定关系，坚持改革是动力、发展是目的、稳定是前提，把不断改善人民生活作为处理改革发展稳定关系的重要结合点，在社会稳定中推进改革发展，通过改革发展促进社会稳定，在当今世界发生广泛而深刻的变化、当代中国发生广泛而深刻的变革的大环境下，始终保持社会大局稳定。""发展是硬道理，稳定是硬任务；没有稳定，什么事情也办不成，已经取得的成果也会失去。我们正确把握和处理经

① 毛泽东：《毛泽东选集》（第5卷），3~7页，北京，人民出版社，1977。
② 邓小平：《邓小平文选》（第2卷），243~251页，北京，人民出版社，1983。
③ 江泽民：《江泽民论有中国特色社会主义（专题摘编）》，210~218页，北京，中央文献出版社，2002。

济社会生活中出现的各种矛盾，加强和改进思想政治工作，健全党和政府主导的维护群众权益机制，及时妥善处理人民内部矛盾，依法打击各种违法犯罪活动，警惕和防范国内外敌对势力的渗透破坏活动，坚决维护社会稳定和国家安全。我们要始终从维护我国发展的重要战略机遇期、维护国家安全、维护最广大人民根本利益的高度出发，全面把握我国社会稳定大局，有效应对影响社会稳定的各种问题和挑战，确保人民安居乐业、社会安定有序、国家长治久安。"①

（5）习近平：坚持科学稳定观，树立正确稳定论，切实提高保持、维护稳定工作能力与水平，需要采取一系列有效的政策措施或战略对策

习近平总书记很早就主张创新"枫桥经验"，建设平安浙江，推进平安社会建设；他强调推进领导下访，创新信访制度，密切党群干群关系；他重视化解社会矛盾，正确处理人民内部矛盾，全力维护社会稳定；他要求创新群众工作方法，提高群众工作水平，切实保持社会稳定；也很关注构建和谐劳动关系，努力化解劳动关系矛盾，推动和谐社会建设；他总体上强调正确处理改革、发展与稳定的关系，促进经济社会又好又快又稳发展。习近平总书记2013年强调："要深入贯彻落实中共十八大精神，把平安中国建设置于中国特色社会主义事业发展全局中来谋划，紧紧围绕'两个一百年'奋斗目标，把人民群众对平安中国建设的要求作为努力方向，坚持源头治理、系统治理、综合治理、依法治理，努力解决深层次问题，着力建设平安中国，确保人民安居乐业、社会安定有序、国家长治久安。"②他在十九大报告中还特别强调："统筹发展和安全，增强忧患意识，做到居安思危，是我们党治国理政的一个重大原则。"2020年8月24日习近平总书记在经济社会领域专家座谈会上指出："进入新发展阶段，国内外环境的深刻变化既带来一系列新机遇，也带来一系列新挑战，是危机并存、危中有机、危可转机。我们要辩证认识和把握国内外大势，统筹中华民族伟大复兴战略全局和世界百年未有之大变局，深刻认识我国社会主要矛盾发展变化带来的新特征新要求，深刻认识错综复杂的国际环境带来的新矛盾新挑战，增强机遇意识和风险意识，准确识变、科学应变、主动求变，勇于开顶风船，善于转危为机，努力实现更高质量、更有效率、更加公平、更可持续、更为安全的发展。"③习近平总书记在党的二十大报告中进一步深刻指出，要坚持以人民安全为宗旨、以政治安全为根本、以经济安全为基础、以军事科技文化社会安全为保障、以促进国际安全为依托，统筹外部安全和内部安全、国土安全和国

① 胡锦涛：《在纪念党的十一届三中全会召开30周年大会上的讲话》，新华网，2008年12月。
② 习近平：《确保人民安居乐业社会安定有序国家长治久安》，新华网，2013年5月。
③ 习近平：《正确认识和把握中长期经济社会发展重大问题》，载《求是》，2021（02）。

民安全、传统安全和非传统安全、自身安全和共同安全，统筹维护和塑造国家安全，夯实国家安全和社会稳定基层基础，完善参与全球安全治理机制，建设更高水平的平安中国，以新安全格局保障新发展格局。

从上述分析可以看出，不同时期党和国家主要领导人对于社会稳定的强调点和关注点随着社会形势的变化而有所不同。毛泽东同志主要从哲学的高度，把稳定与不稳定看作对立统一的矛盾体，认为正是这一矛盾的对立统一促进了社会的发展，稳定是主要矛盾，不稳定是次要矛盾，是主流与支流的关系。邓小平同志主要从稳定的重要性入手，认为稳定是国家的最高利益，确保社会稳定是国家的重要任务。江泽民同志则更多地论证了改革、发展和稳定的关系，认为稳定是改革发展的前提和基础。胡锦涛同志进一步指出要把改革的力度、发展的速度与社会可承受的程度统一起来，要用发展的办法解决前进中存在的困难和问题，只有坚持发展，才能更好地保持稳定。习近平总书记则是高瞻远瞩地站在国家安全的战略高度指出维护社会稳定的重要意义，并强调要以新安全格局保障新发展格局。

2. 社会稳定的界定及其特点

（1）社会稳定内涵的界定

学界对于社会稳定内涵的定义有各种不同的理解，概括起来主要有以下几种意见。

第一种着重从社会学角度出发论述社会稳定，认为社会稳定表示社会结构完善、功能合理，多种社会要素相互协同作用，从而保持社会的良性运转和协调发展状态，代表社会繁荣和发展的历史状态。[1] 也有学者指出，社会稳定不仅包括社会系统内部各子系统间的耦合程度，社会化过程中个人的价值利益诉求和反抗，还应当包括社会冲突对维持社会稳定的作用以及现代化进程中社会动员对实现社会稳定的影响。[2] 也有学者从利益失衡的角度提出自己的观点，考察社会利益关系便成了研究社会稳定问题的切入点，认为实现社会稳定的主要任务在于调整或协调社会利益关系。[3] 还有学者认为社会稳定是指全社会大多数成员能够遵守共同的社会规范，维护现行的社会秩序，从而保障社会整体上的协调有序。[4]

---

① 冉昌光：《论宗教与社会稳定》，载《西南民族学院学报（哲学社会科学版）》，1997（06）。
② 仇立平、程福财：《现代化进程中的上海社会稳定及其问题》，载《社会》，2002（12）。
③ 吴施楠：《社会利益结构与社会稳定》，载《延边大学学报（哲学社会科学版）》，1997（04）。
④ 王文章：《维持社会稳定性的根本要素及其重要支撑》，载《人民论坛》，2021（08）。

社会学角度的社会稳定研究强调稳定是发展中的稳定。如陶德麟认为，社会稳定表示一种有序可控的社会生活状态，在国家政权和社会制度性质不变前提下的动态平衡。[①] 汪信砚亦指出，社会稳定不是绝对的，而是相对的，并非社会生活的静止状态，而是指社会生活的协调有序，通过人们的自觉干预与控制调节从而达到社会生活的动态平衡。[②] 也有学者提出相似观点，认为社会稳定是社会秩序的正常运转，但不是社会秩序的相对静止。[③] 有学者认为，社会稳定是指一个社会具有可预期的确定性，具体涉及社会规范、个体的社会行为（特别是社会管理系统行为）和社会心态以及未来发展的确定性。[④] 有学者根据实现社会稳定的不同方式，进一步将社会稳定定义为刚性社会稳定和柔性社会稳定。前者需用刚性手段如法律、军队等实现，后者通常采用一些非暴力手段，如协商、谈判和劝服等。[⑤] 有学者则从社会稳定的表现出发，将社会稳定描述为表层的低暴力犯罪发生率和深层中整个社会价值观的协调。[⑥] 还有学者指出，进入现代利益多元化社会，更需要的是在社会中广泛形成共识，塑造一种"共识式"稳定。[⑦]

第二种重点从政治学角度出发思考社会稳定问题，认为稳定与动乱相对，社会稳定表示政治体系对社会矛盾变化的调适功能，现行体系能够及时消除社会矛盾，有效控制社会的不稳定因素，使社会平稳运转，不出现政治动乱，整体呈现为经济协调发展、社会稳步前进的有序稳定状态。[⑧] 有学者认为社会稳定实际是指政治稳定，重点表现为政权的有效与持续、政治格局的有序以及非对抗性矛盾的约束。[⑨] 社会和谐稳定主要是指社会生活的和谐性和政治生活的秩序性。[⑩] 有学者从政策科学角度，提出"政策缝隙"（policy gap）是导致社会不稳

① 陶德麟：《社会稳定论》，济南，山东人民出版社，1999。
② 汪信砚：《社会稳定及其基本特征探微》，载《武汉大学学报（哲学社会科学版）》，1999（01）。
③ 冯周卓、黄震：《原生与次生：社会稳定风险的分类与治理》，载《北京师范大学学报（社会科学版）》，2014（05）。
④ 张莉：《论农村稳定是整个社会稳定的基础》，载《辽宁公安司法管理干部学院学报》，1999（04）。
⑤ 梁栋、常贵祥：《社会资本与柔性社会稳定机制的构建》，载《当代世界与社会主义》，2013（03）。
⑥ 张晓玲：《社会稳定与弱势群体权利保障研究》，载《政治学研究》，2014（05）。
⑦ 吕永红、刘德福：《"共识式"稳定建构的理论逻辑与基本路径》，载《中共福建省委党校（福建行政学院）学报》，2021（05）。
⑧ 高和荣：《试论中国社会稳定的特征、类型及发展》，载《唯实》，2003（05）。
⑨ 易海涛：《社会政治稳定理论体系的建构与应对策略分析》，载《求索》，2005（07）。
⑩ 金太军：《创新社会治理与社会稳定长效机制的重点场域》，载《江苏行政学院学报》，2014（05）。

定的风险源。政策缝隙是指同一政策在制定时和利益再分配时，出现了时间、空间和社会群体利益分配维度上的不一致，成为利益冲突点或社会稳定风险点。[①]

第三种重点从心理学角度出发审视社会稳定，认为社会稳定实质上是人心稳定，其依赖于社会心理状态的平衡，可以说，社会心理稳定是社会稳定的内在因素，而社会稳定是社会心理稳定的外在表现。[②]

（2）社会稳定特点的研究

对于社会稳定的特点，不同学者给出了不同分类方法。有学者将社会稳定的基本特征提炼为三条：相对性和可变性、动态性和过程性、形式上的多样性；[③]有学者将其概括为四点：整体性、相对性、动态性、时代性；[④]也有学者将社会稳定的特征总结为八个方面：政治局面稳定、经济稳步发展、社会利益公平、执政者廉洁奉公、执法机关秉公执法、社会秩序稳定、社会道德风尚不断提高、国际地位和国际影响不断提高；[⑤]还有学者提出社会稳定状态要满足共存、和谐和协调的要求。[⑥]

综上，相关研究都认识到社会稳定是一种极其复杂的社会现象，是指整个社会处于稳固、安定、和谐的状态，包括政治、经济、思想与社会生活秩序等多个方面的基本特征。

3. 影响社会稳定的因素

（1）从宏观环境角度分析社会稳定的影响因素

有学者曾分析影响我国社会稳定的因素主要表现在六个方面：一是经济方面，主要存在发展不平衡、贫富差别和失业问题；二是政治方面，主要存在腐败、民族与宗教问题和境外敌对势力的渗透等；三是人口方面，主要涉及人口总量较大、性别比例失调、人口流动的冲击；四是思想文化方面，主要涉及不良社会思潮和多种思想文化的冲撞；五是社会治安方面，主要包括违法犯罪、群体性事件和安全事故等因素；六是国际方面，主要存在国际恐怖主义活动影响、金融危机和国际周边环境的影响。[⑦]也有学者认为我国处于社会转型期，结构性

① 朱德米：《政策缝隙、风险源与社会稳定风险评估》，载《经济社会体制比较》，2012（02）。
② 乐国安、江国平：《封建迷信与社会稳定》，载《赣南师范学院学报》，1998（01）。
③ 汪信砚：《社会稳定及其基本特征探微》，载《武汉大学学报（哲学社会科学版）》，1999（01）。
④ 高和荣：《试论中国社会稳定的特征、类型及发展》，载《唯实》，2003（05）。
⑤ 石国臻：《论社会稳定的特征、影响因素和对策》，载《公安大学学报》，2000（06），46~49页。
⑥ 张雨暄、金太军：《共同体利益对国家认同的嵌入——中国社会稳定演变的内生逻辑》，载《江海学刊》，2015（01）。
⑦ 王彩元：《21世纪初期影响我国社会稳定的因素分析》，载《求索》，2005（06）。

的社会变迁，容易引发区域不平衡发展、城乡差距过大，从而影响社会稳定。①
有学者对 1990—2010 年的数据进行时间序列处理和主成分分析，证明当收入差
距扩大，各种劳资和刑事纠纷案件频发，增大家庭解体可能性，造成社会不稳
定的因素显著增多。②

（2）从农村和边疆民族地区的角度分析影响社会稳定的因素

相当一部分研究集中于新时期农村社会稳定的影响因素领域。有学者认为，
农村社会稳定风险可分为原生性农村社会稳定风险与次生性农村社会稳定风险，
两者都直接关乎农村社会稳定。③有学者则指出，影响农村社会稳定的因素主要
表现在十个方面：一是利益冲突；二是农村社会控制力减弱；三是农村经济发
展相对滞后；四是农村剩余劳动力转移及就业难；五是农村社区管理体制缺失；
六是农村基层领导干部服务意识不足；七是部分乡村干部工作粗放，方法简单；
八是村级领导班子青黄不接，基层组织缺乏战斗力；九是忽视思政工作和人文
精神的引导；十是农村社会治安仍存在盲点。④还有学者则聚焦于民族农村地区
社会稳定研究，认为民族农村地区的社会稳定影响因素主要包括：农村土地和
山林权属纠纷，农民的合法权益缺乏保障，村委班子换届产生新的不稳定因素，
农村公共基础设施建设引发新矛盾，农村治安管理隐患等。⑤有学者进一步研究
指出，民族地区干部的职务级别、当地民族干部对政策的实施效果、当地少数
民族和汉族的关系状况、腐败问题的严重程度、廉政建设的工作效果均会对社
会稳定产生显著影响。⑥

边疆治理是国家治理中非常重要的组成部分，而边疆稳定则是边疆治理中
的重中之重，对边疆乃至国家的稳定和发展有着重要的意义。⑦有学者从边疆民
族地区经济发展不平衡、民族意识增强产生的排他性、传统民族文化在现代化

---

① 郑杭生：《警惕"类发展困境"——社会学视野下我国社会稳定面临的新形势》，载《中国特
色社会主义研究》，2002（03）。
② 李长安、谢远涛：《收入分配差距扩大加剧了社会不稳定吗？——基于 1990—2010 年的时间
序列分析》，载《宁夏社会科学》，2012（04）。
③ 蔡炉明：《农村社会稳定风险的生成逻辑》，载《华南农业大学学报（社会科学版）》，
2021（06）。
④ 于咏华、周克勤：《影响农村稳定的十大因素》，载《学习论坛》，2001（09）。
⑤ 徐铜柱：《民族地区农村社会稳定因素探究》，载《湖北民族学院学报（哲学社会科学版）》，
2008，26（03）。
⑥ 王延中、宁亚芳：《民族地区的廉政建设与社会稳定——基于云南、西藏、新疆干部问卷数据
的分析》，载《政治学研究》，2017（03）。
⑦ 鲁刚：《当前云南边疆问题综合治理研究——以维护社会稳定为中心》，载《云南师范大学学
报（哲学社会科学版）》，2018（01）。

发展中产生的价值观冲突、国际敌对势力的渗透等多个方面着手分析边疆民族地区社会政治稳定的主要影响因素。[①] 也有学者则从政治文化和政治稳定的角度出发，重点分析了边疆民族地区的社会稳定。[②] 研究认为，民族地区的和谐稳定，经济发展与民生保障是前提，政治环境是基础，民族心理是核心影响因素。[③]

（3）从具体问题分析社会稳定的影响因素

首先，就业不充分是影响社会稳定的重要因素之一。有学者认为失业人员和就业弱势群体的大量存在、就业权益保障缺失是影响社会稳定的三个重要因素。[④]

其次地方城市房屋拆迁引发的群体性上访也是影响社会稳定的重要因素，群体性上访的主要成因有八个方面：地方执行的拆迁政策与国家、省级单位出台的拆迁法规不匹配；政策中的边缘性问题，具体办法缺乏权威性以及可操作性；拆迁政策错位、补偿办法不公平；拆迁改造过程中农村土地性质发生变化；住房和社会保障制度不完善；拆迁行为不规范、监管不到位；城市的拆迁和建设速度过快、安置条件不合理；信访及拆迁管理部门履行职责不到位、相关制度不健全；少数上访人员的非理性行为。[⑤] 在城市化进程加快的情况下，激增的建设用地需求催生征地市场发展，征地制度影响范围不断扩大，涉及人员众多，利益相关者群体复杂，使得征地工作中出现种种不稳定风险。[⑥] 还有学者基于"跨越式城镇化"思路总结了我国扶贫搬迁中影响社会稳定的因素，主要包括失业、经济、安全、信任、房产变卖、社会融合等八种诱导因素。[⑦]

也有学者曾关注到精神文化因素对社会稳定的影响，并从正反两个方面进行了讨论。他们指出，新时期促进社会稳定的精神文化因素主要涉及理论上的指引和凝聚、道德上的规范和教化、舆论上的引导和调适、文艺上的鼓舞和渗透、教育科学上的支持和塑造；不利因素则主要涉及理想信念弱化和价值观念混乱、道德规范失控、理念扭曲、社会心理失调等等因素。[⑧]

① 方盛举、陈立春：《影响边疆民族地区社会政治稳定的主要因素分析》，载《思想战线》，1999（05）。
② 经纬、刘绍兰：《边疆少数民族地区的政治文化和政治稳定》，载《云南民族学院学报（哲学社会科学版）》，1999（04）。
③ 朱筱煦、袁同凯：《论教育与民族地区社会和谐稳定》，载《西北民族研究》，2019（02）。
④ 白书祥：《就业不充分是影响社会稳定的重要因素》，载《宁夏社会科学》，2008（03）。
⑤ 辽宁省建设厅调研组：《城市房屋拆迁影响社会稳定的原因和对策》，载《辽宁法治研究》，2007（04）。
⑥ 丁宁等：《征地社会稳定风险评估规范化研究》，载《中国土地科学》，2013，27（01）。
⑦ 刘升：《城镇集中安置型易地扶贫搬迁社区的社会稳定风险分析》，载《华中农业大学学报（社会科学版）》，2020（06）。
⑧ 王建武：《新时期影响社会稳定的精神文化因素分析》，载《发展论坛》，1997（04）。

可见，学界对社会稳定影响因素的关注已经由宏观层面延伸至微观层面，学者们逐渐开始关注到某一个具体问题或者某一个领域内的重要问题可能导致局部地区甚至整个社会的不稳定，研究向纵向深度不断拓展。但对制度性、政策性所带来的社会不稳定因素，以及这部分不稳定因素的成因，在何种条件下会转化为激烈的社会矛盾或者冲突等问题还缺乏深入细致的分析，需要根据社会自身的发展变化展开研究。

综上，学术界对社会稳定的研究主要集中在政治发展、经济发展与社会稳定、社会稳定的重要性等多个方面，相关研究成果则集中在社会稳定的内涵、特征和一般性影响因素的研究中。

（二）社会矛盾的相关研究

1. 我国社会矛盾观的发展与特点

（1）我国社会矛盾观的发展

作为社会发展各阶段都必须处理的问题，我国自古代以来就有对社会矛盾的相关研究与描述。韩非子在其人皆利己的"自为"人性论基础上提出了社会矛盾观，认为现实社会生活中的不同阶层、不同职业的人都是以相互矛盾对立的利害关系为纽带联系在一起的，人们无时无处不在利害矛盾的冲突中生活。[①]墨子认为社会矛盾是社会动乱和一切灾难的根源，统治者与被统治者的矛盾是社会的普遍现象，是社会的主要矛盾。[②] 同时，在矛盾成因方面，作为古代社会追求并实现和谐政治局面的一种重要设计，等级制度结构在成功化解了部分社会矛盾的同时，也直接或间接制造了诸多社会矛盾。等级结构产生的矛盾有等级体制中各种等级序列之间的矛盾，等级结构中上下等级之间的矛盾，以及等级制度促进了两极分化。[③]

在当代历史上，毛泽东、邓小平等均对社会矛盾提出了自己的观点。1957年2月，毛泽东同志在最高国务会议扩大会上发表《关于正确处理人民内部矛盾的问题》，同年6月，"两类社会矛盾"学说基本形成。毛泽东认为，敌我之间的矛盾和人民内部的矛盾是性质完全不同的两类矛盾，并提出了处理矛盾的四个环节，即认识矛盾、分析矛盾、处理矛盾和解决矛盾。

邓小平的社会矛盾理论明确了党和国家的中心任务是集中力量搞经济建设，这实际上解决了我国社会的主要矛盾问题。其次，对我国社会基本矛盾做出了

---

① 朱明：《韩非子社会矛盾观述论》，载《南通师专学报（社会科学版）》，1996（02）。
② 卢枫：《墨子的社会矛盾观》，载《湘潭大学学报（社会科学版）》，1987（03）。
③ 黄义英：《等级结构与古代中国社会矛盾的生成》，载《学理论》，2010（15）。

明确的分析，提出了解决矛盾的具体办法。关于社会主义初级阶段的社会主要矛盾，邓小平作了科学的概括：我们的生产力水平很低，远远不能满足人民和国家的需要，这就是我们目前时期的主要矛盾，解决这个主要矛盾就是我们的中心任务。

党的十一届三中全会以来，邓小平等党和国家领导人着重强调要研究解决我国的基本矛盾，核心问题是如何巩固、完善和发展社会主义制度的问题。邓小平同志指出："多年的经验表明，要发展生产力，靠过去的经济体制不能解决问题。"①

党的十九大根据我国经济社会发展的深刻变化，对我国社会主要矛盾作出新的判断。党的十九大报告指出："中国特色社会主义进入新时代，我国社会主要矛盾已经转化为人民日益增长的美好生活需要和不平衡不充分的发展之间的矛盾。"社会主义社会矛盾学说是一个随着实践发展不断与时俱进的探索发展过程，这为我们今天正确认识和处理我国社会主义社会矛盾问题提供了科学的理论指导。②

（2）我国各阶段不同矛盾特点的研究

在我国社会发展的不同阶段，分别表现出了不同的矛盾形式。有学者早在1998年就提出转轨时期社会矛盾的基本类型：利益性社会矛盾、结构性社会矛盾、运行性社会矛盾、基础性社会矛盾。③也有学者曾认为中国社会矛盾主要表现为，经济社会进一步发展过程中的人口与资源、环境的矛盾，城乡之间的矛盾，区域发展的矛盾，社会财富分配方面的矛盾、就业矛盾、劳资矛盾，社会事业发展相对落后的矛盾，干群矛盾。④总体看，社会矛盾主要有干群矛盾、政社矛盾、文化矛盾等方面。⑤近年有学者认为当前我国在经济发展、政治参与、文化需求、民生保障、环境保护等方面都存在一些矛盾。⑥

对于社会矛盾的特点，学者们从不同角度进行了总结。靳江好等认为社会矛盾的五大特点分别为社会矛盾的显形化、矛盾冲突的群体化、矛盾博弈的政治化、矛盾冲突的异质化以及矛盾解决的复杂化。⑦余国林提出，中国社会矛盾

① 《邓小平文选》第三卷，149页。
② 杨清涛：《中国共产党对社会主义社会矛盾学说的探索与发展》，载《郑州大学学报（哲学社会科学版）》，2021（06）。
③ 康超光：《体制转轨时期社会矛盾基本类型探析》，载《天府新论》，1998（03）。
④ 周罗庚：《把握我国社会矛盾的主要特点 构建社会主义和谐社会》，载《毛泽东邓小平理论研究》，2007（02）。
⑤ 邓伟志：《论社会矛盾》，载《上海大学学报（社会科学版）》，2009，16（4）。
⑥ 谢海军：《新时代我国社会矛盾结构的整体性与层次性论析》，载《中州学刊》，2020（08）。
⑦ 靳江好、王郅强：《当前社会矛盾呈现五大特征》，载《瞭望》，2007，000（046）。

特点表现为矛盾整体性质上的非对抗性、矛盾内容的利益性、矛盾结构的复杂性、矛盾发展趋势的可协调性。① 冯海波曾总结后危机时代社会矛盾特点，即社会矛盾多元互动、社会矛盾异质化、社会矛盾博弈政治化、社会矛盾显形化和可持续性社会矛盾突出。② 邓少君认为在中国社会转型和经济转轨期，社会矛盾的基本特征是：总量长期高企、递增幅度明显，扩散领域宽泛、发展向度多维，结构关系多元、所涉对象复杂、表现形式多样、触点难点交织、强度烈度扩张、社会燃点降低等。③

2. 社会矛盾起因与分类

（1）社会矛盾起因的相关研究

对于社会矛盾的起因，学者有不同的观点。有学者将社会矛盾起因归因于制度，认为社会矛盾实质上是制度矛盾。社会矛盾的出现有其制度根源，可以从两个方面理解：一是理性化的正式制度之间的矛盾，二是理性化的正式制度同感性化的非正式制度之间的矛盾。④ 黄俏曾提出制度变迁会引发社会矛盾，即由于各种制度在社会结构中的地位和作用不同，社会环境变动引发的社会结构的敏感程度和反应速度是不同的，因而各类制度反应和变迁的速度大相径庭，进而引发社会矛盾。⑤ 社会结构中不同阶层之间的贫富差距现象、缺乏良性互动，社会流动机制不合理等都会对社会矛盾产生重大影响。⑥

也有学者认为，利益冲突是一切社会矛盾的根源，是社会不稳定的最根本诱因：第一，经济利益矛盾是社会转型时期人民内部矛盾的最突出特点；第二，政治利益分化所形成的社会矛盾，已经成为人民内部矛盾汇集的一个焦点和影响社会稳定的另一个重要因素；第三，多元价值冲突所导致的利益碰撞，成为社会转型时期社会矛盾产生的思想根源。⑦ 美国社会学家蒂埃尼（Kathleen Tierney）认为风险产生的文化因素和思想因素是在理解风险冲突时首先要考虑的，其次才是制度和组织因素。⑧

也有学者探讨社会失范与社会矛盾的关系表现为：第一，社会失范与社会矛盾的并发性；第二，社会失范与社会矛盾的累积性；第三，社会失范与社会

① 余国林：《当前社会矛盾的主要特点和处理办法》，载《江西社会科学》，2004（03）。
② 冯海波：《后危机时代中国社会矛盾特征分析》，载《理论研究》，2010（05）。
③ 邓少君：《论转型期社会矛盾形态与归因》，载《暨南学报（哲学社会科学版）》，2015，37（04）。
④ 刘少杰：《社会矛盾的制度协调》，载《天津社会科学》，2007（03），44~48 页。
⑤ 黄俏：《社会转型期的制度变迁与社会矛盾》，载《湖北社会科学》，2008（12），51~54 页。
⑥ 吴忠民：《社会矛盾与制度内化解》，载《马克思主义与现实》，2015（06），163~170 页。
⑦ 刘勇：《试从利益视角解析当前社会矛盾》，载《理论探讨》，2006（05），16~19 页。
⑧ Tierney K. The Social Roots of Risk: Producing disasters, Promoting resilience. Stanford University Press, 2014.

矛盾的互构性。① 还有学者从经济基础与上层建筑关系的角度出发，认为经济基础是社会矛盾的根本性原因，其不仅直接催生种种社会矛盾，而且还决定着社会矛盾化解的可能性。②

进入互联网时代的中国，经济社会结构和价值取向发生急剧变化，这种时代背景下催生的社会矛盾呈现出新的特征。③

（2）社会矛盾分类的相关研究

社会矛盾有着不同的分类标准，有学者认为社会矛盾可以从哲学、社会发展、现实矛盾三个层面来理解。④ 从社会矛盾的基本表现形态以及造成社会矛盾形成的社会根源来分析，社会矛盾可以分为"利益性社会矛盾"和"非利益性社会矛盾"两种基本类型。"利益性社会矛盾"是指由于社会成员和群体之间存在地位、权力和资源等领域分配的不平等而引发的各类纠纷和争夺。"非利益性社会矛盾"是指社会成员和群体之间在思想观念、思维方式、生活方式、心理活动、信仰、政治态度、意识形态等方面的差异以及由这些差异引发的冲突。⑤

从矛盾产生主体的差异性来看，我国的社会矛盾可以分为社会外部矛盾与社会内部矛盾。社会内部矛盾的结构，是在社会最基本的矛盾的基础上，社会基本矛盾和非社会基本矛盾形成的一个社会内部矛盾的有机系统。社会外部矛盾的结构，主要是指社会组织之间的矛盾关系。社会外部矛盾与内部矛盾相互联系并可以相互转化，共同构成社会矛盾系统。⑥ 人民内部矛盾与社会矛盾在诸多方面存在差异：第一，两种矛盾的实质内涵不同；第二，两种矛盾的解决方法不同；第三，两种矛盾的持续时间不同；第四，两种矛盾包涵的范围不同。⑦ 从合法性角度来看，可以将社会矛盾划分为合法形式的社会矛盾和非合法形式的社会矛盾。⑧ 从社会矛盾冲突强度的大小来看，转型期我国社会矛盾冲突可以分为"常态社会风险层级的社会矛盾冲突""社会危机层级的社会矛盾冲突"和"社

① 郭星华、刘正强：《当代中国互构中的社会失范与社会矛盾》，载《探索与争鸣》，2007（06）。
② 吴忠民：《社会矛盾与制度内化解》，载《马克思主义与现实》，2015（06），163~170 页。
③ 吴忠民：《网络时代社会矛盾的主要特征分析》，载《马克思主义与现实》，2014（06）；吴忠民：《转型期社会矛盾冲突的三个层级及主要影响因素》，载《社会科学》，2021（01）。
④ 朱力：《关于社会矛盾内涵、研究视角及矛盾性质的探讨》，载《中共中央党校学报》，2018（03）。
⑤ 秦馨：《"非利益性社会矛盾"：一种可能的解释和思路》，载《学术论坛》，2009，32（04），72~76 页。
⑥ 孟庆仁：《论社会矛盾体系的发展和结构》，载《理论学刊》，2005（11），10~14+130 页。
⑦ 周志强：《论毛泽东"人民内部矛盾"学说对构建和谐社会的价值——兼论"人民内部矛盾"与"社会矛盾"》，载《重庆邮电大学学报（社会科学版）》，2007（02），15~18 页。
⑧ 胡联合、胡鞍钢、王磊：《影响社会稳定的社会矛盾变化态势的实证分析》，载《社会科学战线》，2006（04），175~185 页。

会动荡层级的社会矛盾冲突"三个类型，不同类型的社会矛盾冲突意味着其对整个社会的影响力不同，其产生的危害程度也存在很大差异。[①]

3. 社会矛盾解决方式

在现代社会，第三部门可以起到政府难以起到的消解社会矛盾和冲突的作用。这主要表现为第三部门对社会矛盾和冲突具有预防功能，在消解社会矛盾和冲突方面可以发挥整合功能、政治参与和沟通功能、协调功能、济贫救助功能等。[②]郭金荣等曾提出，民间组织在社会矛盾消解中起到"过滤带""桥梁""轨道"的作用。[③]

学者们从不同角度提出了解决矛盾的方式。余国林认为严格区分和正确处理不同性质的矛盾是有效解决各类社会矛盾、迅速处理问题的前提。[④]在此基础上，刘勇认为，首先，需要解决各类利益矛盾，为改革与发展创造良好的社会稳定条件；其次，要通过改革和完善决策机制和运行体制，提高各级党委和政府科学决策的能力与水平，将利益矛盾在源头上进行遏制；最后，要进一步健全利益矛盾协调与处理的工作机制，畅通社情民意的反映渠道。[⑤]宋宝安则认为进入新时代，我国社会矛盾的基本特征已经发生了变化，其生成机制和发展规律也与以往相比存在巨大差异。因此，与时俱进地构建以社会调节为先导、政府治理与居民自治有机结合的社会矛盾调节机制是化解社会矛盾的重要路径。[⑥]此外，郭星华还认为解决社会矛盾必须有正确的原则进行指导：第一，以整体主义的思路来矫治社会失范和化解社会矛盾；第二，联合国家、社会、政府、组织、公民等多元主体共同实现社会治理的目标，这也是社会治理和善治的核心之点。[⑦]

学者们除了对宏观社会矛盾解决方式探究外，还聚焦于基层社会矛盾的解决路径。郭志远认为我国基层社会矛盾预防与化解机制路径在于以下几点：坚持法治思维化解矛盾纠纷；建构多元化的纠纷预防与化解机制；大力促进社会公平；完善社会保障制度体系；完善人民调解制度；加强价值观和基层普法教

① 吴忠民：《转型期社会矛盾冲突的三个层级及主要影响因素》，载《社会科学》，2020（01），85~101 页。
② 戴桂斌：《第三部门对社会矛盾冲突的调控作用探析》，载《湖北师范学院学报（哲学社会科学版）》，2008（01），84~87 页。
③ 郭金荣、衡昌军、李乐飞、何建军：《试析民间组织在社会矛盾消解中的作用》，载《内江师范学院学报》，2006（S1），103~105 页。
④ 余国林：《当前社会矛盾的主要特点和处理办法》，载《江西社会科学》，2004（03），240~242 页。
⑤ 刘勇：《试从利益视角解析当前社会矛盾》，载《理论探讨》，2006（05），16~19 页。
⑥ 宋宝安：《论我国社会矛盾的生成逻辑与社会调节》，载《社会科学辑刊》，2021（06）。
⑦ 郭星华、刘正强：《当代中国互构中的社会失范与社会矛盾》，载《探索与争鸣》，2007（06），31~33 页。

育；加强社会防控体系综合建设。① 史云桐认为，以"社会矛盾纠纷调处化解中心"为代表的"集成治理"模式的出现，为科层体系的自我调适提供了新的手段，也为基层治理改革提供了新的方案，还是社会矛盾纠纷调处化解的重要创新方式。② 而朱力与袁迎春则认为新时代推进社会治理创新，居民社会矛盾的解决方式需要倡导"大事法解决，小事人民调解"的治理思路。③

除此之外，戴子刚和孔萍分别提出解决社会矛盾的"四论"和"三论"。四论，即：坚持"重点论"，着力处理涉及经济社会发展全局的主要矛盾和突出问题；坚持"转化论"，努力促进社会矛盾的性质朝良性方向发展；坚持"扬弃论"，在动态地处理社会矛盾过程中自觉接受新生事物；坚持"多样论"，根据社会矛盾的类型及其具体条件采取相应的解决方法。④ 三论，即：化解不同条件不同性质的社会矛盾坚持"多样论"；化解涉及全局的主要矛盾和突出问题坚持"重点论"；化解新旧社会矛盾自觉坚持"扬弃论"。⑤ 邓伟志曾提出，要学会做群众工作、学会做社会工作；用大讨论化解社会矛盾；用大调解化解社会矛盾。⑥

张海波认为，"刚性稳定观"成为我国社会矛盾生成、加剧的主要原因，因此社会矛盾的化解要创新社会管理，采取柔性战略，推动源头治理；加强行政渠道、司法渠道、社会渠道的疏解能力，建立社会风险前置审查机制，从收入差距入手，化解利益冲突。⑦ 刘建明建议以理性表达和有序参与的协商民主化解社会矛盾，保障弱势群体利益表达渠道，提高公民参与协商的意愿和能力，推动源头化解矛盾。⑧ 史献芝认为在实践中需要建构预防社会矛盾系统的良性运行机制，首先要厘清预防社会矛盾的内涵和结构要素，然后根据协同理论逻辑，把握主动预防和协同预防的理念，建立健全社会矛盾的风险评估机制、预警机制和疏导机制。⑨ 宋宝安则认为，正确认识和妥善处理社会

① 郭志远：《我国基层社会矛盾预防与化解机制创新研究》，载《安徽大学学报（哲学社会科学版）》，2014（02）。
② 史云桐：《"集成治理"的实现形式及其内在逻辑——以社会矛盾纠纷调处化解中心为例》，载《南京社会科学》，2021（12）。
③ 朱力、袁迎春：《我国居民社会矛盾的解决方式——基于全国9市调查数据的分析》，载《中共中央党校（国家行政学院）学报》，2020（02）。
④ 戴子刚：《化解现阶段社会矛盾的哲学思考》，载《前沿》，2008（01），152~154页。
⑤ 孔萍：《化解社会矛盾三论》，载《经济研究导刊》，2009（10），184~185页。
⑥ 邓伟志：《论社会矛盾》，载《上海大学学报（社会科学版）》，2009，16（04）。
⑦ 张海波：《当前我国社会矛盾的总体特征、生成逻辑与化解之道》，载《学海》，2012（01）。
⑧ 刘建明：《协商民主在化解社会矛盾中的价值导向与对策思考》，载《学海》，2016（05），12~16页。
⑨ 史献芝：《预防社会矛盾：理论框架与实现机制》，载《理论探讨》，2019（04），39~43页。

矛盾已成为保持和促进社会经济协调发展的重要前提，有效调节社会纠纷对于巩固我国已有发展成绩、加强社会建设、促进社会和谐稳定具有更为重要的现实意义。①

4. 社会矛盾与社会发展的关系

社会矛盾推动社会发展的过程不是自发地、直接地，而是经过多个环节的传递间接地作用于社会发展。这些环节主要包括主体的利益需求、价值观念、认识过程、主体能力和所具有的手段、解决方式、资源的多少，以及制度的结构状况等。②从唯物史观最一般的意义看，社会矛盾是社会转型的根本动力。矛盾是事物发展的根本原因和根本动力，具体到一个民族国家的社会转型上，则可以认为错综复杂的社会矛盾是社会转型这一整体社会发展过程的根本动力。③对社会主要矛盾判断的正确与否，将直接决定着一个国家的发展方向，也影响着社会的发展状况和人民的生活状态。

综上，现有社会矛盾的相关研究注重从社会制度的大环境出发，通过分析不同阶层、不同主体之间的利益冲突来揭示矛盾产生的根源及其分类，并以政府为主导方提出解决矛盾的不同方式。这样的分析方式便于人们从深层次思考矛盾形成问题，但从实践层面来看，未能做到将矛盾预防关口前移，缺少通过对矛盾形成因素与催化因素的控制避免矛盾进一步升级为冲突的指导思想。

（三）社会冲突的相关研究

1. 冲突的概念与类型

什么是冲突？美国社会学研究学者科塞（L. A. Coser）认为，冲突是基于价值观、信仰等主观判断后对于稀缺的地位、权利和资源做出的争斗。科塞强调冲突具有正向功能：对社会与群体进行内部的整合；维护社会与群体的稳定；促进新的社会与群体诞生；激发新的规范和制度建立；扮演社会生活中重要的平衡器。他认为当社会结构僵硬固化采取压制手段来解决冲突时，冲突的积累、爆发会以更严重的程度表现出来，将产生激烈的破坏作用。为此，科塞提出，为了发泄已经积累起来的敌对情绪需要建立良性的社会安全阀制度，其作用在于使统治者得到社会的完全信息，充分理解社情民意，避免灾难性冲突的爆发，破坏社会整个结构。④

① 宋宝安：《论我国社会矛盾的生成逻辑与社会调节》，载《社会科学辑刊》，2021（06）。
② 王鲁宁：《发展哲学视野中的社会矛盾与社会制度——关于社会矛盾、社会制度和社会发展的再认识》，载《学海》，2001（05），74~78页。
③ 冯海波：《后危机时代中国社会矛盾特征分析》，载《理论研究》，2010（05），10~12页。
④ ［美］刘易斯·科塞：《社会冲突的功能》，北京，华夏出版社，1989。

Susan 和 Sandra 将冲突分为个人冲突、组织内冲突和组织间冲突三种形式。根据冲突主体及其相互作用对象的不同，冲突的结构层次如图 0.2.1 所示。①

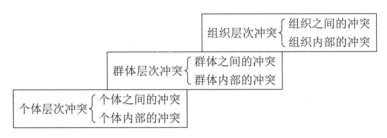

图 0.2.1　社会冲突的结构层次图

2. 国外社会冲突理论的发展历程与主要流派

（1）国外社会冲突理论的发展历程

冲突现象自古至今在社会生活的各个领域都广泛存在，19 世纪到 20 世纪冲突理论受到广泛关注。马克斯·韦伯的冲突理论思想在 20 世纪初影响最广泛久远，其关于资本主义社会内在的深层结构性矛盾的分析以及所使用的分析范式对于后来西方思潮的产生和发展有着深刻的影响。但不可否认，马克斯·韦伯的冲突理论是宏观层面的分析，聚焦于资本主义社会合理性问题。

20 世纪 40 年代，结构功能主义为冲突管理研究带来新的理论支撑，强调社会成员的价值取向对于社会稳定和整合的关键作用，在实践中寻求消除冲突的机制避免冲突这一社会"病态"的出现和严重恶化。

20 世纪 50 年代，冲突理论进一步走向学者视野，理论成果和实践成果更加丰富。这一时期，社会冲突主要侧重于从经验层面对冲突进行分析，对社会冲突的正面功能和作用做出肯定性的评价。50 年代中后期，政治、社会、经济生活短暂稳定但是冲突现象增长，这对结构功能主义理论提出了质疑和挑战。K. 马克思、M. 韦伯等早期古典社会学家有关冲突的论述成为后期冲突管理理论发展的重要来源，通过对结构功能主义的片面性进行批评和修正，学界逐渐形成继结构功能主义学派之后有重大影响的社会学流派。

不同研究领域对于冲突的定义是不同的，与社会学相比，管理学界更加注重从个人和组织层面进行概念界定。组织行为学家罗宾斯表示："冲突是一个事态发展激化的过程，这种过程源于自己所关心的事情被外部其他主体造成消极影响或者即将造成消极影响。"② 更有学者将理解"冲突"作为西方文明观的

①　Susan K. Boardman, Sandra V. Horowitz. Constructive Conflict Management and Social Problems: An Introduction. Journal of Social Issues, 1994, 50（1）.

②　[美] 斯蒂芬·P. 罗宾斯：《组织行为学》，北京，中国人民大学出版社，1997。

核心概念。[1]

　　冲突管理有广义与狭义之分。广义的冲突管理应当包括冲突主体对于冲突问题的发现、认识、分析、处理、解决的全过程和所有相关工作；狭义的冲突管理则着重把冲突的行为意向和冲突中的实际行为以及反应行为作为研究对象，研究冲突在这两个阶段的内在规律、应对策略和方法技巧，以便有效地管理好实际冲突。[2]

　　学者关于冲突的认知是渐进发展的，随着管理学的发展，冲突的概念内涵与外延也在发生变化，国外冲突观念的演变基本可以分为三个明显的阶段，分别是传统的观点、人际关系观点和相互作用观点。第一种观点认为，冲突通常作为暴动、破坏、缺乏理性等的近义词出现，因此被认为是不良的、消极的，因此，应该避免冲突；第二种观点则认为，冲突的特性是与生俱来的，因而无可避免，正确的处理方法应该是接纳冲突并促使其往合理化的方向发展，充分发挥其对群体工作绩效的激励作用；第三种观点则认为，应该鼓励冲突的产生并允许其存在，同时将其维持在较低水平，充分发挥其保持群体旺盛生命力的作用。

　　（2）国外社会冲突理论的主要流派

　　在此过程中逐渐形成的社会冲突理论主要包括四个方面的理论流派：个人特征理论、社会过程理论、社会结构理论以及博弈论。主要代表人物包括：美国的 L. A. 科塞、L. 柯林斯，德国的 R. 达伦多夫、英国的 J. 赖克斯等。

　　①科塞的功能冲突论（Functional Conflict）[3]

　　科塞在其《社会冲突的功能》中首次提出了"冲突理论"这一学术概念。他深入分析当前社会冲突具有的现实功能和作用。在理论分析和现实经验的支撑下，科塞认为冲突同时具有正向功能和负向功能。在特定的环境下，冲突可以保证社会发展的连续性、降低不同主体产生敌对情绪的可能性、促进社会系统的活力、增强社会组织在不同环境下的适应性最终实现促进社会整合目标等正功能。科塞认为社会体系内的各个部分是相互关联的，因此必然存在紧张、失调和冲突等现象，并以不同形式表现出来。而社会冲突严重程度的影响因素则是更加复杂的，但通常取决于不同社会结构下人们心理因素的交互作用。冲突虽然听起来是个贬义词，但却具有一系列积极的社会功能，具体表现为：冲

---

① 冯钺：《冲突与优越感并存的西方文明观》，载《人民论坛》，2019（26）。

② 马新建：《冲突管理：基本理念与思维方法的研究》，载《大连理工大学学报（社会科学版）》，2002（03），19~25 页。

③ ［美］L. 科塞：《社会冲突的功能》，孙立平等译，北京，华夏出版社，1989。

突有利于促进新的群体形成、可以帮助明确团体界限、可以保持和增进团体团结。但是冲突的积极功能作用的发挥取决于许多因素，譬如结构类型等，因此为了论证冲突产生积极功能的适用条件，科塞对群体内和群体外的冲突、核心价值冲突和表面性冲突、产生结构性变迁的冲突和从安全阀制度中释放出来的冲突、松散关系中的冲突和紧张关系中的冲突、现实性的冲突和非现实性的冲突等进行了区分。

科塞认为完整的社会体系是由各个相互关联、彼此连接的部分组成的；但由于整合失衡，不平衡、紧张和利益的冲突常常发生于相互关联的各个部分之间；而这些失调和冲突又会进一步引起社会整体内部各部分间的重组，通常被称之为系统的临时性整合，整合后社会系统的弹性会得以增强，提高解决未来可能引发失衡冲突的能力，提高整个社会体系在不同环境中的适应能力。

在对影响冲突产生和作用机制的各种影响因素的分析后，科塞认为，当社会不满缺乏有效的宣泄渠道，缺乏将不满进行转移的内部组织，那么整个社会的流动性就会降低，换言之一般社会成员和特权阶层成员固化，这种情况下产生的冲突就会越激烈。其次，通常由现实问题引发的冲突激烈性越小，而由非现实问题引发的冲突，情感介入越多时，冲突的表现就越为激烈。

科塞还认为，在良性的社会系统中，冲突发生的频率越高，冲突表现的激烈程度越低，其显著的积极作用在于可能增强系统内各组成单位的革故鼎新精神，为各单位敌意的缓解创造机会，尽量避免完全对立情形的出现。从社会整体的发展来看，冲突可以促进整个社会资源和秩序的整合和提高其在不同外部环境下的适应能力。总而言之，科塞认为，社会生活中的压力、冲突、矛盾是难以避免的，但不能将它理解成是一种破坏性现象，更不是社会功能的失调，其在一定程度上可以说是群体形成和社会生活持续的重要组成要素。因此，这种冲突理论是基于经验性分析形成的较为乐观的论断，认为冲突可以为社会中的不满和危机提供化解渠道，提高整个社会的适应性，为社会变革奠定基础。

②达伦多夫的辩证冲突论（Dialectical Conflict Theory）①

达伦多夫将社会现实形容成两张面孔：社会秩序稳定、社会生活和谐与共识的一面；变迁、矛盾冲突以及强制的一面。因此社会学研究不仅需要和谐状态下的社会分析模型，同样需要一种对社会冲突情景具有解释力的社会模型。为此，社会学必须走出帕森斯所构建的"乌托邦"状态，避免陷入均衡与和谐，

---

① ［德］达伦多夫：《现代社会冲突》，林荣远译，北京，中国社会科学出版社，2000。

从而建立起一般性冲突理论。达伦多夫吸取了马克斯·韦伯关于权威和权力的研究内容，其阶级和冲突理论便是以此为基础建立。他认为，社会组织中权威和权力的不平等性促使社会分化，社会群体被分为两大彼此对立的准群体——统治群体和被统治群体。在一定条件下，具有逐利性的准群体组织会形成特殊利益群体，然后作为集体行动者参与到公开的群体冲突中去，进而促进社会内部已经固化权威和权力的流动与再分配，社会会趋于暂时性的和平与和谐。但是权威再分配的过程是新的统治者和被统治者出现并制度化的过程。社会和谐中潜伏着大量新的冲突与危机，社会成员在时机成熟后就会以新的目标重新组织起来，爆发新的一轮关于争夺权力的冲突。现实本质上是冲突与和谐此起彼伏的循环过程，历史则是在权力和抵制的辩证法的推动下发展下去。

对于社会冲突的起因，达伦多夫在其著作中认为，由于权力和权威等资源稀缺导致争夺和冲突的产生，他认为在社会权力关系体系中只有不同的组织群体处于特定的位置才能维持稳定的社会秩序，但由于权力与权威具有的稀缺性，各组织群体为了进入特定的权力位置而竞争与搏斗，社会冲突与变迁便应运而生。

③赖克斯的冲突理论[①]

赖克斯在《社会学理论中的关键问题》（1961）一书中的冲突理论以马克思主义基本立场为起点，强调社会生活中的物质分配手段在社会模型的构建过程中具有优先性，因此赖克斯对于以价值规范为重心的秩序理论表示反对。赖克斯详细地描述了"统治阶段可能存在的情境"：统治集团可以用强制性权力对社会资源进行迅速整合进而对社会生活的各个领域进行支配。在这种情形中，不同群体的物质生活资源是由经济分配体系进行分发；以"防范任何破坏经济分配体系的行为发生"的目标是政治权力体系分配权力希望达到的；终极价值体系则服务于确认"这种政治权力体系的合法性"；相伴而生的宗教仪式则发挥着"促使人们自觉遵从终极价值体系"的作用。他认为，这种以货币掌握权力、以权力巩固价值最终形成特定仪式的一体化社会结构，本质上是服务于统治阶级的利益。被统治阶级日益增长的不满情绪主要源于生活手段分配上的极端不平等，在这种情况下被统治阶级的成员将群体利益置于个人利益之上促使集体行动者结成。社会由"统治阶段"向"革命"运动发展的标志通常是统治阶级与被统治阶级的权力力量对比发生变化，而结果则是导致统治阶级的倒台。当冲突的双方意识到冲突剧烈发展的代价远远高于进行适度的妥协和让步，那么

---

① Rex, J. Key Problems of Sociological Theory. London: Routledge & Kegan Paul, 1961.

冲突双方就会做出退让。然而这种"和平情境"既是短暂的也是缺乏稳定性的。冲突双方将会在短暂的"和平"中继续寻找新的可以为自己谋利的手段，权力的平衡是否被打破取决于这种手段是否能够被找到。

④法兰克福学派

20世纪60年代，社会冲突理论研究出现新的流派——法兰克福学派社会批判理论中的冲突理论，与科塞等人不同，法兰克福学派的理论更加悲观。该理论的现实依据是科技进步对于发达国家政治、社会生活产生的深刻影响，主要内容是对发达工业社会进行社会批判。以马尔库塞和哈贝马斯为代表，他们并没有对社会冲突抱有肯定的态度和积极的看法，反倒深受马克斯·韦伯的影响，对冲突更多表现出无奈心态。

法兰克福学派中也有不同的分支，其中最为典型的激进派人物当属马尔库塞，"当代工业社会是一个新型极权社会"理论是其主要研究内容。他认为："工业社会的富裕和强大主要得益于科学技术的进步和使用，但也因此使社会的政治需要成了人的需要和愿望。"即在发达的工业社会，人们的反对意见已经被成功地压制，人的批判性、否定性向度逐渐丧失，成功地实现了政治对立面的一体化。因此，人和社会都成了只对现存社会持肯定态度的单面人和单面社会。但是，没有对立、没有矛盾冲突的社会实际上是一个强权极权的社会，在这样的社会里人是自愿受控制，并且处于"一种舒舒服服、安安稳稳、合理且民主"的状态。实质上，"总体来看我们这个社会是不够理性的，人的需要和才能的自由发展在这种环境下是被破坏和阻碍的，整个社会短暂的和平需要由偶尔的战争可能性来维持，它的发展取决于对各种平息生存竞争的可能性的压抑。"当代资本主义内在隐藏着深刻的冲突，表面一体化的背后其实反映了形式自由与实质不自由的矛盾与冲突，体现了在资本主义社会结构中人性所受到的压抑以及产生的异化。因此，马尔库塞悲观地认为在这种矛盾下，当代工业社会不仅没有提高社会变化的能力反而对其进行遏制，社会前景黯淡。[①]

法兰克福学派第二代的主要代表则是著名政治学者哈贝马斯。他详细论述了科技进步对于促进社会发展的作用，论证了当代资本主义社会统治合法性问题，构成了其冲突理论的主要内容。他与马尔库塞都注意到了在当代社会变化中的科技创新和应用发展发挥出的巨大作用。他认为，科技不仅应该是首要的

[①] [美]马尔库塞：《单向度的人——发达工业社会意识形态研究》，刘继译，上海，上海译文出版社，2014。

社会生产力，同时也发挥着巨大的社会变革作用，随着科技渗透到社会组织中，人们的社会意识也随之改变，进而改变着旧的社会制度。科学技术使这个社会成了一个合理、合法的极权社会，技术本身因而成了社会的统治意识。强调工具理性是技术统治的核心，社会行动的评价标准也逐渐变成以效率为导向，成为人们解决各类问题的重要准则。在资本主义晚期，人们不再可以自由地选择讨论公众事务，公众事务沦为了专家使用特定的工具进行解决的技术问题，公共决策越来越多地交付给电脑处理，而与公共利益密切相关的民众则被排除于讨论范围之外。这种结果反映了科技霸权主义的形成，也是工具理性扩张的直接表现。于是，各类危机在资本主义社会内部酝酿并爆发，其中"合法性危机"对资本主义社会提出的挑战是最为严重的。合法性代表着某种政治秩序受统治者和被统治者认可的价值。当社会公众对政治过程缺乏信任和支持，个体的行为缺乏意义，合法性危机就产生了。这实质上是以形式上的合理与自由，掩盖着实际上的不合理与不自由。哈贝马斯认为，只要当代资本主义的结构性矛盾一直存在，结构性冲突一直爆发，那么合法性危机的产生就是必然结果。哈贝马斯的社会冲突理论弥补了已有研究的不足，对当代资本主义社会的变化有较强的解释力，但是马克斯·韦伯形式理性与实质理性仍然是哈贝马斯的基本分析框架。[①]

20 世纪 70 年代，美国学者丹尼尔·贝尔等人也对资本主义已有的社会冲突进行了研究，研究方向与内容虽然与法兰克福学派接近但是不完全一样。贝尔认为资本主义社会是由经济生活、政治生活、文化生活共同构成的文化价值体系，但由于各个部分并不一致，发展进程和速度亦不相同，形成适合自己的独特模式，并依此表现出差异性较大的行为方式。社会的各种矛盾源于经济生活、政治生活、文化生活三个领域间的冲突。这些社会矛盾具体表现为：作为资本主义社会基础的"经济—技术"体系所遵循的效益和工具理性原则及官僚等级制与人的自由本性之间存在的矛盾；政治领域中所遵循的"平等原则"与官僚机构之间的实质不平等的矛盾；文化领域既不遵循效益、工具理性，也不遵循"平等原则"，而是以"个性化""独创性"以及"反制度化"为其精神意向，因此在资本主义文化价值体系中存在着结构性的难以克服的矛盾。[②]贝尔的这一分析很接近由韦伯开启的，经由法兰克福学派发展了的社会冲突分析范式。韦伯

① ［德］尤尔根·哈贝马斯：《合法化危机》，刘北成、曹卫东译，上海，上海人民出版社，2019。

② ［美］丹尼尔·贝尔：《资本主义文化矛盾》，赵一凡等译，北京，生活·读书·新知三联书店，1999。

和海基拉（Weible，C.M. & Heikkila，T）在对政策冲突框架研究中提出冲突是政治和公共政策研究中最重要的现象之一。①

3. 国内学者的相关研究

国内对社会冲突问题的研究主要包括对社会冲突分类、根源、功能及其调控的研究。

李亚对中国的社会冲突分类进行了探究，认为中国的"公共冲突"包括三种类型：一是从冲突或冲突解决的主体来看，至少有某一级政府或政府部门是冲突的一方或是冲突解决的决策者，这主要指公共管理与政策制定涉及的冲突；二是从冲突或冲突解决涉及的对象看，涉及公共或集体资源，典型的如社区冲突、环境冲突等；三是从冲突解决的过程看，政府虽不是冲突的一方或决策者，但需要政府施加某种干预，典型的如群体性的劳资冲突，尽管很多劳资冲突发生在私营部门，但由于涉及群体和社会稳定，政府需要加以干预。②

在社会冲突根源的有关研究方面，毕天云认为社会冲突根源具有多样性，其基本根源有：利益差别和对立、权力争夺和滥用、社会不平等、不正当的社会竞争、价值观念的差异、社会误解。③陈恢忠认为社会冲突发生的原因首先在于人的进取精神与社会分层结构除了存在统一的一面外，还存在矛盾的一面，许多情况下，二者无法整合。④丁建定和孙健提出社会分层和社会冲突的关系问题，即阶层结构不合理，诱发社会冲突；社会资源分布不合理，强化了社会冲突；社会流动缓慢，缺乏社会冲突调节机制。⑤彭勃认为代理型的制度安排引发了各种治理问题，是社会冲突的重要根源。⑥党国英以中国农村地区为背景，分析了非正式制度（包括宗教、礼仪、道德、经典符号、宗法关系）对社会冲突的影响。⑦贾林祥认为"心理因素—社会偏见"是引发社会冲突的原因之一。社会偏见使受偏见者自我束缚，导致自我实现预言、人际之间的疏离，引发社

---

① Weible C M, Heikkila T. Policy Conflict Framework. Policy Sciences, 2017, 50（1）.
② 李亚：《中国的公共冲突及其解决：现状、问题与方向》，载《中国行政管理》，2012（02）。
③ 毕天云：《论社会冲突的根源》，载《云南师范大学学报（哲学社会科学版）》，2000（05），5~8页。
④ 陈恢忠：《论社会分层的功能及社会冲突》，载《华中理工大学学报（社会科学版）》，2000（01），60~63页。
⑤ 丁建定、孙健：《从社会分层到社会冲突——基于我国阶层现状的分析》，载《华北电力大学学报（社会科学版）》，2005（04），83~87页。
⑥ 彭勃：《社会冲突困局与地方发展主义》，载《经济社会体制比较》，2009（02），132~138页。
⑦ 党国英：《非正式制度与社会冲突》，载《中国农村观察》，2001（02），54~64+81页。

会歧视行为，进而引发社会冲突，危害社会稳定。^①原珂认为，相关社会治理制度建设的滞后已愈发成为社会转型后期我国社会矛盾冲突频发及恶化的重要影响变量之一。^②

毕天云讨论了社会冲突的功能，认为社会冲突的正向功能包括社会促进与社会发展、加强群体与社会的整合，具有"社会安全阀"功能；负向功能包括损失社会资源、破坏社会秩序、伤害社会心理、产生社会问题。针对反功能，毕天云提出了社会冲突协调和控制的方法。他把调控分为协调和控制两个层次。在协调方面，有利益协调、沟通协调、妥协协调、社会调解等；在控制方面，社会冲突的控制由控制主体、控制客体、控制目标、控制手段等构成。另外，他又把社会冲突的控制过程分为事前控制、事中控制、事后控制。在此基础上，他还归纳了社会冲突控制的方式，有政权控制、法律控制、政策控制、习俗控制、道德控制、舆论控制等。^③

时和兴对冲突管理学的源流走势进行了梳理，认为从滥觞于冲突理论的思想源头，到国际和平科学首开冲突管理之先河，再到组织冲突管理学形成滔滔干流，直到公共冲突管理学找到新的航向，冲突管理学科的知识体系和应用范围渐次拓展，公共领域的秩序建构也获得了新的工具。^④芦红等总结了冲突管理的影响因素，包括管理风格、组织文化、管理者的管理能力。^⑤常健和许尧提出公共冲突治理的五大机制：不同主张的表达机制、对立观点的交流机制、冲突利益的整合机制、争议事项的裁决机制、对抗行动的制动机制。^⑥时和兴提出冲突管理机制创新，需要走出矛盾冲突根绝论、矛盾冲突消亡论、矛盾冲突速决论、矛盾冲突赎买论等观念误区。^⑦许尧则对社会冲突治理的渠道进行了研究，他认为相对于现场渠道，网络渠道具有节约成本、防止信息失真、减少人身伤害风险、促进公开透明、便于"微冲突"表达、更加智能化等比较优

---

① 贾林祥：《社会偏见：制约和谐社会构建的社会心理因素》，载《陕西师范大学学报（哲学社会科学版）》，2010，39（03），18~23 页。
② 原珂：《公共冲突治理视域下中国社会治理制度建设的反思与前瞻》，载《江海学刊》，2021（06）。
③ 毕天云：《论社会冲突的根源》，载《云南师范大学学报（哲学社会科学版）》，2000（05），5~8 页。
④ 时和兴：《冲突管理学源流探析——兼论公共冲突管理学的发轫》，载《国家行政学院学报》，2013（05）。
⑤ 芦红、吕庆华：《冲突管理：研究动态与展望》，载《广西财经学院学报》，2009（02）。
⑥ 常健、许尧：《论公共冲突治理的三个层次及其相互关系》，载《学习与探索》，2011（02），84~87 页。
⑦ 时和兴：《走出地方冲突治理的误区》，载《北京行政学院学报》，2012（04）。

势，能够去除或弱化传统现场模式的成本高昂、可控性差、容易升级等诸多弊端，日趋成为社会冲突管理方和诉求表达方共同选择的较为理想的途径。褚松燕提出政府提高冲突管理能力的方法：首先，在战略层面将冲突管理纳入政治社会发展战略当中；其次，在组织层面拓宽冲突管理的主体力量；再次，在制度层面强化冲突管理的机制和程序建设；最后，在个体层面提升党政领导干部冲突管理的能力。[1]马原则透过分析我国基层社会冲突的行为特点与政策回报，发现基层冲突的行动主体多为政策的"利益相关者"，因此要在多元治理视角下治理社会冲突，通过政策倡导和法治维稳，将多元主体的利益诉求纳入政策过程，拓展诉求表达空间。[2]

综上所述，虽然社会矛盾、社会冲突与社会稳定理论的研究各有侧重点，但在对于矛盾与冲突的成因分析、影响社会稳定风险的因素分析等方面存在交叉。目前有关社会稳定的研究重视影响因素分析，少有从风险视角研究社会稳定问题。有关社会矛盾的研究偏向社会结构方面，着重社会学层面的抽象综合，而对问题的深层次探讨和应用层面研究相对较少，尤其是从社会稳定风险评估预测角度开展预防社会矛盾的专门研究更为少见。社会冲突及管理研究则更多从结构视角分析社会冲突的演化，对于如何更好地管理社会冲突等方面的应用研究也需要进一步加强。总体上，现有研究很少明确地把社会稳定、社会矛盾、社会冲突放在统一的分析框架下进行专门研究。

二、风险评估、风险管理与风险治理的相关研究

（一）风险与风险社会

在西方，"风险"一词在中世纪就已萌发，主要是指早期商业活动中贸易、探险和殖民扩张等方面的结果不确定性。18 至 19 世纪，概率数学发展起来，促进了概率推理在风险问题中的应用，风险被认为是"事件的损害乘以事件发生的概率"。[3]概率评估的技术广泛应用于各领域，为银行、投资和保险的现代方法奠定了基础。在中国，作为单音词的"风"与"险"各自的历史很久远，但"风险"作为一个合成词，则起源于清代中期，最早指"行船遇风之险"，之后在 19 世纪末 20 世纪初开始应用于银行和拍卖领域。这一演变与西方"风险"词义演变

---

[1] 褚松燕：《论政府冲突管理能力的强化》，载《中国行政管理》，2010（02），50~53 页。

[2] 马原：《政策倡导与法治维稳：多元参与视角下的社会冲突治理》，载《治理研究》，2019，35（05），114~121 页。

[3] Adams, J. Risk. London: UCL Press, 1995.

有相似之处。①

　　尽管关于"风险"的研究由来已久，但是长期集中在自然领域和纯粹技术领域的风险，实际上风险与不确定性密切相关，侧重行动或政策引发的机会、可能性或可能事件。风险有明显的社会属性，与人类社会的发展息息相关。20世纪 90 年代"风险"这一概念开始进入社会领域的研究中。为了更准确揭示现代社会的本质，德国社会学家贝克（Ulrich Beck）提出"风险社会"这一概念，认为它是一组特定的政治、经济、社会和文化的情景，其中包括不断增长的人为制造的不确定性的普遍逻辑的特点，它要求当前的社会结构、制度和联系应该发展为一种具有复杂性、断裂性和偶然性的形态。②张康之认为，在人类历史的任何一个时期都存在风险，甚至在某些时期出现过危机事件集中爆发的状况，但那些都不足以构成风险社会，而只有当今人类所处的社会可以被命名为风险社会。③这一全新概念让风险成为现代社会的根本特征，也改变了社会的理念基础和人们的行为方式，从制度和文化层面改变了传统以及现代社会的运行逻辑。资本逻辑与技术理性的共谋开启了风险由自然转向社会的篇章，风险社会发轫于现代性工业社会似乎已是一个不争的事实。④

　　风险已经开始主导 21 世纪中个人和集体的意识。社会安全、人类健康、经济发展和生态平衡等均被世界各国风险学家们纳入风险研究的领域。作为现代社会制度的结果而出现的风险在其他方面是独特的，包括它们广泛的空间分布和影响当代和后代的能力。许多风险是社会及其机构无法控制的，部分原因是那些制造风险的人能够逃避责任，部分原因是新的风险超出了民族国家的边界。蒂埃尼认为风险社会的出现是近代社会动态的结果，包括核能等技术的发展。⑤张劲松则认为风险社会直观地表现为生态恶化对人类生存的威胁，其内在推动力是科技创新的高度复杂性和不确定性，制度根源是服务于资本增值的生产资料私人占有制。⑥

　　在理论方面，风险在社会科学中的重要性逐渐提高，关于风险和不确定性的研究在社会科学的多个学科领域内取得了迅速发展。经济学常以严格的理性

① 刘宝霞、彭宗超：《风险、危机、灾害的语义溯源——兼论中国古代链式风险治理流程思路》，载《清华大学学报（哲学社会科学版）》，2016，31（02）。
② Beck, U. Risk Society: Towards a New Modernity. London: Sage Publications Ltd., 1992.
③ 张康之：《风险社会中人的存在及其行动》，载《中州学刊》，2022（01）。
④ 戴亮：《中国特色社会主义治理实践对风险社会理论的新突破》，载《领导科学》，2021（20）。
⑤ Tierney K. The Social Roots of Risk: Producing Disasters, Promoting Resilience. Stanford University Press, 2014.
⑥ 张劲松：《风险社会视域下的人类命运共同体理念》，载《上海交通大学学报（哲学社会科学版）》，2021（06）。

行为概念探讨风险问题，并根据研究的进展不断对核心理念进行修正。心理学一般在个人层面上研究风险感知和风险应对问题，并提出了心智模型、心理测量范式等研究风险的具体方法。社会学从文化变迁和社会制度结构的角度研究风险，并主张以社会治理方式的变革来应对风险。但是，各个学科领域对风险的研究都遇到了单一研究方法的局限性和困境，于是人们寻求更丰富的跨学科路径，以及更多样化的研究方法。近年来，多学科交叉研究逐渐成为风险研究的新发展趋势。

在实践方面，有效防范化解社会风险，是政党执政和国家治理的重大议题。[①]人们逐渐意识到，在现代社会中，社会政治的和谐稳定、国民经济的良序运行、科技文化的繁荣发展等都离不开科学的风险管理措施和系统的治理手段。中国面临着较为紧迫的经济发展形势，但经济发展的同时也可能产生新的风险，带来不确定性，从而使我们面临更新和更大的风险冲击。从这个意义上来看，中国同时面临着经济发展和风险控制的双重压力，建立符合风险社会发展需要的系统的新型风险管理体制，已经成为一项紧迫的任务。

（二）风险评估与风险管理

现代风险社会中，风险往往是现实的、不可避免且不可完全消除的，这是客观世界的基本特征之一，但是可以通过科学的方法识别、测量，并进行有效的管理和控制。[②]有学者指出"风险"往往具有主观和客观双重属性，既有主观建构性，也有客观存在性，在技术性风险和建构性风险的影响下，风险评估的开展需要采取不同的方法和相应的制度安排。随着对预测和防范风险的需求的上升，风险评估和风险管理的理论和方法也应运而生。风险评估首先是社会风险管理中的一个重要环节，其次才是行政决策的一项前置性程序；其评估的对象是一种建构性风险而非技术性风险；在行政决策中，风险评估是一种民主机制而非科学机制。[③]

风险评估和风险管理是具有前后联系的两个环节，风险评估是风险管理的前提和基础，在风险控制中是科学的、可计算的部分，风险管理是风险评估的目的，是风险控制中的政策部分，二者紧密结合，相辅相成，共同的目标是通过改进决策从而实现危害最小化和收益最大化。随着风险日益变得复杂和不可

---

① 唐皇凤、黄小珊：《百年大党防范化解社会风险的基本历程与主要经验》，载《贵州社会科学》，2021（10）。

② Gabe, J. Health, Medicine and Risk: The Need for a Social Approach, in Medicine, Health and Risk: Sociological approaches. Oxford: Blackwell, 1995.

③ 林鸿潮：《社会稳定风险评估性质考辨》，载《中国行政管理》，2019（01）。

知，评估和管理风险的正式系统也逐渐更为普遍。

1. 风险评估

风险评估是指对某一具体事件或具体情境，或者是某种可识别的威胁通过风险的定性和定量分析进行预测和判断的过程，这是风险管理过程中的一个重要环节，其根本目的是量化个人或组织面对的风险和危险等级，为风险控制和管理决策提供依据。

风险评估是基于这样一个尝试：根据之前的风险知识，并将这些知识投射到未来，从而通过控制事件来提高安全性。风险评估主要是对某些具有危害性后果的事件发生的概率及其可能的危害程度进行估算。[1] 决策者认为风险评估可使风险应对的路径更加系统化，他们用这种方法确定行动重点或降低风险，并优化风险与收益的平衡。[2] 风险管理的首要步骤涉及预测后果及危害的潜在性[3]，风险评估为实现这一目的提供了一种集中的和管理上可控制的工作方式，被广泛运用于自然灾害、人类健康、信息安全、项目管理等具体的风险领域中。

风险评估的内容主要包括以下三个方面：第一，对风险本身的界定，包括风险发生的可能性、风险持续时间、风险强度以及风险发生的区域和关键风险点等；第二，对风险作用方式的界定，包括对风险管理对象的直接影响或间接影响、风险的作用范围、是否会引发其他的相关风险等；第三，广义的风险评估还涉及对风险的成本—效益的分析，比如风险发生时造成的损失和危害的大小、个人或企业为避免和减少风险需要付出多大的代价、得到的利益又是多少等。

风险评估以基于科学的量化风险的方法呈现在公众面前[4]，由于风险评估应用的领域不同，具体的评估技术根据不同的评估对象有很大的差异，但是在风险评估的基本方面具有较大的共通性。一般而言，风险的构成主要包括以下五个方面：起源、方式、途径、受体和后果。它们之间的相互关系可以表述为：风险的一个或多个起源（威胁源），采用一种或多种方式（威胁行为），通过一种或多种途径（脆弱性或漏洞），侵害一个或多个受体（如个体、组织、社会等），造成不良后果（影响）。美国科学院在 1983 年公布了风险评估的四

---

① Tierney K J. Towards a Critical Sociology of Risk. University of Delaware. Disaster Research Center. Article, 1999, 336.

② Rimmington, J. Overview of Risk Assessment, Risk Assessment Conference, Queen Elizabeth II Conference Centre, London, 1992.

③ Alaszewski A, Harrison L, Manthorpe J. Risk, Health and Welfare. Policies, strategies and practice. Columbus: Open University Press, 1998.

④ Lupton, D. Risk. London: Routledge, 1999.

段法：危险辨认、暴露评估、剂量－反应评估、风险描述。[①] 风险评估的主要任务就是识别个体或组织可能面临的各种风险、评估风险出现概率和可能带来的负面影响、分析组织承受风险的能力、确定风险消减以及控制的优先等级、提出风险消减的对策。随着现代计算机技术和概率数学的发展，风险评估被认为是基于科学和知识最可靠的识别和判定风险量级的方法。但是应该看到风险评估方面还有诸多未被克服的难题，是未来风险评估理论和实践中面临的主要挑战。风险评估中可能产生误差的原因至少包含以下几个方面：第一，并不是所有可能发生的事情都能被完全地预测到，有时发生概率极小的事件在风险评估中被忽视，结果却造成了超乎想象的损失；第二，用于风险评估的数据质量和样本容量可能造成评估偏差，这使评估的准确性受到质疑，"尽管风险评估的精算化语言具有客观和科学的可信性，但是预测危险的风险评估技术手段却非常不精确，由此构成的专业干预的基础也并不牢固"[②]；第三，预见系统间的交互作用和其中复杂的关联性有一定难度。[③] 这里描述的误差根源可能还不全面，但是明确揭示出风险评估可能出现偏差，这就要求针对评估对象的性质特点审慎地设计评估程序并采用尽可能完备的评估方法。

2. 风险管理

风险管理是依据风险评估以及对政治、经济、社会和法律等综合考虑所采取的一种风险控制措施。[④] 通常，不同的组织会采用不同的风险管理定义。

澳大利亚／新西兰标准组织：直接应对潜在机会和不利影响的积极管理的文化、过程和架构；

德国全球变化问题咨询理事会：由个人或者组织指定的用来减少、控制和限制风险的措施的总和；

美国总统及国会委员会：减少风险的分析、选择、执行以及评估活动过程；

美国红皮书：对可选择可调整的活动进行的评估，并在这些活动之间进行挑选的过程；

美国《联邦政府的风险评价管理》将风险管理定义为结合各种经济、社会及其他有关因素根据风险评估的结果，对风险进行管理、决策并采取相应的控

① 来源于 1983 年美国国家科学院出版的《美国联邦政府的风险评估：管理程序》，此方法成为指导风险评估实践的标准化程序。

② Denny, D. Risk and Society. London: Sage, 2005.

③ Freudenburg, W. Perceived Risk, Real Risk: Social Science and The Art of Probabilistic Risk Assessment. Science, 1988, 242（4875）.

④ 黄崇福：《综合风险管理的地位、框架设计和多态灾害链风险分析研究》，载《应用基础与工程科学学报》，2006，14（增刊）。

制措施的过程。

风险管理的核心是要在有限的资源情况下最大可能地减少损失，把握住机会获得更大利益。具体特征有：①具有预见性；②确保管理的完整性和系统性，并对整个管理过程具有监测作用；③从功效上来讲，风险管理能够帮助提高工作与决策效率，并支持管理手段的创新。除此之外，还有学者认为风险管理的实质就是降低脆弱性，提高风险承担的意识以及适应能力。①

风险管理的实践已经广泛展开。1983 年，美国风险与保险管理协会讨论并通过了"101 条风险管理准则"，作为各国风险管理的一般原则。②从澳大利亚/新西兰风险管理标准（AS/NZS4360）的实施开始，一些发达国家纷纷效仿，制订全国性风险管理标准，指导和推动风险管理的发展。③美国的管理技术公司1996 年开始开展风险管理网络服务，服务范围从法律咨询到公司发展、安全计划等，几乎受理任何类型的风险分析和风险管理业务。国际风险学会的国际刊物《风险分析》（*Risk Analysis*）更注重风险的社会性。2003 年，国际风险治理理事会（International Risk Governance Council，IRGC）成立，IRGC 是由有影响的政府官员、科学家和其他领域的专业人士组成，更多地表明国家政府开始主动介入国际风险事务，旨在推动风险管理从民间学术交流和企业自发推动的层面提升到政府行为层次，推动政府在关系国计民生的风险评价和风险管理中发挥更大的作用。此外，国际标准化组织（ISO）在 2018 年提供了应对管理组织风险的一般原则和指导方针。

在风险管理研究和具体实践的推动下，研究者从风险管理程序、管理主体等不同角度提出具体的操作方法，形成了多种风险管理模型，表 0.2.1 针对国际主要风险管理机构提出的风险管理模型特点进行了总结。这里的风险管理模型重点描述了风险评估的基本程序，一些学者根据风险发生的可能性和危害程度将风险分为不同的类型，推荐不同的策略加以管理。对于发生概率和破坏程度了解相对较多，且能够通过技术或正规手段降低其灾难程度来加以管理的风险，推荐采用基于风险的管理。如果是风险与相对较高的不确定性联系密切，则推荐采用基于未雨绸缪原则的管理方式。④

---

① 李文姣：《风险管理框架下第三方介入重大决策社会稳定风险评估研究》，载《领导科学》，2021（12）。
② 杨勇：《对风险管理若干原则的探讨》，载《安全》，2011，032（007），35~36 页。
③ 黄安平：《AS/NZS 4360 风险管理标准评介》，载《北方经贸》，2003，（010），99~100 页。
④ Klinke A, Renn O. A New Approach to Risk Evaluation and Management: Risk-Based, Precaution-Based, and Discourse-Based Strategies. Risk analysis: an official publication of the Society for Risk Analysis, 2002, 22（6）.

表 0.2.1　风险管理阶段模型概览

序号	模型类型	组成部分	特　　点	代　表
1	风险分析三（或四）要素	（风险源识别）、风险评估、风险管理、风险沟通	将风险评估与风险管理并列	世界动物卫生组织、世界卫生组织、国际风险理事会
2	四阶段模型	计划与准备、风险识别、风险评估、风险处置（风险沟通与风险监测贯穿始终）	宏观性划分、易于被广泛接受；普遍适用于各类组织的风险管理工作；强调风险管理是一个具有多面效应的过程，需要多领域力量协同解决完成；强调设置议程，利用多种综合手段	《澳大利亚/新西兰风险管理标准》、英国内阁办公室
3	以组织内部控制与管理为导向的模型	组织战略目标、风险评估、风险报告、决策、风险处置、残留风险报告、监测（调整与审计贯穿始终）	主要对准组织内部的控制和管理方法；强调风险水平会随着处置手段的实施以及环境的变化而变化；强调对整个管理过程的监测	欧洲风险管理协会联盟
4	以风险沟通为导向的模型	计划与准备、初始分析、风险推测、风险评介、风险控制、行动/监测（风险沟通贯穿始终）	强调风险认知的重要性；初始分析与风险推测组成风险评估；风险分析与风险评价构成风险评估	《加拿大风险管理标准》
5	以利益相关者为导向的模型	问题界定、风险分析、选项分析、决策、行动、评介（利益相关者的意见贯穿始终）	强调对利益相关者的咨询与融合，尤其在问题界定阶段	美国总统/国会委员会

资料来源：IRGC (International Risk Governance Council), 2005, White Paper on Risk Governance-Towards an Integrative Approach; Canada Standards Association. Risk Management: Guideline for Decision-Makers）（CAN/CSA-Q850-97）. Canadian Standards Association. 1997 (Reaffirmed 2002).

　　值得注意的是，风险的不确定性特质决定了风险管理的双重性特点：一方面，通过防范与控制手段可以将一种既定的预期风险进行消除或者减缓；另一方面，对既定风险的处置会把外在的因素引入现有的复杂体系中，会改变现有的风险类型，这就可能造成风险结构从人们所熟知的状态转变为人们从未经历过的状态，从而带来更大的损失。同时，有学者指出已有风险管理理论方法在新的形势下面临两大挑战：一是侧重于损失控制，未能将风险管理与组织战略和价值创造有效融合；二是现有风险评估方法无法准确评估大量未知的不确定性。[①] 伴随当前世界经济格局正在发生深刻变化，风险管理规律的探索还将产生新的需求。[②]

（三）从"风险管理"到"风险治理"

现代社会中的治理形态表现在政府组织、公民、经济力量与社会组织之间的互动与相互作用。在"治理"的语意语境下，非国家行为主体正在变得愈加重要，他们在某些方面相对于国家而言具有信息与资源上的比较优势，在国际国内公共事务的处理中正变得愈发不可替代。

"风险治理"相对于"风险管理"是一种转变，是涉及风险以及与风险有关的决策的概念本身与核心原则的一种变化。[③] 从单一风险管理到复杂多元风险治理的全过程演变囊括了治理主体、治理方式以及治理过程的众多变化，蕴含了政府从单方面的风险控制到全面风险治理思路的根本转变（如图0.2.2）。施魏策尔也指出现代社会面临着挑战传统风险分析和管理的"系统性风险"——指极其复杂、相互依存的风险现象。[④]

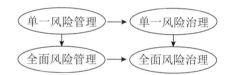

图 0.2.2　从"风险管理"到"风险治理"的思路演化图[⑤]

风险治理更重要的是超越了传统意义上风险分析的概念和内容（风险评价、风险管理和风险沟通）。风险治理要求将法律、制度、社会和经济的诸多变量纳入风险评价中，公共部门不只是唯一的参与主体，与风险有关的行为主体和利益相关者，都应被纳入风险治理结构中来。风险治理是涵盖了与风险信息的收集、分析、沟通以及管理决策制定有关的行为主体、规则、惯例、过程和机制所形成的复杂网络，同时强调多个行为主体和利益相关者的协调与合作。另外，风险治理还要求将诸如制度安排、政治文化以及不同的风险感知纳入环境变量中加以分析和考量。这样，风险治理相对于风险管理而言，就形成了一种更为

① 吕文栋、赵杨、韦远：《论弹性风险管理——应对不确定情境的组织管理技术》，载《管理世界》，2019（09）。
② 陈晓红、唐立新、余玉刚：《全球变局下的风险管理研究》，载《管理科学学报》，2021（08）。
③ Gunningham et al. Smart Regulation: Designing Environmental Policy. Oxford University Press, 1998.
④ Schweizer P J. Systemic Risks—Concepts and Challenges for Risk Governance. Journal of Risk Research, 2019（3859）.
⑤ 彭宗超：《中国合和式风险治理的概念框架与主要设想》，载《社会治理》，2015（03）。

复杂的多层次、多主体、多维度的治理结构。

2005 年，IRGC 出版的《风险治理白皮书》提出了基于流程设计的风险治理框架，将风险治理过程结构进一步明晰。风险治理分为风险评估和风险管理两个部分：风险评估对风险进行科学化的分析，获取用以支持决策所需的信息；风险管理对科学分析提供的信息进行加工并按照决策程序做出决策且付诸行动。实际上，还有两个象限——风险预评估和容忍度与风险可接受性——与知识和价值体系有着密切的关联。风险预评估决定了哪些问题可以形成被关注的议题，容忍度与风险可接受性则决定了如何在利弊之间进行权衡。IRGC 基于流程设计的风险治理框架实际上已经包含并体现了风险治理多层次、多主体的特点（如图 0.2.3）。

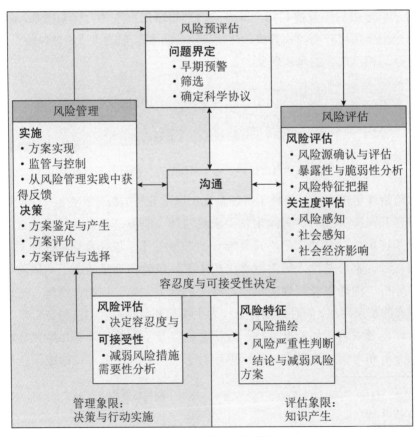

图 0.2.3　风险治理的流程

资料来源：IRGC(International Risk Governance Council, 2005). White Paper on Risk Governance-Towards an Integrative Approach: p.13. 另参见 IRGC(2017). Introduction to the IRGC Risk Governance Framework(Revised Version). Lausanne: EPFL International Risk Governance Center, p.10.

（四）简要评述

在风险社会的大背景下，由公共管理和公共服务的需求所驱动，风险评估和风险管理的理论与方法都得到了极大的发展，但是将现有理论运用到当前的社会稳定风险评估中去还存在较为明显的不足，主要表现在以下两个方面：

第一，西方将承担风险的主体由国家转向个人的做法是否符合中国现阶段的国情值得探讨。风险社会理论的主要观点是，社会变迁对社会所有人群的影响是一样的，所有社会成员会以相同的方式应对风险。工业社会通过社会阶层的组合而构成，风险社会则个人化了。因此，西方学者认为与技术、劳动力市场、住房市场和经济全球化联系在一起的新型的风险使安全网越来越缺乏意义，人们不得不自己面对更多的风险难题，风险管理逐渐成为一项个人和家庭的决策，国家不再更多地使用财政资金来构建社会安全网。正是基于此理念，一些西方国家推行了基于"第三条道路"的福利改革。我国受当前经济发展水平、人民富裕程度等条件的限制，国家在保障社会福利、实现和谐发展方面还需要承担更大的责任，不可照搬西方的发展理论。实际上，"第三条道路"的改革效果也需要历史发展的进一步检验。

第二，基于自然科学纯粹的风险评估技术，必须与复杂的社会背景结合起来。正如贝克所认为的："所有处于知识生产范围内的风险从来不只是知识实质（调查、假设、程序、方法、可接受值等）的问题。它们同时也是有关谁受苦难、危险的程度、危险的范围、威胁因素、滞后效果、需要考虑的人口、需要采取的措施、谁负责以及补偿要求等的判断。"[1] 以在技术范式中控制不确定性为宗旨的技术风险评估和管理有其局限性，这种意识使人致力于提高计算和评估质量，但忽视了将客观风险问题与主观风险问题以及社会风险问题的结合。为了从社会整体的角度识别和控制风险，不仅需要从普遍联系的角度重点关注各个社会子系统之间的相互关联性，还需要综合考虑社会群体中的不同价值观体系。

三、社会稳定风险评估与社会矛盾预防研究现状

（一）社会稳定风险评估研究

社会稳定风险评估在实践层面通常可以分为针对全社会整体稳定风险进行的综合性评估（简称综合性社会稳定风险评估）和针对某一重大决策或工程项目可能产生的社会稳定影响而开展的评估（简称重大事项社会稳定风险评估）两大类。

---

① 　Beck, U. Risk Society: Towards a New Modernity. London: Sage Publications Ltd., 1992.

1. 西方发达国家的研究

与国内针对某一重大决策或工程项目进行社会稳定风险评估不同，西方某些发达国家通常会使用议会表决、社区投票等方式对广泛涉及公民利益的项目做出决定，而不需要通过社会稳定风险评估，因此，这些发达国家一般少有社会稳定风险评估领域的理论研究。他们在国内也不太关注综合性社会稳定风险评估，但一直非常重视国内重大事项社会风险评估，他们一般通称"社会风险评价"；在国际上，这些发达国家更重视其他国家和地区特别是发展中国家和地区的综合性社会稳定风险评估，这是因为他们要为全球化战略中的有关对外投资规避所在国的社会稳定或政治风险提供相关咨询服务，和风险评估较为接近的是"社区安全风险评估""项目社会影响评估"以及"联合国维和部队地区冲突风险评估"，这些对风险评估有十分重要的借鉴意义，但也存在本质差别。详见第一章第二节的有关介绍。

2. 中国的研究

在中国，社会稳定风险评估的相关研究起步于 20 世纪 80 年代，其重点主要集中在对社会风险的理论以及源指标体系设计等方面的研究。其中，这一阶段最具代表性的是宋林飞的社会风险预警指数[①]，以及原国家计委社会稳定状况研究课题组的"二元指标评价体系"。进入 21 世纪以来，由于中国社会转型中积聚的矛盾逐渐凸显，实践中因重大决策、重大项目引起的群体性事件日益增多，比如各地的 PX 事件、各类邻避冲突事件等。因此，我国各界开始重视重大项目的社会稳定风险评估，针对风险评估的领域以及涉及的利益主体等方面进行了深入探究。

张玉磊与朱德米认为社会稳定风险评估（简称"稳评"）涉及利益相关者之间复杂的互动，其质量高低在很大程度上取决于利益相关者能否有效参与。因利益诉求不同，稳评中的利益相关者具有不同的行动逻辑：政府呈现为维稳压力与象征性执行；公众呈现为风险感知与利益表达；企业呈现为利润最大化与社会责任；专家呈现为理性主义与角色异化；专业机构呈现为独立宗旨与利益输送。[②]张玉磊与贾振芬认为中国稳评主体模式应该由当前政府一元治理逻辑下的政府主导模式，向利益相关者合作逻辑下的多元主体模式转型。[③]

此外，学界还存在对行政决策本身的社会稳定风险评估研究以及社会稳定

---

① 宋林飞：《社会风险指标体系与社会波动机制》，载《社会学研究》，1995（06）。

② 张玉磊、朱德米：《重大决策社会稳定风险评估中的利益相关者参与：行动逻辑与模式构建》，载《上海行政学院学报》，2018（05）。

③ 张玉磊、贾振芬：《基于利益相关者理论的重大决策社会稳定风险评估多元主体模式研究》，载《北京交通大学学报（社会科学版）》，2017（03）。

风险评估体制机制研究。如宋湘琦认为，需要将风险评估制度从原来的前置程序扩展到重大行政政策实施的全过程，注重风险评估工作的动态调整。① 邹东升与陈昶认为，考虑到作为政府意识偏差引发对风险评估结果的利用偏误、大数据背景下风险评估的"数据证据"缺失等问题，有必要建构一种"循证式"的重大行政决策社会稳定风险评估体系。② 张欢认为不仅政策决策阶段可能孕育社会稳定风险，政策执行阶段本身也有可能不断酝酿和产生新的社会稳定风险。因此，社会稳定风险管理有必要延伸至对政策执行的风险监测。③ 张红显还认为需建构一种以政府为主导、多元主体共同参与的评估主体机制，各级政府部门应成为行政决策风险评估的主导力量而非主控力量，同时突出公众、非政府组织及法院等主体在行政决策风险评估中功能的发挥，从而增强政府行政决策的科学性和正当性。④

此外，学界还对社会稳定风险评估的其他方面开展了研究。例如，对社会稳定风险评估来源的研究，于立深与刘东霞认为社会稳定风险评估是行政自制理念在制度上的自我创新，体现行政权力透过政治系统与法律系统沟通之后的自我反思和约束，其正当性源于对行政决策权在运行过程中可能发生的权力滥用的主动限制、对行政决策外部效果可预测性和可接受性的关注。⑤

同时，学界还对社会稳定风险评估发展短板进行研究，王阳指出当前社会稳定风险评估相关规定存在三个主要问题，包括评估主体的政策安排不科学，实施稳评中缺少支持性政策，及引入私人部门和社会主体承担稳评的制度不完善等问题。⑥ 朱正威与胡向南认为现行评估机制在评估主体选取、评估内容与重点、评估方法与民意调查等层面均还有待完善。⑦ 刘泽照与朱正威则认为社会稳

① 宋湘琦：《行政决策风险评估的预见性与可持续性研究》，载《人民论坛》，2020（23）。
② 邹东升、陈昶：《"循证式"重大行政决策社会稳定风险评估建构》，载《电子政务》，2019（12）。
③ 张欢：《从评估到监测：社会稳定风险应对的新策略》，载《四川大学学报（哲学社会科学版）》，2016（06）。
④ 张红显：《行政决策风险评估主体机制研究》，载《齐鲁学刊》，2020（02）。
⑤ 于立深、刘东霞：《论社会稳定风险评估制度的行政自制功能》，载《东北大学学报（社会科学版）》，2015（04）。
⑥ 王阳：《重大决策社会稳定风险评估制度的效果分析——以"评估主体"的规定为重点》，载《中国行政管理》，2016（03）。
⑦ 朱正威、胡向南、石佳：《社会稳定风险评估机制的实践进展、现实问题与完善策略——基于社会稳定风险评估报告的内容分析》，载《南京社会科学》，2019（11）。

定风险评估的实践、制度和理念的发展不平衡。[①] 黄杰等学者认为当前社会稳定风险评估遭遇到了法律依据不充分等多方面的问题。[②] 许振宇等学者指出，由于现阶段稳评理念相对固化、推进方式缺乏柔性等因素的影响，稳评机制可能会产生"失灵"现象，致使其运行效果没有达到预期目标。[③] 钟宗炬等学者还认为，重大决策社会稳定风险评估在数据收集与分析上仍有不足，且因项目类型、层级和评估实施主体的差异而产生波动。[④]

针对社会稳定风险评估机制中的问题，相关学者也给出了意见建议，朱正威与吴佳认为需要从社会稳定风险评估机制的评估对象、评估主体、评估方法及评估功能定位等不同层面进行针对性的修正。[⑤] 陆杰华与刘芹则认为要更加注重完善社会稳定风险评估的顶层设计，明确社会稳定风险评估的精准定位，落实社会稳定风险评估的长效机制，完善社会稳定风险评估的保障机制，健全社会稳定风险评估的防范预警机制。[⑥] 邹东升与陈昶还提出将大数据的特征与功能融入重大行政决策社会稳定风险评估，由此提出一种"数据式"稳评模式，旨在对现有稳评质效进行提增，更好地识别和防范因重大行政决策偏误所引发的社会稳定风险。[⑦]

与此对应，2010 年以前的一些研究主要是侧重国内的综合性社会稳定风险评估，很少涉及重大事项类社会稳定风险评估，但在 2010 年之后则更多地重视后者。随着"一带一路"建设的推进，国内学术界和实务界越来越重视国际社会特别是"一带一路"沿线国家的社会政治稳定风险评估；2019 年 12 月新型冠状病毒肺炎疫情以来的社会性次生灾害风险再次让更多学者关注到社会稳定风险的生成逻辑和评估研究。[⑧] 例如张芳芳等学者从政治、经济、社会和自然环境

① 刘泽照、朱正威：《掣肘与矫正：中国社会稳定风险评估制度十年发展省思》，载《政治学研究》，2015（04）。

② 黄杰、朱正威、吴佳：《重大决策社会稳定风险评估法治化建设研究论纲——基于政策文件和地方实践的探讨》，载《中国行政管理》，2016（07）。

③ 许振宇、吴金萍、曹蓉：《基于知识图谱的社会稳定风险研究热点及趋势分析》，载《西北大学学报（哲学社会科学版）》，2020（03）。

④ 钟宗炬、张海波、孔祥涛：《重大决策社会稳定风险评估如何更科学——基于社会调查方法运用的实证分析》，载《中南民族大学学报（人文社会科学版）》，2021（07）。

⑤ 朱正威、吴佳：《社会稳定风险评估机制的运行困境与优化策略》，载《中国党政干部论坛》，2017（05）。

⑥ 陆杰华、刘芹：《转型期重大决策社会稳定风险评估体制机制探究》，载《中国特色社会主义研究》，2019（03）。

⑦ 邹东升、陈昶：《"数据式"社会稳定风险评估：困境、逻辑与路径》，载《情报杂志》，2020（05）。

⑧ 胡象明、陈一帆：《突发公共卫生事件社会稳定风险的生成逻辑》，载《行政论坛》，2020，27（03）。

四个维度构建综合风险评价指标体系，采用 AHP- 模糊综合评价法对中南半岛及五个主要国家（地区）的综合风险及演变进行评估。[1] 汪衔石对西印度洋非传统安全展开风险、困境及对策研究。[2] 胡象明与陈一帆对突发公共卫生事件社会稳定风险的生成逻辑研究等。[3]

综合来看，国内学者对于理论模型和基本框架的研究更多表现在对社会整体发展和稳定的评估上，也表现在对具体项目、具体指标的细化以及全国各地的实践上。详见第一章第三节的有关介绍。

（二）社会矛盾预防研究

国内外比较重视的是从社会学或哲学、政治学层面对社会结构性矛盾开展研究，而比较缺乏从公共管理与公共政策视角，特别是缺乏从社会治理和风险治理视角对社会矛盾风险及社会矛盾预防开展系统深入的规范分析与实证研究。详见第四章第一、二节的有关具体介绍。

在现有的研究中，许多理论问题还模糊不清或存在争议。比如，社会稳定风险评估与社会矛盾预防之间是什么关系？如何处理综合性社会稳定风险评估与重大事项社会稳定风险评估之间的关系？如何保证社会风险评估的独立性、科学性以及公平性？如何有效采用社会风险评估的成果来提高社会矛盾预防的实际效果？如何推进社会风险的全面与综合治理？

从我国目前社会风险治理的具体实践来看，各级各地政府高度重视重大事项社会稳定风险评估。通常遵循"属地管理、分级负责"和"谁主管、谁负责""谁决策、谁评估"等原则进行评估，但这些原则也受到了理论研究者和公众的质疑。他们提出社会稳定风险评估的主体应该是具有相对独立性的第三方，并建立对社会稳定风险评估主体和决策主体的问责制。[4]

同时在社会风险评估中，政府、公众以及专家的风险感知通常存在差异，当对风险评估出现分歧时，应如何加以协调并从社会发展的总体角度做出判断？如何科学地量化风险的程度和范围？只重视重大事项类社会稳定风险评估，不重视综合性社会稳定风险评估是否可行？两者如何有机结合？中国社会风险评估实践中遇到和提出的这些难题都需要更广泛、更深入的风险评估理论研究加以回应。

---

[1]　张芳芳、刘慧、宋涛，等：《中南半岛地缘综合风险评价与机制分析》，载《世界地理研究》，2021（06）。
[2]　汪衔石：《现状、困境及对策：对西印度洋非传统安全的风险评估》，载《情报杂志》，2021（04）。
[3]　胡象明，陈一帆：突发公共卫生事件社会稳定风险的生成逻辑，载《行政论坛》，2020（03）。
[4]　童星：《对重大政策项目开展社会稳定风险评估》，载《探索与争鸣》，2011（02），20~22 页。

此外，在社会矛盾预防领域，学者们更加重视社会治理现代化视域下社会矛盾预防化解的多维路径研究。① 史献芝认为在当下纷繁复杂的时代格局中，设法谋划一套可以保障预防社会矛盾系统良性运转的保护性装置或机制，理应是以较小的社会成本或代价来有效治理社会矛盾的最佳选择。② 朱力与邵燕在社会预防论基础上阐释社会预防的要素和过程，提出在社会矛盾产生之前采取"未雨绸缪"式的事前预防模式，防止社会矛盾"从无到有"；在社会矛盾发展阶段采取"防微杜渐"式的主动预防模式，防止社会矛盾"从小到大"，并以理论探索为切入点，转变应对社会矛盾的模式，从根本上减少和化解社会矛盾。③

综上所述，根据几年来的有关研究，对于社会稳定风险评估与社会矛盾预防研究，我们的总体基本观点如下：

社会稳定风险评估必须结合我国现阶段的国家发展需要，要从社会冲突与社会矛盾风险治理和关口前移的战略高度重视社会稳定风险评估。社会矛盾预防战略迫切需要社会稳定风险评估的支持和推进，社会稳定风险评估确实也是社会矛盾预防的前提，社会风险评估的有关成果不能停留在形式上和纸面上，而应该服务和贯彻于有关的社会矛盾预防与综合治理的战略、策略及具体举措当中。

社会稳定风险评估不仅要重视重大事项性社会稳定风险评估，还要开展综合性的社会稳定风险评估，尽可能将两者有机结合并实现综合运用。首先，还是要高度重视综合性社会风险评估，做好这方面才可以更好地指导和帮助重大事项性社会稳定风险评估。比如综合性社会稳定风险很高的地区不仅要重视一些重大决策社会风险，而且也需要各部门关注一些日常事项的相关社会风险，综合性社会稳定风险偏低的地区依然不能忽视重大事项社会风险评估，但可以采取更多便捷方式进行相关评估。其次，也需格外重视重大事项社会稳定风险评估，并且为综合性社会稳定风险评估提供有关数据和证据支撑。

既要重视学习国际经验，也要更多总结提炼国内实践。如学习国际上综合性社会风险评估指标体系和重大事项社会影响评价方法，及早关注国际范围的社会风险评估；对国内已有学界社会风险评估指标体系要尽可能吸收利用，对国内遂宁、上海、江苏、北京等地的实践经验也需要系统综合地比较分析与借鉴推广。

① 张婷婷、赵美玲：《社会治理现代化视域下社会矛盾预防化解的多维路径》，载《理论导刊》，2021（12）。
② 史献芝：《预防社会矛盾：理论框架与实现机制》，载《理论探讨》，2019（04）。
③ 朱力、邵燕：《社会预防：一种化解社会矛盾的理论探索》，载《社会科学研究》，2016（02）。

因此，结合我国在改革过程中遇到的具体问题与实践需要，整合国内外研究的现有成果，我们拟主要从社会生态治理系统、社会心态和全面风险治理等理论视角出发，提出适合我国实际情况的社会稳定风险评估指标体系、分析方法和具体程序，也对社会冲突演化路径和社会矛盾预防治理模式开展专门的联动研究。这是当前公共管理理论研究者以及政策制定者面临的一个巨大挑战，这一研究对实现我国科学发展、民主治理和维护社会的和谐稳定将具有重要的学术意义和极具参考性的实践价值。

第三节　研究问题、总体框架与基本内容

一、研究问题

（一）核心问题

本书研究的核心问题，也是当前各级政府最为关心的问题，即：如何定义社会不稳定状态？社会不稳定状态是如何产生的？如何评估、预防、管控和治理社会不稳定状态及其风险？

其中研究"社会不稳定状态"就是既要研究社会矛盾与冲突的客观状态，也要重视研究社会公众的主观心理和行为状态，更要研究"社会不稳定状态是如何产生的？"。研究导致社会矛盾冲突及不稳定的风险因素及其演化过程和机理，主要是社会稳定风险认知和评估的过程；而"如何避免和管理社会不稳定状态？"就是预测、控制、减小或消除有关的社会矛盾与社会稳定风险因素，即所谓社会矛盾预防与社会风险治理的过程。

因此，本书将主要分析与阐释当前我国社会稳定形势及其风险源，并在此基础上提出社会稳定风险评估及其实施机制，从而为实践部门有效开展社会稳定风险治理、预防社会矛盾提供重要的决策参考和智力支持。同时需说明的是，本研究中的社会稳定风险评估尽管会涉及重大事项类社会稳定风险评估，但重点关注的则是综合性的社会稳定风险评估研究。

（二）具体问题

是什么？——描述性分析：研究社会稳定形势（或不稳定形势），评判社会稳定风险（即导致社会不稳定状态的因素）；

为什么？——因果性分析：探究为什么这些因素将导致社会不稳定，以及社会不稳定状态的演化过程分析，社会稳定的风险诱因分析；

怎么办？——应用性分析：社会稳定风险的评估方法研究，预防社会矛盾和保持社会稳定，提升社会风险治理能力与水平的战略策略与制度建设研究。

二、研究框架

围绕上述基本问题，我们曾初步提出本研究总体逻辑框架。该研究设计框架是受奥斯特罗姆的社会生态治理系统理论模型的启发，把社会看成是类似于自然生态系统的社会生态系统，政府、市场和社会等多元主体在一定的规则约束下围绕自然和社会资源的分配和享用进行互动，从而自主不自主形成的一种社会生态体系。① 社会矛盾与社会冲突及其不稳定风险都是这个社会生态系统出现失衡失序的问题。本研究在宏观层面上以社会稳定风险作为因变量，以外部环境（政府、市场、社会以及国际等环境因素）、社会主体的利益矛盾与冲突、观念价值矛盾及冲突作为根本诱因、以主体间的行为互动、社会特别是政府组织的治理制度干预为重要自变量，认为社会稳定风险是上述众多自变量相互作用以及相互影响的结果。

因变量社会稳定风险既是一个以社会矛盾为主要宏观表现的相对静止的结构，又是一个以社会冲突为严重升级微观情景的动态演变过程，因而，在解析社会稳定风险的概念时，本研究既关注社会稳定风险的社会矛盾结构形态，同时又关注社会稳定风险的社会冲突演化机理，动静结合形成的社会稳定风险即是社会稳定风险评估的重点对象，同时也是预防、化解以及治理的关键对象。

在本研究中，政府作为公共部门是进行社会稳定风险治理的主体，同时也是风险评估的主体。当然，风险评估与治理过程中，主体并非局限于政府，通常应该是政府及公共部门、私人部门以及公民及社会连接而成的合作网络。一来这是新公共管理运动中多主体与利益相关方参与进来而实现有效风险治理的必要，二来也是我国目前正在大力倡导与构建的社会治理体系的迫切需求。

社会稳定风险评估是本研究的核心之一。对于政府来讲最为关心的是社会不稳定状态的生成和蔓延，同时也非常关心是哪些因素导致了社会不稳定状态。这些因素就构成了社会稳定风险评估需要关注的重要指标。社会公众是社会不稳定状态中的行为主体，它受到环境因素和政府因素的影响。环境因素是激发因素，它刺激社会公众的心理和行为，从而产生社会不稳定状态。而政府因素

---

① Ostrom, A General Framework for Analyzing Sustainability of Social-ecological Systems. Science, 2009, 325（5939）.

是约束性治理因素，它将对社会公众的心理和行为产生控制力，力求消除社会不稳定状态。环境因素的恶化和政府控制力的下降将使得社会不稳定状态的风险概率和威胁性后果大大增加。

由此，社会稳定风险评估可以涵盖如下几个方面，即环境因素评估、社会公众的心态和行为评估，以及以政府为核心的治理与控制力评估。目前各级政府的社会稳定总体风险认知在上升，也在不断提高直接针对社会不稳定行为端的治理能力与控制力，但是不少地方政府对于社会环境、社会心态方面往往重视不够，缺乏有效的引导、控制与治理能力。

本研究借鉴奥斯特罗姆社会生态系统治理理论，特别重视社会环境因素和治理因素，同时基于上述思路，格外看重社会心态在社会稳定风险结构链条中的重要作用，后续进而形成了"环境—心态—行为—治理"四要素指标框架（见图 0.3.1，详见第一章第四节的有关论述）。其中，在以往社会风险评估多关注社会行为风险和环境风险的基础上，特别关注了社会公众心态风险和治理风险评估。

同时，图 0.3.1 右边的框图中列出了社会风险、社会矛盾、社会冲突以及社会稳定风险。前面阐述了社会风险、社会矛盾与社会冲突之间的概念关系，这三者都是社会稳定风险评估要关注的不同概念范畴，它们大体呈现从宏观到微观，从萌芽、生长到升级加剧的过程。因此，我们在进行社会稳定风险评估时就要重视他们之间的关联与差异，综合考虑几者的衍生及递进关系。同时我们在做好以"环境—心态—行为—治理"框架为核心的社会稳定风险评估的基础上，还要继续关注有关社会冲突的演化过程机理和社会矛盾预防模式以及社会风险整体治理框架等研究。

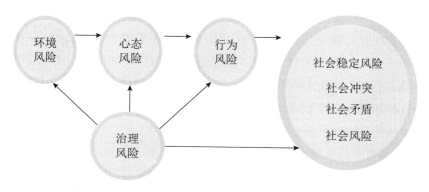

图 0.3.1　社会稳定风险评估与社会矛盾预防分析总框架

第四节　研究方法和研究步骤

一、研究方法

本书采用政治学、公共管理、社会学、社会心理学以及新闻传播学等多个学科的基本理论和具体方法，结合定性和定量进行相关研究，其中包括理论研究及实证研究等。

（一）定性规范分析

本书主要采用社会生态系统治理理论、社会冲突理论、社会矛盾理论以及全面风险治理理论、民本与和合思想等。基于这些理论建构前述的整体分析框架、社会稳定风险评估框架和中国社会风险治理的概念框架，并试图更系统深入地从社会风险、社会矛盾、社会冲突的相互联系和差异的比较中观察、认识和评估社会稳定风险及其管理成效，从而探究社会稳定风险评估、社会矛盾预防以及社会冲突处置与社会风险治理的深层次规律和内在机制。

（二）定量实证分析

从定量角度把握社会稳定风险的本质，探讨社会矛盾和社会冲突的形成机理及其发展规律。通过收集和整理大量实证材料，运用个案归纳、数据分析、综合统计等科学定量方法，加大对中国综合性社会稳定风险评估的实证研究力度，为科学预防社会矛盾，处置社会冲突和有效治理社会安全风险，减少社会不稳定所产生的损害，并为兼具理论性和操作性的社会稳定风险评估指标体系的构建提供有力的实证研究支撑。

（三）具体分析方法

（1）社会心态问卷调查

首先设计针对政府官员与专家的调查问卷，了解他们对社会稳定风险指标的理解与认知。形成有关社会稳定风险评估指标体系后，再据此设计针对公众在"环境、心态、行为与治理"等各方面社会稳定风险的认知和心态问卷，通过各类抽样调查方式全面深入了解全国和典型地区、典型系统的公众及行业人员的社会风险感知状况与心态状况。

（2）典型案例分析

在文献研究、定性研究和有关统计数据、社会心态调查数据和大数据分析定量评估的基础上，本研究还特别重视结合典型案例进行实地调查和个案深度分析。案例的选取主要包括：第一，我国具有代表性的社会矛盾冲突事件典型案例，通过对案例的归类和筛选、对案例的追踪和分析，系统地对影响社会稳定、社会冲突的风险因素进行质性分析；第二，选取中国社会稳定风险评估与社会矛盾预防的典型地方案例，如贵州铜仁重大决策涉稳风险评估和枫桥社会矛盾预防经验等，进行专门的分析挖掘，以深化对有关问题的专门分析。

（3）社会网络分析

对影响社会稳定风险的社会网络因素及其演变进行深入研究，具体采用逻辑归纳、文献调查、历史分析以及网络大数据分析进行概括和提炼。

（4）风险情景构建

在社会稳定风险信息与数据库以及对该库或媒体社会稳定风险信息挖掘的基础上，设计针对公众和政府管理者在不同压力情景下的风险评估与管理情景，并对有关主体的行为特征进行分析。这种方法多用在社会心态倾向性调查问卷中。

二、研究步骤

第一阶段：2011 年 12 月至 2012 年 8 月，首先完成立项后的课题开题，认真听取课题开题会咨询专家建议，完善研究方案；而后一边开展有关理论研究，一边重点梳理历史案例（如瓮安事件案例），并对现实经典案例（如 Z 市 D 村案例、Q 县案例等）进行文献收集与实地调研，更好地理解社会风险、社会矛盾和社会冲突以及社会稳定风险之间的概念关系与逻辑联系。

第二阶段：2012 年 9 月至 2013 年 8 月，在对社会稳定风险进行分析的基础上，用定量和不确定性风险分析方法来构建社会稳定风险评估指标体系，并设计评估流程。其间通过课题组内部多轮专门研讨、专家问卷分析和一线党政干部问卷调查分析，逐渐形成和凝练出以"环境、心态、行为与治理"为框架的社会稳定风险评估指标体系，并开始运用于统计数据库的构建和个别地方的社会心态问卷调查当中。

第三阶段：2013 年 9 月至 2014 年 8 月，社会稳定风险评估框架的应用试点、完善。选择典型风险和典型地区进行社会稳定风险评估，开展全国性问卷调查与统计数据库实证分析，进行试验并修正相关研究成果。

第四阶段：2014 年 9 月至 2015 年 8 月，继续在个别地方进行专门的社会心态调查检验，并对社会冲突演化过程、社会矛盾预防模式和社会风险治理框架开展联动研究。

第五阶段：2015 年 9 月至 2016 年 10 月，继续更新有关统计数据库及有关分析，汇总研究成果，形成系统的研究报告，提交结题报告，最终顺利结题。

第六阶段：2016 年 10 月至今，继续跟踪国内外有关学术与实践最新前沿动态和有关文献数据等，进一步修改完善，继续发表有关论文、提交政策报告和准备专著出版等。

第五节 研究重点、难点及主要创新之处

一、研究重点

本课题立项研究的重点任务是，如何根据我国社会风险治理现状，设计能够维持社会动态平衡、降低社会冲突风险的、科学合理的社会稳定风险评估指标体系与具体机制，建立具有可行性的社会矛盾预防模式与机制。

也就是说，本课题研究主要分社会稳定风险评估与社会矛盾预防研究两大块，但我们的研究更侧重前者。因为只有在社会稳定风险评估方面有突破性进展，社会矛盾预防研究才可以更有科学依据，更能有的放矢，更有成效。

社会稳定风险评估又分重大事项性评估与综合性评估，我们对这两者均有所研究，但重点是在综合性社会稳定风险评估研究上。因此，本研究既立足于长远社会风险治理规划，又满足于现实需求，系统地提出一系列具有科学性、可行性的社会稳定风险评估指标、评估方案、政策建议和制度设计，而且开展大量的实证应用研究，不断修改完善有关的理论假设、指标设计与评估流程与方式等，并积极服务于有关学术创新与实践应用，为社会冲突演化研究、社会矛盾预防研究和社会风险治理研究打好坚实的基础。

二、研究难点

影响社会稳定的风险具有多源性、复杂性以及共因性等特征，因而对设计科学、合理和有效的风险评估指标体系以及社会风险治理模式等都提出了严峻的挑战。本研究面临的难点主要有：

（1）由于涉及多方面因素，已有社会稳定事件的相关文献资料和数据资料的获取存在一定的难度；

（2）从现有的理论研究和政府实践来看，对社会稳定风险评估机制的应用往往是单一事件或单一政策的，缺乏可以进行比较研究的基础，因此对于社会稳定风险评估机制有效性的验证存在一定的困难；

（3）从研究对象来看，如何理解社会稳定风险的特征对社会矛盾预防机制

完备性的影响，是构建以政府、企业和公众为主体的社会生态治理模式的关键基础，但由于引发社会冲突的深层次社会矛盾具有耦合性特征，我们对我国社会稳定现状的全面把握将存在一定的难度；

（4）设计合理且可行的风险评估机制不仅包括合理的评估流程、公正的评估主体，还包括针对不同类型风险提出具有针对性的评估方案，因此如何提出符合我国社会稳定风险现状和目前社会治理机制的社会稳定风险评估机制是一项复杂的系统工程。

三、研究创新点

（1）引入社会生态系统治理与社会冲突管理视角，对社会矛盾、社会冲突与社会风险三者以及"环境—心态—行为—治理"四者间的相互关系进行理论和实证研究，并建构出一套兼具科学性和可行性的社会稳定综合性评估指标体系。特别是在社会生态治理系统中，适度引入公众舆论与社会心理及社会治理分析，深化社会矛盾与社会冲突分析，丰富该领域的研究内容，增强其解释力，并提高其在现实中的应用价值。

（2）基于全面风险治理理论和合和风险治理理论，创新性地提出了中国合和式社会风险治理框架。这一中国特色的概念不仅具有很强的学术创新意义，有助于提高我们在国际风险治理学术研究与交流上的话语权，而且更重要的是，能有利于将原有单部门、单任务、单次性的社会风险评估与治理工作机制转变为多部门、多任务、连续性和系统性的风险评估与治理机制，增强风险评估与治理的针对性、系统性、适用性和灵活性，非常有益于提高社会稳定风险评估与社会矛盾预防和整个社会风险治理的实践效率。

（3）主要基于社会生态治理系统理论并结合社会冲突理论以及社会矛盾理论对社会冲突演化过程与社会矛盾预防模式也分别进行了系统、深入和创先性的学术研究与实证分析，这对于社会稳定风险评估、社会矛盾预防、社会冲突化解与社会风险治理全流程都具有重要的学术支撑价值与实践应用意义。

第六节　本书的结构框架

基于上述研究设计和课题报告，本书形成了明确的内容结构框架，参见图 0.6.1。

首先，本书在中国社会稳定风险的整体形势进行定性判断的基础上，充分借鉴国际国内已有研究成果和实践经验，运用社会生态治理系统的理论架构，通过社会心态以及全面风险治理视角，构建有自己特色的综合性社会稳定风险指标体系，并运用社会统计资料、心态调查数据、大数据、信访数据等进行实证应用性分析；再着力分别研究中国社会稳定风险中的社会冲突动态演化机理和社会矛盾预防模式两大基本问题；进而利用中国传统的"和合"思想和国际现代全面风险治理理论，对中国社会风险合和式治理体系、模式与机制进行初步研究；最后得出一些总体结论与政策启示。

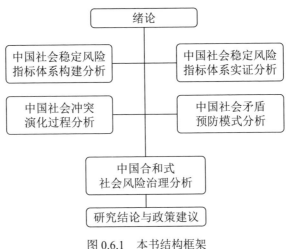

图 0.6.1　本书结构框架

本书主体部分的五章主要内容如下。

第一章全面梳理和借鉴了国内外已有社会稳定风险评估研究成果，主要基于社会生态系统治理理论，并引入社会心态视角和全面风险治理视角，创新性地构建与论证了中国社会稳定风险综合性评估指标体系。社会生态系统应包括"环境—心态—行为—治理"四大要素。该章在进行具体指标体系构建时主要基于社会生态系统四大要素的互动关系。经过包括隶属度分析、相关性分析以及鉴别力分析等多达 7 轮的指标体系构建流程，建立起了中国社会稳定风险评估指标体系。其中，一级指标有 4 个；二级指标有 12 个；三级指标有 27 个；四级指标有 40 个，包括 10 个环境类指标、12 个心态类指标、6 个行为类指标、12 个治理类指标。

第二章全面展示了本研究的实证研究报告。利用构建中国社会稳定风险评估指标体系，基于搜集到的心态调查数据，分析了全国性和区域性的社会心态状况，并基于媒体大数据阐明了当前中国网络社会心态状况。此外，本部分还使用信访数据，从行为端量化给出了我国特别是某市社会稳定的风险现状及治理态势。

第三章深入分析了社会冲突的动态演化过程。该章构建了以冲突时间和冲突程度两个维度的社会冲突动态过程模型，即社会冲突的"潜伏—触发—升级—危机—恢复"过程，阐述了冲突模型各个阶段的特征、机制与影响，并采用 PX 事件、Q 县事件、Z 市 D 村事件等多个典型案例对社会冲突的动态过程进行实证分析。此外，本部分还对冲突过程中的媒体作用和传播特征给予了专门讨论。

第四章专门研究从被动管控到主动治理的社会矛盾预防模式。该章首先基于相关文献综述，在社会生态系统治理理论框架下构建了对社会矛盾发生与演化机理的理论解释和社会矛盾预防的理论路径。在构建理论基础和解释框架的基础上，该章选取浙江枫桥、四川遂宁、北京朝阳和吉林安图四地社会矛盾预防的成功模式为案例，按照社会生态系统治理理论框架下的社会矛盾预防理论路径，从制度与社会环境、社会认知和心态—行为以及治理机制等入手，对社会矛盾预防问题进行了实证分析。

第五章主要关注中国合和式社会风险治理的理论与实践问题研究。基于前面几个部分的内容，该章提出合和式社会风险治理及其战略设计。合和式社会风险治理是在认真检视中国"民本"与"和合"历史文化传统以及有关实践经验的基础上提出的，具有中国自身文化特色。合和式社会风险治理理念的基本要素就是重视"和为贵""和而不同"和"协调合作"治理，既重视以人为本的社会和谐价值观及其贯彻落实，也重视充分尊重社会各方合理合法的不同利益维护和不同价值观共存；既强调基于"环境—心态—行为—治理"框架的综合社会风险治理，也强调社会风险治理过程中的柔性协商治理与刚性维稳治理密切结合。该章对柔性协商治理与刚性警察维稳治理分别进行了专题研究。

第一章　中国社会稳定风险评估指标体系构建

　　社会指标用于测度社会运行状况及其发展趋势，或公共政策项目的运行绩效和改进情况，是监控社会运行、预测社会变迁或指导政策项目改进提供社会统计数据的工具。这种对社会指标的界定也指出了其作用，即监控社会运行或政策项目实施效果，预测社会变迁或指导政策项目的完善，为社会报告、社会核算等提供基础信息。社会指标运动期望实现对社会运行及其变化、政策项目及其改进的理性控制[①]。

　　社会稳定风险评估是预先评估社会风险，维护社会稳定的一种重要方法。尤其是社会指标运动兴起以来，国内外社会稳定风险评估研究都愈益全面和深入。社会生态系统治理是指社会行动者为自身特定目的对社会环境、社会心态和社会行动及其后果进行调节与控制[②]，它内在地承认现代社会中各种关系体系的复杂性及作为现代人的社会行动者的高度反思性特征，是一种全新的治理方式。本章将在评析我国和国际社会稳定风险评估已有研究进展的基础上，从社会生态系统治理视角，并引入社会心态变量，构建我国社会稳定风险评估的指标体系。

第一节　社会指标运动的兴起与发展 [③]

一、社会指标运动的发生背景

　　社会指标运动的出现与二战后西方国家在经济社会复苏和重建过程中广泛应用国家计划有关。为了应对二战后经济混乱和物资短缺的危机，缓解阶级矛盾，应对各种社会危机，西方各国在二战后继续推行战前的干预主义政策。许多国家在经济复苏和重建的过程中都充分利用国家计划，这些计划主要集中在经济

---

① 彭宗超、李贺楼：《社会指标运动源起、评价及启示》，载《南京社会科学》，2013（06），63~70 页。

② 彭宗超、曹峰、李贺楼、邵东珂：《社会生态系统治理视角下的中国社会稳定风险评估的理论框架与指标体系新探》，载《公共管理评论》，2013，15（02），43~60 页。

③ 本节的主要内容已由课题作者发表，参见：彭宗超、李贺楼：《社会指标运动的源起、评价及启示》，载《南京社会科学》，2013（06），该文后被《新华文摘》和人大报刊复印资料《社会学》2013 年第 9 期全文转载。

领域。20 世纪 60 年代初，一些国家开始意识到经济发展不能解决所有社会问题，因此需要一个更具综合性、全面性的社会发展计划。社会发展计划的实施需要各项决策依据，这就产生了制定社会指标（Social Indicators）的需求。正是在这种背景下，社会指标运动（Social Indicators Movement）最早出现在美国，并迅速扩展至其他资本主义国家。①

在美国，最早对社会指标产生兴趣的是 20 世纪 50 年代末一批认识到衡量社会福利状况的必要性和经济领域指标局限性的学者以及从事政府项目管理的官员。②③④ 他们的目的是建立一套综合的、整合的指标体系，以评估和研究本国社会状况和当时正在发生的社会变化。这些学者在肯定计量经济学中相关指标对构建社会指标体系的借鉴意义的同时，也认识到这些指标只关注社会的经济方面，并指出社会指标不仅要关注社会的经济方面，还要关注其他非经济方面。⑤60 年代中期，一方面，人们对社会全面评估的重要性认识不够——当时，大多数人只对经济指标进行评估，但他们对非经济指标构建相关理论和方法的缺陷和不足已有了更深的理解⑥；另一方面，受到这一时期美国国民经济核算体系（System of National Accounts）建立的启发，一批美国学者提出了将福利和分配分析引入政治议程来构建社会核算体系（System of Social Accounts）的设想。这一设想被作为对当时美国社会面临的一些社会问题（如分配问题和环境问题等）的理论解决方案，在 20 世纪 60 年代和 70 年代初被引入政治议程。这项工作也要求构建社会指标。⑦ 所谓"社会指标运动"正是对这一时期美国社会指标发展的理论和实践的概括和总结。

---

① Galnoor, Itzhak. Social Indicators for Social Planning: The Case of Israel. Social Indicators Research, 1974, 1（1）: 27-57.

② Smith, Tom W. Social Indicators: A Review Essay. Journal of Social History, 1981, 14（4）: 739-747.

③ Land, Kenneth C. Social Indicators. Annual Review of Sociology: 1983. 1-26.

④ 如曾任美国健康、教育与福利部长（Secretary of Health, Education, and Welfare）的威尔伯·科恩（Wilbur J. Cohen）就曾认为"有意义的统计是理性决策的基石。……如果我们期望以理性的方法解决社会和经济问题的话，有两类数据——其一是关于现实社会中存在的问题及其变迁的数据；其二是关于各类解决方案的成本及其有效性的数据——需要被提供给官员和民众"。"社会指标"这一术语最早出自美国艺术与科学院为 NASA 承担的一项关于空间项目（space program）的社会后果的调查项目，可见：Land, Kenneth C. Social Indicators. Annual Review of Sociology, 1983. 1-26.

⑤ 如社会福利（social welfare）或生活质量（quality of life）等，相关综述可见：Smith, Tom W. Social Indicators: A Review Essay. Journal of Social History, 1981, 14（4）: 739-747.

⑥ Staats, Elmer B. Social Indicators and Congressional Needs for Information. The Annals of the American Academy of Political and Social Science, 1978, 435（1）: 277-285.

⑦ Vogel, Joachim. Social Indicators: A Swedish Perspective. Journal of Public Policy, 1989, 9（4）: 439-444.

二、社会指标的内涵和功能

早期一些学者主要强调社会指标的计量测度功能。①②③④ 在他们看来，社会指标只是一种衡量和测度工具，其主要功能就是测度社会现状及其变迁。其中有代表性的观点来自于以色列学者戈特曼（Guttman），其将社会指标的构建看作一项类似于"绘制地图"（mapping）的工作：社会指标就是一幅显示了各种社会问题（social problems）的地图，从中可以一目了然地看到各种社会问题的状况及其变化趋势，政府部门便可由此获得各项用于解决问题的决策所需的数据。⑤ 这实际上对应了社会指标运动产生的最初的现实，即社会发展和其干预需要一套测度工具，但是，对于这套测度工具如何用于干预社会运行和发展，会产生怎样的效果，这些学者的研究还没有深入，他们还只是提出了一套关于社会指标的初步设想。

在社会指标对社会现实的测度功能基础上，后期一些学者则进一步强调了社会指标对社会科学知识生产、社会运行与管理等的控制和指导作用。如斯普林格（Springer）认为，社会指标植根于一种"管理理性的社会科学"，本质上属于一种理性控制的新工具主义，它的五个相互关联的功能——评价社会现状、评估社会绩效、预测未来、提出控制机制建议、提供社会信息和知识，实际上就是管理理性的终极运用。它表明，在不远的将来，人类可以发展出对社会秩序的宏观评估、预测未来以及将社会过程置于可控状态的理论与方法。⑥ 伽伦若（Galnoor）从社会指标与社会计划之间的关系角度对社会指标做了界定：社会计划被认为是政府干预社会生活提供指导的组织化框架。社会指标可以为政策制定、社会计划的准备以及政府活动影响的评估提供信息基础。社会计划和社会指标都只是实现可预的（desirable）结果的社会行动中的一环。⑦ 史特斯（Staats）

---

① Biderman, Albert D. Information, intelligence, enlightened public policy: Functions and organization of societal feedback. Policy Sciences, 1970, 1（1）: 217-230.

② Duncan, O. D. Toward social reporting: next steps. New York: Russell Sage Found, 1969.

③ Guttman, Louis. Social Problem Indicators. The Annals of the American Academy of Political and Social Science, 1971, 393（1）: 40-46.

④ Campbell, Angus and Converse, Philip E.（eds.）. The Human Meaning of Social Change. New York: Russell Sage Found, 1970. 547-549.

⑤ Guttman, Louis. Social Problem Indicators. The Annals of the American Academy of Political and Social Science, 1971, 393（1）: 40-46.

⑥ Springer M. Social Indicators, Reports, and Accounts: Toward the Management of Society. The Annals of the American Academy of Political and Social Science, 1970, 388（1）: 1-13.

⑦ Galnoor I. Social Indicators for Social Planning: The Case of Israel. Social Indicators Research, 1974, 1（1）: 27-57.

也认为，社会指标（运动）关注社会统计和社会理论的发展及其在公共管理和决策制定中的应用，对美国联邦政府体系的运转具有重要意义。[①]

科布（Cobb）和里克斯福德（Rixford）指出社会指标应"从描述到分析：让指标更具结果导向"。[②] 事实上，不同历史时期的不同学者对社会指标内涵的上述理解和认识也体现了对社会指标功能的认识"从描述到分析"的转向。虽然不同学者对社会指标及社会指标运动的理解有不同的关注点，但对非经济的社会信息收集与分析的重视这一主张在社会指标运动产生之时便达成了共识。再者，虽然早期学者并未重视和关注，但后来学者仍然看到了社会指标所具有的促进知识发展以及较之描述和测度功能更具深远意义的指导改造现实的功能。

我国早期从事社会指标研究的学者秦麟征指出，虽然对社会指标没有公认的最佳解释，但根据许多学者的观点，社会指标的基本特征可以概况为五个方面：一是从性质上讲，社会指标是从客观和主观两方面综合反映社会各种基本状况的性质和数量，有助于人类了解社会的发展和社会生活质量的变化，是评估一个国家国情的重要依据和尺度；第二，从形式上讲，社会指标是数量形式的社会统计数据；第三，在结构上，社会指标由经济指标和非经济指标构成；第四，就时间而言，社会过去和现状的指标组成了一个连续的时间序列，根据这种序列，可以外推出预测社会未来发展状况的指标；第五，在功能上，社会指标能够反映社会规划、计划、管理和决策所需了解的各种情况的变化，为国家制定社会发展和社会福利政策，完善社会管理服务。[③]

综上可以认为，社会指标就是用以对社会运行状态及其发展趋势或公共政策项目的运行绩效及其改进进行测度，并在此基础上，可以为监控社会运行、预测社会变迁或指导政策项目的完善提供社会统计数据的工具。这种对社会指标内涵的界定也指出了其作用，即监测社会运行或政策项目实施效果，预测社会变迁或指导政策项目完善，为诸如社会报告、社会核算等提供基础信息。社会指标运动期望实现对社会运行及其变迁、政策项目及其完善的一种理性控制。

三、社会指标运动的发展过程

按照我国早期社会指标研究者秦麟征的观点，社会指标运动作为美国整个社会指标研究事业发展的重要里程碑，可以将其分为三个不同的发展阶段，即

[①]　Staats E B. Social Indicators and Congressional Needs for Information. The Annals of the American Academy of Political and Social Science, 1978, 435（1）: 277-285.

[②]　Land K C. Social indicators. Annual Review of Sociology, 1983, pp. 1-26.

[③]　秦麟征：《关于美国的社会指标运动》，载《国外社会科学》，1983（02），31~38 页。

理论研究阶段、应用研究阶段和生活质量指标研究阶段。

第一阶段即理论研究阶段，从 20 世纪 60 年代中期持续到 80 年代末。在这一时期，一些学者为加强社会指标的研究公开发表意见，呼吁建立科学的社会指标体系，呼吁在政府设立一个类似经济顾问理事会的社会顾问理事会，并主张筹建或扩大社会指标研究设施；在学术和技术上加强了对社会指标的概念和性质、理想的社会指标体系和研究设施、反馈系统的重要性等方面的理论研究。①

标志着美国社会指标运动正式启航的事件，是《社会指标》（*Social Indicators*）在 1966 年的发布。这个项目得到了美国国家航空航天局（NASA）的资助。雷蒙德·鲍尔（Raymond Bauer）、阿尔伯特·比德曼（Albert Biderman）、伯特伦·格罗斯（Bertram Gross），他们这些首批作者和在社会指标运动初期有影响力的人物，极力主张扩大数据收集范围，以便发布一个社会报告。他们还提倡开发一个能够帮助指导政策决定的社会核算体系。②

第二个阶段即应用研究阶段，从 20 世纪 60 年代末持续到 70 年代初。在此期间，社会指标的研究主要集中在社会变化指标、社会指标的应用与评价、社会指标与社会政策的关系等方面。在应用研究和方法论研究方面取得了很大进展。③

这期间出版了社会指标运动中第二份有影响力的出版物——《走向社会报告》（*Toward a Social Report*）。它是由原美国卫生教育和福利部（Department of Health，Education and Welfare，HEW）1969 年发布的，这已是约翰逊政府的最后任期。它呼吁创建一部之前由伯特伦·格罗斯在《社会指标》中所提倡的那种类型的年度社会报告。《走向社会报告》代表了这样一种观点：从定义上讲，社会指标应该告诉我们当前的社会是否正朝着正确的方向发展，它应该与政策制定相关，并有助于评估社会项目的可行性。④

同时，参议员瓦尔特·曼德勒（Walter Mondale）和其他人从 1967 年到 1973 年一直在推动立法，呼吁建立一个与"经济咨询委员会"平行的"社会咨询委员会"（CSA）。"社会咨询委员会"将发布一份类似于《总统经济报告》（*Economic Report of the President*）的年度社会报告。支撑这种努力的是这样一

---

① 克利福德·科布、克雷格·里克斯福德、宾建成：《社会指标的历史教训》，载《经济社会体制比较》，2011（05），1~12 页。

② 同上注。

③ 秦麟征：《关于美国的社会指标运动》，载《国外社会科学》，1983（02），31~38 页。

④ 克利福德·科布、克雷格·里克斯福德、宾建成：《社会指标的历史教训》，载《经济社会体制比较》，2011（05），1~12 页。

种理念，即"经济咨询委员会"的建立已将经济信息的使用和经济学家的能力制度化了。建立一个平行的专事社会问题的机构似乎属于情理之中。①

第三个阶段即生活质量指标研究阶段，始于 20 世纪 70 年代早期，至今仍在继续。在这一时期，许多关注富裕、幸福、生活水平、家庭状况等生活质量指标的论著相继出版。同时，也出现了这样一种主张：要切实可行地研究社会指标，就必须研究生活质量指标，并以个人幸福作为研究的中心或出发点。②

此一时期出现了一条推动社会测量的重要途径：将感受性指标（Perceptual Indicators）用作理解生活质量变化的另一种方法。拉塞尔·塞奇基金会是这项研究的强有力的支持者，并资助出版了一个颇具开创性的、有关幸福感主观测量的报告。这种源于社会心理研究的方法，依据个人对其自身幸福的个人解释来测量幸福。与客观测量相比，主观测量表明了一个完全不同的生活质量维度，如住房条件、收入水平。正如肯尼思·兰德（Kenneth Land）总结的："客观条件的变化和心理状态的变化，二者都不是决定性的，有时甚至是对立的，因此主观状态和客观状态都应该受到关注。这种原则已经深入人心了。"测量感受值的工作在 20 世纪最后几十年依然红红火火，它们大部分出现在亚历克斯·米哈罗斯（Alex Michalos）1974 年创办的《社会指标研究》（*Social Indicators Research*）期刊上。社会指标的工作在 20 世纪 70 年代的美国开始兴盛，相关的文章和著作如雨后春笋般喷薄而出。这种观念很快也被其他国家和一些国际组织所借鉴，它们共同形成了 20 世纪 70 年代中期的社会运动气候。

进入 20 世纪 80 年代以后，社会指标运动开始进入低潮，而今，这场运动虽已逐渐销声匿迹，但《社会指标研究》杂志的出现和生活质量指标研究的深入，都表明美国社会指标的研究仍在继续。这场运动促进了社会指标的理论研究和应用研究，在进一步开发社会指标的概念和建立社会指标模型等方面取得了一些有意义的成果。③

尽管美国政府于 20 世纪 70 年代在社会指标方面做过些许的工作，但许多欧洲国家，尤其是英国、法国、德国和荷兰，已经走到美国前面去了，并且将社会报告制度化了。欧洲报告的例子包括荷兰的《社会与文化报告》（*Social and Cultural Report*）、英国的《社会趋势》（*Social Trends*）。让此成为可能的前提条件，包括"衔接良好的有关社会政策的福利国家项目，政府的干预倾向、

① 克利福德·科布、克雷格·里克斯福德、宾建成：《社会指标的历史教训》，载《经济社会体制比较》，2011（05），1~12 页。
② 秦麟征：《关于美国的社会指标运动》，载《国外社会科学》，1983（02），31~38 页。
③ 克利福德·科布、克雷格·里克斯福德、宾建成：《社会指标的历史教训》，载《经济社会体制比较》，2011（05），1~12 页。

富于创新的统计机构和地理上的集中"。尽管对社会指标的支持在欧洲和加拿大起伏不定，但这种支持比在美国更要持久。[1]

第二节　国外社会稳定风险评估指标的构建[2]

第一节概述了社会指标的内涵、功能以及社会指标运动的发生和兴起过程，为本节的分析对象——社会稳定风险评估指标构建提供了基础。社会稳定风险评估指标是社会指标体系的重要内容之一，既具有社会指标的一般特征，又有自身的特殊内涵、形式和功能。本节将综述国外社会稳定风险评估指标体系的构建情况，为中国社会稳定风险指标的提出提供一定的文献研究基础。

一、国外风险治理的发展历程与现状

社会稳定风险评估属于风险评估，而风险评估又是风险管理的一个主要环节。要了解社会稳定风险评估的沿革，首先要了解风险管理的发展历程与现状。

风险管理作为一门系统性的科学，于 20 世纪初在西方工业化国家应运而生。20 世纪 30 年代以来，风险管理作为一门新兴的管理学科，迅速发展成为一种国际性的运动，受到各国政府、企业和学术界的高度重视，并逐渐广泛应用于企业和政府管理。风险管理领域的研究在时间和内容上大体可分为三个阶段：20 世纪 30 年代至 70 年代风险管理的理论探索与学科发展阶段；20 世纪 70 年代至 90 年代风险管理在政府中的初步应用阶段；进入 21 世纪以来风险管理得到各国政府全面重视的阶段。[3]

特别是 2001 年 "9·11" 事件后，风险评估进入一个新的阶段，开始得到各国政府、管理部门和研究机构的普遍重视。欧洲破坏性的暴风和洪水、我国 2008 年南方低温雨雪冰冻灾害和汶川特大地震、人类和动物的新发传染病（艾滋病、SARS、埃博拉病毒病、禽流感和疯牛病以及新冠肺炎等）、恐怖袭击（"9·11" 事件、日本沙林毒气事件）、计算机病毒、高新技术风险、能源危机和金融动荡等，这些现代风险大多是涉及自然、社会、经济、心理和管理等

---

① 克利福德·科布、克雷格·里克斯福德、宾建成：《社会指标的历史教训》，载《经济社会体制比较》，2011（05），1~12 页。

② 本部分的有关内容已经由课题作者先期发表，见马奔、李珍珍、郑心遥：《中国的政治稳定状况：基于相关典型指标的分析》，载《当代中国政治研究报告》（第 13 辑），2015；收入本书对有关数据进行了更新。

③ 钟开斌：《风险管理研究：历史与现状》，载《中国应急管理》，2007（11），20~25 页。

诸多层面和维度的社会现象。在这种背景下，有关风险的评估、决策和管理变得更加困难，因此国际上的风险评估和管理领域越来越体现"治理"的内容，"全面风险治理"（Integrated Risk Governance，或综合风险治理、整体化风险治理）成为国际风险研究领域中新的发展方向。这一提法由"国际风险治理理事会"（International Risk Governance Council，IRGC）推动。IRGC 由有影响力的政府官员、科学家和其他多领域专业人士组成。2003 年，将"风险治理"（Risk Governance）一词提到非常显著的位置，并较系统地探讨了该词的含义。2005 年，IRGC 发表了《风险治理白皮书——面向一体化的解决方案》（*White Paper on Risk Governance：Towards an Integrative Approach*），面对风险的全球性、系统性、复杂性和不确定性，提出了风险治理的综合分析框架。①

IRGC 认为，风险治理是所有参与者、规则、管理、过程和机制的总和，涉及如何收集、分析和沟通风险信息，以及如何制定管理决策等；风险治理不是一个单一权威强制进行的风险管理决策，而是需要不同利益相关者的通力合作，有明确的主体原则和详细的行动过程。② 此外，随着信息技术的不断发展，计算机算法日益广泛地运用到风险决策中。③④ 因此，风险治理的概念包括两个方面：风险处置和风险分析、多元主体参与风险决策。

2004 年 2 月，联合国开发计划署的危机预防与恢复局（Bureau of Crisis Prevention and Recovery）发布了《减少灾害风险：发展面临的挑战》（*Reducing Disaster Risk：A Challenge for Development*）报告，其中，联合国在自然灾害领域中使用了"风险治理"（Risk Governance）。与"风险管理"相比，"风险治理"的概念主要强调风险管理主体的多元性、社会因素和心理因素（如风险认知、社会风险放大等）、风险利益相关者和公众参与、风险沟通等方面的作用。⑤

IRGC 提出的风险治理框架（Risk Governance Framework）是全面风险治理理念具象化的体现。它综合了科学、经济、社会和文化背景等多方面，引入了利益相关者的有效参与，其目的是寻找一个全面、完整、结构化的方法来研究风险问题和风险管理程序，为现代风险的构建，特别是全球性、系统性、复杂

---

① 钟开斌：《风险管理研究：历史与现状》，载《中国应急管理》，2007（11）。

② IRGC. Involving Stakeholders in the Risk Governance Process. Lausanne: EPFL International Risk Governance Center, 2020.

③ EPFL IRGC. The Governance of Decision-Making Algorithms. Lausanne: EPFL International Risk Governance Center, 2018.

④ Ortwin R. Risk Governance: Towards and Integrative Approach. Geneva: International Risk Governance Council, 2006.

⑤ 钟开斌：《风险管理研究：历史与现状》，载《中国应急管理》，2007（11）。

性和不确定性风险的综合性评估和管理策略提供参考指导。IRGC 提出的风险治理框架除了对风险评估、风险处置和风险沟通进行阐述外，在风险领域还有两大创新：一方面，将社会背景因素纳入管理框架；另一方面，构建了新型的风险分类体系。社会背景因素主要包括两方面：一是参与风险处理的不同主体的构成和相互作用以及这些主体如何感知风险，如何关注可能的风险后果；二是风险管理相关实体和机构内普遍存在的决策或管理方法，以及社会政治因素的影响。IRGC 的新型风险分类体系，主要是基于对风险相关知识和信息掌握的确定性和完备程度。①

　　加拿大是较早认识到现代风险治理的重要性并付诸实践的西方国家之一。加拿大政府认为，政府部门可以借助风险管理增加其实现既定目标的确定性，进而形成一个体系较为完备的综合风险治理模式（也被称为"集成风险治理模式"）。2001 年，加拿大政府财政委员会秘书处（Treasury Board of Canada Secretarial）签发公布"全面风险管理框架"（Integrated Risk Management Framework，IRMF），推进政府公共行政的风险管理导向的战略变革。该框架认为，要从组织整体高度认识现实风险并加强系统性管理，将风险管理与常态管理相结合，强调通过风险沟通增强政府的公共服务意识。② IRMF 框架将政府风险治理的实践扩展到组织结构、功能、过程和文化之中，它将风险治理与组织目标设计、业务规划、决策、绩效评估等组织管理活动相结合，力图实现对组织行为的全面风险研判。具体而言，它包括四项政府集成风险管理系统实施要素。③第一，确定组织风险态势。借助于环境扫描等方法识别组织风险，并评估即时风险状况。第二，建立综合风险管理功能。通过系统决策和信息传递，确保风险管理在组织内部得到最大沟通、理解和应用。第三，实践综合风险管理。在各级政府工作中，将风险评估结果纳入部门决策，并运用各种适当的风险治理工具和方法，与外部环境保持风险沟通。第四，持续的风险管理学习。建立积极的风险管理经验学习氛围，制定风险管理学习计划并融入组织管理实践，从风险治理结果中寻求持续改进和突破。同时，基于政府风险管理状况的系统复杂性，加拿大政府加强了现实风险识别的综合探视和资源整合，探索建立了与风险匹配的评估及应对管理模式。2006 年，加拿大情报机构和联邦政府部门联

---

① 张悦鸿、武建君、吴绍洪、刘登伟：《现代综合风险治理与后常规科学》，载《安全与环境学报》，2008（5）。

② 桂维民、杨乃定、姜继娇：《加拿大政府集成风险管理模式及借鉴研究》，载《中国科技论坛》，2004（03）。

③ Nottingham L. Integrated Risk Management. The Canadian Business Review, 2006, 6（23）：26-28.

合建立了"全危险源风险评估"项目（All Hazards Risk Assessment，AHRA），对国家面临的危险进行系统分类，推动综合性风险评估（见图 1.2.1），为整合各种组织资源，增强政府综合性风险管理奠定了基础。[①]

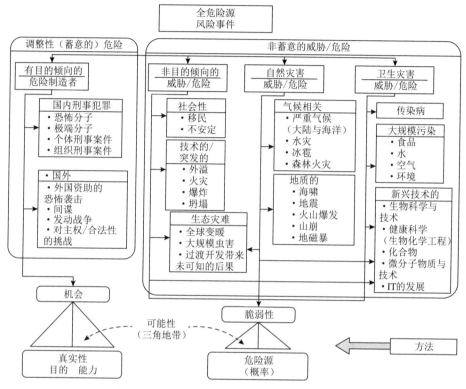

图 1.2.1　加拿大全危险源风险评估分类系统

资料来源：朱正威，刘泽照，张小明，2014.
Treasury Board of Canada Secretarial. Intergrated Risk Management Framework. April, 2001.

总的来看，目前国外风险治理研究有以下特点。第一，在研究领域上，逐步走向全面，包括经济、社会、政治及自然生态系统等，并逐渐走向全球化视野；第二，在研究视角上，从单一视角到综合视角，从最初的经济学研究转向包含经济学、社会学、政治学、管理学、环境科学、系统科学等多个学科的综合研究；第三，在研究方法上，从最初的质性分析发展到质性与量化分析相结合，广泛运用现代系统科学、数学和社会调查方法，使其可计算性和可操作性不断增强；第四，在研究主体上，形成了科研机构、政府、企业等共同参与的格局；第五，

---

① 朱正威、刘泽照、张小明：《国际风险治理：理论、模态与趋势》，载《中国行政管理》，2014（04）。

在研究成果应用上，既有理论积累，也有实践贡献，应用广泛，社会影响深远。①
国外社会稳定风险评估较为成熟，已有大量研究成果可以借鉴。从风险管理的
研究历史来看，已从单项风险管理逐步走向全面风险治理，这可能成为社会稳
定风险评估的进一步发展方向。

二、国外建设项目社会评价的总体情况

狭义上的社会稳定风险评估是指对直接关系广大民众切身利益、涉及面广、
影响较大的重大政策制定、重大项目实施以及其他重大事项，在做出决策前必
须对决策实施过程中可能引发各类风险进行全面、系统、科学分析研判，评判
风险等级，编制评估报告，有针对性地制定应急处置预案和风险防范措施，并
将评估结论作为做决策、出政策、搞改革的主要依据。通常，狭义上的社会稳
定风险评估包括对重大政策制定、重大项目实施以及其他重大事项的社会稳定
风险评估三大类，并不是从广义上对社会稳定状态的常态评估。

与国内重大政策制定、重大项目实施以及其他重大事项社会稳定风险评估
不同，国外对于广泛涉及公民利益的项目，通常采用议会表决、社区投票等方
式做出决定，不必通过社会稳定风险评估，因此国外一般少有社会稳定风险评
估领域的专业研究。和风险评估比较相似的是"项目社会影响评估""社区安
全风险评估""联合国维和部队地区冲突风险评估（STA）"，这些评估对风
险评估有借鉴意义，但存在本质不同。

国外建设项目的社会评价主要分析项目可能产生的社会影响，如对居民收
入、就业、生活水平和生活质量的影响，以及对不同利益相关者的影响；评价
项目与社会的相互适应性，如不同利益相关者和当地社会组织的态度；分析项
目可能产生的社会风险（如移民安置、受损补偿以及对弱势群体的支持等问题）。

（一）建设项目社会评价在西方发达国家开展情况

西方发达国家普遍对建设项目进行社会评价，但各国对建设项目的社会
评价有不同的定义和内涵。自20世纪70年代以来，社会评价得到了迅速发
展，并被美国、欧盟以及大多数国际机构（如世界银行、亚洲开发银行等）广
泛应用于社会影响评价领域，并将其视作我国社会影响评价发展的主要参考
模式。这种基于社会学和人类学视角的评价方法在英国称为社会分析（Social
Analysis），在美国称为社会影响评价（Social Impact Assessment，SIA），在世
界银行等国际机构称为社会评价（Social Assessment）。虽然称谓不同，但其核

---

① 曾永泉：《转型期中国社会风险预警指标体系研究》，武汉：华中师范大学博士学位论文，
2011。

心内容都是通过识别、监测和评价干预活动（政策、计划、规划、项目）带来的各种有意或无意、积极或消极的社会影响和社会变化过程，促进利益相关者有效参与干预行动，优化行动实施方案，规避可能出现的社会风险。[①]

美国社会影响评价首先把 1969 年国家环境政策法令的规定作为环境影响评价的组成部分，然后逐步推广并独立应用于水资源开发、城市建设、土地资源管理、对外援助等项目。[②]1969 年，美国号召综合使用社会科学方法来评价建设项目对"人类环境"的影响。1970 年 1 月 1 日，时任美国总统的理查德·尼克松签署了《国家环境政策法（1969）》（National Environmental Policy Act，NEPA）。根据该法案，涉及美国联邦土地、税收或管辖权的开发项目和政策必须提交一份环境影响报告，其中必须详细说明拟建项目及其替代方案的自然、文化和人类环境影响。1970 年前，开发项目的影响，或者说对影响分配的公平问题，很少受到关注。当时的主流观点是，项目带来的经济效益可以弥补任何可能的负面影响，现金补偿可以弥补任何不利社会后果。NEPA 承认人类活动对环境造成的影响，可能会降低项目的效益，甚至超过项目带来的利益，危及项目的成功，严重破坏人类赖以生存的环境。NEPA 要求，在环境影响报告中，必须事先对项目的潜在环境影响做出评估并备案。这样，决策者就可以依据所有必要的信息作出决策、审查预期项目或政策的备选方案，或制定措施来减轻不可避免的负面影响，并对项目进行监测，以确保这些措施的有效性。因此，评价者应综合运用自然科学和社会科学（包括规划方法）的视角和方法。1973 年，美国在阿拉斯加修建了一条输油管道，这影响了土著因纽特人的权利。美国野生协会、地球之友及环境保卫基金提出上诉，美国政府开始关注开发对土著人群的影响。1973 年，"社会影响评价"一词首次被使用。1994 年 5 月，美国正式颁布了"社会影响评价指南和原则"。

1963 年，澳洲政府把土著人的大量土地租给公司开矿而引起争议，人类学家对受影响的土著社区进行调查，从此以后澳洲政府和议会开始关注开发对土著社区的影响。同样的，1974 年，加拿大输气管道项目引起争议，促使加拿大政府开始关注社会影响和土著民族的权利。

（二）建设项目社会评价在国际机构中开展情况

建设项目社会评价方法自 20 世纪 70 年代以来发展迅速，已被国际机构和西方发达国家广泛采用。世界银行的社会评价应用是逐步发展的，最初的一套

[①] 刘佳燕：《社会影响评价在我国的发展现状及展望》，载《国外城市规划》，2006（04），77~81 页。

[②] 同上注。

指南（1980—1982）只限于社会保障问题。在 1984 年，世行首次要求将"社会性评估"作为项目可行性研究的一部分，在项目评估阶段应与经济、技术和机构评估共同进行。1998 年，世界银行对大约 120 个项目进行了社会评价，46% 的贷款项目采用了某种形式的社会分析。研究表明：如果对项目进行社会分析，社会发展满意度将从 51% 提高到 74%；而有社会分析和在管理中有社会发展专家支持的项目，这个比例则提高到 93%。世界银行在使用社会分析作为贷款项目立项方面取得了很大的进步，社会分析减轻了世行贷款项目潜在的负面影响。2002 年 8 月，世界银行制定了社会分析规范手册，指出了社会评价的五个切入点，即社会多样性和性别、机构、角色及行为、利益相关者、参与和社会风险。目前，世行正在制定一项社会评价业务政策，明确在何种情况下需进行社会评价。①

20 世纪 80 年代和 90 年代初，亚洲开发银行、日本国际协力银行、加勒比海发展银行、泛美开发银行等设立了社会发展部门，并发布了社会影响评价分析指南。这些国际机构在提供贷款支持发展项目时，要求申请投资的项目必须进行社会影响评价，以确保项目兼顾所有利益相关者，如果这些项目不进行社会影响评价，则很难获得这些贷款。亚洲开发银行已将社会影响评价作为发放贷款的必要条件。②

三、国外综合性社会稳定风险评估指标的历史与现状

（一）社会稳定风险评估指标构建的发展阶段

社会稳定风险评估在已有文献中不是一个有确定所指的概念，不同学者或机构的研究重点多样，包括社会、市场、政治以及国家等方面的风险。在此参考有关学者的研究，我们将社会稳定风险评估指标的构建历史划分为三个主要阶段。③

1. 早期的社会稳定风险评估指标体系

早期的社会稳定风险评估主要集中在经济领域，这是因为在以经济增长为主导的时代都强调经济稳定的重要性，因此更注重对经济风险的评估；另外，经济学中成熟的定量研究传统也是其重要原因。这个阶段主要代表性的稳定风险评估包括：1960 年代美国提出的"哈佛经济动向指数"和美国商务部提出的先行指数、日本企划厅提出的景气动向指数、法国提出的预警对策信号、西方

① 朱东恺：《投资项目社会评价探析》，载《中国工程咨询》，2004（07），14~16 页。
② 同上注。
③ 曾永泉：《转型期中国社会风险预警指标体系研究》，武汉，华中师范大学博士学位论文，2011。

七国提出的"经济监测指标"等。①

2. 综合性社会稳定风险指标体系的发展

随着社会的发展和人们对社会风险的认识不断加深，学者们开始从更加广泛的视野研究社会稳定风险的评估，其指标也相应扩展到社会、政治以及环境生态等领域，形成较为综合的社会稳定风险评估指标体系。

20世纪60年代，埃·蒂里阿基提出了测定社会动荡发生的三大经验指标：第一，都市化程度的增长；第二，性的混乱及其广泛扩展，以及对它的社会限制的消失；第三，非制度化的宗教现象极大地增长。埃·蒂里阿基以此作为测度社会稳定与否的晴雨计。当晴雨计的指针指向"零"点时，社会处于最安定状态；"一"点则是最危急关头，表明既有秩序处于崩溃边缘。②

60年代末，F.T. Haner制定了一个反映政治、经济和社会风险的综合性评价指标体系，这一体系由外汇收入、外债、外汇储备、政府融资能力、经济管理能力及政府贪污、渎职程度等指标构成，被称作"富兰德指数"。③

1976年，J. Estes和Morgan提出了一个从6个方面来估量社会的稳定程度的方案：第一，反映与一国宪法、官方文件和主要政府政策声明中的占主要地位的社会哲学和社会目标；第二，个人需求水平；第三，为满足居民的社会需要而可以利用的国内社会资源水平；第四，国家在特殊时刻的政治稳定性程度；第五，支持或破坏家庭结构的各种力量；第六，在促使团体之间冲突、破坏历史传统、价值、风俗习惯和信仰方面起抵消作用的文化势力的存在。④

1984年，L. Estes提出了用来确定社会不稳定最严重的6个指标：社会组织中的精英人物专权；人类需求得不到满足的情况严重；社会资源日趋贫乏；政治动荡不安；家庭结构处在崩溃状态；传统文化力量处在崩溃状态。⑤

到20世纪80年代，社会风险预警指标体系在可操作性方面得到了很大的增强。美国外资政策研究所提出了"政治体系稳定指数"（Political System Stability Index，PSSI）（见图1.2.2），具体包括社会冲突指数、社会经济特征指数和政治过程指数，评分时三个指数各占三分之一，这一指数成为美国综合

① 宋林飞：《中国社会风险预警系统的设计与运行》，载《东南大学学报（社会科学版）》，1999（01），69~76页。
② 邓伟志：《关于社会风险预警机制问题的思考》，载《社会科学》，2003（07），65~71页。
③ 鲍宗豪、李振：《社会预警与社会稳定关系的深化——对国内外社会预警理论的讨论》，载《浙江社会科学》，2001（04），110~114页。
④ 同②。
⑤ 同①。

性社会预警的一个重要参考依据。[①]PSSI旨在为政治环境提供一个定量分析框架，把一国政治系统的稳定程度量化到社会经济特点指数、社会冲突指数和政府干预指数，共有15个小指标，计算指标时所用的数据从政府文件、资料和年鉴中获得。[②]与主观赋值方法相比，PSSI利用客观数据而非主观判断来衡量政治环境，衡量所包括的因素也更加全面。

　　罗伯特·达尔制定了衡量社会稳定状况的四大指标，包括：冲突的弥漫性（涉及广度，即每10万人中的参与人数）、冲突的剧烈程度（冲突中伤亡数）、冲突的持续性，以及冲突总量。[③]

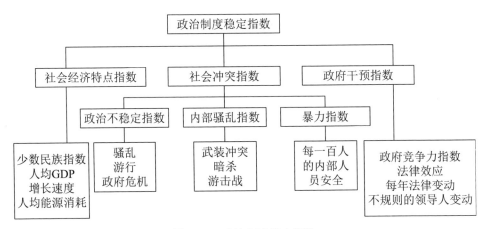

图1.2.2　政治制度稳定指数

　　人们还将社会风险预警拓展到了生态系统领域。早在1962年，美国生物学家蕾切尔·卡逊（Rachel Carson）就指出无节制地使用有机农药将会威胁人类生存，这引发了人们对生态风险的思考。1972年，以罗马俱乐部为代表的未来学派，通过系统动力学模型和电子计算机高速运算，建立了一个能够涵盖人口、环境、经济发展、教育、能源、水源、原料、食品、卫生、就业、城市条件、居住环境等12个要素的综合社会风险研究模型。[④]

3. 全球化视角下的社会风险预警指标体系研究

　　20世纪90年代，全球化及其治理理论的兴起促进了社会风险评估研究

---

① 曾永泉：《转型期中国社会风险预警指标体系研究》，华中师范大学博士学位论文，2011。

② Dan Haendel, et al. Overseas Investment and Political Risk. Foreign Policy Research Institute, 1975（21）.

③ 罗伯特·达尔：《现代政治分析》，102页，上海，上海译文出版社，1987。

④ 鲍宗豪、李振：《社会预警与社会稳定关系的深化——对国内外社会预警理论的讨论》，载《浙江社会科学》，2001（04），110~114页。

的进一步拓展。世界银行从微观、中观、宏观三个层次，对自然、健康、社会、经济、政治和环境六个方面的风险进行了分类，可以将之视为一个全球风险评估体系。目前，全世界有很多机构都在提供风险评估指标。美国纽约国际报告集团建立了"国际国家风险指南"（International Country Risk Guide，ICRG）的预警指标体系（见表 1.2.1）。ICRG 每个月对 140 个国家进行风险评估并对 26 个国家进行年度风险评估。ICRG 对政治风险、金融风险和经济风险这三类风险指标及其 22 个变量进行综合评估。其评估公式是：CPFER=0.5×（PR+FR+ER）。CPFER 指政治、金融、经济综合风险评估；PR 指政治风险；FR 指金融风险；ER 指经济风险。政治风险占综合风险评估的 50%。政治风险包括：政府稳定性、社会经济条件、投资概况、内部冲突、外部冲突、腐败、军事政治、宗教之间的紧张关系、法律和秩序、种族关系紧张、民主问责制和官僚主义质量；金融风险包括：总外债占 GDP 的百分比、外债服务占货物服务出口的百分比、经常账占货物及服务出品的百分比、净国际流动资金中进口支付的月份和汇率稳定性的百分比变化；经济风险包括：人均 GDP、实际 GDP 年均增长率、年通货膨胀率、建设余额占本地生产率总值的百分比、经常账占本地生产总值的百分比。ICRG 的评估结果被包括国际货币基金组织、世界银行、联合国在内的众多国际机构参考。国际上同样具有一定研究基础的指标体系还包括《欧洲货币》的国家风险指数（包括政治风险、经济风险、债务风险等）和《机构投资者》（*Institutional Investor*）的国家信用风险预警和评级等。20 世纪 90 年代成立的世界领先的非政府组织反腐机构国际透明组织（Transparency International，TI）的腐败风险指数（Corruption Perception Index，CPI）也具较为广泛的影响。

表 1.2.1　ICRG 政治风险评估指标构成

序列	一级指标（分值）	二级指标	最高分
A	政府稳定性（12）	政府统一性	4
		立法能力	4
		民众支持度	4
B	社会经济环境（12）	失业	4
		消费者信心	4
		贫困	4

序列	一级指标（分值）	二级指标	最 高 分
C	投资情况（12）	项目合同可行性/利用情况	4
		利润汇出情况	4
		延期付款情况	4
D	内部矛盾（12）	内战/政变威胁	4
		恐怖主义/政治暴力	4
		内乱	4
E	外部矛盾（12）	战争	4
		国界冲突	4
		其他来自他国的压力	4
F	腐败（6）	政治体制的腐败	6
G	军队干预政治（6）	军队迫使政府政策或变更政府	6
H	宗教关系紧张程度（6）	单一宗教组织排斥其他宗教参与政治或社会进程	6
I	法律和社会秩序（6）	法律	3
		社会秩序	3
J	种族关系紧张程度（6）	一国种族、民族或语言分裂程度	6
K	民主问责（6）	五种不同类型的治理形式	6
L	行政机构（4）	执行力和行政水平	4
总分值			100

（二）当代国际上主要的社会稳定风险评估体系

国际上现有主要的有关社会稳定风险评估已经发展出一套成熟的指标体系。下面将从评估主体和评估客体两个方面做详细介绍。

1. 评估主体

国际上对社会稳定风险的研究主要有三类机构，包括国际组织、商业机构和学术机构。这三类组织在研究上各有侧重。国际组织，如世界银行与经济合作与发展组织，其研究主要聚焦于组织专业领域的风险评估。例如，世界银行从 20 世纪 90 年代末开始社会风险管理，主要聚焦于贫困人口的基本生活保障。

这类风险评估大部分采取定性分析与定量研究相结合的方式，形成各个国家在有关领域的风险评估报告。

商业机构对于社会稳定风险的研究主要是为了服务跨国投资。因此，无论是对国家政治、社会、经济方面的风险评估，或者是对国家脆弱性风险评估，其核心概念聚焦于一国的宏观经济和社会政策以及政治不稳定因素对企业投资运营的影响。例如，美国商业环境风险评估公司（Business Environment Risk Intelligence，BERI）的风险评估，结合定性评估与定量分析，主要由三部分构成：第一部分指标根据世界银行等组织发布的数据，分析国家的创汇能力；第二部分指标运用德尔菲法，对国家的经济管理能力、腐败控制等进行定性分析；最后一部分指标，主要聚焦于国家政治和社会经济环境的评估。BERI 询问专家组对一国在未来六个月到一年的官僚机构效率、国有化、自由兑换和政治稳定等方面的意见，以此来实现政治环境评估的目的。

学术机构主导的风险评估，其理论性要强于国际组织和商业机构。由美国中央情报局资助、美国多个研究机构学者合作开展的"政治不稳定工作组"（Political Instability Task Force，PITF）国家脆弱性评估项目，从有效性和合法性两个角度评价国家风险。"政治不稳定"包括爆发革命或种族战争、政权变更和种族清洗、内战和统治失败等。在有效性和合法性维度之下，又具体划分了安全、政治、经济、社会四个子维度进行国家脆弱性综合评估。[①]

2. 评估客体

（1）社会

社会风险管理框架（Social Risk Management，SRM）是 2000 年世界银行在原有社会保障框架的基础上，对其延伸而建立的一个社会风险评估与管理的框架（见表 1.2.2）。现代社会发展日益复杂，个体风险越来越可能发展为社会风险，因此建立一个完善的社会风险管理体系，使之能够有效整合社会资源、从根源上消除社会风险因素、实行对风险进行动态和过程管理，显得日益紧迫。社会风险管理框架是由社会保障框架修正得来，所以它主要针对的是狭义的社会风险领域，即社会保障——这是传统政府的职能，也是社会稳定风险的源头之一。该框架主要针对的是穷人，因为他们在应对社会风险方面最为薄弱，且缺乏必要的风险管理工具。[②]

---

① 彭宗超、曹峰、李贺楼、邵东珂：《社会生态系统治理视角下的中国社会稳定风险评估的理论框架与指标体系新探》，载《公共管理评论》，2013，15（02）。

② Holzmann, Robert, and Steen Jørgensen. Social Risk Management: A New Conceptual Framework for Social Protection, and Beyond. International Tax and Public Finance, 2001, pp.529-556.

表 1.2.2　世界银行风险管理框架之主要风险源

风 险 源	微 观	中 观	宏 观
自然	—	降雨 山体滑坡 火山爆发	地震 洪水 干旱 强风
健康	疾病 伤害 残疾	传染病	—
生命周期	出生 老龄 死亡	—	—
社会	犯罪 家庭暴力	恐怖主义 帮派	内乱 战争 变乱
经济	失业 收获失败 经营失败	重新安置	出口崩溃 收支平衡、金融和货币危机 技术或贸易引起的贸易冲击
政治	种族歧视	骚乱	政治违约 政变
环境	—	污染 采伐森林 核灾难	—

资料来源：Holzmann & Jørgensen（2001）

（2）市场

政治风险评估总框架。杰夫雷·西蒙提出了这一框架，他从东道国和跨国公司自身情况出发，把政治风险归纳为八大类50余种（见表1.2.3）。这一框架有助于跨国企业认识风险事件及其可能带来的冲击，故能将风险分析更好融入投资决策分析当中。①

———————

① 钟雪飞、陈惠芬：《中国石油企业海外投资面临的政治风险及评价》，载《产业与科技论坛》，2008，7（11）。

表 1.2.3　政治风险评估总框架

	宏　观		微　观	
	社　会　面	政　府　面	社　会　面	政　府　面
国内	革命	国有化或征用	选择性罢工	选择性当地化
	内战	政体巨变	选择性恐怖主义	合资经营压力
	民族与宗教骚乱	官僚政治	选择性抵抗	差别税收
	舆论转向等	外汇限制	国别企业抵抗	违约等
国际	跨国游击战争	核战争	国际行动集团	两国外交关系紧张
	国际恐怖主义	边界冲突	外国跨国公司竞争	
	世界舆论	联盟变化	国际企业抵制	双边、多边贸易协定
	撤资舆论	高外债偿还比率等	选择性国际恐怖主义	外国政府干预等

富兰德指数。20 世纪 60 年代末，美国商业环境风险评估公司（BERI）的 F. T. 汉厄教授提出了一种反映国家风险大小的评价指数——国家风险预测指数，也被称作富兰德指数。该指数以 0~100 表征，越高的指数，表明该国风险越低，信誉地位越巩固。该指数评估分析和预测全世界 140 多个国家的综合风险。BERI 运用该指数评估方法每年对 50 个国家进行三次评估，对一国重要发展情况进行定性分析评估，对一国风险进行全面定量分析并结合历史数据和政治信息对一国的未来发展做出独立预测。该指数综合评分由以下三个指标构成：定量评级体系（LRquant）、定性评级体系（LRqual）和环评估体系（LRenvir）。LRquant 指标根据国际货币基金组织（IMF）和世界银行等机构发布的数据全面定量分析一国创汇能力，包括外汇储备水平、外债规模、预算平衡和其他相关因素；LRqual 指标运用德尔菲评估法全面定性分析一国经济管理能力、外债结构、外汇管制状况、政府履行国际职责能力和腐败情况；LRenvir 指标对一国政治和社会经济环境进行评估。[①]

（3）政治

以政治作为评估客体的代表指标有政治不稳定指数（Political Instability Index，PII）和失败国家指数。PII 是由英国《经济学家》情报部（The Economist Intelligence Unit）设计的，认为政治不稳定是指社会、政治动荡或巨变对政府或现有政治秩序造成的严重威胁，这种事件发生在国家的议会和制度外，通常伴以暴力和公众骚乱，不一定会导致一个政府或者政权的终结，但是被压制下来的动荡也会造成社会混乱和严重破坏（见表 1.2.4）。一共有 15 个指标，

---

① 危俊：《国际主流政治风险评估机制经验借鉴》，载《金融经济》，2012，358（8），74~76 页。

其中12个用于测量一个国家或地区政权的潜在脆弱性，另外3个考察经济不景气情况，总体指数是潜在脆弱性指数和经济不景气指数的均值，二者分别从0（没有脆弱性）到10（最高脆弱性）被赋分。在2009—2010年时间段内，按照总体指数得分，165个国家被划分为4个等级。

表1.2.4　政治不稳定指数

维　度	具体指标	评分依据	最高分
潜在脆弱性	不平等	基尼系数	2
	国家历史	独立年份	2
	腐败	经济学家情报部评级	2
	民族分裂	民族分裂指数	2
	制度/机构的公信力	信任议会的人口百分比	2
	少数族群地位	经济和政治歧视	2
	政治不稳定的历史	重要政治动荡事件	2
	劳工动荡的倾向	劳工动荡的风险	2
	社会服务的水平	婴儿死亡率	2
	周边国家	因地缘邻国对本国造成的脆弱性指数	2
	政体类型	政体分类	2
	政体类型和派系斗争	政体类型和政治党派活动之间的相互作用	4
经济不景气境况	收入增长	2009年人均GDP增长	2
	失业情况	失业百分比	2
	人均收入水平	购买力平价基础上的人均GDP	2

　　失败国家指数（Failed State Index，FSI）。FSI由美国《外交政策》杂志与和平基金会共同设计，目前拥有178个主权国家内部冲突的数据（见表1.2.5）。这里"失败国家"有多重含义，通常指丧失对其领土的实际控制或对暴力使用合法性的垄断，制定集体决策合法权力的减弱，无力提供合理的公共服务，无法作为国际社会的正式成员与其他国家互动。FSI的12个指标涵盖了各种国家失败的风险因素，如大范围的腐败和犯罪行为、无力征税或争取到公民的支持、大规模人口非自愿性安置、经济急剧下滑、群体不平等、制度化的破坏或歧视、

严重的人口压力、人才外流和环境恶化。FSI 包括社会、经济以及政治与军事
3 个一级指标和 4 个社会、2 个经济和 6 个政治二级指标，每个二级指标赋值
范围为 1~10，得分越低，情况越佳，总分范围为 0~120。FSI 将得分为 12 个等
级，前两个代表可持续级别（0~20、20~30），接下来 3 个为稳定级别（30~40、
40~50、50~60），然后为 3 个警告级别（60~70、70~80、80~90），最后是三个
警戒级别（90~100、100~110、110~120）。

表 1.2.5　失败国家指数

一级指标	二级指标	分　　值
社会指标	不断增加的人口压力	1~10
	大规模的难民流动或国内流离失所者	1~10
	仇恨的复仇群体	1~10
	长期且持续的高等人才外流等	1~10
经济指标	群体间经济发展不平等	1~10
	急剧或 / 和严重的经济衰退	1~10
政治和军事指标	犯罪化和国家合法性丧失	1~10
	公共服务持续恶化	1~10
	搁置或任意使用法律条文以及广泛的人权侵犯	1~10
政治和军事指标	安全机构成为"国中国"	1~10
	派系精英崛起	1~10
	他国或外部政治势力干预	1~10

（4）国家

典型指标有全球治理指标（World Governance Indicators，WGI）和贝塔斯曼
转型指数。WGI 是对治理进行分析、研究、评估和监测的重要工具，由布鲁金
斯学会的考夫曼等人设计，是有影响力的多国治理数据库。到目前为止，共收
录了全球 215 个经济体从 1996 年至 2019 年的综合性治理数据。过去数十年中，
WGI 为治理分析与研究提供了条件，促进了辩论和讨论，帮助监测了治理表现，
提高了全球发展社区内外在治理问题方面的意识。全球治理指标组织并综合了

大量数据,反映出全球成千上万利益相关方的观点和报告。治理分为政治、经济、机构等层面。WGI 对治理的定义是:一国行使权力所倚仗的传统和制度。这其中包括了政府的选定、监测和更替方法,政府有效制定和实施良好政策的能力、提供公共服务的能力,以及公民对治理政府间经济和社会互动的制度的尊重及其状态。WGI 建立在主观或感知数据的基础上,从 31 个不同数据库来源的几百项变量基础上,涵盖了经济、政治和机构等多个层面的治理状况。WGI 衡量六大核心治理维度:(1)话语权和责任:观察一国公民可以在何种程度上参与到政府的选择之中,以及言论自由、结社自由和媒体自由;(2)政治稳定性和不存在暴力/恐怖主义:观察政府被违宪手段或暴力手段动摇或推翻的可能性,包括政治动机的暴力和恐怖主义;(3)政府效率:观察公共服务的质量,行政部门的质量及其在政治压力下的独立程度,政策制定和实施的质量,以及政府对此类政策作出承诺的可信度;(4)规管质量:观察政府制定与实施稳健政策法规、允许并推动私有部门发展的能力;(5)法治:观察执法人员对社会制度的信心和服从程度,重点关注合约执行、财产权、警察、法庭的质量,以及犯罪和暴力行为发生的可能性;(6)腐败控制:观察对私利行使公共权力的程度,包括大小形式的腐败,以及精英阶层和私人利益对国家的"占取"。①

贝塔斯曼转型指数(Bertelsmann Transformation Index,BTI)。当代国家在向民主和市场经济的和平过渡中,面临政治、经济和社会的艰巨挑战,BTI 分析并评估转型阶段的国家或地区是否正在经历以及如何向民主和市场经济发展的变革(见表 1.2.6)。BTI 建立在两个指数上:状态指数(Status Index)和管理指数(Management Index)。一个国家的状态指数从政治转型和经济转型两个维度分析,用来界定它所评估的 128 个国家或地区的民主法治状况和以社会正义原则为基础的市场经济程度。管理指数评估国家的治理质量,包括决策者在引导政治过程中所表现出来的敏锐性。在状态指数中,政治转型有 5 个评估标准,分别为国家对暴力的垄断和基本的行政组织、政治参与、法治、民主机制的稳定性、政治和社会整合情况;经济转型评估市场经济的发展程度,评估标准包括社会经济发展水平、市场和竞争机制、汇率和物价稳定、私有制、福利体制、经济表现和可持续性等。BTI 认为完整意义上的经济发展不仅在于经济增长情况,还需要有效减轻贫困并尽量增进公民的行动和选择权。管理指数关注政策制定者如何有效促进发展、引导转型过程,是唯一一个用自我收集的数据来分析并比较政府治理的实际表现的指数,具体包括国家政府的管理难度、引导能力、

---

① 参见 WGI 简介. http://info.worldbank.org/governance/wgi/Home/Documents,2022 年 8 月 2 日访问。

资源利用效率、共识构建以及国际合作这五方面。二级指标之下又设置了更容易操作的三级指标。[①]

表 1.2.6 贝塔斯曼指数指标体系

指数类型	一级指标	二级指标	三级指标	分值范围
状态指数	政治转型	国家性	国家对暴力的垄断	0~10
			国家认同	0~10
			无宗教教义干扰	0~10
			基本公共管理	0~10
		政治参与	自由、公正的选举	0~10
			有效监管	0~10
			结社/机会的权利	0~10
			表达自由	0~10
		法治	分权	0~10
			独立的司法	0~10
			滥用公权的起诉	0~10
			公民权利	0~10
		民主机制的稳定性	民主制度的表现	0~10
			民主制度的认同	0~10
		政治和社会整合情况	政党系统	0~10
			利益集团	0~10
			对民主的赞同	0~10
			社会资本	0~10
	经济转型	社会经济发展水平	社会经济的阻碍	0~10
		市场和竞争机制	以市场为基础的竞争	0~10
			反垄断政策	0~10
			对外贸易自由化	0~10
			银行系统	0~10
		汇率和物价稳定	抗通胀/外汇政策	0~10
			宏观稳定	0~10
		私有制	财产权	0~10

---

① Transformation Index of the Bertelsmann Stiftung. 2012. http://www.bti-project.de/uploads/tx_jpdownloads/BTI2012_ Codebook.pdf.

续表

指数类型	一级指标	二级指标	三级指标	分值范围
状态指数	经济转型	私有制	民营企业	0~10
		福利体制	社会安全网	0~10
			机会平等	0~10
		经济表现	产出能力	0~10
		可持续性	环境保护政策	0~10
			教育政策 / 研发	0~10
管理指数	治理状况	国家政府的管理难度	结构性约束	0~10
			公民社团传统	0~10
			冲突强度	0~10
		引导能力	制定优先政策	0~10
			执行	0~10
			政策学习	0~10
		资源利用效率	对资产的有效使用	0~10
			政策协调	0~10
			反腐政策	0~10
		共识构建	对目标的共识	0~10
			反民主的行动者	0~10
			社会分裂 / 冲突的管理	0~10
			公民社会的参与	0~10
			和解	0~10
		国际合作	有效利用国际支持	0~10
			公信力	0~10
			区域合作	0~10

　　在 BTI 的三级指标取值范围中，分值越高则认为一国的转型越成功。二级指标对应三级指标平均值，一级指标对应二级指标平均值，得分越高，国家转型就越成功。状态指数得分为政治转型得分和经济转型得分的平均值。

第三节　中国社会稳定风险评估指标的构建状况分析

　　上一节综述的国外社会稳定风险评估指标体系为本节构建中国社会稳定风险评估指标提供了丰富的文献与理论基础。本节首先概述中国社会稳定风险指标研究的历史发展和现状，介绍国内具有代表性的社会稳定风险指标体系，继而分析当前的指标体系存在的问题和应改进的方向，最后引出本研究构建基于社会生态系统视角的社会稳定风险指标体系。

美国著名学者塞缪尔·亨廷顿说过："现代化孕育着稳定，而现代化过程却滋生着动乱。"[①] 改革开放以来，我国经济高速增长，市场经济体制和现代化建设不断推进，中国社会迈入结构转型和体制转型的双模式变迁。但是，转型期带来的不仅仅是社会的进步和优化，也产生各种不稳定因素因而可能隐含着巨大的社会稳定风险。在此情况下，维护社会稳定成为改革开放以来的重要课题，我国开始了对社会稳点风险评估的研究与实践。

一、历史沿革

20 世纪 80 年代开始，我国社会转型加剧、国外社会指标运动引入国内，我国学者也开始对"风险评估""社会预警"和"指标设计"等方面的相关问题进行关注。总的来说，国内学者和各地政府从机制内容、体系建构、理论模型和评估实践等角度都进行了一定的探索和研究。

（一）起步（20 世纪八九十年代）

20 世纪 80 年代以来，我国机构和学者开始了对社会风险的研究，其重点主要集中在对社会风险的理论研究以及指标体系设计方面。例如，1984 年国家统计局制定了"社会发展统计指标体系"；1988 年中国社会科学院社会学所也提出了社会综合预警指标体系，其中包含 4 大类 40 多个主客观指标；[②]1992 年朱庆芳提出了由反映经济、生活水平、社会问题、民意 4 个方面的 40 多个指标构成的"社会综合报警指标体系"[③]。其中，这一阶段最具代表性的是宋林飞的社会风险预警指数，以及原国家计委社会稳定状况研究课题组的二元指标评价体系。

1. 社会风险预警综合指数及社会风险预警核心指数

1989 年宋林飞提出了社会风险早期预警系统，这个系统包括四个子系统：痛苦指数体系、腐败指数体系、贫富指数体系、不安定指数体系，共 4 大类 16 小项。[④]1995 年，宋林飞进而提出社会风险预警综合指数及社会风险预警核心指

①　[美] 塞缪尔·P. 亨廷顿：《变动社会中的政治秩序》，张岱云等译，第 25 页，上海，上海译文出版社，1989。
②　周星宇、刘吉隆、赵伟：《社会稳定预警研究综述》，载《学理论》，2012（13）。
③　朱庆芳、吴寒光：《社会指标体系》，北京，中国社会科学出版社，2001。
④　宋林飞：《"少数人闹事"与早期警报系统》，载《青年学者》，1989（01）。

数。其中，社会风险预警综合指数的测度指标体系由 5 个领域的 3 类指标共计 50 个指标构成（如表 1.3.1 所示）。宋林飞认为这 50 个指标涵盖面广，但是计量较为困难。对此，他选择了其中 14 个指标构成"社会风险预警核心指数"：失业率、通货膨胀影响率、贫困率、企业亏损率、城镇居民收入差距扩张率、农村居民收入差距扩张率、犯罪率、离婚率、人口流动率、干部受惩、劳动争议、污染与破坏事故、严重自然灾害、突发事件。[1][2]

上述指标所指涉的内容，都在某种程度上反映了社会风险的根源、征兆或表现。但有一部分指标没有现成的统计指标与之对应或换算，需要专门调查与评估，因而难于量化与操作。利用各部门现行的公开与内部统计指标，设置社会风险监测与预警指标体系，最为切实可行。按照这一思路，作者又设计了社会风险预警指标体系（见表 1.3.2），较为全面地反映了社会风险孕育、发展与外在化表现的过程。为了计量的方便，作者把指标体系分别列入社会风险的不同阶段。其中，收入稳定性、贫富分化与腐败列为警源指标，失业与通货膨胀列为警兆指标，社会治安与突发事件列为警情指标（见表 1.3.2）。[3]

表 1.3.1　社会风险预警综合指数

风险领域	警源指标	警兆指标	警情指标
经济	失业率（R1） 通货膨胀影响率（R2） 贫困率（R3） 企业亏损率（R4） 城乡居民收入差距（R5） 城市居民收入差距（R6） 农村居民收入差距（R7）	抢购风（S1） 挤兑风（S2） 怠工（S3） 抛荒（S4）	集体上访（E1） 集体静坐（E2） 集体罢工（E3）
政治	干部贪污（R8） 干部渎职（R9） 政策变动频率（R10） 政策后遗症（R11）	牢骚（S5） 激进言论（S6）	行政诉讼（E4） 政治集会（E5） 游行示威（E6）

---

① 宋林飞：《社会风险指标体系与社会波动机制》，载《社会学研究》，1995（06），90~95 页。
② 宋林飞：《中国社会风险预警系统的设计与运行》，载《东南大学学报（社会科学版）》，1999（01），69~76 页。
③ 同上注。

续表

风险领域	警源指标	警兆指标	警情指标
社会	犯罪率（R12） 离婚率（R13） 人口流动率（R14）	小道消息（S7） 劳动争议（S8） 污染与破坏事故（S9） 非制度化团体（S10）	恶性侵犯事故（E7） 暴力群斗（E8） 团体犯罪（E9） 宗教冲突（E10） 民族冲突（E11） 动乱（E12）
自然环境	严重灾害（R15）	农业食品短缺（S11）	生命损失（E13） 财产损失（E14） 生产损失（E15）
国际环境	世界经济衰退（R16） 严重物价波动（R17） 意识形态对立（R18）	经济摩擦（S12） 政治争论（S13）	经济制裁（E16） 政治干涉（E17） 敌对行动（E18）

表 1.3.2 社会风险预警指标体系

警源指标	警兆指标	警情指标
国民生产总值增长率变动度 城镇居民人均纯收入变动度 农民人均纯收入变动度 城镇居民生活费与收入增长比率 农民生活费与收入增长比率 城乡居民人均纯收入差距 城乡居民人均纯收入差距变动度 城镇居民人均纯收入差距 城镇居民人均纯收入差距变动度 农民人均纯收入差距 农民人均纯收入差距变动度 地区人均收入差距 地区人均收入差距变动度 干部贪污贿赂案件立案数变动度 平均每件案件金额变动度 受惩干部平均职阶变动度 受惩干部人数变动度 受惩干部比率变动度	失业率 失业率变动度 失业平均时间 失业平均时间变动度 失业保障力度 失业者实际困难度 通货膨胀率 通货膨胀率变动度 城镇通货膨胀压力 农村通货膨胀压力	刑事犯罪率 刑事犯罪率变动度 重大刑事犯罪率 重大刑事犯罪率变动率 突发事件出现频率 突发事件出现频率变动度 突发事件平均规模 突发事件平均规模变动度 突发事件涉及面 突发事件涉及面变动度 突发事件总数变动度 突发事件参与人数变动度

在此基础上，采用简单分类评分法，对社会风险预警指标体系的各个指标

进行量化处理。各个指标均使用五级计分法,设 1~5 五个分值,形成社会风险预警警级评估,如表 1.3.3 所示。警源指标 18 个,总分为 18~90;警兆指标 10个,总分为 10~50;警情指标 12 个,总分为 12~60;全部指标共有 40 个,总分为 40~200。警源、警兆、警情与总警分别根据各自的指标数,由低到高将警级分为轻警区、中警区、重警区与巨警区。另外,根据四个级别的警级,给出综合判断对策,轻警区为安全、中警区为注意、重警区为治理、巨警区为应急。

表 1.3.3　社会风险预警警级评估

警评分类	警　　级			
	轻警(绿灯)	中警(蓝灯)	重警(黄灯)	巨警(红灯)
警源	18~36	37~54	55~72	73~90
警兆	10~20	21~30	31~40	41~50
警情	12~24	25~36	37~48	49~60
总警	40~80	81~120	121~160	161~200
综合判断对策	安全	注意	治理	应急

2. 原国家计委社会稳定状况研究课题组二元指标评价体系

原国家计委社会稳定状况研究课题组自 1997 年以来对我国社会稳定状况进行跟踪研究,提出了客观与主观相结合的二元指标评价体系(见表 1.3.4)。主要分为客观指标和主观指标两种。客观指标包括:"社会冲突"(如学潮罢工、游行示威、请愿上访、自杀自虐等具体指标),以及"社会问题"(如家庭问题、老人问题、交通事故、城市交通拥挤等具体指标)。主观指标也就是"社会心理",即公众对于体制改革、社会生活、社会秩序、经济生活、政府效率、环境状况、文化生活、国家地位、家庭生活、个人发展、政治参与等问题的感知、评价和满意程度。[1]

表 1.3.4　原国家计委社会稳定状况研究课题组二元指标评价体系

指标属性	指标分类	具体指标
客观指标	社会冲突	学潮罢工、游行示威、请愿上访、自杀自虐……
	社会问题	家庭问题、老人问题、交通事故、城市交通拥挤……

---

[1]　国家计委宏观经济研究院课题组:《1998—1999:我国社会稳定状况跟踪分析》,载《管理世界》,1999(05)。

续表

指标属性	指标分类	具体指标
主观指标	社会心理	公众对于体制改革、社会生活、社会秩序、经济生活、政府效率……的感知与评价

改革开放以来，市场经济体制的确立和发展引起了社会结构和利益格局的深刻变化，形成了由社会各界、各阶层组成的多元利益主体，以及各利益主体的不同利益诉求。[①] 在这个过程中，如果社会垂直流动机制的不畅通，以及社会资源分配机制的不健全，可能导致社会结构趋于紧张，以及社会矛盾不断衍生。在此背景下，当政府制定重大事项、重大决策时，进行必要的社会稳定风险评估就显得至关重要。

因此，我国学者以及政府部门开始构建社会风险稳定评估指标体系，由上述评估内容和指标构成可以看出，这一阶段的指标创建有如下特点：第一，这一阶段的研究范围与研究视角都较为宏观，关注整个社会的平稳运行与发展，由各学者研究的成果也可以看出，大多项目名称均是"综合指数"，具体到某一地区、某一政策的还比较缺乏；第二，理论指导与实践探索匮乏，多停留在指标创建与模型设计层面。但无论如何，这是我国社会稳定风险评估研究的起步，进入 21 世纪以后，越来越多的社会稳定风险评估研究成果涌现出来。

（二）初步发展（21 世纪初 10 年）

进入 21 世纪，越来越多的学者开始进入社会风险研究领域，就社会风险相关方面开展研究。与此对应，我国对于风险评估的研究和实践有了初步的发展，这表现在学界对于理论模型和基本框架的研究和探索上，也表现在对整个社会平稳运行与发展的评估上，更表现在对具体政策的实施、具体项目的落实、具体指标的细化和各地的实践上。

1. 理论研究

在这一阶段，学术界相继进行了理论方面的深化研究，具体表现在以下几个方面：

在评估内容方面，肖飞认为一套完备有效的社会稳定预警机制应由两部分构成，即社会预警指标体系和社会预警接触系统；建议构建一种科学且有效的预警机制，将预警指标体系和预警解除体系囊括其中。这种预警机制不仅能做到报告、分析、协调的有机统一，而且相关组织与机构能够在矛盾冲突达到或

---

① 孙立平：《中国社会结构的变迁及其分析模式的转换》，载《南京社会科学》，2009（05）。

即将达到社会最大限度之前，立即采取积极行动并及时提出解决措施。[①]

在理论模型方面，阎耀军指出建立理论模型和基本框架的重要性，认为这是构建社会稳定计量工具的基础和前提，因此，他构建了社会稳定"监测—预警—预控"管理系统，用来计量影响社会稳定运行的指标体系。具体来说，他用 6 个逻辑要点描述了"社会稳定指数综合指数"的框架，并且建立了 4 个层次、12 个二级子系统、55 个四级指标的框架体系；此外，他创造性地设计了基于 SAS 软件的社会预警系统动态模型，该系统由 6 个子系统构成。[②]

在系统构建方面，牛文元运用类比的方法，将自然界的燃烧现象与社会的无序、动乱状况进行类比，首先介绍了社会燃烧理论，继而提出了构建社会稳定预警系统。他依照社会物理学的理论和方法，采取分析判别和过程模拟方法，充分运用计算技术、网络技术、虚拟现实技术，完成智能化、定量化和动态化的情景方针，通过逐周、逐月、逐季和逐年的监测、预报和预警，科学地、定量地、实时地诊断、监测社会稳定的总体状态变化，从而准确预测社会稳定的动态演化趋势与发展情况，及时对预警社会稳定的临界突破，针对性地提供社会稳定的处理方案，从而构建起一个能够完整识别国家稳定总体发展态势的完美指挥系统。另外，通过建立或联结相关系统的预警专项接口，进而共同促进国家预警体系的建立、健全与完善。该预警系统如图 1.3.1 所示。[③]

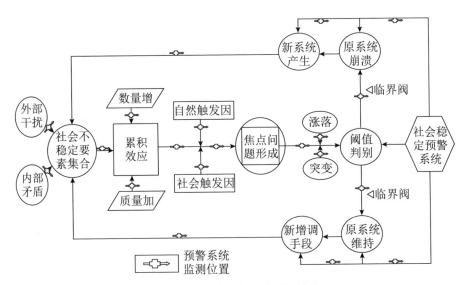

图 1.3.1 社会稳定预警系统原理

① 肖飞：《我国社会稳定预警机制构建探略》，载《公安研究》，2000（01）。
② 阎耀军：《社会稳定的计量及预警预控管理系统的构建》，载《社会学研究》，2004（03）。
③ 牛文元：《社会物理学与中国社会稳定预警系统》，载《中国科学院院刊》，2001（01）。

在心理测量和文化理论的基础上，胡象明等将研究对象聚焦于作为风险承担者的公众。从公众风险感知的视角构建了全新的社会稳定风险评估分析框架，揭示社会风险产生的内在机理和演进逻辑。新的社会稳定风险评估分析框架的演进路径如下：由风险设施、风险事件、未知风险等产生的风险，经由各种传播中介，如政府组织、社会组织、新闻媒体以及人际传播等的作用，个体在接受过程中，有选择地去感知与接受，由此，个体的风险感知同时作用于心理层面和文化层面上，反映在心理层面表现为产生焦虑、紧张等情绪，文化层面则包括信任、世界观等方面的差异。接着，当每个个体的风险感知继续加强，甚至被整个社会所接纳和认可时，便形成了公众群体风险感知，这时公众在心理层面会形成社会恐慌，在文化层面会产生信任危机、污名化等情况。当群众性的恐慌情绪与强烈的信任危机产生时，群众性的社会抗议活动便发生了（见图 1.3.2）。[①]

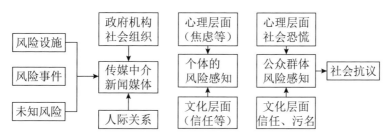

图 1.3.2　基于风险感知的社会风险评估框架

2. 指标构建

（1）上海社会稳定指标体系

上海社会稳定指标体系课题组基于对上海实际情况的分析认为，上海社会稳定指标体系可分为三个层面（见表 1.3.5）：第一层面为社会稳定一般状态指标，用来反映社会稳定的一般状态，发生频率虽高但社会危害性较小；第二层面为社会稳定突变指标，用来反映社会稳定的突变状态，发生频率很低，但一旦发生就会导致重大不良社会事件爆发；第三层面是社会稳定解释性指标，用来反映社会稳定的总体状态，包括影响社会稳定的直接与间接因素。以上三个层面的指标之间的关系是：首先，社会稳定解释性指标是社会稳定一般状态和突变状态的原因，后二者是前者的结果；其次，在一定条件下社会稳定一般状态可向突变状态转变；最后，以上三个层面的指标共同反映社会稳定状况。[②]

① 胡象明、王锋：《一个新的社会稳定风险评估分析框架：风险感知的视角》，载《中国行政管理》，2014（04）。

② 上海"社会稳定指标体系"课题组：《上海社会稳定指标体系纲要》，载《社会》，2002（12），8~12 页。

表 1.3.5　上海社会稳定指标体系

一　级	二　级	三　级	说　明
社会稳定一般状态指标	社会痛苦指数	通胀率 城乡登记失业率 贫困人口比率	本组指标是社会不稳定在经济上的表现。比率较低，社会就较稳定
	公共安全指数	刑事案件立案率 重大刑事案件发生率 重大交通事故发生率 重大生产事故发生率 贪污腐败立案率	本组指标是社会稳定最敏感的反映，是市民能够直接感受的社会安全感。发生率越低，社会越稳定
	精神卫生指数	每万人精神病患者比率及增长率 每万人心理疾病患者就诊率及增长率 每万人自杀人口比率及增长率	市场竞争和对未来预期的不确定性导致心理压力加大，易引发突发事件。比率越低，社会越稳定
	社会紧张指数	信访率 个人上访率 集体上访率 激访率 人民调解受理率	信访和上访、人民调解是政府和市民沟通和解决社会矛盾的重要方法。发生率越低，社会越稳定
	利益保障指数	对社会资源分配和利益群体的评价 对个人权益保障评价 工青妇组织维权申诉次数 损害消费者权益申诉次数 业主委员会覆盖率 劳动合同纠纷受理件数及增长率 行政诉讼件数和增长率	本组指标反映了市民主体意识的加强，是法律意识提高的表现，但处置不当将影响社会稳定
社会稳定突变状态指标	社会冲突指数	集体示威游行发生率 集体罢工（怠工）事件发生率	一旦发生，将有可能导致社会动荡甚至动乱
		集体游行登记率	比率越高，社会矛盾越尖锐
	社会腐败指数	重大贪污腐败案件（20 万元以上）立案率 局级以上干部贪污腐败立案率 重大司法腐败案件件数及其增长率	本组指标是政治腐败的直接反映，将会影响到执政党的地位，导致社会动荡。比率越高，社会越不稳定
	社会分裂指数	宗教对立次数 民族对立次数 党派对立次数	一旦发生，将有可能导致社会动荡甚至动乱

一级	二级	三级	说　明
社会稳定解释性指标	经济总量指数	年 GDP 增长率 年人均 GDP 股票指数波动率（年、月、日）	本组指标是影响社会稳定的最重要的经济因素，与社会稳定是正比关系（除股票指数外）
	生活水平指数	城镇居民人均可支配收入 恩格尔系数 市民对生活水平满意度评价	直接反映居民生活水平的高低，是影响社会稳定的直接的经济因素，与社会稳定是正比关系（除恩格尔系数外）
	贫富差距指数	基尼系数 收入五等分倍数	是生活水平指数的补充指标，与社会稳定是反比关系
	社会保障指数	社会救助比率 社会帮困比率 医疗保险覆盖率 养老保险覆盖率 政府用于社会救助经费占国内生产总值比率	反映社会再分配状况，与社会稳定基本上是正比关系。但社会保障要控制在政府财力允许的范围。既要使贫困人口得到救助，又要防止养懒人
	人口和家庭指数	人口期望寿命 60 岁以上老人比率 社会负担系数 外来人口人数和增长率 离婚率 单亲家庭数及其增长率	人口期望寿命是反映居民生活质量的重要指标；老人比率、负担系数、外来人口可以测量城市经济承受力和容纳能力；离婚率、单亲家庭数反映家庭的稳定。他们都与社会稳定有着直接或间接的关系
	社会参与指数	选民对人民代表的了解和评议 市民向政府、人代会、政协提出建议的件数 宗教信仰比率 社会团体增长率 居民参加居委会选举比率 参加志愿者人数和比率	市民对社会或政治的参与度反映了他们的社会、政治融合度。参与度越高，反映市民越是关心自己的生活环境，从而影响社会的稳定。与社会稳定是正比关系
	政治透明度指数	人民代表向所在选区选民定期述报次数 居务公开率 村务公开率 政务公开率	本组指标反映的是公民的监督权和知情权，是政治民主的表现。有利于防止政治腐败，为社会稳定做出贡献。与社会稳定是正比关系

续表

一级	二级	三级	说明
社会稳定解释性指标	社会间距指数	社会阶层分化和交往状况 基层领导干部与一般群众交往和评价 邻里交往状况 住宅小区社会阶层同一率	本组指标在于测量社会分化的状况和交流。要防止社会分化造成社会阶层之间的隔离。与社会稳定是正比关系
	价值观念整合指数	对基本政治制度认同度 对党政主要领导人认同度 对政府重大决策知晓率和认同度 对社会公正和社会公平的评价 对社会公德的评价和认同	基本价值观的整合是社会稳定的基础。与社会稳定是正比关系

（2）陈曦的五大类指标体系

2005 年陈曦提出包括安全性、合法性、合理性、可行性、可控性五大类型在内 15 个指标的指标体系（见表 1.3.6）。其中，安全性指标包括生态环境、群众认可、配套政策，评估标准包括安全、一般安全、不安全；合法性指标包括政策依据、审查报批程序、法定程序，评估标准包括合法、不合法、违法；合理性指标包括评估程序公开、利益分配公平、公众参与公正，评估标准包括合理、一般合理、不合理；可行性指标包括评估方案、资金投入、出台时机，评估标准包括可行、一般可行、不可行；可控性指标包括事后防患、预警预防措施、应急预备，评估标准包括可控、一般可控、不可控。[①]

表 1.3.6　陈曦五大指标体系

类　型	内　容	评估标准
安全性	生态环境	安全、一般安全、不安全
	群众认可	安全、一般安全、不安全
	配套政策	安全、一般安全、不安全
合法性	政策依据	合法、不合法、违法
	审查报批程序	合法、不合法、违法
	法定程序	合法、不合法、违法
合理性	评估程序公开	合理、一般合理、不合理
	利益分配公平	合理、一般合理、不合理
	公众参与公正	合理、一般合理、不合理

---

① 陈曦：《积极稳妥地推行社会稳定风险评估工作》，载《中国行政管理》，2011（08）。

续表

类 型	内 容	评 估 标 准
可行性	评估方案	可行、一般可行、不可行
	资金投入	可行、一般可行、不可行
	出台时机	可行、一般可行、不可行
可控性	事后防患	可控、一般可控、不可控
	预警预防措施	可控、一般可控、不可控
	应急预备	可控、一般可控、不可控

（3）阎耀军的社会稳定综合指数指标体系

不同于按照影响社会稳定事件类型的简单划分，阎耀军的社会稳定综合指数指标体系（见表 1.3.7）则更有理论依据，其来源于阎耀军提出的社会和谐与稳定系统理论。他将影响社会稳定的因素分为六类，即生存保障、经济支撑、社会分配、社会控制、社会心理以及外部环境六大指标，并按重要程度为每项指标赋分，这六大指标赋分分别为 25、18、16、15、14、12。此外，根据这六大因素可继续划分三级影响指标与具体指标，同样按照重要程度为每一项影响指标赋分，根据这些具体测量指标可对社会稳定程度做出可观评判。[1][2]

表 1.3.7 闫耀军社会稳定综合指数指标体系

一级指数指标	二级指数指标	三级指数指标	具 体 指 标
社会稳定综合指数（100）	生存保障指数（25）	个人保障指数（13.5）	中等收入阶层所占比重（2.16） 城镇年人均可支配收入增长率（0.565） 农村人口年人均纯收入增长率（3.24） 城镇实际失业率（2.835） 最低生活保障线以下人口比重（2.70）
		社会保障指数（11.5）	社会保障总支出占 GDP 比重（2.30） 失业保险覆盖率（2.30） 社会保障综合给付率（1.84） 拖欠工资数额占工资总额比重（1.725） 离退休职工养老金与工资之比（1.495） 医疗保险覆盖率（1.84）

① 阎耀军：《超越危机——构建新的社会预警指标体系及其运行平台的设想》，载《甘肃社会科学》，2005（03），12~16 页。

② 阎耀军、雷鸣：《我国社会和谐稳定的时序分析及模拟预警——运用社会指标理论和方法施行前馈控制可行性探索》，载《天津行政学院学报》，2006（02），71~77 页。

续表

一级指数指标	二级指数指标	三级指数指标	具 体 指 标
社会稳定综合指数（100）	经济支撑指数（18）	经济增长指数（9.72）	GDP 增长率（1.944） 人均 GDP 增长率（2.3328） 人均财政收入增长率（1.944） 农业增加值的增长率（1.8468） 全社会固定资产投资额的增长率（1.6524）
		协调发展指数（8.28）	绿色 GDP 占传统 GDP 比重（1.5732） CPI 比上年增减 %（1.9044） 全社会零售物价总指数（1.8216） 第三产业增加值占 GDP 比重（1.9872） 银行贷款中不良资产比重（0.9936）
	社会分配指数（16）	空间差距指数（7.68）	东、中、西部人均收入差距变动比（2.5344） 城乡人均收入差距比（2.5344） 行业间人均收入差距比（2.6112）
		阶层差距指数（8.32）	10% 最富有与 10% 最贫困家庭收入比值（3.4944） 全国居民基尼系数（3.2448） 农业人口中贫困人口比重（1.5808）
	社会控制指数（15）	硬性控制指数（8.85）	政府财政收入占 GDP 比重（1.1505） 偷漏税比率（0.885） 每万人警力配备人数（1.239） 国家公务员职务犯罪率（1.1505） 重大贪污腐败案件破案率（1.1505） 重大刑事案件增长率（1.1505） 重大事故发生率（0.885） 参与群体性突发事件人次率（1.239）
		软性控制指数（6.15）	对党政主要领导人的认同程度（1.599） 对社会公共道德的评价值（1.353） 媒体舆论导向负面效应评价值（1.23） 负面政治流言传播状况（0.984） 政务公开率（0.984）

续表

一级指数指标	二级指数指标	三级指数指标	具体指标
社会稳定综合指数（100）	社会心理指数（14）	民众满意指数（7.56）	对政府官员秉公办事的满意度（1.5876） 对干群关系的满意度（1.512） 对政府行政效率的评价值（1.512） 对社会发展前景的信心指数（1.512） 对社会秩序的满意度（1.4364）
		民众容忍指数（6.44）	对收入差距的可容忍程度（1.8676） 对腐败现象可容忍程度（1.7388） 对物价上涨的可承受程度（1.3524） 对司法不公正的可容忍程度（1.4812）
	外部环境指数（12）	国际扰动指数（5.64）	世界经济衰退影响度（1.9176） 对立意识形态渗透（1.7484） 武装干涉和恐怖主义袭击（1.974）
	外部环境指数（12）	灾害干扰指数（6.36）	成灾面积占耕地面积比重（2.2896） 灾害造成的生命损失数量（2.226） 灾害造成的资产损失数量（1.8444）

注：（ ）内为指标权重

（4）胡鞍钢、王磊"社会转型风险"衡量指标体系

胡鞍钢、王磊关注了中国社会转型时期的风险特征，提出了"社会转型风险"概念（见表1.3.8）。二人认为，所谓"社会转型风险"指在社会转型过程中，由于社会治理能力的提升滞后于社会变化而产生社会损失的可能性。二人将中国社会所面临的"社会转型风险"分解为社会紧张、社会不安全和社会脆弱三个方面，并按照这三方面的二级指标，继续细分为15项三级指标，构建起了其"社会转型风险"衡量指标体系。①

表1.3.8　胡鞍钢、王磊"社会转型风险"衡量指标体系

二级指标	三级指标
社会紧张（0.200）	法院一审民事案件收案率（0.353）
	法院一审行政案件收案率（0.353）

---

① 胡鞍钢、王磊：《社会转型风险的衡量方法与经验研究（1993—2004年）》，载《管理世界》，2006（06），46~54页。

续表

二 级 指 标	三 级 指 标
社会紧张（0.200）	劳动争议立案率（0.177）
	离婚率（0.118）
社会不安全（0.400）	刑事案件立案率（0.241）
	治安案件立案率（0.107）
	集体劳动争议发生率（0.241）
	交通事故发生率（0.071）
	火灾事故发生率（0.071）
	法定报告传染病发病率（0.214）
	环境污染与破坏事故发生率（0.107）
社会脆弱（0.400）	贫困发生率（0.167）
	基尼系数（0.333）
社会脆弱（0.400）	失业率（0.333）
	通货膨胀率（0.167）

注：（ ）内为指标权重

（5）国家统计局课题组关于和谐社会统计监测的指标体系

国家统计局课题组 2006 年提出了和谐社会统计监测指标体系，不同于以往的划分标准，其将中共中央于 2005 年提出的社会主义和谐社会的六方面内涵作为理论依据，即民主法治、公平正义、诚信友爱、充满活力、安定有序、人与自然和谐相处，并将其作为划分依据，设计了 25 个具体指标，对这六个分层的指数进行评估（见表 1.3.9）。[①]

表 1.3.9　国家统计局和谐社会统计监测指标体系

分层指数	指　　标	单　　位
民主法治	1. 公民自身民主权利满意度	%
	2. 廉政指数	%
	3. 社会安全指数	%
公平正义	4. 基尼系数	—
	5. 城乡居民收入比	以农为1
	6. 地区经济发展差异系数	—

---

① 国家统计局课题组：《和谐社会统计监测指标体系研究》，载《统计研究》，2006（05），39~43 页。

续表

分层指数	指　　标	单　位
公平正义	7. 高中阶段毕业生性别比	女性 =100
诚信友爱	8. 合同违约率	件 / 万人
	9. 银行业主要金融机构不良贷款率	%
	10. 消费者投诉率	件 / 万人
	11. 慈善捐款占 GDP 比重	%
充满活力	12. 基层选举投票率	%
	13. 人口流动率	%
	14. 制造业新产品销售收入比重	%
	15. 企业注册率	%
	16. 万人专利数	项 / 万人
	17. 万人注册商标数	个
安定有序	18. 5 岁以下儿童性别比	女性 =100
	19. 城镇调查失业率	%
	20. 基本社会保障覆盖率	%
	21. 居民生活满意度	%
人与自然和谐相处	22. 万元 GDP 综合能耗	吨 / 万元
	23. 森林覆盖率	%
	24. 常用耕地面积指数	%
	25. 环境质量指数	%

（6）朱庆芳的全面小康社会指标体系

朱庆芳将十七大提出的全面建设小康社会目标的内涵概括为三大类 24 个指标（见表 1.3.10），即社会经济发展、生活质量及环保与社会稳定三大类。其中，社会稳定作为全面建设小康社会目标的重要内容之一，被作为二级指标加以测量。作者用五个具体的测量指标，即城乡贫富差距、每万人口刑事案件立案率、社会安全生产指数、城镇登记失业率和居民消费物价指数五个指标来测量与评估社会稳定。①

---

① 朱庆芳：《小康社会指标体系及 2000 年目标的综合评价》，载《中国社会科学》，1992（01），103~120 页。

表 1.3.10 朱庆芳的全面小康社会指标体系

分　类	具体指标
社会经济发展	1. 第三产业从业人员比重 2. 城镇人口比重 3. 二三产业产值占 GDP 比重 4. 社会发展支出占 GDP 比重 5. 预算内教育经费占 GDP 比重 6. 人均 GDP 7. 万元 GDP 综合能耗 8. 每万人口在校大学生人数 9. 大专以上人口占总人口比重
生活质量及环保	10. 城镇居民人均可支配收入 11. 农民人均纯收入 12. 城乡平均恩格尔系数 13. 城乡社会保障覆盖面 14. 上网人口占总人口比重
生活质量及环保	15. 人均生活用电量 16. 每万人口医师 17. 平均预期寿命 18. 环境质量指数 19. 环境投资占 GDP 比重
社会稳定	20. 城乡贫富差距（五等分法） 21. 每万人口刑事案件立案率 22. 社会安全生产指数 23. 城镇登记失业率 24. 居民消费物价指数（环比）

3. 各地重大事项类社会稳定风险评估

自 2004 年以来，为创新社会管理、源头预防矛盾，四川、江苏、浙江等地区在实施重大决策过程中，积极探索，创新建立重大决策信访维稳风险评估机制，形成了一些颇具特色的风险评估工作模式。2004 年"汉源事件"后，四川省遂宁市就开始了对重大事项社会稳定风险评估制度尝试与实践探索，并逐步将这一制度引入重大工程、重大决策、重大改革等各个领域。紧接着，江苏、上海等省市也纷纷把重大事项社会稳定评估制度建设引入政府的维稳工作中，继而出现了四川遂宁、浙江定海、山东烟台和上海市社会稳定风险评估等有益探索和创新。

（1）四川遂宁 ①

在上述众多社会稳定风险评估模式中，四川遂宁因其开展较早，实施时间较长，其做法后又得到中央维稳办的认同与肯定，其社会稳定风险评估模式对于全国各省市来说，具有很强的示范与指导意义。

2004年"汉源事件"后，遂宁市开始探索建立重大事项社会稳定风险评估机制。2005年初，针对当时容易引发群体性事件的一些重大建设工程项目，遂宁在全国率先出台了《重大工程建设项目稳定风险预测评估制度》，并于次年将评估范围扩大到其他事关群众切身利益的重大事项。

遂宁在评估范围与评估程序等方面都做出了明确的规定。首先，在评估范围方面，清晰明确地界定了"重大事项"的内涵，明确严格地规定了必须实施风险评估的四大事项范围，包括：事关广大人民群众切身利益的重大决策，关系较大范围群众切身利益调整的重大决策，涉及较多群众切身利益并被国家、省、自治区、直辖市拟定为重点工程的重大项目，牵涉相当数量群众切身利益的重大改革等方面。其次，在评估程序方面，在长期的制度尝试与实践探索中逐步形成了"五步工作法"：一是组织开展初评；二是对评估事项的合理性、合法性、可行性、安全性进行评估；三是公开征求群众意见；四是召开审查会，对风险进行综合研判，确定风险系数，作出评估结论；五是运用评估结果，进行科学民主决策。值得一提的是，在此过程中，涉及多个部门的专家学者、人民群众以及党委政府部门广泛与全程参与，各部门、各群体各司其职，充分论证、协商、研讨关于该事项的各项事宜，充分体现了科学性与民主性。将风险等级按照严重程度，划分为四个等级，即一级预警、二级预警、三级预警与四级预警。根据这四级预警，分别制定了不准实施、暂缓实施、完善后分步实施与准予立即实施的对策。评估内容（指标）方面，"遂宁模式"首次系统地提出了一套地方政府风险评估内容（指标）框架，用以引导评估工作。

遂宁开创了地方政府对重大事项社会稳定风险评估的先河。虽然其评估程序和指标体系都较为粗糙，存在许多不足，但毕竟为风险评估提供了一个比较完备的程序和一套比较周详的评估框架，对地方政府关于重大事项社会稳定风险评估具有重大理论与实践意义。一方面，遂宁的机制对于风险评估工作的制度化、规范化意义重大。另一方面，在实践与应用层面，遂宁的这一套评估程序和评估框架已经被全国各地广泛学习、采用与实践，几乎成了风险评估的标准范式。

---

① 遂宁市：重大事项社会稳定风险评估机制，参见遂宁新闻网http:www.snxw.com/xwzx/cmksn/201507/t20，2022年8月3日访问。

（2）浙江定海①

浙江定海经过几年的机制研究、制度探索，结合自身的实际情况对相关内容等进行了调整与完善，最终形成了一套比较完善的社会稳定风险评估机制。

基于又不同于遂宁，定海走出了一条结合自身实际的社会稳定风险评估机制的成功道路。在评估范围、评估程序和评估内容等方面做了一些调整、完善于创新。

首先，定海进一步明确评估范围。其将重大事项分为重点领域和一般领域两方面，并进行细分，进而分级评估。重点领域即指一些关系重要又较为敏感的领域，包括关系广大人民群众根本利益的重大决策，关系较大范围群众切身利益调整的重大政策，关系相当数量群众切身利益的重大改革，关系相当数量群众切身利益的重点工程建设项目，关系广大人民群众切身利益的社会就业、医疗改革、企业改制、行政性收费调整等敏感问题的重大事项。

其次，在评估程序方面，定海也是按照遂宁的"五步走"来划分的。第一，确定评估事项；第二，制定评估方案；第三，组织开展评估；第四，编制评估报告；第五，作出评估决定。虽然，按照这五个步骤来具体实施与组织展开，但是，它与遂宁不同之处在于：评估事项能否列入评估范围，最终要交由区领导小组来确定并负责；然后，通过走访调查、座谈会等形式与群众进行协商，进而充分掌握评估对象的基本情况与社情民意；在此基础上，根据具体情况再制定相应的评估工作方案，划分风险等级，根据风险等级组织评估。

最后，定海的评估内容在围绕合法性、合理性、可行性、可控性的基础上，着重强调与反映政府行政效率与有效性以及事项开展前群众利益保障机制的完善情况。另外，对重大事项的评估充分听取、采纳专家组的意见，体现了其方案与程序的科学性。对评估合法性、合理性和可行性也进行重点评估；重大项目建设的评估则采用委托第三方机构的方式，重点评估可行性、合理性、稳定性（安全性）和可控性。合法性等指标内容与遂宁的基本一致。

（3）山东烟台②

烟台市政府将需要进行风险评估的重大事项规定为七大方面，主要包括企业重组改制、城市建设发展、农村集体土地流转及征收征用、机构人事改革等七大方面。因此，在烟台市，凡是关于这七大方面的重大事项，在决策之前，

---

① 定海推行重大事项社会稳定风险评估机制，参见武义新闻网 http://wynews.zjol.com.cn/wynews/system/2009/06/22/011209361.shtml，2022 年 8 月 3 日访问。

② "社会稳定风险评估"一个让老百姓说了算的机制，参见胶东在线烟台长安网 www.jiaodong.net/ytzfw/system/2008/11/04/010 386601_01.html，2022 年 8 月 3 日访问。

都必须围绕其在实施前、中、后可能存在或出现的风险问题，从合法性、合理性、可行性和可控性这四个方面进行相关的评估与测试工作。

其评估程序分为"五步走"。第一，要确定评估项目；第二，根据确定好的评估项目，制定相应的评估方案；第三，根据评估方案，对可能的风险进行分析预测；第四，形成评估报告；第五，根据评估报告精准落实维稳措施。在评估范围方面，烟台莱州市规定得较为详细，凡是重大民生问题、直接关系到广大人民群众切身利益的重大决策问题，包括涉及征地拆迁、农民负担、企业改制、环境影响、社会保障、公益事业等方面的重大决策事项，在决策前都必须进行社会稳定风险方面的评估与分析预判。具体来说，主要包括以下四个方面。

一是重大工程决策的评估。重大工程建设项目主要是关于各项审查报批问题、资金来源及管理问题，农村土地征用问题，城市房屋建设及拆迁安置问题，工程建设中的生态环境问题以及这些决策过程中的不稳定因素等。

二是重大改革措施的评估。对改革的方案确定、时机选择、程序完整性、公开公平公正性及企业改革等问题进行重点评估：如评估改革的方案是否广泛征求了群众的意见；改革的时机选择是否合适；改革的程序是否完整、合法，严密性如何；改革是否遵循了公开、公平、公正的方针；企业改制能否贯彻落实"三项准则"。

三是重大决策事项的评估。对社会就业、企业排污、安全生产、重要项目审批、公用事业价格调整等事关广大群众切身利益的事项，重点评估是否坚持公开、公平、公正的原则，群众的反映和意见如何等，防止损害群众利益，引发群体性事件的发生。

四是其他评估。主要是指在一些重点工程、项目的实施与推进中可能遇到的稳定问题、敏感问题等。主要通过建立健全社会稳定风险评估机制，事先加强信息预警与科学研判，防范和化解社会稳定风险。在事关广大群众的切身利益的每一项评估事项的规定中，该市相关文件对具体的实施与操作步骤进行了阐释，大大增强了其可操作性。

（4）上海市社会稳定风险评估 ①

2007 年起，上海市开始探索建立社会稳定风险评估（简称"稳评"）机制，逐步确定了评估的基本程序，并在实践中将其逐步细化。

---

① 上海重大事项引入社会稳定风险分析与评估机制，参见搜狐新闻 http://news.sohu.com/2011 06 29/n3/204332.shtml，2022 年 8 月 3 日访问。

上海市的社会稳定风险评估机制共有 7 项基本程序，运行至今，程序已相对成熟与完善。其中有 4 项内容为实体风险评估程序，另有 3 项则是关于风险控制程序。经过多方测试与评估，根据可能引发风险的严重程度，将社会稳定风险等级划分为 A 级、B 级、C 级。级别越高，相应的风险等级也越高。A 级代表着很有可能引发大规模的群体性事件；B 级代表着比较容易引发小规模的群体性事件；C 级则代表着有引发个体之间矛盾冲突的风险。在此基础上，针对不同级别的风险，相关部门可制定相应不同等级的应急预案，确保工程或项目等的顺利组织与实施。针对一些存在重大社会稳定风险的工程与项目，或者是尚不具备实施条件的重大事项，将会被暂缓决策或否决审批。

在评估范围和内容（指标）方面，上海市划定了十项重点内容作为风险评估的重点领域，涉及国计民生等政府建设及与人民生活息息相关的重大事项，如住房、医疗、教育等。评估内容（指标）共有 4 大项 16 小项，涵盖这些事项的合法性、合理性、可行性、安全性。

当前，上海市的"稳评"在全国处于领先地位，不仅有细致的风险识别和评估流程，还有科学的、可量化的风险识别方法和风险等级判定方法。以重大市政项目建设"稳评"机制为例，上海市"稳评"风险等级判定方法有整体综合风险指数法、信心指数演绎法和多轮打分法等。其风险识别方法有问卷法、实地调研法、访谈法和文献法等。问卷法中的社会稳定风险评估指标体系包含社会稳定相关者对工程的认可度、社会稳定相关者对工程的态度、社会稳定相关者的行为方式。

总的来说，上海市社会稳定风险评估主要由三方面总计共 4 个因素构成。总分值根据这个评估模式来决定，一般来说，分值越高，那么社会不稳定性越强。除此之外，通过对这个评估模式以及相关资料的综合分析与评定，一方面有助于我们了解与掌握其主要特征，另一方面为我们之后各项政策的制定也提供了充分的数据与经验支持。

（三）进一步发展（2010—2021）

随着我国综合实力与国际地位的日益提高，市场化、国际化水平的显著提升，涌现出了更加多元的利益主体，他们都有着各自的利益诉求，这些利益诉求碰撞叠加、集中涌现。尤其在一些重大工程或建设项目中，民众为了维护自身合法权益甚至是争取过分的利益诉求，可能引发信访、上诉甚至发生群体性事件，成为影响社会和谐与稳定的不安定因素。从全国层面看，随着我国经济不断发展，社会结构变动，利益格局深刻调整，会产生各类社会矛盾和社会问题，但现有社会管理理念、方式及机制制度仍存在一定滞后性，防范和处置矛盾纠纷的能力仍不足。重大建设项目往往涉及群众切身利益，如在重大工程与项目实施前，未能充分征求群众的意见，未与群众进行充分的沟通与协商；在实施过程中，缺乏公开度与透明性；项目完成后，没有重视群众诉求，未能及时采取有效措施来解决损害群众切身利益的问题，则会诱发社会不稳定事件。因此，对重大项目、重大决策的论证和评估显得越来越重要，这对于预防矛盾产生、实现社会稳定具有重要作用。

针对这一背景，近年来，国家越来越重视对重大项目和重大决策的社会稳定风险评估，中央相继出台了相关政策。仅 2010—2015 年，关于重大项目和重大决策的社会稳定风险评估问题，在中共中央出台的相关文件政策、领导人讲话以及会议报告中就已出现了十余次。尤其是在 2012 年 3 月，中共中央下发专门文件，即《关于建立重大决策社会稳定风险评估机制的指导意见（试行）》，就重大决策社会稳定风险评估机制的建立与建设给予了专门的意见指导。此外，习近平总书记也分别在党的十八大和中央全面深化改革领导小组第二次会议上，强调了建立社会稳定评估机制的重要意义。2021 年，中共中央办公厅、国务院办公厅印发了《关于加强新形势下重大决策社会稳定风险评估机制建设的意见》（中办发〔2021〕11 号），要求各地方政府进一步重视重大决策的社会稳定风险评估。

1. 理论研究

陈晖等人认为，我国关于社会稳定风险评估的内容主要包括六方面，充分体现了以人民为中心的原则，将有关民生问题、涉及较大范围内人民群众切身利益的重大决策、规范性文件的制定与修改、企事业单位的改革改制、重点工程建设问题、行业政策调整问题及其他重大事项问题等六项内容纳入其中。[①]

陈秋玲首先根据社会建构主义理论，对社会风险预警理论和方法进行系统的梳理，在此基础上，继而提出了社会预警机制的总体框架以及强警戒性指标体系。后来又基于突变理论，给出了社会风险预警评价模型，以及进行警源分析、警兆分析与警情分析和区分警区、警点和警级的系统方法，除此之外，还对社会风险预警提出了相应的管理流程及预警策略。[②]

王锋、胡象明认为，关于社会重大项目，应从经济、技术和环保等方面对

---

① 陈晖：《新时期人民内部矛盾与社会稳定问题研究》，载《公安研究》，2012（01），19~30 页。
② 陈秋玲：《社会风险预警研究》，北京，经济管理出版社，2010。

其进行分析、评估与论证，除此之外还应包括其对于社会和谐与稳定可能会造成的风险与危害。尤其是在重大项目社会稳定风险评估中，应当将利益相关者分析方法引入，从而构建利益相关者导向型风险评估模型，如图1.3.3所示。通过利益相关者审计、利益相关者分析和利益相关者参与三个层面的整合以实现风险评估和风险管理，从而将重大项目可能会导致的社会稳定风险控制在可接受的范围内。[①]

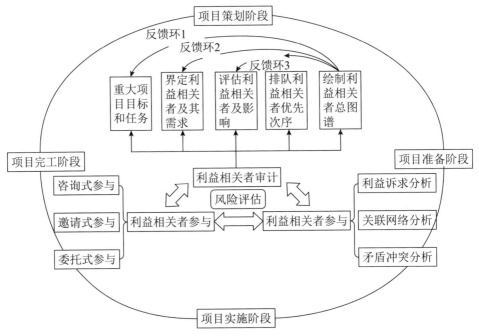

图1.3.3　利益相关者视角下的社会风险评估模型

　　彭宗超等根据社会生态系统治理理论，认为社会稳定是对社会生态系统运行状态的描述。一方面社会生态系统自身便可实现稳定有序地运行，但是另一方面社会生态系统是否能够有序运行又取决于社会环境要素、社会行动者的心态要素、行为要素，以及政府与社会治理要素的综合作用。一套用来评估社会稳定风险的新指标体系由此诞生。[②]

　　黄杰、朱正威、王琼主张将风险感知的视角引入健全社会稳定风险评估机

①　王锋、胡象明：《重大项目社会稳定风险评估模型研究——利益相关者的视角》，载《新视野》，2012（04）。

②　彭宗超、曹峰、李贺楼、邵东珂：《社会生态系统治理视角下的中国社会稳定风险评估的理论框架与指标体系新探》，载《公共管理评论》，2013，15（02）。

制的过程中，从而切实完善该机制、实现风险的源头治理和创造社会的动态稳定。[①]

张乐、童星指出当前重大决策社会稳定风险评估的路径存在着评估目标设定狭隘、评估参与的知识壁垒和评估形式主义等弊端。同时，借鉴了协商民主的理论分析框架，指导社会稳定风险评估的路径优化，从而构建一个理想型的稳评公众参与流程。[②]

2. 指标设计

（1）2011 年 IUD 重大事项社会风险评估指标体系

在 2011 年 9 月 15 日召开的国际城市论坛 2011 年年会上，北京国际城市发展研究院（International Institute for Urban Development，IUD）对外发布了重大事项社会风险评估指标体系。具体来说，该指标体系主要由合法性、合理性、可行性和可控性等四个方面构成，在这四个方面之下又细分为 14 项具体的测评内容，每项内容又根据重要程度占据不同的权重（见表 1.3.11）。

其内容上来看，IUD 的重大事项社会稳定风险评估指标体系中所涉及的评估项目与之前各地的社会稳定风险评估的评估内容基本相似，不同之处在于 IUD 的这个指标体系给出了对各项目相对更为具体的评分方式。根据该指标体系对社会稳定风险进行评估所得出的总分值的高低，稳定风险系数分为一、二、三、四级：总分在 60 分以下的为一级，除一级外，二、三、四级之间分值区间都为 10 分，二级分值为 61~70 分，三级分值为 71~89 分，最后，90 分以上为四级。另外，一般情况下，稳定风险系数越高，说明重大事项的安全等级越高，意味着发生重大事故的风险为零、风险很小或有一定风险；稳定风险系数越低，说明重大事项的安全等级越低，意味着发生重大事故的风险较大或存在严重稳定风险。因此，稳定风险系数为四级时，可明确批准组织实施；稳定风险系数为三级时，需完善风险预案后谨慎实施；稳定风险系数为二级时，先暂缓实施，后经仔细规划、消除隐患后慎重实施；稳定风险系数为一级时，则明确不能批准实施。[③]

---

① 黄杰、朱正威、王琼：《风险感知与我国社会稳定风险评估机制的健全》，载《西安交通大学学报（社会科学版）》，2015（02）。

② 张乐、童星：《重大决策社会稳定风险评估路径的优化：公众参与环节的再思考》，载《广州大学学报（社会科学版）》，2016（10）。

③ 《IUD 首发重大事项社会风险评估指标体系》，载《领导决策信息》，2011（37），27 页。

表 1.3.11　IUD 重大事项社会风险评估指标体系

测评方面	权重	测评项目	项目评分	备　注
合法性	15	事项实施主体是否符合国家法律、法规和规章的相关规定	5	符合得分；不符合不得分
		内容是否符合国家法律、法规和规章；是否符合党和国家的路线方针政策	5	
		决策程序是否符合规定的议事决策规定	5	
合理性	30	所涉及利益相关方的界定是否准确、全面	5	符合得分；不符合不得分
		对利益相关方的信息公开是否到位	10	符合得分；部分符合酌情扣分；不符合不得分
		群众满意度测评是否达标	10	满意度 85% 以上得 10 分；70%~85% 得 5 分；低于 70% 不得分
		专家组评审是否达标	5	通过得分；不通过不得分
可行性	25	现有财政经济实力是否可以支撑相关成本支出	10	符合得分；部分符合酌情扣分；不符合不得分
		对于未来自然环境和人文环境的影响是否能为群众接受	10	符合得分；不符合不得分
		现有技术条件是否具备	5	符合得分；不符合不得分
可控性	30	是否存在引发群众大规模集体上访或群体性事件的风险	10	发生概率极小得 10 分；可能出现群体性事件，但可控得 5 分；可能出现重大群体性事件不得分
		是否建立不稳定因素台账和报告制度	5	符合得分；部分符合酌情扣分；不符合不得分
		风险防范化解预案是否翔实完善	10	符合得分；部分符合酌情扣分；不符合不得分
		所涉及群众的补偿、安置、保障等措施是否可能引起其他地区群众的攀比	5	符合得分；不符合不得分

（2）董幼鸿的五大类指标

2011 年，董幼鸿从合法性、合理性、可行性、安全性和可控性五个大维度下提出指标体系，包括 12 个方面的指标，见表 1.3.12。①

表 1.3.12　董幼鸿五大类指标

类　　别	序号	主要参考因素
合法性	1	内容是否符合宪法、法律、法规，以及党和国家方针政策
	2	决策方式、步骤、时限等程序是否合法
合理性	1	决策内容是否统筹兼顾各方利益
	2	特定群体受益决策事项是否可能引发相关或类似群体攀比
可行性	1	决策方向是否符合大多数群众意愿
	2	决策所需人力、物力、财力是否在可承受范围
	3	决策是否符合大多数群众的利益、出台时机和条件是否成熟
安全性	1	对群众心理预期、主要想法和意见的掌握程度
	2	是否存在可能引起群体性事件等影响社会稳定的隐患
	3	是否影响生态、资源环境
可控性	1	是否存在相应有效的风险化解措施和应急处置预案
	2	是否有预防预警措施

我国各界对重大项目的社会稳定风险评估日趋重视，从风险评估的领域和利益主体等方面开展了深入的研究和分析。但是，从我国各地的实践和学者的指标设计来看，对于重大事项的社会稳定风险评估大多是从"合法性、合理性、可行性、安全性和可控性"五个方面展开的，这种局限性阻碍了对更多层次、更多方面风险因素的涉及和评价。

另一方面，相较于之前的评估指标体系而言，这一阶段的指标体系也进一步成熟，测评项目和赋分标准都进一步明确。比如，IUD 重大事项社会风险评估指标体系具有较为明确的赋分标准和权重设置。

综上所述，从 20 世纪以来，我国在理论和实践方面都有了一定的探索和研究，但是还存在着很多值得讨论的问题，比如：如何选择风险的维度和指标？如何确保评估指标的信度和效度？如何确保评估体系的可行性和可操作性？如何保证评估的独立性和公平性？如何克服评估过程的主观因素？如何科学地量化风险的程度和范围？评估结果如何转化？这些难题都需要通过更广泛、更深入的风险评估理论研究予以回应。

---

① 董幼鸿：《重大事项社会稳定风险评估制度的实践与完善》，载《中国行政管理》，2011（12）。

二、存在的问题

为了进一步发挥社会稳定风险评估的积极作用，需要对已有的评估指标体系和方式方法进行全面的评估和反思，找出其存在的问题，以采取措施加以改进和完善。而根据要素分析法，本研究从评估指标、主体、客体、方法和程序等方面进行逐一分析。

（一）评估指标

1. 评估指标可量化程度较低。在评估体系构建完成后，要确保评估体系的可行性和可操作性，只有科学地量化社会风险的程度和范围，建立合理清晰的量化标准，将社会风险的评估信息和标准与量化形式相结合并通过量化形式体现出来，才能保证评估的科学性、公平性和有效性。但是这些工作在我国当前的社会风险研究中还是相对比较欠缺的。

2. 评估指标的评判标准不统一。就目前而言，我国大多数学者在社会风险评估的研究过程中，其评估指标有些是依据自己的主观想法或观点而设立的，这其中掺杂了研究者个人的主观因素，使得风险评估指标缺乏效度和信度。同时，各研究者无法形成一个具有充分说服力的统一的风险指标设立标准，这也在很大程度上使其无法保证社会风险评估以及相关后续工作的公平性和客观性。

3. 评估指标偏向正向化。从我国已有的指标体系来看，大多数评估指标的描述是从正向的角度，而非风险的角度，比如“合法性”“合理性”“安全性”“可行性”“可控性”等。这种标注方式给人以较为安全方面的暗示，从而在评估过程中造成倾向性的偏离，导致评估结果不准确。

4. 部分评估指标的设置不合理。所谓社会稳定风险评估，是指评估那些不利于社会稳定的现象发生的可能性及其后果，也就是说，其评估对象应该是可能导致社会不稳定的因素。但是在已有的社会稳定风险评估指标体系中，一些评估指标并不涉及社会稳定风险。比如“可行性”这一指标，主要是从经济角度来进行考虑，这是一种“项目可行性”评估，与社会稳定评估的关系并不是很大。而导致这种现象的原因，一方面是研究者的主观观点，另一方面也在于目前很多社会稳定风险评估并不是独立存在的，是作为项目整体评估的一部分而存在。

（二）评估主体

1. 独立性不足。从目前的评估实践来看，我国的风险评估大多数是遵循“属地管理，分级负责”“谁主管，谁负责”“谁批准，谁负责”“谁经营，谁负责"的原则归口确定评估工作的主体。[1] 也就是说，允许或指定项目责任主体或其行政主管部门自行开展评估。这体现了权责统一的优点，能够促使各负责部门、建设单位提高风险意识，对重大项目、重大政策可能对社会稳定造成的负面影响给予足够重视。但是，这种原则与方法的实现需要一个前提，即责任主体能够充分认识到评估工作的重要性，否则就会因局部利益和本位主义等因素导致一系列问题：首先，中立性不足，这种评估方式难免会将自身的倾向性渗透其中，作出不客观的判断和结论；其次，专业性不足，风险评估需要掌握问卷设计、概率抽样、数据处理与分析等很多知识和技巧，而负责部门的自评，很难实现评估过程的科学化和专业化。因此，负责社会稳定风险评估的主体机构应该是相对独立于政府各职能部门的第三方来进行，而非重大政策的制定方或重大项目的发起方，从而保证评估结果的公正与客观。

2. 评估主体单一。一般而言，专家、政府和公众对于风险的认知和分析存在差异（如表 1.3.13 所示）。如果重大决策、重大事项的社会稳定风险评估缺乏普通公众的参与，将导致在评估过程中无法了解公众真实的心理状况和风险认知，从而使得风险评估的结果出现偏差，产生因沟通不畅而引起冲突和矛盾。在很多情况下，评估主体与被评估的项目之间存在着正向利益关系，就不能从根本上认可"评估"的必要性，对其他主体的利益诉求了解不够或重视不够，从而影响评估的客观性和准确性，导致评估过程不够独立和公平。[2] 因此，评估主体单一的问题受到了我国学者的关注，认为：社会稳定风险评估的主体不宜是制定重大决策的部门和承办重大建设项目的单位，而应该是相对独立于政府各职能部门的专门机构，或是具有相对独立性的第三方。[3]

表 1.3.13　专家、政策制定者与公众对风险的认知模式

	专　家	政策制定者	公　众
证据来源	科学研究	有用的	大众传媒
支持性证据的合法性	坚持科学性方法	政治、社会和经济意义	已有智慧
冲突性证据的拒绝	坚持科学性方法	权宜的	常识
对确定性和不确定性的理解	概率	特定的情境	极化的（要么确定，要么不确定）

---

① 杨雄、刘程：《加强重大项目社会稳定风险评估刻不容缓》，载《探索与争鸣》，2010（10），32~36 页。

② 陈静：《建立社会稳定风险评估机制探析》，载《社会保障研究》，2010（03），97~102 页。

③ 童星：《对重大政策项目开展社会稳定风险评估》，载《探索与争鸣》，2011（02），21 页。

续表

	专　　家	政策制定者	公　　众
对复杂性问题的理解	分割	有必要知道	受信息来源的限制
对知识的综合	特定的和有限的	政治的、情境性的、工具性	隐性的、经验性和个体化的
利用知识做什么	增加知识	仅仅应用于当前的情境	增加个体经验
分析范式	科学的	政治的	社会的

（资料来源：Sandra Schwartz, 2003）

3.利益相关者确定不明确。所谓社会风险评估的利益相关者，是指与本次评估事项有直接或间接利害关系的相关各方，一般包括受益方和受损方。重大事项有可能引发的社会不稳定实际上就是项目利益相关者之间的动态平衡被打破。因此，利益相关者的选择既要全面，又要准确，否则将导致评估过程中的力量对比出现偏差，从而导致结论的失真。例如，对于城市市政道路建设项目的社会稳定风险评估，项目的利益相关者除了道路的规划部门、建设部门、管理部门外，应该将重点放在道路沿线附近的居民，他们会直接受到噪音、尾气、强光甚至是交通事故的影响，会有比较多的反对或改进建设方案的意见。而道路的使用者虽然也是受益方之一，但如果将所有的市民都作为该项目的利益相关方，势必会降低受害方的力量对比，导致错误的评估结论。[①]

（三）评估对象

1.评估对象的类型划分尚不明确。评估对象可以分为"事项""决策""方案"或者"社会状态"，其差别对于评估指标和方法的选择具有重要影响。对于"事项"而言，已确定的仅是目标，其可以存在多种达成路径和方案，因此在评估过程中不能与方案评估相混淆，因某一方案的风险而否定了整个事项和决策的进行。而对于已确定的"方案"而言，如果仅仅对于方案所达成的目标进行评估和判断，可能就会忽略很多方案本身存在的问题和隐患。此外，如果要对整个社会状态进行评估，其要考虑的因素将更为综合和全面。因此对于评估指标的确定而言，区分评估对象的类型至关重要，能够使评估指标的选择更有针对性。但目前看来，并没有对评估对象进行明确的划分，这就导致了评估的简单化和低效率。

2.评估对象的范围尚不明确。例如，在各地对重大事项进行社会风险评估的实践中，遂宁模式将其范围界定为"事关广大人民群众切身利益的重大决策，关系较大范围群众切身利益调整的重大决策，涉及较多群众切身利益并被国家、

---

① 陈静：《建立社会稳定风险评估机制探析》，载《社会保障研究》，2010（03）。

省、自治区、直辖市拟定为重点工程的重大项目,牵涉相当数量群众切身利益的重大改革等";定海模式界定为"关系广大人民群众根本利益的重大决策,关系较大范围群众切身利益调整的重大政策,关系相当数量群众切身利益的重大改革,关系相当数量群众切身利益的重点工程建设项目,关系广大人民群众切身利益的社会就业、医疗改革、企业改制、行政性收费调整等敏感问题"。在这种界定方式中,诸如"关系较大""涉及较多""相关数量"等类似词汇,在实际判定中主观性,因此还需进一步细化。

(四)评估方法

1. 定量方法不足。在评估过程中,由于定量标准的不明确,以及主观指标与客观指标的分类不彻底,导致在实际操作中多采用定性的表述,缺乏具体数据的分析。比如在一些地方制度中经常使用"重大"一词,而"重大"的标准却很难确定,这就导致定量方法的难以操作。

2. 深入调研不足。在很多实践中,评估过程往往重视座谈会等会议方式,即使是向公众发放问卷,也缺乏深入的访谈和沟通,这将无法认识到公众心中的所思所想,也就无法判断出事项的真正风险,使得整个评估过程过于形式化。

3. 社会稳定风险等级划分不精确。社会稳定风险评估不是目的,其目的是形成一份评估结论作为决策的依据和建议。但是目前来看,由于评估指标缺乏客观的量化标准,对社会稳定风险的等级尚未有一个精确且统一的标准。比如,对于社会稳定风险笼统地划分为"风险很大、有风险、风险较小或无风险",[1]就使得社会稳定风险评估的结论过于粗略,无法反映出社会稳定风险的性质、影响范围、影响程度、持续时间等,也就无法为决策提供判断的依据。

(五)评估程序

目前来看,对重大决策和重大事项的风险评估尚未成为一种"法定程序",而只是一种在决策主体权限范围内的裁量程序。此外,就目前的社会稳定风险评估实践来看,对其定位也存在偏差,例如,将其看作是"环境影响评价的重要组成部分,是防范环境风险的一项重要措施",仅是对"可能发生危害社会稳定的环境因子进行分析确认",[2]这种片面性最终会影响评估结果的公平与公正。而要想加强社会各界对社会稳定风险评估的重视程度,就需要将其上升为

---

[1] 中共深圳市委办公厅、深圳市人民政府办公厅:关于印发《深圳市重大事项社会稳定风险评估办法》的通知,深办 1200826 号,2008。

[2] 四川省环境保护局:关于印发《建设项目社会稳定风险评估实施办法(试行)》的通知,川环发 12007278 号,2007。

一种必须履行的相对独立的法定程序。

评估过程和结果不够公开透明。社会稳定风险评估的过程和结果应尽可能公开，这不仅有助于利益相关者权益的维护，也能够实现对决策者和评估者的监督和制约，从而提高对评估过程的重视，并加强社会对评估结果的认可和信任。

在各地关于社会稳定风险评估的事件过程中，虽然框架比较明确，但在实施细则方面，还有很多需要细化的地方，例如评估方案如何制定，如何选定评估者（包括公众），各评估主体在评估过程中所占的比重如何，评估结论如何得出等。

三、改进的方向

总的来看，这段时期内国内实际工作中更多重视的是重大决策及工程类社会稳定风险评估，对综合性社会稳定风险评估的重视程度仍不足。国内外学术界已有一些有关社会稳定风险综合评估的相关研究，研究视角多元，各有一定的研究价值，但仍缺乏统一的理论或逻辑框架支持，其系统性、综合性和科学规范性也存在一定的问题。

我国风险评估有着较为广泛的实践经验和现实需求，但现有的技术性社会稳定风险评估指标体系仍不够科学合理，亟待新的理论引导和支撑，特别是要建立一种社会生态系统治理视角下的社会稳定风险评估指标。从社会生态系统治理理论来看，社会稳定是对社会生态系统运行状态的描述，表现为社会生态系统能实现有序运行，而社会生态系统运行有序与否又取决于社会各环境要素、社会行动者的心态要素和行为要素，以及政府与社会治理要素等四个方面因素的综合作用。相应地，社会稳定风险主要产生于以上四类要素的互动之中。基于以上思路与指标建构科学方法，本书系统地构建一套综合性社会稳定风险评估的新指标体系。

第四节　社会生态系统治理视角下的社会稳定风险评估指标构建 [①]

在前三节对国内外社会稳定风险评估指标体系理论与具体指标构建的系统回顾与述评的基础上，本节将正式提出社会生态系统视角下的社会稳定风险评估指标体系。这一体系是本研究的核心框架，用以指导本书第二章的主要研究。

---

① 本部分主体内容已先期发表，参见彭宗超、曹峰、李贺楼、邵东珂：《社会生态系统治理视角下的中国社会稳定风险评估的理论框架与指标体系新探》，载《公共管理评论》，2013，15（02）。

在这一节，我们将首先介绍社会生态系统治理的基本内容，作为指标体系的理论基础；接着我们将分析社会生态治理与社会稳定的内在联系；最后，主要基于社会生态系统治理视角，设计具体的社会稳定风险评估指标。

一、社会生态系统治理的基本内涵

（一）社会生态系统

社会生态系统的概念是随着社会生态学的发展而发展起来的。社会生态学与自然生态学相对，它是一种将人类社会纳入生态问题研究中的科学，即人类社会的生态科学。社会生态学的基本宗旨是破除人类统治、征服自然的观念，促进有助于人类生存与发展的生态平衡。较之过去的自然生态学理论，社会生态学理论的突破在于将人类活动纳入整个社会生态系统之中加以分析，而不是单单将注意力集中在自然生态圈之中。

社会生态学的起源可以追溯到 20 世纪 20 年代。1921 年美国社会学家 R. 帕克和 E.伯吉斯提出一种人类群体在城市环境条件下的行为理论，即"人类生态学"（Human Ecology）。[1] 此理论开启了生态学研究的人类视角，但由于它只是把人类当作一个物种研究，并没有考虑到社会系统的发展和功能作用的特殊规律，尤其是社会—经济因素的主导作用，因此它与现代意义上的社会生态学还有一定差距。[2] 我们现今所讨论的社会生态学是在 20 世纪六七十年代发展起来的，主要分为美国流派与苏联—中国流派。1970 年，美国学者慕瑞·布克钦首次提出了"社会生态学"（Social Ecology）的概念，他认为现今的生态问题源自一系列根深蒂固的社会问题，个人行为（例如道德消费）无法抵抗这种不良后果，反而必须诉诸道德思考以及集体行动；他强调人与自然间的复杂关系，以及建立一种顾及这种关系，对人和大自然更加互惠互利的社会结构的重要性。[3] 布克钦是美国社会生态学派的代表人物，他的思想对美国乃至整个社会生态学的研究都起着重要的作用。1986 年，苏联学者马尔科夫出版了《社会生态学》一书，他在书中指出，在社会—自然系统中，人和社会因素起着积极的主导作用，自然与社会间的相互关系究竟如何，取决于人以及人所选择的自然资源利用战

---

① 马尔科夫：《社会生态学》，雒启珂、刘志明、张耀平译，北京，中国环境科学出版社，1989。

② 李亮、王国聘：《社会生态学的谱系比较及发展前瞻》，载《南京林业大学学报（人文社会科学版）》，2008（03），79~84 页。

③ Bookchin M. The Ecology of Freedom: The Emergence and Dissolution of Hierarchy. Palo Alto, CA: Cheshire Books, 1982.

略。[①] 中国学者在苏联研究的基础上继续探索，形成了苏联—中国流派。这两个流派之间在关注点和观点上存在一些区别，但在关于社会生态学学科定位的基本观点是一致的。

　　社会生态系统是一个囊括自然因素、社会因素及两者之间相互作用的生态系统。社会生态系统打破了传统只考虑自然因素对生态影响的单一思路，构建了一个全方位思考社会、自然、生态间相互关系的综合图景。在社会生态系统中，人类成长生存于其中的社会环境（如家庭、机构、团体、社区）被看作一种社会性的生态系统，它强调生态环境（人的生存系统）对于分析和理解人类行为的重要性，注重人与环境间各系统的相互作用及其对人类行为的重大影响。[②]2009 年诺贝尔经济学奖得主奥斯特罗姆在《科学》杂志上发表了《社会生态系统可持续发展总体分析框架》一文，引起了学界对社会生态系统理论与实践探索的高度关注。她认为社会生态系统包括 4 个核心子系统——资源系统、资源单位、管理系统和用户，这 4 个子系统直接影响社会生态系统最终的互动结果，同时，也受此互动结果的反作用。[③] 本研究提出的社会生态系统是一个整体概念，有别于奥斯特罗姆理论中将社会系统和生态系统区别对待的做法。但与奥斯特罗姆理论一致的是，本研究同样考虑政治、经济、社会，以及自然环境等诸多因素对社会行动者的影响。更具体地说，本研究所谓的社会生态系统，是指各种环境要素（包括自然环境要素、人化自然相关的环境要素以及作为人类行为后果的各种社会环境要素）与社会行动者之间相互作用过程中形成的各种关系所构成的系统。这种系统类似于自然生态系统，我们将这个系统称为社会生态系统。在这里，社会生态系统涵盖了自然生态系统，后者构成前者的一类环境要素。

　　需要指出的是，社会生态学理论主要关注点并非人类社会问题本身，而只是通过将人类社会活动纳入生态分析之中来解决自然生态危机问题。但社会生态学理论能够为我们提供观察人类社会问题的重要视角。借鉴社会生态学理论，本研究从社会生态系统的视角来理解社会。具体地说，即是将社会视为一个包括人类活动、自然环境及其二者之间交互作用的关系系统（见图 1.4.1）。社会

① 马尔科夫：《社会生态学》，雒启珂、刘志明、张耀平译，北京，中国环境科学出版社，1989。

② 师海玲、范燕宁：《社会生态系统理论阐释下的人类行为与社会环境》，载《首都师范大学学报（社会科学版）》，2005（04），16~16 页。

③ 谭江涛、章仁俊、王群：《奥斯特罗姆的社会生态系统可持续发展总体分析框架述评》，载《科技进步与对策》，2010，27（22），42~47 页，原见 Ostrom. "A General Framework for Analyzing Sustainability of Social-ecological Systems". Science, 2009, 325（5939）.

生态系统由两大类要素构成，其中第二大类要素又可以被再细分为两个小类。

第一类构成是环境要素。环境要素指独立于个体或集体社会行动者之外、对社会行动者的社会行动具有限制（constraint）和使能（enabling）作用的社会生态系统构成要素。更具体地讲，环境要素既包括各种自然存在的要素，如自然资源储备等，也包括各种受人类活动影响或改造的人化自然要素，如经人类开发过的自然环境等，还包括各种人类活动的产物，其典型的如各种制度及制度实施机制等。在特定时点上，环境可被视为一个给定的外生变量，导致社会生态系统不稳定的风险因素存在于环境当中。

第二类构成要素是社会行动者要素，指社会生态系统中个体或集体行动者自身所具有的属性，其中包括心态要素和行为要素。一方面，环境要素虽然对社会行动者的社会行动构成限制和使能作用，但其最终对整个社会生态系统运行稳定的影响——是通过对社会行动者的影响来实现的；另一方面，任何有社会意义的社会行动——个体和集体行动者的社会行动，都是基于对环境因素的认知和价值判断而做出的。个体或集体社会行动者对环境因素的认知和价值判断的直接产物是形成一定的社会心态，社会行动是社会心态在一定条件下的产物，社会行动决定了社会生态系统的运行状态，从而在很大程度上直接决定社会稳定与否。任何社会不稳定的表象，包括个人极端行为、危害公共安全的犯罪行为及群体性事件等，都可以被视为有可能直接表征社会稳定与否的社会行动。

社会生态系统的构成要素是我们理解、分析整个系统的基础，也是我们解决社会生态系统中所出现问题的切入点，环境要素与社会行动者要素均可以单独对整个社会生态系统的运行产生影响，但现实生活中更常出现的情景是两大类要素相互影响、综合作用的结果，这也正是"系统"一词的体现。

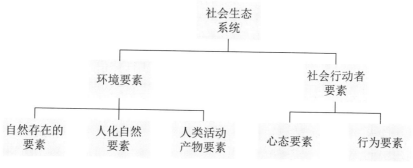

图 1.4.1　社会生态系统的构成要素

（二）社会生态系统治理

"治理"是一个内涵广泛的词汇，缘起于西方。治理（governance）概念源自古典拉丁文或古希腊语"引领导航"（steering）一词，原意是控制、引导和操纵，指的是在特定范围内行使权威。它隐含着一个政治进程，即在众多不同利益共同发挥作用的领域建立一致或取得认同，以便实施某项计划。[①]治理理论强调各种不同利益，而不同利益又暗示着不同的利益主体，即多元主体，因此，治理实际上是多元主体对社会或公共事务的思考与实践。之所以要在社会或公共事务中引入多元主体的作用，主要是因为现代社会生活中各种关系系统的极大发展以及现代人的反思能力不断增强所致。现代社会的一个根本特征就是现代人的生活越来越多地卷入各种往往不能参与其产生和全部发展过程的各种抽象（关系）体系之中，且这些抽象（关系）体系越来越具有全局性或全球化特征。因而这些抽象（关系）体系的后果也非局部社会中的社会行动者能完全控制。现代社会的另一个根本特征是现代人具备高度的且随着社会实践和互动的不断发展仍在不断增强的反思性，即现代人对自身参与实施的社会互动和实践及其发生于其中的环境的理解能力。反思性的不断增强意味着现代人自主行动意愿和能力的不断增强。现代社会以上两个根本特征使得在社会或公共事务中必须引入多元主体——政府及其之外的市场、社会力量、公民及家庭以及超民族国家组织等的作用，由此保证与现代社会或公共事务相关的社会行动的效率及合法性。

我们在前面论述到，社会生态系统是一个包括人类活动、自然环境及其二者之间交互作用关系的系统。在这一关系系统中，人类活动占据着重要地位，其既会对自然环境乃至社会生态系统产生影响，又会受到二者的影响。人类活动在社会生态系统中的地位与其在现代社会生活关系网中的位置有着高度的一致性。社会生态系统本质上是个体或集体社会行动者之间及其与各种环境因素之间相互作用过程中形成的各种关系所构成的关系系统。这套关系系统的运行后果是由诸多社会行动者基于其各自对自身所处环境的认知和价值判断自主行动的后果决定的。因而，社会生态系统概念内在地承认现代社会中各种关系体系的复杂性及作为现代人的社会行动者的高度反思性特征。因此，所谓社会生态系统治理，实际上是指社会行动者出于自身特定目的对与自身相关的社会环境、社会心态和社会行动及其后果的调节与控制。由于社会中存在个体和集体等不同层面的不同类型的社会行动者，因而，社会生态系统治理概念涵盖了个

---

① 俞可平：《治理与善治》，北京，社会科学文献出版社，2000。

人及家庭自治、社区及团体自治、国家治理乃至超国家组织治理等诸多不同层次、不同类型的治理。

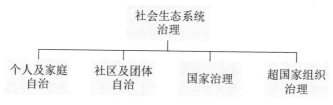

图 1.4.2　社会生态系统治理概念内涵

从图 1.4.2 中可以看出，社会生态系统治理涵盖着不同层次的治理，而这些不同层次治理的主体实际上是构成不同层次组织的社会行动者。因此，社会行动者是社会生态系统治理的主体，社会生态系统治理包含着多元治理主体。社会生态系统中不同层次、类型的社会行动者，基于其对自身所处环境及与自身相关的社会行动后果的认知和价值判断实施的治理行动，在事实上调节和控制着社会行动的后果。治理本质上也属于社会行动者要素，更具体地说，也属于一类社会行动。但这类社会行动与前述的社会行动不同之处即在于其以影响后者为目标，从而构成针对社会行动而实施的社会行动，即调节和控制社会行动的行动。

二、社会生态系统治理与社会稳定

本研究所关注的社会稳定，实则是社会生态系统的一种运行状态，也即社会生态系统的运行所能实现的均衡程度。其表现为在社会生态系统内部，经由环境、心态产生的行为而决定的社会状态，在治理等因素的参与下能实现一个基本的秩序，从而保证社会存在和发展所需的各项功能得以有序发挥。由于影响社会生态系统运行的因素包括环境要素、心态要素和社会行动要素以及治理因素，因而，我们对社会稳定分析要综合对以上四类因素的考察。

在社会生态系统中唯一的能动要素是作为社会行动者的个体或集体，除此之外的其他要素都是作为环境要素而存在的。因而，最终决定社会生态系统运行状态能否实现一个基本秩序，也即最终决定社会稳定与否的关键要素是作为社会行动者的个体或集体。环境要素的作用主要是通过对社会行动者的影响间接实现的。个体或集体社会行动者实施社会行动的动机是实现其现实或观念的价值诉求，而无论是其社会行动所赖以实施的资源还是其所期望实现的价值在现实中都是相对稀缺的，从而就存在冲突的可能。我们所谓的冲突就是社会生态系统运行过程中的社会行动者之间在实现自身价值诉求——各种现实的和观念的价值过程中的不一致。由于社会稳定也即社会生态系统的有秩序运行是一种一致的社会行动状态，因而，社会冲突本质上就反映了社会不稳定，可被认为是社会不稳定的外在表现，或者是社会生态系统运行秩序丧失的后果。虽然社会冲突根源在于社会行动者之间价值不一致，但表现为社会行动者外在的社会行动上的不一致，只要能有效地调节和控制社会行动者的社会行动，社会冲突就可以被调和甚至消除。因而治理因素同样构成决定社会稳定与否的重要因素。

结合前文关于社会稳定概念内涵的分析，我们认为，社会稳定风险就是社会生态系统运行过程中面临的各种风险，其实质上就是社会生态系统基本运行秩序丧失的可能性。社会稳定风险表现为一种现代社会风险，具有极其明显的人为特征。更具体地说，社会稳定风险直接源自个体或集体社会行动者的社会行动。由于社会行动者对其身处其中的各种环境因素的认知和价值判断直接决定着其社会行动，因而，对社会稳定风险的分析不能仅限于对社会行动者自身的分析，还应将各种环境因素纳入考察之中。

综上所述，社会生态系统内部的均衡，即有序运行状态，其表现为社会稳定，反之则是社会不稳定；社会不稳定的表现是各种幅度、激烈程度不一的社会冲突；社会不稳定的可能性即各类社会冲突发生的可能性，也就是社会稳定风险。由于社会行动者通过对与其相关的社会行动有目的的治理能调节和控制社会行动的后果，进而能调节和控制社会生态系统的运行后果，因而，治理影响着社会生态系统中发生的社会行动的后果，从而影响社会生态系统的运行秩序。因此，治理因素也是社会稳定的重要影响因素。若将社会稳定视作被解释变量，其解释变量则包括社会环境、社会心态、社会行动和社会治理四个要素，可用函数式表示如下：

社会稳定（风险）＝F（环境，心态，行动，治理）

三、社会生态系统治理视角下的中国社会稳定风险评估指标设计

依循上述框架性思路而整体构建的社会稳定风险评估指标体系测度的内容主要包括以下几个部分：首先，社会生态系统的环境要素；其次，以对环境要素的认知和价值判断为基础而形成的社会心态要素；再次，社会行动者在环境和社会心态要素作用下所进行的社会行动要素；最后，政府及社会行动者对前三个要素有目的的调节和控制的治理要素。

同时，我们对社会稳定风险评估指标体系的程序设计也充分遵循学界构建指标体系的有关科学原则和程序。具体而言，我们所采用的指标体系初步构建过程主要包括两个步骤：一是指标初选，二是隶属度分析。

（一）指标初选

指标初选工作遵循两个原则。第一是通过社会生态系统治理理论和严密的逻辑推理来指导各级指标的构建。在具体指标的设计上，将社会生态系统环境要素分为自然环境、经济环境、政治与政府环境、社会（狭义）环境以及国际环境五类，这五类环境要素构成二级综合指标。在这五类环境要素之下，分别给出相应的具体指标，作为环境要素体系的三级指标（见表1.4.1）。最后，设计可对三级指标进行测度的测量指标，以此构成环境要素的四级指标。指标体系中对心态、行为和治理要素的指标设计也采用了上述方法（见表1.4.1）。

第二是采用专家与实际工作部门领导问卷咨询和实地座谈相结合的指标体系构建方法。在借鉴了国内外与社会稳定风险评估相关的指标及其理论的基础上，依托清华大学中国应急管理研究基地，我们遴选出4个一级指标、20个二级指标、65个三级指标和147个四级指标，构成了中国社会稳定风险评估的第一轮指标体系（见表1.4.1）。[①]

表 1.4.1　社会稳定风险评估指标体系（第一轮）与 A、B 两地隶属度赋值对表

一级指标	二级指标	三级指标	必要性 /%	重要性 /%	可行性 /%
1. 环境要素	1.1 自然环境	1.1.1 自然资源的稀缺性与竞争性状况	88.8/96.0	69.6/72.0	65.8/60.0
		1.1.2 自然灾害状况	90.0/100	63.3/64	63.3/64
		1.1.3 生态恶化状况	97.5/100	68.40/76	74/76
		1.1.4 环境污染状况	97.5/100	78.70/80	75.60/76
	1.2 经济环境	1.2.1 宏观经济运行波动状况	93.7/88.0	65.80/60.9	67.1/47.8
		1.2.2 微观经济活动失序状况	89.7/95.8	67.9/60.9	65.40/42.9
	1.3 社会环境	1.3.1 贫困状况（贫富差距）	94.9/95.8	77.20/50	71.80/45.8
		1.3.2 人口总量波动与结构失衡状况	83.5/91.7	51.90/54.2	49.40/41.7
		1.3.3 民族、宗教与文化差异状况	84.8/100	49.40/62.5	48.10/54.2

---

① 限于篇幅，我们仅展示社会稳定风险评估指标体系的一级、二级和三级指标，四级指标暂不予展示。需要补充说明的是表1.4.1中的3.1.3"其他途径"主要是指找党政主要领导人批示的体制内行为；3.2.3"其他行为"主要是指不易归结于"非暴力行为"和"暴力行为"的体制外行为，如移民、转移财富等。

一级指标	二级指标	三级指标	必要性/%	重要性/%	可行性/%
1. 环境要素	1.3 社会环境	1.3.4 文化教育水平	97.5%/100	67.10%/60	68.4/48
		1.3.5 医疗卫生水平	97.5/96	75.30/60	73.40/48
		1.3.6 其他公共服务（住房）水平	97.5/88	70.40/47.8	67.10/43.5
		1.3.7 社会特殊群体与非法社会组织状况	93.7/95.8	77.50/5%	71.80/48
	1.4 政治与政府环境	1.4.1 政府债务状况	84.8/84.6	61.0/68.2	56.8/54.5
		1.4.2 公务员素质状况	92.5/96.0	81.0/48.0	74.1/48.1
		1.4.3 政府腐败状况	93.6/100	85.50/52	72.0/56.0
		1.4.4 政府间关系状况	78.9/91.7	50.7/37.5	45.9/29.2
		1.4.5 政府重大决策数量	96.2/83.3	78.2/50.0	68.8/50.0
	1.5 国际环境	1.5.1 境外政治/军事影响状况	88.3/92.0	48.7/41.7	42.1/37.5
		1.5.2 与境外经济关系状况	80.3/83.3	40.5/31.8	37.5/36.4
		1.5.3 与境外文化交流状况	77.6/83.3	39.2/31.8	34.7/36.4
2. 心态要素	2.1 安全感	2.1.1 个体的安全感	97.5/92.0	88.6/72.0	81.6/48.0
		2.1.2 集体的安全感	98.8/100	88.7/65.4	79.7/42.3
	2.2 信任感	2.2.1 对政府的信任感	98.8/96.0	97.5/80.0	88.3/68.0
		2.2.2 对社会的信任感	93.8/92.0	87.2/75.0	74.0/41.7
	2.3 信心度	2.3.1 对经济的信心度	89.90/88.0	71.8/70.8	65.3/54.2
		2.3.2 对政治的信心度	94.9/88.0	80.5/70.8	73.0/54.2
		2.3.3 对社会的信心度	94.9/88.0	83.3/66.7	70.7/54.2
	2.4 公平感	2.4.1 自然资源分配公平感	92.3/95.8	70.9/70.8	67.5/54.2
		2.4.2 经济资源/机会分配公平感	93.6/91.7	82.3/58.3	68.8/45.8
		2.4.3 社会及文化资源分配公平感	97.4/95.8	76.9/62.5	64.1/45.8
		2.4.4 政治参与公平感	91.0/87.5	70.5/54.2	60.3/45.8

一级 指标	二级指标	三级指标	必要性/%	重要性/%	可行性/%
2. 心态 要素	2.5 满意度	2.5.1 对当地政府的满意度	97.5/91.7	92.3/66.7	82.9/45.8
		2.5.2 对中央政府的满意度	96.1/95.8	88.3/79.2	78.7/58.3
	2.6 认同度	2.6.1 文化认同度	85.7/88.0	60.5/59.1	55.3/54.5
		2.6.2 制度认同度	97.4/88.0	74.0/63.6	67.5/45.5
		2.6.3 民族认同度	88.2/87.5	57.9/52.2	56.0/47.8
		2.6.4 国家认同度	94.8/87.5	68.8/57.1	59.7/47.6
3. 行为 要素	3.1 体制内/ 制度内	3.1.1 非司法途径	85.9/92.0	71.1/66.7	63.2/62.5
		3.1.2 司法途径	97.5/96.0	87.2/72.0	78.9/72.0
		3.1.3 其他途径	76.6/90.9	48.6/52.4	41.7/47.6
	3.2 体制外/ 制度外	3.2.1 非暴力行为	87.0/96.0	69.3/64.0	60.3/64.0
		3.2.2 暴力行为	81.3/83.3	68.4/77.3	69.7/63.6
		3.2.3 其他行为	72.9/94.7	43.1/68.4	42.2/55.6
4. 治理 要素	4.1 公正性	4.1.1 程序公正性	100/100	84.8/92.3	77.2/80.8
		4.1.2 结果公正性	100/96.0	92.4/69.2	74.7/88.5
	4.2 回应性	4.2.1 对政府政策和管理活动质询的回应性	92.5/95.8	80.3/66.7	65.8/54.2
		4.2.2 对公民日常公共产品和服务需求的回应性	88.8/91.7	74.3/66.7	61.3/58.3
		4.2.3 对社会重大应急服务需求的回应性	96.3/91.7	78.7/79.2	67.1/75.0
	4.3 法治性	4.3.1 立法	96.2/95.8	84.6/79.2	80.3/70.8
		4.3.2 行政（含执法）	95.0/95.7	83.5/65.2	77.2/69.6
		4.3.3 司法	97.5/95.7	91.2/78.3	84.6/65.2
	4.4 透明度	4.4.1 政策过程透明度	98.8/92.0	84.8/76.0	79.7/76.0
		4.4.2 政府管理活动透明度	100/91.7	86.2/75.0	78.2/62.5

续表

一级指标	二级指标	三级指标	必要性/%	重要性/%	可行性/%
4. 治理要素	4.5 可问责性	4.5.1 政治可问责性	96.2/95.5	81.6/63.6	71.1/45.5
		4.5.2 行政可问责性	96.3/95.7	79.5/69.6	70.5/60.9
		4.5.3 法律可问责性	97.5/100	92.2/65.2	76.5/59.3
		4.5.4 职业可问责性	89.9/90.9	76.3/63.6	64.5/45.5
	4.6 效率性	4.6.1 治理投入	93.7/81.8	85.7/50.0	72.0/50.0
		4.6.2 治理产出	92.4/86.4	77.9/50.0	62.7/30.0
		4.6.3 治理投入/产出	90.7/82.6	75.0/50.0	64.8/40.0
	4.7 社会参与度	4.7.1 参与主体的普遍性	96.2/91.3	75.0/60.9	56.4/47.8
		4.7.2 参与领域的广泛性	94.9/91.3	70.5/56.5	59.0/43.5
		4.7.3 参与频度	84.6/81.8	58.2/40.0	48.7/20.0
		4.7.4 参与的深度	88.3/86.4	58.4/42.9	50.6/23.8

（二）隶属度分析

隶属度分析的通常做法是：假设专家总数为 N，在第 i 个评价指标 X_i 上，总共有 M_i 位专家认为 X_i 是评价某个变量最理想指标，那么该评价指标的隶属度为：$R_i = M_i/N$。[1] 但这种做法在实际操作中有很大的局限性。因为尽管上述做法可以在汇总专家知识的基础上衡量出指标的优劣特质，但无法准确地从多个维度衡量出指标优劣特质。因此，为了修复和弥补既有隶属度分析的缺陷，进一步衡量指标的优劣特质，我们通过在隶属度分析中引入必要性、重要性和可行性三个维度，作为指标优劣的判断依据。这不仅融入了社会稳定风险评估所应特有的元素[2]，也凸显出本研究构建社会稳定风险评估指标体系的特色。具体而言，2012 年 7 月到 2012 年 9 月，我们不仅对中国社会学会 2012 年学术年会（宁夏银川）的与会专家，也对 A 地和 B 地[3]的政府部门领导干部进行了专门的指标设计问卷调查。共发放 300 份问卷，回收 180 份，其中有效问卷[4]为 129

---

[1] 范柏乃、朱华：《我国地方政府绩效评价体系的构建和实际测度》，载《政治学研究》，2005（01），84~95 页。

[2] 由于该领域的涉密信息较多，因此，很多指标在实际操作中的可行性或许会较低。

[3] 出于保密要求，暂略去实际的地名。

[4] 填写充分、完整的问卷即为有效问卷。有较多缺失项、从头到尾只选择一个选项的等问卷为无效问卷。

份，应答率为 60.0%（180/300），问卷有效率为 71.7%（129/180）。问卷填写者的身份背景不仅包括著名高等院校、科研机构在社会稳定领域的学术专家，还包括地方政府机关中从事实际维稳工作的领导。根据他们对各个指标的打分，得出了对指标的必要性、重要性和可行性等维度的判断。结合学界隶属度分析的通常做法，课题组将指标"必要性"的维度划分为"是"与"否"两类；将指标"重要性"和"可行性"的维度划分为 1~7 分，其中 1 分代表"最不重要"，7 分代表"最重要"。问卷被调查者根据其专业研究与工作经验对该指标的必要性、重要性和可行性进行选择和打分。

对于必要性维度，计算选择"是"的专家在全部专家们中所占的比重。对于重要性和可行性维度，计算选择"5""6""7"三个选项的专家在总人数中的占比。根据专家的打分情况发现，一级指标的必要性、重要性和可行性均在 90% 以上；二级指标的必要性均在 85% 以上，重要性与可行性绝大部分均在 70% 以上。因此，这些指标均予以保留。三级指标遴选的总体原则是：删除"必要性"低于 90%、"重要性"低于 70%、"可行性"低于 70% 的三级指标。同时，也根据专家打分在四类指标（环境类、心态类、行为类和治理类）所呈现出的特性进行了浮动区间的考量。考虑到各地专家意见的差异性，选取 A 地和 B 地两地领导干部的打分对各级指标进行逐一对比，对有显著差异性的指标进行综合把握和具体分析，以消弭因地域风险因素的不同所带来的意见差异和冲突。为进一步验证，又分别计算出 A 地和 B 地实务专家对三级指标打分的区间排序。[1]其结果与上述结果基本吻合，这也进一步佐证了上述过程的科学性。在此基础上，删除了 21 个三级指标。[2]

经过上述隶属度分析过程，我们保留了 4 个一级指标、18 个二级指标和 44 个三级指标，构成了更具有广泛适用性的中国社会稳定风险评估第二轮指标体系（见表 1.4.2）。

---

[1] 区间排序所用公式为：（x - 最低分）/（最高分 - 最低分），其中：x 为某专家的评分，最低分为某地所有专家评分中的某类指标（环境类、心态类、行为类和治理类）的最低分，最高分为某地所有专家评分中的某类指标（环境类、心态类、行为类和治理类）的最高分。我们删去三级指标的标准为：A 地和 B 地的必要性、重要性和可行性均未到 50%。

[2] 删除的指标包括：人口总量波动与结构失衡状况、政府债务状况、政府间关系状况、境外政治 / 军事影响状况、与境外经济关系状况、与境外文化交流状况、对经济的信心度、自然资源分配公平感、社会及文化资源分配公平感、政治参与公平感、文化认同度、制度认同度、民族认同度、国家认同度、其他途径、暴力行为、其他行为、职业可问责性、治理投入 / 产出、参与频度、参与的深度。

表 1.4.2 中国社会稳定风险评估指标体系（第二轮）

一级指标	二级指标	三级指标
1. 环境要素	1.1 自然环境	1.1.1 自然资源的稀缺性与竞争性状况
		1.1.2 自然灾害状况
		1.1.3 生态恶化状况
		1.1.4 环境污染状况
	1.2 经济环境	1.2.1 宏观经济运行波动状况
		1.2.2 微观经济活动失序状况
	1.3 社会环境	1.3.1 贫困状况（贫富差距）
		1.3.2 民族、宗教与文化差异状况
		1.3.3 文化教育水平
		1.3.4 医疗卫生水平
		1.3.5 其他公共服务（住房）水平
		1.3.6 社会特殊群体与非法社会组织状况
	1.4 政治与政府环境	1.4.1 公务员素质状况
		1.4.2 政府腐败状况
		1.4.3 政府重大决策数量
2. 心态要素	2.1 安全感	2.1.1 个体的安全感
		2.1.2 集体的安全感
	2.2 信任感	2.2.1 对政府的信任感
		2.2.2 对社会的信任感
	2.3 信心度	2.3.1 对政治的信心度
		2.3.2 对社会的信心度
	2.4 公平感	2.4.1 经济资源/机会分配公平感
	2.5 满意度	2.5.1 对当地政府的满意度
		2.5.2 对中央政府的满意度
3. 行为要素	3.1 体制内/制度内	3.1.1 非司法途径
		3.1.2 司法途径
	3.2 体制外/制度外	3.2.1 非暴力行为
4. 治理要素	4.1 公正性	4.1.1 程序公正性
		4.1.2 结果公正性
	4.2 回应性	4.2.1 对政府政策和管理活动质询的回应性
		4.2.2 对公民日常公共产品和服务需求的回应性
		4.2.3 对社会重大应急服务需求的回应性

续表

一级指标	二级指标	三级指标
4. 治理要素	4.3 法治性	4.3.1 立法
		4.3.2 行政（含执法）
		4.3.3 司法
	4.4 透明度	4.4.1 政策过程透明度
		4.4.2 政府管理活动透明度
	4.5 可问责性	4.5.1 政治可问责性
		4.5.2 行政可问责性
		4.5.3 法律可问责性
	4.6 效率性	4.6.1 治理投入
		4.6.2 治理产出
	4.7 社会参与度	4.7.1 参与主体的普遍性
		4.7.2 参与领域的广泛性

（三）相关性分析

由于仅仅根据一级、二级和三级指标并不能直接量化为具体的相关数据，因此，仍需要将三级指标继续进行分解，建立第四级指标。我们通过结合头脑风暴法和文献研究法来遴选第四级指标。[1][2] 遴选原则主要是数据的实际可得性和对上级指标的解释力。由此，构成了中国社会稳定风险评估的第三轮指标体系（见表 1.4.3）。

表 1.4.3　中国社会稳定风险评估指标体系（第三轮）

一级指标	二级指标	三级指标	四级指标	单 位	变量标识
1. 环境要素	1.1 自然环境	1.1.1 自然资源的稀缺性与竞争性状况	自然资源人均供给量平衡差额量	万/吨标准煤	X1
		1.1.2 自然灾害状况	灾害造成的生命损失数量	人	X2
			各类自然灾害造成直接经济损失	亿元	X3

---

[1]　我们课题组针对中国社会稳定风险评估的第四级指标的确立和遴选，在 2012 年 9 月至 2014 年 6 月期间，召开了多次专家学者会议。在会议上，课题组始终遵循着头脑风暴法的原则，畅所欲言，相互启发，会后开展验证。

[2]　环境类、行为类和治理类指标多依靠中国历年统计年鉴中的数据；心态类数据多依靠社科院出版的一系列蓝皮书、皮尤民调等。

一级指标	二级指标	三级指标	四级指标	单 位	变量标识
1. 环境要素	1.1 自然环境	1.1.3 生态恶化状况	水土流失治理面积新增	千公顷	X4
		1.1.4 环境污染状况	工业三废未达标排放率	%	X5
	1.2 经济环境	1.2.1 宏观经济运行波动状况	GDP 增幅变动	—	X6
			CPI 年度涨跌幅度	—	X7
		1.2.2 微观经济活动失序状况	银行业不良贷款率	%	X8
			城镇登记失业率	%	X9
	1.3 社会环境	1.3.1 贫困状况（贫富差距）	基尼系数	—	X10
		1.3.2 民族、宗教与文化差异状况	妇联少数民族干部数	人	X11
		1.3.3 文化教育水平	文化事业机构数	人	X12
			完成义务教育的人口比重	%	X13
		1.3.4 医疗卫生水平	每万人拥有的卫生机构床位数	张	X14
			每万人拥有卫生技术人员数	人	X15
		1.3.5 其他公共服务（住房）水平	居民居住自有住房消费价格指数	—	X16
		1.3.6 社会特殊群体与非法社会组织状况	公安机关查处非法携带枪支、弹药、管制工具案件数	件	X17
	1.4 政治与政府环境	1.4.1 公务员素质状况	全国就业人员中大学专科以上学历的比例	%	X18
		1.4.2 政府腐败状况	政府清廉指数	—	X19
			政府行贿指数	—	X20
		1.4.3 政府重大决策数量	中央项目固定资产投资额	亿元	X21
			地方项目固定资产投资额	亿元	X22
2. 心态要素	2.1 安全感	2.1.1 个体的安全感	对个人经济状况的满意度	%	X23
			对未来经济状况的预期	%	X24
		2.1.2 集体的安全感	医疗安全感	—	X25
			社会治安安全感	—	X26

续表

一级 指标	二级指标	三级指标	四级指标	单　位	变量 标识
2. 心态 要素	2.2 信任感	2.2.1 对政府的信任感	对陌生人的信任感	%	X27
	2.3 信心度	2.3.1 对政治的信心度	国家国际地位感	—	X28
			对政府的信心度	%	X29
			政府管理经济事务信 心度	—	X30
			国家未来国际地位发展 信心	—	X31
			解决就业问题的信心 指数	—	X32
		2.3.2 对社会的信心度	国家未来社会状况发 展信心	—	X33
			应对灾难事件的信心指数	—	X34
			对社会组织的信心度	%	X35
	2.4 满意度	2.4.1 对当地政府的满 意度	城市居民整体生活满意度	—	X36
			幸福感	%	X37
			对家庭财政状况的满意度	—	X38
			对地方政府的满意度	—	X39
		2.4.2 对中央政府的满 意度	对收入平等的满意度	—	X40
			对财富积累方式的认同度	—	X41
			对国家发展方向的满意度	%	X42
			对国家经济状况的满意度	%	X43
			对中央政府的满意度	—	X44
			国家自豪感	%	X45
3. 行为 要素	3.1 体制内 / 制度内	3.1.1 非司法途径	国家信访局接待来信来 访人数	人	X46
			恶性医患冲突事件数量	万件	X47
		3.1.2 司法途径	全国涉诉案件数量	件	X48
			全国非涉诉案件数量	件	X49
	3.2 体制外 / 制度外	3.2.1 非暴力行为	治安案件受理数	件	X50

续表

一级指标	二级指标	三级指标	四级指标	单 位	变量标识
3. 行为要素	3.2 体制外/制度外	3.2.2 暴力行为	公安机关立案的刑事案件	件	X51
			刑事犯罪总人数	件	X52
			青少年（25 岁以下）刑事犯罪人数	件	X53
		3.2.3 其他行为	全国群体性事件数量	起	X54
			全国重要网络舆情事件数量	件	X55
4. 治理要素	4.1 公正性	4.1.1 程序公正性	召开立法听证会次数	次	X56
		4.1.2 结果公正性	全年社会保障和就业支出占国家财政支出比重	%	X57
	4.2 法治性	4.2.1 立法	全国立法总数	件	X58
		4.2.2 行政（含执法）	全国法院审理行政一审撤销案件数	件	X59
			公安机关逮捕率（每 10 万人逮捕的犯罪嫌疑人数）	人 /10 万	X60
			治安案件查处率	%	X61
			刑事犯罪案件破案率	%	X62
		4.2.3 司法	全国法院审理案件收案数	件	X63
			刑事赔偿赔偿率	%	X64
			非刑事赔偿赔偿率	%	X65
			检察机关批准逮捕的犯罪嫌疑人数	人	X66
			人民检察院直接立案侦查案件立案件数	件	X67
			人民检察院批捕、决定逮捕犯罪嫌疑人的危害国家安全案件数	件	X68
	4.3 透明度	4.3.1 政策过程透明度	全国人大法律草案征集意见数	次	X69

一级 指标	二级指标	三级指标	四级指标	单　位	变量 标识
4. 治理 要素	4.4 可问责性	4.4.1 政治可问责性	全国党纪处分人数	人	X70
		4.4.2 行政可问责性	政纪处分处级干部人数	人	X71
			政纪处分司局级干部 人数	人	X72
			政纪处分副部级及以上 干部人数	人	X73
		4.4.3 法律可问责性	人民法院审理渎职罪刑 事一审案件收案数	件	X74
	4.5 效率性	4.5.1 治理投入	全国教育经费占 GDP 的比重	%	X75

　　由表 1.4.3 可知,中国社会稳定风险评估第三轮指标体系共有 75 个四级指标,分别是 22 个环境类四级指标、23 个心态类四级指标、10 个行为类四级指标和 20 个治理类四级指标。由于极个别三级指标缺乏可以有效衡量社会稳定风险的、数据结构良好的相应的四级指标,故予以剔除。剔除指标为 4.3.2 政府管理活动透明度。[1]

　　为了拟合的有效性,需要对四级指标进行进一步地筛选和处理。通过数据查询,我们构建了中国社会稳定风险评估指标体系的数据库。[2] 在保证全国数据库有效性的前提下,我们依据各个四级指标的数据结构进行了再次筛选,剔除了观测值小于 3 个的四级指标。这一步工作共剔除数据质量不高的四级指标 1 个(X37 幸福感),这进一步地提高了数据库的质量。

　　在利用我们建立的指标体系和数据库对我国社会稳定风险状况进行分析时,一些四级指标很可能会存在着高度相关性,这会导致某种与社会稳定程度相关的信息被过度重复使用,从而在很大程度上拉高或者降低了对我国社会稳定风险程度的评价,也严重干扰了评估结果的科学性和合理性,影响了指标体系的解释力,因此需要进行相关分析。相关分析是通过对变量之间和评价指标之间

---

[1] 　实际上,我们只剔除了一个三级指标,即政府管理活动透明度。我们本想使用"全年召开政府层级新闻发布会次数"等四级指标进行表征,但由于该四级指标的数据也没有公开,且仅有的零星新闻报道、学术文献中的数据质量也不高,故予以剔除。
[2] 　该数据是全国层面的,时间跨度集中在 1978 年至 2012 年,省级层面的数据库和重点区域的数据库也在构建中。

的相关系数进行判断，删除一些隶属度偏低而与其他评价指标高度相关的指标，以消除或降低评价指标重复反应评价对象信息而导致的对评价结果和指标体系解释力的影响。[1]

基于学界的通常做法，指标体系的相关分析主要分三步进行：第一步，对评价指标进行标准化处理；第二步，计算评价指标直接的简单相关系数；第三步，根据统计理论，确定临界值 M（$0 < M < 1$），如果 $R_{ij} > M$，则可以删除其中一个评价指标（X_i 或者 X_j），如果 $R_{ij} < M$，则同时保留两个评价指标。"[2]

根据我们构建的全国历年数据库，利用各个四级指标的数据，基于一级指标的划分（环境类、心态类、行为类和治理类）对四级指标进行了变量之间的相关分析，运用 Stata 软件算出了四级指标变量相关系数矩阵。选定学界常用的临界值 M=0.8，发现共有 34 对变量之间的相关系数值大于该临界值。基于数据库的数据连续性、数据来源的权威性与可靠性、表征社会稳定的相关性三个原则，去二留一，删除了其中的 31 个指标。于是，剩余的 43 个第四级评价指标进入中国社会稳定风险评估指标体系（第四轮）。其中，环境类四级指标删去 11 个、心态类四级指标删除 9 个、行为类四级指标删去 4 个、治理类四级指标删去 7 个。如表 1.4.4 所示。

表 1.4.4　相关系数遴选表

删除的指标	保留的指标	相关系数
X2 灾害造成的生命损失数量	X3 各类自然灾害造成直接经济损失	0.948
X4 水土流失治理面积新增	X8 银行业不良贷款率	0.833
X11 妇联少数民族干部数	X13 完成义务教育的人口比重	−0.880
X12 文化事业机构数	X20 政府行贿指数	−0.9997
X14 每万人拥有的卫生机构床位数	X18 全国就业人员中大学专科以上学历的比例	0.913
X15 每万人拥有卫生技术人员数	X18 全国就业人员中大学专科以上学历的比例	0.897
X17 公安机关查处非法携带枪支、弹药、管制工具案件数	X1 自然资源人均供给量平衡差额量	0.874

[1] 范柏乃、朱华：《我国地方政府绩效评价体系的构建和实际测度》，载《政治学研究》，2005（01），84~95 页。
[2] 同上注。

续表

删除的指标	保留的指标	相关系数
X18 全国就业人员中大学专科以上学历的比例	X5 工业三废未达标排放率	-0.877
X20 政府行贿指数	X7 CPI 年度涨跌幅度	0.992
X21 中央项目固定资产投资额	X5 工业三废未达标排放率	-0.975
X22 地方项目固定资产投资额	X8 银行业不良贷款率	-0.818
X24 对未来经济状况的预期	X44 对中央政府的满意度	-0.958
X25 医疗安全感	X33 国家未来社会状况发展信心	0.911
X31 国家未来国际地位发展信心	X44 对中央政府的满意度	0.999
X32 解决就业问题的信心指数	X23 对个人经济状况的满意度	0.801
X34 应对灾难事件的信心指数	X23 对个人经济状况的满意度	0.999
X35 对社会组织的信心度	X41 对财富积累方式的认同度	0.999
X40 对收入平等的满意度	X36 城市居民整体生活满意度	0.999
X43 对国家经济状况的满意度	X42 对国家发展方向的满意度	0.980
X45 国家自豪感	X27 对陌生人的信任感	-0.981
X47 恶性医患冲突事件数量	X51 公安机关立案的刑事案件	0.929
X48 全国涉诉案件数量	X53 青少年（25 岁以下）刑事犯罪人数	-0.940
X49 全国非涉诉案件数量	X50 治安案件受理数	-0.932
X52 刑事犯罪总人数	X51 公安机关立案的刑事案件	0.916
X57 全年社会保障和就业支出占国家财政支出比重	X62 刑事犯罪案件破案率	0.812
X60 公安机关逮捕率（每 10 万人逮捕的犯罪嫌疑人数）	X62 刑事犯罪案件破案率	-0.810
X64 刑事赔偿赔偿率	X69 全国人大法律草案征集意见数	-0.862
X65 非刑事赔偿赔偿率	X70 全国党纪处分人数	-0.829
X66 检察机关批准逮捕的犯罪嫌疑人数	X62 刑事犯罪案件破案率	-0.816
X72 政纪处分司局级干部人数	X73 政纪处分副部级及以上干部人数	0.980
X75 全国教育经费占 GDP 的比重	X63 全国法院审理案件收案数	0.811

（四）鉴别力分析

范柏乃等认为，在构建各类指标评价体系中有一个不可回避的问题，就是评价指标的鉴别力分析。鉴别力分析指的是指标能够区分评价对象特征差异的能力。[①] 中国社会稳定风险评估指标体系的鉴别力则是，该指标体系可以良好地预测和判断中国社会的稳定程度和风险状况的能力。如果中国社会的稳定程度和风险状况发生了变化，而某个指标却没有很好地检测出这种变化，那么就可以认为这个评价指标几乎没有鉴别力，没有足够的灵敏度和区分能力来反映中国社会的稳定程度；反之，我们可以说这个指标具有较高的鉴别力，它能够诊断和识别出社会稳定与社会风险发生变化的趋势和程度。

我们借鉴范柏乃等人构建地方政府绩效评价指标体系的做法，用变异系数来描述评价指标的鉴别力：

$$v_i = \frac{s_i}{\bar{x}}$$

式中，$\bar{x}$ 为某个指标的平均值，s_i 为标准差。变异系数越大，该指标的鉴别力越强；反之，鉴别能力则越差。根据实际需要，可以删除变异系数相对较小的指标，以提高整个指标体系的解释力。

对上述相关系数分析后剩余的 43 个四级指标进行变异系数的计算，删除了环境类指标中的"自然资源人均供给量平衡差额量（X1）"、心态类指标中的"对政府的信心度（X29）"、治理类指标中的"人民检察院直接立案侦查案件立案件数（X67）"等 3 个指标，保留其余的 40 个四级指标构成了中国社会稳定风险评估指标体系（第五轮）。

通过指标体系构建流程中的隶属度分析、相关性分析和鉴别力分析，我们将指标体系进行了科学的规整，建立起了中国社会稳定风险评估指标体系（第五轮，如表 1.4.5 所示）。其中，一级指标有 4 个、二级指标有 12 个、三级指标有 27 个、四级指标有 40 个，包括 10 个环境类指标，12 个心态类指标，6 个行为类指标，12 个治理类指标。

表 1.4.5　中国社会稳定风险评估体系（第五轮）

一级指标	二级指标	三级指标	四级指标	单位	变量标识
1. 环境要素	1.1 自然环境	1.1.2 自然灾害状况	各类自然灾害造成直接经济损失	亿元	X3
		1.1.2 环境污染状况	工业三废未达标排放率	%	X5

---

① 范柏乃、朱华：《我国地方政府绩效评价体系的构建和实际测度》，载《政治学研究》，2005（01），84~95 页。

续表

一级指标	二级指标	三级指标	四级指标	单位	变量标识
1. 环境要素	1.2 经济环境	1.2.1 宏观经济运行波动状况	GDP 增幅变动	—	X6
			CPI 年度涨跌幅度	—	X7
		1.2.2 微观经济活动失序状况	银行业不良贷款率	%	X8
			城镇登记失业率	%	X9
	1.3 社会环境	1.3.1 贫困状况（贫富差距）	基尼系数	—	X10
		1.3.2 文化教育水平	完成义务教育的人口比重	%	X13
		1.3.3 其他公共服务（住房）水平	居民居住自有住房消费价格指数	—	X16
	1.4 政治与政府环境	1.4.1 政府腐败状况	政府清廉指数	—	X19
2. 心态要素	2.1 安全感	2.1.1 个体的安全感	对个人经济状况的满意度	%	X23
		2.1.2 集体的安全感	社会治安安全感	—	X26
	2.2 信任感	2.2.1 对政府的信任感	对陌生人的信任感	%	X27
	2.3 信心度	2.3.1 对政治的信心度	国家国际地位感	—	X28
			政府管理经济事务信心度	—	X30
		2.3.2 对社会的信心度	国家未来社会状况发展信心	—	X33
	2.4 满意度	2.4.1 对当地政府的满意度	城市居民整体生活满意度	—	X36
			对家庭财政状况的满意度	—	X38
			对地方政府的满意度	—	X39
		2.4.2 对中央政府的满意度	对财富积累方式的认同度	—	X41
			对国家发展方向的满意度	%	X42
			对中央政府的满意度	—	X44
3. 行为要素	3.1 体制内 / 制度内	3.1.1 非司法途径	国家信访局接待来信来访人数	人	X46
	3.2 体制外 / 制度外	3.2.1 非暴力行为	治安案件受理数	件	X50
		3.2.2 暴力行为	公安机关立案的刑事案件	件	X51
			青少年（25 岁以下）刑事犯罪人数	件	X53

续表

一级指标	二级指标	三级指标	四级指标	单位	变量标识
3. 行为要素	3.2 体制外/制度外	3.2.3 其他行为	全国群体性事件数量	起	X54
			全国重要网络舆情事件数量	件	X55
4. 治理要素	4.1 公正性	4.1.1 程序公正性	召开立法听证会次数	次	X56
	4.2 法治性	4.2.1 立法	全国立法总数	件	X58
		4.2.2 行政（含执法）	全国法院审理行政一审撤销案件数	件	X59
			治安案件查处率	%	X61
			刑事犯罪案件破案率	%	X62
		4.2.3 司法	全国法院审理案件收案数	件	X63
			人民检察院批捕、决定逮捕犯罪嫌疑人的危害国家安全案件数	件	X68
	4.3 透明度	4.3.1 政策过程透明度	全国人大法律草案征集意见数	次	X69
	4.4 可问责性	4.4.1 政治可问责性	全国党纪处分人数	人	X70
		4.4.2 行政可问责性	政纪处分处级干部人数	人	X71
			政纪处分副部级及以上干部人数	人	X73
		4.4.3 法律可问责性	人民法院审理渎职罪刑事一审案件收案数	件	X74

从总体上看，通过使用指标体系的科学化构建流程，经过五轮筛选和分析所构建的社会稳定风险评估指标体系的指标涵盖面广，且能较好地反映我国社会稳定风险的状况，这在很大程度上满足了我们使用该指标体系来评估我国社会稳定风险的要求。

（五）中国社会稳定风险评估指标体系的信度检验

根据构建指标体系的科学化流程，需要对我们所构建的中国社会稳定风险评估指标体系进行信度检验。信度（reliability）是指测量工具能够反映被测量对象特征的可靠程度，或是测量结果在不同条件下的一致性程度，也就是说它是衡量测量工具可靠性、一致性的基本指标。从统计学上讲，信度是指测量结果反映出系统变异的程度。评定测量工具信度的方法有很多，常用的有内部一致性信度、折半信度、重测信度和平行信度等。[1] 我们将使用内部一致性信度和折半信度两种不同的方法来检验中国社会稳定风险评估指标体系的信度。

内部一致性信度是根据评价体系内部结构的置信程度，对测量信度做出评定。我们采用克隆巴赫系数（Cronbach's α）来评定体系的内部一致性信度，其计算公式如下：

$$R_a = \frac{K}{K-1}(1 - \frac{\sum S_i^2}{S^2})$$

式中，K 为评价体系所包含的评估指标数量（该评估体系 $K=38$），括号内为第 i 个评价指标的方差和总体方差的比值。

基于我们构建的全国数据库，运用 Stata 软件对四类指标分别求 Cronbach's α 值（见表1.4.6）。

表1.4.6 中国社会风险评估指标体系的内部一致性检验

指 标	条 目 数	Cronbach's α
环境类	10	0.6934
心态类	12	0.8965
行为类	6	0.8436
治理类	12	0.9122
总体	40	0.9356

内部一致性信度检验结果显示，中国社会稳定风险评估指标体系总体、环境类指标、心态类指标[2]、行为类指标和治理类指标的 Cronbach's α 都几近或者大于0.7，这说明我们所构建的中国社会稳定风险评估指标体系的内部结构是基本一致的，满足了评估理论的要求。

接着，运用折半信度来检验中国社会稳定风险评估指标体系。[3] 其具体方法

---

[1] 范柏乃、朱华：《我国地方政府绩效评价体系的构建和实际测度》，载《政治学研究》，2005（01），84~95页。

[2] 与社会稳定风险评估有关的心态类指标主要来源于国内和国际机构的调查，如中国社科院出版的《社会心态蓝皮书》、皮尤民调、WVS、台湾学者的"东亚民主动态调查"等。但受限于国内相关机构开始社会心态的调查较晚（且一般没有逐年调查的心态数据），而国际机构对中国的调查一般都是相隔3~5年才进行，这使得心态类数据缺失较多（以逐年数据为视角来看）。因此，我们选择了略去缺失值的年份的数据处理办法。否则，心态类指标的内部一致性系数无法在 Stata 软件中计算出。

[3] 范柏乃、朱华：《我国地方政府绩效评价体系的构建和实际测度》，载《政治学研究》，2005（01），84~95页。

是把最终的评价指标体系按照奇偶项分成两半，分别记分，求出两个半分数直接的相关系数，再根据Spearman-Brown公式确定整个评价体系的信度系数（R_{xx}），计算公式如下：

$$R_{xx}=2r_{xx}/（1+r_{xx}）$$

经计算，中国社会稳定风险评估指标体系的折半信度系数为0.9844，从结果来看，属于非常高的水平，验证了我们的指标体系合理有效。

（六）效度检验

一般而言，建构指标体系时还需要进行效度检验。效度（validity）是指测量工具在多大程度上达到了预期测量程度的特质，即测量的有效程度。在此我们选择内容效度（content validity）作为评定所构建的社会稳定风险评估指标体系的效度方法，计算公式为：

$$cv = \frac{n_e - \dfrac{n}{2}}{\dfrac{n}{2}}$$

式中，n_e表示在评判中认为某评价指标有效地表示了测量内容范畴的评判者人数；n为评判者总人数。我们通过在2014年的中国社会学年会（武汉）、北京市的政府官员（2014年7月）、全国公安部系统的领导干部（2014年8月）进行问卷调查来对内容进行效度判断，确定该评价指标体系与我国社会稳定风险评估之间的关系的密切程度。共发放266份问卷，回收159份问卷，有效问卷为143份，问卷有效率为89.9%（143/159）。运用SPSS软件对回收的问卷进行了统计和分析，结果见表1.4.7。

表1.4.7　中国社会稳定风险评估指标体系的内容效度检验结果

选　　项	人数（n=143）	构成比/%
非常好	91	63.6
比较好	24	16.8
一般	1	0.7
不太好	2	1.4
不好	5	3.5
未填	20	14

以"非常好"和"比较好"两个选项的评价作为该指标体系作为内容效度较好的标准，其内容效度系数为0.804，这说明中国社会稳定风险评估指标体系具有较高的效度。

（七）权重赋予

学界通用的指标赋予权重方法有客观赋权法和主观赋权法两种，指标权重的确定也是多属性决策和多属性研究的核心问题。

主观赋权法的代表性方法有层次分析法（AHP）、序关系分析法（G1-法）及唯一参照物比较法。[①] 主观赋权法是对专家评判的数据进行偏好一致性处理，虽然专家都是该领域的权威，有一定的权威性，但是该方法具有主观性、经验性等弊端。为了克服主观赋权法受人为因素影响较大的缺陷，学界又发展出了利用客观数据进行指标赋权的客观赋权法。

客观赋权法主要包括熵权法、数据包络分析法（DEA）、灰色关联分析法、逼近理想解排序法（TOPSIS）等。客观赋权法是比较指标在不同评价对象上，以指标数值的信息含量或者变化大小来确定指标权重的方法。客观赋权的关键问题是如何利用数据特点来确定指标的权重。

本节采用客观赋权法中的基尼系数法来对所构建的中国社会稳定风险评估指标体系赋予权重。该方法的核心思想是借鉴研究收入领域中的衡量收入差距的一种指标算法，通过计算一定研究范围评价对象内部的差距值，并对其进行归一化得出指标的权重。基尼系数赋权法体现出同一指标中不同对象的差异越大，则权重越大的思想，弥补了变异系数法、均方差赋权法、逼近理想解排序法（TOPSIS）、极差赋权法不能体现出所有评价对象之间差异的不足，改变了熵权法不能进行直观解释的现状。[②]

基于基尼系数法，对中国社会稳定风险评估指标体系的四级指标赋予了权重（如表1.4.8所示）。其中，指标体系的整体权重值之和为1，四个一级指标的权重均为0.25，各个四级指标的权重也基于其数据特征而各不相同。

在赋予指标权重之后，就形成了初步进行完毕科学化流程后的中国社会稳定风险评估体系（第六轮）。

表 1.4.8　中国社会稳定风险评估指标体系（第六轮）

一级指标	二级指标	三级指标	四级指标	单位	权重
1.环境要素	1.1 自然环境	1.1.1 自然灾害状况	各类自然灾害造成直接经济损失	亿元	0.032

① 李刚、程砚秋：《基尼系数客观赋权方法研究》，载《管理评论》，2014（01），12~22 页。
② 同上。

续表

一级指标	二级指标	三级指标	四级指标	单位	权重
1. 环境要素	1.1 自然环境	1.1.2 环境污染状况	工业三废未达标排放率	%	0.036
	1.2 经济环境	1.2.1 宏观经济运行波动状况	GDP 增幅变动	—	0.007
			CPI 年度涨跌幅度	—	0.027
		1.2.2 微观经济活动失序状况	银行业不良贷款率	%	0.038
			城镇登记失业率	%	0.008
	1.3 社会环境	1.3.1 贫富差距状况	基尼系数	—	0.026
		1.3.2 文化教育水平	完成义务教育的人口比重	%	0.024
		1.3.3 其他公共服务（住房）水平	居民居住自有住房消费价格指数	—	0.029
	1.4 政治与政府环境	1.4.1 政府腐败状况	政府清廉指数	—	0.024
2. 心态要素	2.1 安全感	2.1.1 个体的安全感	对个人经济状况的满意度	%	0.022
		2.1.2 集体的安全感	社会治安安全感	—	0.021
	2.2 信任感	2.2.1 对政府的信任感	对陌生人的信任感	%	0.021
	2.3 信心度	2.3.1 对政治的信心度	国家国际地位感	—	0.021
			政府管理经济事务信心度	—	0.021
		2.3.2 对社会的信心度	国家未来社会状况发展信心	—	0.020
	2.4 满意度	2.4.1 对当地政府的满意度	城市居民整体生活满意度	—	0.016
			对家庭财政状况的满意度	—	0.022
			对地方政府的满意度	—	0.023
		2.4.2 对中央政府的满意度	对财富积累方式的认同度	—	0.022
			对国家发展方向的满意度	%	0.019
			对中央政府的满意度	—	0.022

续表

一级指标	二级指标	三级指标	四级指标	单位	权重
3. 行为要素	3.1 体制内/制度内	3.1.1 非司法途径	信访局接待来信来访人数	人	0.037
	3.2 体制外/制度外	3.2.1 非暴力行为	治安案件受理数	件	0.050
		3.2.2 暴力行为	公安机关立案的刑事案件	件	0.036
			青少年（25岁以下）刑事犯罪人数	件	0.024
		3.2.3 其他行为	群体性事件数量	起	0.047
			重要网络舆情事件数量	件	0.055
4. 治理要素	4.1 公正性	4.1.1 程序公正性	召开立法听证会次数	次	0.025
	4.2 法治性	4.2.1 立法	立法总数	件	0.013
		4.2.2 行政（含执法）	法院审理行政一审撤销案件数	件	0.016
			治安案件查处率	%	0.011
			刑事犯罪案件破案率	%	0.013
		4.2.3 司法	全国法院审理案件结案率	件	0.015
			人民检察院批捕、决定逮捕犯罪嫌疑人的危害国家安全案件数	件	0.023
	4.3 透明度	4.3.1 政策过程透明度	人大法律草案征集意见数	次	0.032
	4.4 可问责性	4.4.1 政治可问责性	党纪处分人数	人	0.029
		4.4.2 行政可问责性	政纪处分处级干部人数	人	0.024
			政纪处分副部级及以上干部人数	人	0.024
		4.4.3 法律可问责性	人民法院审理渎职罪刑事一审案件收案数	件	0.025

（八）专家研讨会指标遴选

在经科学化流程初步构建的第六轮指标的基础上，我们于2014年8月召开社会稳定风险评估指标体系构建高端专家研讨会，邀请14位专家评价中国社会稳定风险评估指标体系（第六轮）的科学性、有效性、重要性和可行性，并选出专家认为最重要的 20 个四级指标。经会前会后两轮填答问卷的数据分析（鉴于篇幅所限，这里不再详述分析过程），结合专家在会议讨论过程中的定性意见，得出最终的完整版指标——中国社会稳定风险评估指标体系（第七轮）和根据专家意见筛选的最重要的 21 个四级指标，即精简版的中国社会稳定风险评估指标体系（第八轮），供有关部门参考。不同版本的指标，均供各部门和各地区根据评估的实际情况与需求做出调整和完善参考。第七轮完整版指标体系和第八轮精简版指标体系具体见表 1.4.9 和 1.4.10。

表 1.4.9　中国社会稳定风险评估完整版指标体系（第七轮）

一级指标	二级指标	三级指标	四级指标	单位
1. 环境要素	1.1 自然环境	1.1.1 自然灾害状况	各类自然灾害造成直接经济损失	亿元
		1.1.2 环境污染状况	工业三废未达标排放率	%
	1.2 经济环境	1.2.1 宏观经济运行波动状况	GDP 增幅变动	—
			CPI 年度涨跌幅度	—
		1.2.2 微观经济活动失序状况	银行业不良贷款率	%
			城镇登记失业率	%
	1.3 社会环境	1.3.1 贫困状况	基尼系数	—
		1.3.2 文化教育水平	未完成义务教育的人口比重	%
		1.3.3 其他公共服务（住房）水平	居民居住自有住房消费价格指数	—
	1.4 政治与政府环境	1.4.1 政府债务状况	全国地方政府性债务余额增长率	%
		1.4.2 政府腐败状况	政府清廉指数	—
	1.5 国际环境	1.5.1 境外政治/军事影响状况	全球和平指数	—
		1.5.2 与境外经济关系状况	涉华反倾销数量	起
2. 心态要素	2.1 安全感	2.1.2 集体的安全感	社会治安安全感	—
	2.2 信任感	2.2.1 对政府的信任感	政府公信力指数	%
	2.3 信心度	2.3.1 对政治的信心度	国家国际地位感	—
			政府管理经济事务信心度	—
		2.3.2 对社会的信心度	国家未来社会状况发展信心	—

续表

一级指标	二级指标	三级指标	四级指标	单位
2. 心态要素	2.4 满意度	2.4.1 对当地政府的满意度	城市居民整体生活满意度	—
			对地方政府的满意度	—
		2.4.2 对中央政府的满意度	对国家发展方向的满意度	%
			对中央政府的满意度	—
3. 行为要素	3.1 体制内／制度内	3.1.1 非司法途径	国家信访局接待来信来访人数	人
	3.2 体制外／制度外	3.2.1 非暴力行为	全国重要网络舆情事件数量	件
		3.2.2 暴力行为	公安机关立案的刑事案件	件
			青少年（25岁以下）刑事犯罪人数	件
		3.2.3 其他行为	全国群体性事件数量	起
			城市居民自杀死亡率	1/10万
			农村居民自杀死亡率	1/10万
4. 治理要素	4.1 公正性	4.1.1 程序公正性	召开立法听证会次数	次
	4.2 法治性	4.2.1 立法	全国人大及常委会立法总数	件
		4.2.2 行政（含执法）	全国法院审理行政一审撤销案件数	件
			治安案件查处率	%
			刑事犯罪案件破案率	%
		4.2.3 司法	全国法院审理案件收案数	件
			人民检察院批捕、决定逮捕犯罪嫌疑人的危害国家安全案件数	件
	4.3 透明度	4.3.1 政策过程透明度	全国人大法律草案征集意见数	次
	4.4 可问责性	4.4.1 政治可问责性	全国党纪处分人数	人
		4.4.2 行政可问责性	政纪处分处级干部人数	人
			政纪处分副部级及以上干部人数	人
		4.4.3 法律可问责性	人民法院审理渎职罪刑事一审案件收案数	件

表 1.4.10　中国社会稳定风险评估精简版指标体系（第八轮）

一级指标	二级指标	三级指标	四级指标	单位
1. 环境要素	1.1 自然环境	1.1.1 自然灾害状况	各类自然灾害造成直接经济损失	亿元
		1.1.2 环境污染状况	工业三废未达标排放率	%
	1.2 经济环境	1.2.1 经济运行状况	CPI 年度涨跌幅度	—
			城镇登记失业率	%
	1.3 社会环境	1.3.1 贫困状况	基尼系数	—
	1.4 政治与政府环境	1.4.1 政府债务状况	全国地方政府性债务余额增长率	%
		1.4.2 政府腐败状况	政府清廉指数	—
	1.5 国际环境	1.5.1 境外政治/军事影响状况	全球和平指数	—
		1.5.2 与境外经济关系状况	涉华反倾销数量	起
2. 心态要素	2.1 安全感	2.1.1 集体的安全感	社会治安安全感	—
	2.2 信任感	2.2.1 对政府的信任感	政府公信力指数	%
	2.3 信心度	2.3.1 对社会的信心度	国家未来社会状况发展信心	—
	2.4 满意度	2.4.1 对当地政府的满意度	对地方政府的满意度	—
		2.4.2 对中央政府的满意度	对中央政府的满意度	—
3. 行为要素	3.1 体制内/制度内	3.1.1 非司法途径	国家信访局接待来信来访人数	人
	3.2 体制外/制度外	3.2.1 非暴力行为	全国重要网络舆情事件数量	件
		3.2.2 暴力行为	公安机关立案的刑事案件	件
		3.2.3 其他行为	全国群体性事件数量	起
4. 治理要素	4.1 法治性	4.1.1 行政（含执法）	刑事犯罪案件破案率	%
	4.2 可问责性	4.2.1 政治可问责性	全国党纪处分人数	人
		4.2.2 法律可问责性	人民法院审理渎职罪刑事一审案件收案数	件

（九）小结

通过指标初选、隶属度分析、相关分析、鉴别力分析、信度检验、效度检验和权重赋予等科学化流程，以及多轮专家研讨会的指标遴选，本节构建出了一套科学性较强、实用性较高的中国社会稳定风险评估指标体系，包含完整版和精简版两个版本。正是基于这一系列的科学化流程，才使得该指标体系更加具有科学性。

在构建指标体系（包括建立数据库）的过程中，也发现了诸多问题，集中表现在以下三点：第一，政府机构的统计数据分散、部分数据的统计口径发生过较大的变化，给研究工作带来了很大的挑战；第二，政府机构一般没有进行社会心态调查，使得与社会稳定风险相关的社会心态类数据严重缺失；第三，某些关键性的客观指标也没有进行统计或者没有公开。如发生的群体性事件数量、各级政府召开的新闻发布会次数、政府申请公开信息数量、医患冲突数量、医疗事故发生率、政府重大决策的失误率等。也正是由于数据的缺失和不可得性，使得我们不得不放弃了一些非常具有鉴别力和预测性的指标，这不得不说是一个非常大的遗憾。

第二章　中国社会稳定风险的实证分析

上一章主要是回顾研究现状、构建本书理论框架和最终的社会稳定风险评估体系，本章则过渡到实证研究阶段，将利用前面构建的社会生态系统治理视角下的中国社会稳定风险评估指标体系，基于我们搜集的社会心态数据、信访行为数据等，实证分析中国社会稳定风险的有关状况。

第一节　基于心态调查数据的实证分析

本节利用我们社会心态调查数据，专门分析当前中国的社会心态状况和社会稳定风险状况。在本书研究提出的社会生态治理系统中，社会心态的作用特殊而又极为重要，它可以发挥承前启后的衔接或中介作用，环境影响心态进而影响行为，没有心态的变化，社会稳定风险行为也无就从发生。因此，除了全国统计数据库中已有的社会心态描述分析外，本研究立项后曾在全国各地展开了一系列有针对性的社会稳定风险感知与社会心态的专项调查。这一部分内容的目的，一方面用于不断更新完善我们提出的指标体系；另一方面，希望通过社会心态调查来验证这套新构建的指标体系的有效性。本部分的社会心态调查主要是在 2014 年期间做的，涵盖了我国东、中、西部各省、自治区、直辖市，既有全国范围的调查，也有个别典型地区的专门调查。通过问卷调查的分析，对全国及有关地方的社会心态及社会整体稳定状况作出科学判断，进而为国家和地方提供有关社会稳定风险治理的政策建议，以降低社会稳定的风险。

一、全国性的问卷调查分析 [①]

2014 年 6 月，我们通过清华大学媒介实验室，以网络调查方式，按社会人群基本结构特征抽样被调查人群，以便保障填答者的人口结构代表性。网络调查系统推出问卷 5922 份，参与调查 5347 人，其中回收有效样本数量 1317 份，从而能对社会稳定风险感知与社会心态进行全国范围的系统调查分析，调查的主要指标涵盖环境感知、心态感知、行为感知与治理感知等。

---

① 本部分主要摘自刘新传：《社会生态系统治理视角下社会稳定风险感知与社会心态研究》，清华大学博士后出站报告，2015。

（一）社会心态调查结果

本调查对社会稳定风险的心理感知按 1~7 计分，1 代表该项内容的心理感知非常好，7 代表非常差。通过对四个维度的心态指标得分统计分析发现，治理感知风险指数为 4.08，环境感知风险指数为 3.51，心态感知风险指数为 4.07，行为感知风险指数为 2.42，见图 2.1.1。①

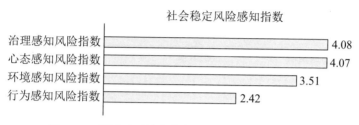

图 2.1.1　居民对于社会稳定风险的心理感知分布图

1. 环境感知

对社会稳定风险的环境感知具体分析发现，居民中对民生环境风险的心理感知最高，高达 4.37 分；其次则是经济环境风险与自然环境风险，分别是 3.51 分与 3.26 分；最低的是社会环境风险，为 2.91 分。见图 2.1.2。

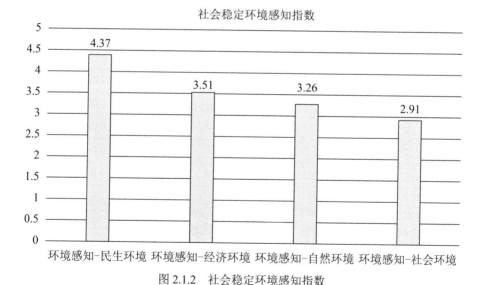

图 2.1.2　社会稳定环境感知指数

---

① 这些数据往往比我们在有关地方做的同类面访调查数据要高一些。这可能与网络调查方式有关，网络调查被调查者回答问题往往更加自由，其整体数据有网民特征，但可能更真实地反映他们的感知与意见，当然网民特征也会在一定程度上放大有关的感知风险。

表 2.1.1 居民对自然环境风险感知中包含四项具体指标：自然资源供给不充分影响日常生产生活的程度、自然资源分配不均引发纠纷的程度、遭受自然灾害损失的程度、环境污染的程度。本节中受调查的全国居民，对影响社会稳定风险的各类自然环境问题严重程度的心理感知最低的是"环境污染的程度"，达到 4.25 分，在总体上，风险处于偏高水平；而其余三类问题的感知，都在 3 分以下，在总体上，都处于风险偏低水平。

表 2.1.1　自然环境感知各指标得分统计值

自然环境风险	极小值	极大值	均值	标准误	标准差
环境污染的程度	1	7	4.25	0.046	1.661
遭受损失的程度	1	7	2.98	0.043	1.563
自然资源供给不充分影响日常生产生活的程度	1	7	2.88	0.046	1.668
自然资源分配不均引发纠纷的程度	1	7	2.79	0.045	1.616

表 2.1.2 显示，经济环境感知包含四项指标：本地经济落后程度、本地失业率水平、本地企业经营困难程度、本地企业生产安全问题的严重程度。本节中受调查的全国居民，对影响社会稳定风险的各类经济环境问题严重程度的心理感知比较相似，基本都在 3.5 分左右，即处于风险居中水平。

表 2.1.2　经济环境感知各指标得分统计值

经济环境风险	极小值	极大值	均值	标准误	标准差
本地企业经营困难程度	1	7	3.60	0.043	1.571
本地失业率水平	1	7	3.59	0.040	1.456
本地经济落后程度	1	7	3.46	0.046	1.679
本地企业生产安全问题严重程度	1	7	3.41	0.043	1.554

表 2.1.3 可见，社会（与文化）环境包含三项指标：民族矛盾的严重程度、宗教冲突的严重程度、以及社会治安状况。本研究中受调查的全国居民，对影响社会稳定风险的三类社会环境问题心理感知严重程度最高的是"治安问题"，达到 3.56 分，而其余两类问题的感知，在 2.5 分左右。

表 2.1.3　社会（与文化）环境感知各指标得分统计值

社会环境风险	极小值	极大值	均值	标准误	标准差
治安问题严重程度	1	7	3.56	0.043	1.550
民族矛盾严重程度	1	7	2.58	0.044	1.582
宗教冲突严重程度	1	7	2.50	0.044	1.602

　　表 2.1.4 显示，民生环境中包含六项指标：流动人口比例、流动人口与本地人口的收入差距、贫富差距、上学问题严重程度、看病问题严重程度及住房问题严重程度。本节中受调查的全国居民，对影响社会稳定风险的民生环境问题的心理感知均在 4 分以上。受测居民对"贫富差距"的风险感知最高达 4.82，其次是"住房问题严重程度"的心理感知 4.73，两者都接近"5 分"。再次，受测居民对"看病问题严重程度"的心理感知接近"4.5 分"。而"流动人口比例""流动人口与本地人口收入差距"和"上学问题严重程度"三类问题的心理感知也都在 4 分以上。

表 2.1.4　民生环境各指标得分统计值

民生环境风险	极小值	极大值	均值	标准误	标准差
贫富差距	1	7	4.82	0.044	1.581
住房问题严重程度	1	7	4.73	0.048	1.730
看病问题严重程度	1	7	4.47	0.047	1.705
上学问题严重程度	1	7	4.10	0.048	1.759
流动人口比例	1	7	4.02	0.042	1.514
流动人口与本地人口收入差距	1	7	4.02	0.041	1.470

2. 心态感知

　　本节对社会心态的分析，主要涉及八项具体指标：收入满意度、生活满意度、政府满意度、社会公平感、治安安全感、政府信任感、干部信任感与政策认同度。表 2.1.5 显示，受调查者的收入满意度与社会公平感都相对较差，均值都在 4.3 分以上，干部信任感、政府信任感和政府满意度均在 4.0 到 4.3 之间。生活满意度、治安安全感以及政策认同度相对较好，均值都在 4 分以下，其中生活满意度平均得分为 3.76，表示受调查者对生活的总体满意度风险仅属于居中水平。

表 2.1.5　社会心态各指标得分统计值

社会心态	极小值	极大值	均值	标准误	标准差
收入满意度	1	7	4.35	0.046	1.659
社会公平感	1	7	4.32	0.046	1.676
干部信任感	1	7	4.23	0.047	1.723
政府满意度	1	7	4.12	0.046	1.678
政府信任感	1	7	4.05	0.047	1.722
政策认同度	1	7	3.89	0.045	1.618
治安安全感	1	7	3.86	0.044	1.606
生活满意度	1	7	3.76	0.043	1.566

3. 行为感知

本节对居民的社会行为状况分析，主要通过七项具体指标："民告官"情况、诉诸法院解决纠纷情况、集体上访情况、激烈手段（如自焚）解决纠纷情况、参与各类群体性事件人数、利用网络发帖方式解决纠纷数量、参与各类非法组织人数。这七项指标的描述性统计数据参见表 2.1.6。社会行为的各项指标的平均值是在 2.5 分左右，应属于风险偏低的水平，见表 2.1.6。

表 2.1.6　社会行为的各指标得分统计值

	极小值	极大值	均值	标准误	标准差
法院解决纠纷情况	1	7	2.74	0.043	1.565
网络发帖解决纠纷数量	1	7	2.66	0.046	1.658
"民告官"情况	1	7	2.45	0.043	1.550
集体上访情况	1	7	2.45	0.045	1.629
参与群体性事件人数	1	7	2.31	0.042	1.538
参与非法组织人数	1	7	2.17	0.042	1.535
激烈手段解决纠纷情况	1	7	2.15	0.043	1.565

4. 治理感知

本节对居民治理感知状况分析，主要通过八项具体指标：党政机关公务员综合素质、党政机关办事效率、党政机关反腐败的力度、党政机关对民众诉求的回应程度、党政机关决策公开的程度、党政领导干预司法的情况、召开听证会的频率、违法违纪官员切实惩处的可能性。这八项指标的描述性统计数据见表 2.1.7。

表 2.1.7　政府与社会治理各指标得分统计值

	极小值	极大值	均值	标准误	标准差
政府反腐力度低的严重程度	1	7	4.32	0.046	1.681
决策公开程度低的严重程度	1	7	4.24	0.050	1.803
政府办事效率低的严重程度	1	7	4.20	0.048	1.758
民众诉求回应程度低的情况	1	7	4.12	0.048	1.759
党政领导干预司法程度	1	7	4.05	0.049	1.777
公务员素质低的严重程度	1	7	4.00	0.045	1.635
召开听证会频率低的严重程度	1	7	3.95	0.048	1.744
官员得不到切实惩处的情况	1	7	3.81	0.048	1.760

5. 情境行为风险分析

问卷中选取容易引发群体性事件影响社会稳定的六类情境进行模拟，从内心感受和行为倾向两方面 1~4 计分，1~4 分的内心感受或是行为表现选项，体现了其内心感受由积极到消极、由接纳到抵触，行为倾向由温和到激烈、由制度内到制度外的倾向。

本调查的全国居民在自然灾害（干旱）情境下的内心感受打分均值最高，为 2.68，即内心感受最消极抵触；其次是河流污染情境和集资诈骗情境，分别为 2.65 和 2.61；在面对钓鱼岛事件时，受访的居民内心感受打分最低，为 2.13；而征地拆迁情境和官员渎职情境，分别为 2.37 和 2.57。面对这六类易产生冲突的情境时，受访居民的内心感受平均得分为 2.49。参见表 2.1.8。

表 2.1.8　六类情境下内心感受得分表

社会治理情境	均　　值	标　准　误	标　准　差
自然灾害情境	2.68	0.027	0.970
河流污染情境	2.65	0.031	1.126
集资诈骗情境	2.61	0.026	0.951
官员渎职情境	2.57	0.031	1.120
征地拆迁情境	2.37	0.028	1.009
钓鱼岛事件情境	2.13	0.033	1.174

本次调查的全国居民在官员渎职情境下的行为倾向打分均值最高，为 2.40，即最容易选择参与群体性事件等激烈的制度外行为；其次是河流污染情境，为 2.35；在面对其余四类情境时，受访居民的行为倾向均在 2 分左右，其中征地拆迁情境的得分最低，为 1.99。面对这六类易产生冲突的情境时，受访居民的行

为倾向平均得分为 2.14。

为了更进一步分析面对可能影响社会稳定的这六类典型情境时，受访居民的内心感受和行为倾向之间的关系，我们将各类情境下的内心感受和行为表现，以及内心感受变量和行为倾向变量，分别进行配对样本的 t 检验和相关性分析。结果显示，在六类情境中，征地拆迁情境下内心感受和行为表现相关最密切，其次，除"钓鱼岛事件"情境之外，其余情境下，受访居民的内心感受和行为倾向之间的相关性不太显著，也就是说，在面对自然灾害（干旱）等五类情境时，部分居民即便会有偏消极抵触的心理感受，但在行为上，还是采取理性和温和的行为。这可能源自征地拆迁属于民众基本生存利益范畴，而其他五类情境并非基本生存利益问题。

（二）人口统计学调查结果

鉴于居民对社会稳定风险环境的心理感知和社会心态可能会受到其个人特征的影响，因此我们运用人口统计学的变量，对不同人群相关社会稳定的风险感知进行分析。

性别背景：在对社会稳定风险治理感知与心态感知方面，男性和女性确实存在差异且具有统计学意义，而在环境感知与行为感知方面，男性与女性之间应不存在显著差异。

城乡背景：在对社会稳定风险环境感知、行为感知和治理感知等方面，城镇户口居民都比农村户口居民的风险感知要高，即感知到风险更严重和更负面，在心态感知方面，城乡居民的打分不存在显著差异。

具体来分析各类环境问题，我们发现，在自然环境和民生环境两个方面，常住城镇的居民都比农村居民打分要高，即感知风险更严重和更负面，但在经济环境与社会环境方面，两者的打分并不存在显著差异。

年龄背景：在对社会稳定风险环境感知、行为感知、治理感知以及社会心态等各个方面，不同年龄阶段的居民打分都存在显著差异。在环境感知方面，1~19 岁居民打分最低，即他们感知到的环境问题的严重程度最低，而 50 岁以上的居民打分最高，即他们感知到的环境问题最严重，且环境感知随着年龄的增长而更严重。在行为感知方面，1~19 岁居民打分最低，即他们感知到的冲突行为最少，而 35~49 岁的居民打分最高，他们感知到的冲突行为最多。在治理感知方面，1~19 岁居民打分最低，即他们感知到的治理问题的严重程度最低，而50 岁以上的居民打分最高，即他们感知的治理问题是最严重的，且治理感知也随年龄增长而更加严重。在社会心态方面，同样也是 1~19 岁居民打分最低，即他们的社会心态相对最积极，而 50 岁以上的居民打分最高，即他们的社会心态相对最消极，且社会心态随着年龄的增长而变得更为消极负面。具体结果见表 2.1.9。

教育背景：在对社会稳定风险环境感知、行为感知、治理感知以及社会心态等各个方面，不同教育背景的居民打分都不存在显著差异。

收入背景：在对社会稳定风险环境感知、行为感知、治理感知以及社会心态等各个方面，不同收入水平的居民打分都存在显著差异。在环境感知、行为感知与治理感知等方面，月收入 50001 元以上以及 10001~50000 元的居民打分均偏高，即他们所感知到的环境问题、冲突行为以及治理问题的严重程度偏高，而 1000 元以下的居民打分偏低，即他们所感知到的环境问题、冲突行为以及治理问题相对较少。但在心态方面，50001 元以上收入的居民打分最低，即他们的社会心态状况最好，而 1001~3000 元收入的居民打分最高，即他们的社会心态状况较差。具体结果见表 2.1.9。

网络背景：在对社会稳定风险环境感知和行为感知这两个方面，不同互联网使用频率的居民打分都存在显著差异，在治理与心态方面，不同的互联网使用频率者的打分并不存在显著差异。在环境感知方面，有时使用互联网的居民比很少使用网络和经常使用网络的居民打分都偏高，即他们所感知到的环境问题的严重程度偏高，在行为感知方面，很少使用互联网的居民比有时使用网络和经常使用网络的居民打分都偏高，即他们所感知到的冲突行为的严重程度偏高。具体结果见表 2.1.9。

表 2.1.9 不同人口特征的居民社会稳定风险感知情况（$\bar{x} \pm s$）

项目	变量	调查人数 (n=1317)	环境感知	行为感知	治理感知	心态感知
年龄（岁）	1~19	317	3.26±1.02	2.26±1.33	3.78±1.47	3.80±1.40
	20~29	321	3.50±1.07	2.36±1.34	4.03±1.49	4.14±1.35
	35~49	344	3.63±1.14	2.57±1.48	4.23±1.48	4.15±1.39
年龄（岁）	≥50	335	3.64±1.09	2.49±1.39	4.25±1.47	4.19±1.44
F 值		—	8.691	3.128	7.275	5.509
p 值		—	<0.001	0.025	<0.001	0.001

项目	变 量	调查人数 (*n*=1317)	环境感知	行为感知	治理感知	心态感知
月收入 （元）	≤ 1000	205	3.18±1.06	2.25±1.32	3.78±1.52	3.82±1.50
	1001~3000	279	3.50±1.00	2.29±1.35	3.96±1.46	4.17±1.32
	3001~6000	450	3.56±1.11	2.40±1.37	4.18±1.50	4.16±1.40
	6001~10000	280	3.56±1.07	2.57±1.42	4.09±1.40	4.03±1.35
	10001~50000	94	3.82±1.19	2.89±1.55	4.56±1.56	4.11±1.44
	＞ 50000	9	4.45±1.13	2.50±1.37	4.30±1.36	3.50±1.90
F 值		—	7.035	4.046	4.500	2.229
p 值		—	＜ 0.001	0.001	＜ 0.001	0.049
上网时长	很少	13	3.31±1.12	3.12±1.79	3.80±1.58	3.66±1.65
	有时	295	3.67±1.11	2.77±1.52	3.98±1.48	4.00±1.40
	经常	1009	3.47±1.08	2.32±1.33	4.11±1.49	4.10±1.40
F 值		—	4.096	13.891	1.175	1.055
p 值		—	0.017	＜ 0.001	0.309	0.348

我们进一步分析各类环境问题发现，在自然环境、经济环境和社会环境等各个方面，不同互联网使用频率的居民打分存在显著差异，在民生环境领域，不同的互联网使用频率者的打分也存在显著的差异。在自然、经济和社会环境感知方面，有时使用互联网的居民比很少使用网络和经常使用网络的居民打分都偏高，即他们所感知到的环境问题的严重程度偏高。

本研究对借助网络调查系统，在全国回收 1317 份有效调查问卷，基于样本数据发现，不同性别、年龄、收入的居民对社会稳定风险感知与社会心态存在显著差异，其他变量不存在显著差异，同时将社会稳定风险感知指标对社会心态总指数进行回归分析显示，环境感知、行为感知和治理感知都能够显著影响居民的社会心态，其中治理感知所占的权重最大。

第二节　基于信访行为指数的分析

本章第一节运用环境、心态、行为与治理框架，主要通过设计基本一致的社会问卷调查全面深入展示和分析了全国及有关地区社会心态风险状况。本节研究则试图聚焦分析社会行为风险及其治理。因此本节选择一类典型的制度内社会行为——信访行为，来分析中国当时的社会风险问题。

毋庸置疑，信访制度是当前中国预防和化解社会矛盾的最重要的制度内机制之一，社会风险中的各类矛盾都可以通过信访窗口观察到。因此，信访成为社会矛盾观测的晴雨表，信访在各类社会矛盾处置方面所发挥的作用日益重要，实际上已经成为平抑社会风险的"前哨"。党的十八大提出，要完善信访制度，提高领导干部善于运用法治思维与法治方式以化解矛盾与维护稳定的能力。党的十九届四中全会要求，完善信访制度和社会矛盾纠纷多元预防调处化解综合机制，并将矛盾化解在基层。党的十九届五中全会再次明确要求，完善信访制度和各类调解联动工作体系，建设源头防控、排查梳理、纠纷化解与应急处置的社会矛盾综合治理机制。党的二十大报告进一步强调，要加强和改进人民信访工作，畅通和规范群众诉求表达、利益协调、权益保障通道，完善网格化管理、精细化服务、信息化支撑的基层治理平台，健全城乡社区治理体系，及时把矛盾纠纷化解在基层、化解在萌芽状态。新的历史时期，要推动对信访与社会矛盾的源头预防与有效化解，必须实现对信访形势和社会风险的科学洞察。在此背景下，用信访工作中积累和沉淀下来的数据作为支撑，设计一套科学的评估指标体系，量化评估信访问题与社会风险的现状及发展趋势，意义尤为重大。

近年来，有关信访领域的研究和探讨日渐繁荣，学界对信访制度及其运行状况开展了充分的研讨。越来越多的学者还专门关注信访数据的独特价值，"信访系统拥有反映国家治理现状的特质数据""信访数据具有一手性、动态性，是中国社会矛盾现状的'缩影'，较为真实地反映国家治理面临的问题及挑战"等。[1] 一些学者积极开展信访数据的分析研究，如通过量化分析信访数据，揭示重复集体信访问题运行的内在机理和治理措施；通过剖析信访数据，探索"信访老户"重复信访行为的影响因子及治理创新等。[2][3] 这些探索基于信访数据和信息，"沿着'制度'和'行为'两条逻辑展开对信访问题的讨论"[4]，日益深刻地揭示了信访数据的独特价值：透过信访数据，"能把握公共政策制定、执行的得失"，"可体察立法、执法和司法中的得失"，"能洞察社会心态的特

① 张宗林、王凯：《国家治理视野下信访制度特性和功能的再审视》，载《行政论坛》，2019（04）。
② 夏瑛：《信访制度的双重逻辑与"非行政信访"——以A市重复集体访为例（2010—2014年）》，载《政治学研究》，2019（04）。
③ 傅广宛：《信访大数据与重复上访现象治理的变革》，载《中国行政管理》，2019（11）。
④ 李贺楼、彭宗超：《信访研究：两个既有主题与未来发展方向》，载《南京社会科学》，2014（04）。

点和趋势"。①

学界已有研究为信访形势与社会风险的量化分析提供较好的基础,但目前仍缺乏科学评估信访形势和社会风险的指标体系。在大数据时代,信访数据的价值更为凸显。新形势下,亟须建立科学的指标体系,实现对信访形势与社会风险的量化评估和监控,揭示信访数据背后的逻辑关联,实现对信访形势的实时监测,及时掌握社会风险的动态,追踪极端事件的苗头,实现未雨绸缪,推动信访和社会矛盾的源头治理、精准化解。

一、社会风险信访指数建构的理论基础

信访指数构建主要的理论基础是社会冲突理论和社会生态系统治理理论。

(一)社会冲突理论

从风险社会转变为和谐社会并不是完全没有社会冲突,而是要把社会风险控制在一定范围,因为健康的社会是需要通过积极的社会冲突来释放的。因此,信访在和谐社会中仍将会存在。和谐社会所要做的就是通过信访合理制度设计,使信访的积极作用发挥出来。当社会冲突超出良性的范畴,那么社会就会出现危机走向失控,进而会出现社会燃烧的状况,此时社会就将进入动荡。

关于社会冲突的理论,从马克思以来,已经发展出了蔚为壮观的多元理论流派,诸如柯林思的"冲突根源论"、达伦道夫的"辩证冲突论"、寇舍的"冲突功能论"、李普塞特的"冲突一致论"以及刘易斯·科塞的冲突功能主义"安全阀"理论等。本研究拟从科塞的冲突功能主义"安全阀"理论出发,重点关注和谐社会建设中的社会冲突整合并发挥其正向功能的问题。

冲突正向功能的发挥在中国恰恰可以通过信访制度来实现。一般内部矛盾出现后,人民群众可以主要通过信访渠道来表达不满与建议,从而减轻社会矛盾压力;当社会矛盾可能加剧时,信访也可以做出预警,推动政府为解决社会问题主动进行改革创新。因此,本节主要侧重于研究信访的社会预警功能,即通过信访评估指数的建构来为社会风险进行预警。

(二)社会生态系统治理理论

社会生态系统治理理论的基本观点是人类处于社会与自然环境之间相互交织、相互影响所形成的关系体系之中,要求得生存与发展,人类就必须有效协

---

① 王凯:《激活信访的智库"效能"(新论)》,载《人民日报》,2019-8-26(5)。

调与自然生态及社会生态的关系，实现社会生态系统内的均衡治理。[①]

我们可从社会生态系统治理的视角理解信访。信访作为社会冲突、社会矛盾的体现，其发生、发展和变化的成果无疑是信访主体、信访环境相互作用的结果。基于此考虑，并结合信访工作的特性，从信访领域探讨社会风险，需要更具体地关注信访行为的关键要素。

二、社会风险信访评估指标体系构建

基于社会冲突理论和社会生态系统治理理论，为了运用信访数据来评估信访形势和社会风险，我们重点关注信访行为的时段、诉求、行动与结果等四个维度，涵盖信访的环境、发起、过程及后果等多个要素或环节，以便能较为准确而有效地监控与预测信访形势恶化和社会风险的发生与演化。

（一）社会风险信访指数指标的一级指标

1. 信访时段

信访时段是指信访发生的时间区间环境。信访发生的时段会影响信访的社会风险程度。比如，如果信访发生在两会或国庆期间，那么很容易使信访敏感性趋于突出，引发社会关注和政治关注的风险会增加；而如果发生在平常，则信访敏感性与引发社会关注和政治关注的风险会相对降低。因此，我们把信访时段因素纳入指标体系中，作为衡量社会风险水平的一个关键指标。

2. 信访诉求

信访诉求是指信访者的意见与要求。美国社会学家科塞提出两类社会冲突：现实性冲突和非现实性冲突。前者是指现实利益上的矛盾，只要廓清各自的利益来源，暴力冲突可能性反倒会降低。后者是指冲突因非现实性原因而起，若情感性或价值性矛盾引发，暴力冲突可能性就会升高。可见，冲突的原因不同，其导致的社会风险也不同。在这种经典的冲突理论基础上，当前信访问题的研究者开始强调两种信访类型：直接利益相关型与非直接利益相关型。前者是指诉求目标与诉求者的切身利益密切相关，而后者则指诉求目标与诉求者的切身利益并没有直接关系，是一批直接利益并未受损但却参与利益表达的人。非直接利益冲突强调利益冲突的大部分参与者与事件本身无关，他们是无直接利益关系的群体。

信访者的诉求不同，信访对社会风险的影响后果也会不同。如果信访者的

---

① 彭宗超、曹峰、李贺楼、邵东珂：《社会生态系统治理视角下的中国社会稳定风险评估的理论框架与指标体系新探》，载《公共管理评论》，2013，15（02）。

诉求目的比较强烈，那么对信访形势和社会风险的影响也就较大；而如果诉求目的相对平缓，那么它对信访形势和社会风险的影响也就较小。比如，如果信访是关乎自身利益的，那么信访者的诉求更为强烈，如果不能够得到很好解决，则会成为影响社会稳定的不安全因素；相反，如果信访是与自身利益不太相关的，那么信访者的诉求则不那么强烈，其对社会风险的威胁也较小。因此，我们把信访原因纳入指标体系中，作为衡量社会风险水平的一个关键指标。

3. 信访行动

信访行动是指信访者所采取的行为活动。信访者采取的行动类型激烈与否，是影响信访形势和社会风险的一个关键指标。如果信访者采取的行动较为激烈，则会对信访形势和社会风险形成较大的影响；而如果其行动相对平和，则对信访形势和社会风险的影响较小。这可以从四个维度进行区分：个人维度与集体维度、来信维度与来访维度。当前关于集体行动的研究表明，相对于个人行动而言，集体行动通常表现出更大的爆发力，对社会风险的冲击也就越大。同样地，来访的激烈程度要比来信要大，其形成的社会风险也相对较大。因此，需要把信访行动纳入指标体系中，作为衡量社会风险水平的一个关键指标。

4. 信访结果

信访结果是指信访问题处理的结果状况。有些信访行为是一次性的，也有一些信访行为往往会由初信初访演变为重信重访。如果重信重访的总量和比例居高并攀升，就表明信访问题没有得到彻底解决，也说明有关信访的矛盾积累较深，信访问题解决难度较大，这会严重影响信访的形势及走向，长此以往，还将会影响社会安定和经济发展等。一个好的信访机制应能快速化解信访问题，把社会风险尽可能降到最低。而如果信访问题得不到很好的解决，就会引发重复信访，乃至引起矛盾的恶化与升级，从而形成更大程度的社会风险。因此，我们把信访结果纳入指标体系中，作为衡量社会风险水平的一个关键指标。

总起来看，我们把信访时段、信访诉求、信访行动和信访结果设置为四个一级指标，充分考虑到信访过程中的关键因素。同时，每个一级指标下设置了相应的二级和三级指标。这种指标设置将可以更加全面、合理地评价社会风险。

（二）子项指标细化

1. 信访时段指标细化

如两会和相关重要活动的召开以及重要节日的到来可能构成信访的敏感时段。由于要在历年社会风险数据分析的基础上进行社会风险的测评，因此，每年信访的敏感期就成为我们要考察的重要指标。信访实践中，每年 3 月的全国两会和 10 月的国庆节是最有代表性的敏感节点。这两个时段的信访往往具有特殊的社会敏感性，社会和政治关注的风险可能更大。因此，我们选择"两会期间信访量"和"国庆期间信访量"作为三级指标。

2. 信访诉求指标细化

根据前述分析，信访诉求可以下设两个二级指标：直接利益相关型诉求与非直接利益相关型诉求。

直接利益相关型诉求是指因自身利益受到损害而提出的信访行动诉求，这类诉求通过国家政策和法律可以得到解决。通常在信访数据中，直接利益相关型诉求二级指标可以分为两类三级指标：一类是求决类信访诉求，另一类则是申诉类信访诉求。这两类信访诉求，都是因为自身的利益受到损害，而希望政府的介入来解决自身的问题，因此都可以称为是直接利益相关型的信访。

非直接利益相关型诉求常常与信访主体自身的利益没有直接关系，而会有更为公共性的信访诉求。这类信访的特点是问题较为复杂，难以解决，但是对信访者而言并不是紧急事件，因此对社会的冲击性较弱。在信访数据中，非直接利益相关型的信访诉求也可分为两类三级指标：检举揭发类和批评建议类。这两种信访诉求，都是对社会上的公共问题进行反映，而不是针对自身利益问题。由于涉及的是公共性问题，虽然没有直接利益相关型诉求那么迫切，但却可能比直接利益相关型诉求更复杂，解决过程也更为困难。

相比而言，直接利益相关型信访诉求由于其深刻而尖锐的矛盾特点，容易对社会风险形成较大影响。而非直接利益相关型信访诉求，由于反映问题的间接性，对社会风险的影响相对较弱。

3. 信访行动指标细化

根据集体行动理论，集体行动比个体行动具有更大的风险性，来访比来信具有更大的风险性。因此，我们可以分别从"量"的程度与"质"的程度两个方面来测评社会风险。从量的方面就是测量信访的规模程度，从质的方面就是测量信访的激烈程度。这样就可以划分两个二级指标：信访规模、信访强度。

信访规模是从信访数量上来界定。如果信访发生的数量较多，则社会风险较大。根据信访数据，这又可从两个三级指标来衡量：来信总件次、来访总批次。来信总件次是指全市（包括市、区和乡镇／街道）来信的总件次数。来访总批次是指全市（包括市、区和乡镇／街道）来访的总批次数。相对而言，"来访"通常会比"来信"产生更大的社会风险。

　　信访强度是从信访行动的集体程度来界定。如果信访采取集体行动的方式越多，那么其社会风险就可能越高。根据信访数据，这又可从两个三级指标来衡量：联名信件次，集体访批次。①② 这两个三级指标，都具有集体行动的性质。而进一步来看，"集体访"比"联名信"能够产生更大的社会风险。

4. 信访结果指标细化

　　当前的信访研究已经把解决机制作为一个重要的课题。如果信访问题不能够得到彻底的化解就会形成大量的重复访，从而形成社会风险。因此，信访结果根据解决结果的差异，可以由两个二级评价指标进行衡量：重复信访程度、升级程度。

　　重访程度反映的是信访问题得到解决的程度。如果信访问题能得以解决，上访则会停止；而如果没有解决，重复信访就会发生。如果产生了重复信访，其对社会风险的影响无疑是很大的。根据信访统计数据分类，重访程度又可分为四个三级指标：个人重信件次、集体重信件次、个人重访批次、集体重访批次。它们对社会风险的影响呈现依次递增的态势。③④

　　升级程度反映的是信访问题不断升级的程度。来访与来信的比例关系可反映信访形势的升级和激烈程度。在信访活动中"信"与"访"的比例，表示信访活动形式的一种状态特征。"信"相对温和，而"访"则相对比较激烈。很多社会矛盾和社会冲突是由来访活动本身带来的，"访"和"信"比例升高无疑说明不可控的社会风险在增高。研究来信与来访的比重对于判断信访形势会具有重要意义。因此，可以用"来访与来信的比例"这个三级指标来反映风险可能升级的程度。其比重越大，信访状态可能越严重，相应的社会风险也就可能越大。

（三）指标体系构成

　　根据以上分析要素，本指标体系用信访数据来评估社会风险发生的程度。我们总共提炼出 4 个一级指标、7 个二级指标和 15 个三级指标。本指标体系的基本构成如下（表 2.2.1）。

---

① 联名信，指 5 人或 5 人以上的信访人向各级信访部门反映同一问题，并共同签名的来信。
② 集体访，指 5 人或 5 人以上的信访人为反映同一问题的共同来访。
③ 重信，指来信正在依法办理过程中或已经依法办结，信访人再次来信表达同一诉求。
④ 重访，指来访正在依法办理过程中或已经依法办结，信访人再次来访表达同一诉求。

表 2.2.1 信访风险评估指标体系

目标	关注的领域	一级指标	二级指标	三级指标
信访引发社会风险的程度	信访的行为状况	信访时段	敏感时段	两会、国庆来信件次
				两会、国庆来访批次
		信访诉求	直接利益相关型	求决类件批次
				申诉类件批次
			非直接利益相关型	检举揭发类件批次
				批评建议类件批次
		信访行动	信访规模	来信总件次
				来访总批次
			信访强度	联名信件次
				集体访批次
		信访结果	重复信访程度	个人重信件次
				集体重信件次
				个人重访批次
				集体重访批次
			升级程度	来访与来信的比例

三、社会风险信访评估指数建构的指标权重与测算公式

在上述建构指标体系的基础上，本部分要对社会风险信访评估指数的指标权重进行设置，并且给出信访评估指数的测算公式。首先，将具体介绍指标权重的有关设置方法以及相应的权重构成；其次，将对每个三级指标数据进行标准化处理，即做相应赋值；最后，将会给出评估指数的具体计算公式。

（一）指标权重设置

指标权重设置是指数测算的首要一环。我们将会运用层次分析法和德尔菲法相结合的方法设置出各个指标权重。

1. 权重设置方法

（1）层次分析法

层次分析法要求对组成复杂问题的多个因素进行两两比较，然后再对这些

因素的整体权重排序，最后确立各因素的权重。[1] 其优点在于能够定性与定量相结合，对复杂问题的决策思维过程可以做到条理化、层次化和数量化，也有利于简化问题分析，较为精准获取不同要素的权重值。层次分析法就是将对组成复杂问题多元素权重的整体判断转化为对它们做"两两比较"，然后再对它们的整体权重做排序，最后确定各元素的各自权重。

本研究拟先对问题所涉因素做分类，以便建构各因素间联结的递阶性层级结构。处于最上面的层次是问题的预定目标（f），中间层的元素是准则层（a、b、c、d）和子准则层（a1、b1、b2、c1、c2、d1、d2），最低层是方案层或操作层（a11、a12、b11、b12、b21、b22、c11、c12、c21、c22、d11、d12、d13、d14、d21）。

（2）德尔菲法

德尔菲法，也称专家评分法或者咨询法。它运用匿名方式征求专家意见，通过多次反复交流和修正，使得专家意见逐渐达成一致，最后据专家综合意见做出评价。

本研究先将指标体系中各指标编成问卷，发给多位专家，请他们就各指标的重要性进行评价。然后汇总计算出相应权重，再反馈给各位专家，直至各位专家意见趋于一致。

在以上两种方法基础上我们给出各级指标权重。同时，我们通过计算还得出每个三级指标的综合权重。其计算公式为：

某三级指标综合权重 = 相应一级指标权重 × 相应二级指标权重 × 相应三级指标权重。

比如："两会、国庆来访批次"这一指标的综合权重为：$a \times a1 \times a11 = 0.15 \times 1 \times 0.6 = 0.09$

其他三级指标的综合权重可依此方法取得。

2. 权重体系构成

根据以上设置方法，可以得到各级指标的相应权重，具体权重值见表2.2.2。

---

① 彭国甫：《地方政府公共事业管理绩效评价研究》，190页，长沙，湖南人民出版社，2004。

表 2.2.2 社会风险信访评估指标的权重体系

目标	关注的领域	一级指标	二级指标	三级指标	综合权重
信访引发社会风险的程度	信访的行为状况	信访时段 a 【0.15】	敏感时段 a1 【1】	两会、国庆来访批次 a11 【0.6】	0.09
				两会、国庆来信件次 a12 【0.4】	0.06
		信访诉求 b 【0.25】	直接利益相关型 b1 【0.7】	求决类件批次 b11 【0.6】	0.105
				申诉类件批次 b12 【0.4】	0.07
			非直接利益相关型 b2 【0.3】	检举揭发类件批次 b21 【0.6】	0.045
				批评建议类件批次 b22 【0.4】	0.03
		信访行动 c 【0.3】	信访规模 c1 【0.4】	来访总批次 c12 【0.7】	0.084
				来信总件次 c11 【0.3】	0.036
			信访强度 c2 【0.6】	集体访批次 c21 【0.7】	0.126
				联名信件次 c22 【0.3】	0.054
		信访结果 d 【0.3】	重复信访程度 d1 【0.5】	个人重信件次 d11 【0.1】	0.015
				集体重信件次 d12 【0.2】	0.03
				个人重访批次 d13 【0.3】	0.045
				集体重访批次 d14 【0.4】	0.06
			升级程度 d2 【0.5】	来访与来信的比例 d21 【1】	0.15

（二）赋值范围设置

1. 赋值方法

有了权重后还需要对各个三级指标的数值做标准化处理，需要把具有不同单位和取值范围的三级指标转化为具有相同单位和取值范围的数值。课题组在进行赋值时充分考虑了多种因素：

一是借鉴 Likert 五级量表法，对各指标采取了 1~5 的取值范围，并且设置了相应的风险等级。无风险（赋值：1）、轻风险（赋值：2）、中风险（赋值：3）、大风险（赋值：4）、重风险（赋值：5）。

二是充分考虑信访数据各指标的数值分布。由于每一指标的数值范围并不相同，这时我们采取"极值－均值法"，亦充分考虑历年的极好值、均值、极差值的数值大小，进而设定相应范围取值的风险等级高低。

三是运用专家经验判断法，对相应的数值范围风险等级进行审核与修正。我们将各个取值范围的风险等级大小，交与多位专家，由他们讨论风险等级的取值范围。在汇总各方意见后，我们取了折中的意见。

在以上三种方法的基础上，实现了对不同取值范围的各个三级指标的标准化，使其具有相同的取值范围。它们的取值范围均在 1~5 之间，数值越大，说明它们引起的社会风险就可能越大。

2. 赋值结果

根据以上方法，基于省市一级的信访基础数据，得到以下的赋值结果（表 2.2.3）。

表 2.2.3　社会风险信访评估指标赋值结果

一级指标	二级指标	三级指标	无风险 赋值：1	轻风险 赋值：2	中风险 赋值：3	大风险 赋值：4	重风险 赋值：5
信访时段	敏感时段	两会、国庆来访批次	≤ 6000	6001~12000	12001~18000	18001~24000	≥ 24001
		两会、国庆来信件次	≤ 8000	8001~14000	14001~20000	20001~26000	≥ 26001
信访诉求	直接利益相关型	求决类信访件批次	≤ 20000	20001~40000	40001~60000	60001~80000	≥ 80001
		申诉类信访件批次	≤ 5000	5001~10000	10001~15000	15001~20000	≥ 20001
	非直接利益相关型	检举揭发类信访件批次	≤ 5000	5001~10000	10001~15000	15001~20000	≥ 20001
		批评建议类信访件批次	≤ 10000	10001~30000	30001~50000	50001~70000	≥ 70001

续表

一级指标	二级指标	三级指标	无风险赋值：1	轻风险赋值：2	中风险赋值：3	大风险赋值：4	重风险赋值：5
信访行动	信访规模	来访总批次	≤20000	20001~40000	40001~60000	60001~80000	≥80001
		来信总件次	≤20000	20001~40000	40001~60000	60001~80000	≥80001
	信访强度	集体访批次	≤2000	2001~4000	4001~6000	8001~8000	≥8001
		联名信件次	≤2000	2001~4000	4001~6000	8001~8000	≥8001
信访结果	重复信访程度	个人重信件次	≤10000	10001~30000	30001~50000	50001~70000	≥70001
		集体重信件次	≤1000	1001~3000	3001~5000	5001~7000	≥7001
		个人重访批次	≤10000	10001~30000	30001~50000	50001~70000	≥70001
		集体重访批次	≤1000	1001~3000	3001~5000	5001~7000	≥7001
	升级程度	来访与来信的比例	≤30%	30%~50%	50%~70%	70%~90%	≥90%

（三）指数测算公式

通过将各个指标进行权重设置，对各个指标的实际数值进行标准化设置，就可以得到一个标准化的指数测算公式。

信访评估综合指数是各三级指标综合权重与相应三级指标赋值乘积的加和。即：

社会风险信访评估综合指数 =

a11 综合权重 × 相应赋值得分 + a12 综合权重 × 相应赋值得分 + b11 综合权重 × 相应赋值得分 + b12 综合权重 × 相应赋值得分 + b21 综合权重 × 相应赋值得分 + b22 综合权重 × 相应赋值得分 + c11 综合权重 × 相应赋值得分 + c12 综合权重 × 相应赋值得分 + c21 综合权重 × 相应赋值得分 + c22 综合权重 × 相应赋值得分 + d11 综合权重 × 相应赋值得分 + d12 综合权重 × 相应赋值得分 + d13 综合权重 × 相应赋值得分 + d14 综合权重 × 相应赋值得分 + d21 综合权重 × 相应赋值得分

四、社会风险信访指数区间的划分及内涵

社会风险的信访指数可通过信访指数区间及其预警系统来分析相关社会风险。即选择一组能反映社会风险状况的信访敏感指标，运用有关数据处理方法，将多个指标集成为综合性指标或指数，然后通过指数区间的划分，类似红、橙、黄、蓝、绿的标识，来对一定时期的信访和社会风险形势做出不同的评估与预警。

根据两种赋值方法 0~5 赋值和 0~1 赋值，相应的存在五个阶段的变化：即 0~1（0~0.2）、1~2（0.2~0.4）、2~3（0.4~0.6）、3~4（0.6~0.8）、4~5（0.8~1），显然 0 和 5 或者 0 和 1 都是极端的稳定和崩溃的理想表示状态，在现实社会中都不可能存在，对我们有意义的是五个区间。

（1）0~1（0~0.2）：表示基本上无风险，社会发展与运行的状态稳定；

（2）1~2（0.2~0.4）：表示有潜在风险，零星冲突可能不断，社会发展与运行状态在短期有趋稳或动荡的可能；

（3）2~3（0.4~0.6）：表示有明显增大的风险，冲突在增多，社会发展与运行状态明显有向动荡转化的可能；

（4）3~4（0.6~0.8）：表示风险的负面效果可能逐步释放，冲突加剧并可能失控，社会发展与运行状态呈现低度动荡；

（5）4~5（0.8~1）：表示风险很可能完全现实化，由社会冲突变为社会燃烧，社会发展与运行状态可能趋于混乱。

在此，可取出两个关键的节点 0~5 赋值法的"2"和"3"，因为"2"预示着社会从潜在风险期进入明显风险期，社会冲突渐趋增多，信访形势可能日益严峻；"3"则预示着社会风险的破坏效果已经逐步释放，社会冲突进一步加剧，而且整合的可能性变小，社会随时可能滑向轻度的社会动荡。

整体上，这五级评估预警系统是通过一系列信访指标及指数来综合反映有关社会风险。

五、基于 X 市信访数据的社会风险信访评估指数检验

在社会风险评估指数测算公式以及指数区间范围的基础上，根据 X 市的信访数据对信访评估指数进行检验。检验的策略是：先统计出各个三级指标十年（2010—2019 年）来的实际数值，然后根据赋值范围进行标准化处理。在此基础上，根据测算公式计算出每一个三级指标的指数值，以及综合的评估指数值，并进行分析。

（一）各指标历年数据

课题组通过 X 市信访数据，找到各三级指标的实际数值，并以年份单位进行了归类。这些数据又存在两种情况。

第一种通过信访数据分类整理统计而来。如：申诉类信访件批次、求决类信访件批次、批评建议类信访件批次、检举揭发类信访件批次、来信总件次、来访总批次、个人重信件次、个人重访批次、联名信件次、集体访批次、集体重信件次、集体重访批次等。

第二种通过相应的计算得出。如：全国两会（3 月）、国庆期间（10 月）来访批次，是由全市相应月份的来访批次相加得出；同样地，全国两会（3 月）、国庆期间（10 月）来信件次也是通过这种方法得出。来访来信的比例由当年来访量除以来信量得出。

（二）各指标历年赋值

有了实际数据，并不能直接利用测算公式进行计算，而是要把这些实际数据转化为标准化的数值。根据课题组之前在赋值范围设置中的方法，课题组对每一个实际数值所对应的风险等级进行了赋值。最后的赋值结果见表 2.2.4：

表 2.2.4　2010—2019 年 X 市信访数量的标准化赋值

三级指标 / 年份	2010	2011	2012	2013	2014	2015	2016	2017	2018	2019
两会、国庆来访批次	2	2	3	2	3	3	3	3	3	2
两会、国庆来信件次	3	3	3	2	2	2	2	2	2	3
求决类信访件批次	3	3	4	3	4	3	3	2	2	2
申诉类信访件批次	2	2	2	1	1	3	4	3	1	1
检举揭发类信访件批次	1	2	2	2	3	1	1	1	1	1
批评建议类信访件批次	2	2	2	2	2	1	2	3	4	5
来访总批次	2	2	2	2	3	3	3	3	3	2
来信总件次	4	4	4	4	4	2	3	3	3	5

续表

三级指标 / 年份	2010	2011	2012	2013	2014	2015	2016	2017	2018	2019
集体访批次	1	1	1	1	1	1	1	1	1	1
联名信件次	2	1	1	1	1	1	1	1	1	1
个人重信件次	1	1	1	1	1	1	2	2	2	5
集体重信件次	1	1	1	1	1	1	1	1	1	2
个人重访批次	2	2	2	2	3	3	3	3	3	3
集体重访批次	1	1	1	1	1	1	1	1	1	1
来访量与来信量的比例	1	2	3	2	3	5	5	4	4	1

（三）历年社会风险信访评估指数测算

根据课题组分析形成的公式，历年的社会风险评估指数可用以下的测算公式进行计算。

社会风险信访评估综合指数＝

两会、国庆来访批次综合权重 × 相应赋值得分＋两会国庆来信件次综合权重 × 相应赋值得分＋求决类信访件批次综合权重 × 相应赋值得分＋申诉类信访件批次综合权重 × 相应赋值得分＋检举揭发类信访件批次综合权重 × 相应赋值得分＋批评建议类信访件批次综合权重 × 相应赋值得分＋来访总批次综合权重 × 相应赋值得分＋来信总件次综合权重 × 相应赋值得分＋集体访批次综合权重 × 相应赋值得分＋联名信件次综合权重 × 相应赋值得分＋个人重信件次综合权重 × 相应赋值得分＋集体重信件次综合权重 × 相应赋值得分＋个人重访批次综合权重 × 相应赋值得分＋集体重访批次综合权重 × 相应赋值得分＋来访量与来信量的比例综合权重 × 相应赋值得分

依据以上公式，可以得到每一个指标在每一年份的指数表现，将当年的各个指标的指数表现相加，就得到当年社会风险信访评估的综合指数。据测算，2010 至 2019 这十年间，X 市五分制信访指数分别为：1.8、2、2.3、1.82、2.34、2.48、2.64、2.34、2.23、1.84（详见表 2.2.5）。

表 2.2.5　2010—2019 年 X 市信访指数信息

三级指标 / 年份	2010	2011	2012	2013	2014	2015	2016	2017	2018	2019
两会、国庆来访批次	0.18	0.18	0.27	0.18	0.27	0.27	0.27	0.27	0.27	0.18
两会、国庆来信件次	0.18	0.18	0.18	0.12	0.12	0.12	0.12	0.12	0.12	0.18
求决类信访件批次	0.315	0.315	0.42	0.315	0.42	0.315	0.315	0.21	0.21	0.21
申诉类信访件批次	0.14	0.14	0.14	0.07	0.07	0.21	0.28	0.21	0.07	0.07
检举揭发类信访件批次	0.045	0.09	0.09	0.09	0.135	0.045	0.045	0.045	0.045	0.045
批评建议类信访件批次	0.06	0.06	0.06	0.06	0.06	0.03	0.06	0.09	0.12	0.15
来访总批次	0.168	0.168	0.168	0.168	0.252	0.252	0.252	0.252	0.252	0.168
来信总件次	0.144	0.144	0.144	0.144	0.144	0.072	0.108	0.108	0.108	0.18
集体访批次	0.126	0.126	0.126	0.126	0.126	0.126	0.126	0.126	0.126	0.126
联名信件次	0.108	0.054	0.054	0.054	0.054	0.054	0.054	0.054	0.054	0.054
个人重信件次	0.015	0.015	0.015	0.015	0.015	0.015	0.03	0.03	0.03	0.075
集体重信件次	0.03	0.03	0.03	0.03	0.03	0.03	0.03	0.03	0.03	0.06
个人重访批次	0.09	0.09	0.09	0.09	0.135	0.135	0.135	0.135	0.135	0.135
集体重访批次	0.06	0.06	0.06	0.06	0.06	0.06	0.06	0.06	0.06	0.06
来访量与来信量的比例	0.15	0.3	0.45	0.3	0.45	0.75	0.75	0.6	0.6	0.15
社会风险信访指数得分（五分制）	1.8	2	2.3	1.82	2.34	2.48	2.64	2.34	2.23	1.84

如把五分制转化为百分制，则将各个综合指数除以 5，从而得到取值范围在 0~1 的百分制指数。根据测算，从 2010 年到 2019 年这十年间，X 市信访的综合指数以百分制的方式来表示，分别为：0.36、0.4、0.46、0.364、0.468、0.496、0.528、0.468、0.446、0.368。

据上述数据可绘成社会风险信访指数曲线，如图 2.2.1：

社会风险信访指数得分（五分制）

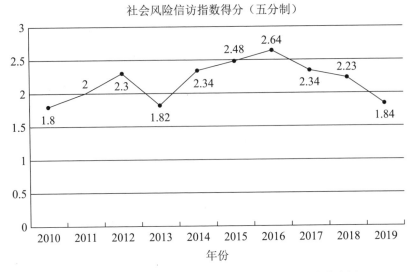

图 2.2.1　X 市 2010—2019 年间社会风险的信访指数曲线图

从曲线图来看，从 2010 至 2019 年，社会风险信访指数总体呈现先上升后下降的走势。近十年来，X 市地区的社会风险状况基本上是在五分制得分"1~2"的区域和五分制得分"2~3"的区域运行，即使是指数较高时也处在可控范围。

六、社会风险信访指数治理价值与应用的思考

（一）重视信访数据对于社会风险治理的独特价值

信访数据涉及社会多元风险领域，如城市管理、城乡建设、"三农"问题、劳动就业、社会保障、住房问题、文教卫生与环境保护等多个领域问题，会覆盖社会的热点难点问题，可谓社会风险与社会矛盾的"缩影"版。因此，信访数据非常利于社会风险与挑战的稳妥治理。

从社会风险治理视角看，信访数据具有三大特性：一是立体性，信访数据能较为立体地反映特定时段和区域的社会风险程度。如信访总量反映社会风险的广度，访信比反映社会风险的烈度，联名信、集体访反映社会风险的强度，重信重访反映社会风险的深度。二是即时性，信访数据在反映社会风险的方面具有较强的时效性，信访大数据能够及时反馈社会风险的动态变化。透过信访数据能把握公共政策引发社会矛盾的动态变化，能洞察有关民众社会不满的情绪状况。三是建设性，信访数据具有化解社会风险挑战的"隐性推力"。尽管信访数据可能呈现负面性，但它完全可以发挥正向效应。信访数据反馈的负面

信息有利于政府及时锁定重要社会风险点，促使政府积极纠偏纠错，形成了促进政府自我完善的正效应，推动社会风险的预防化解。因此，应高度关注信访数据在社会风险治理中的价值，积极发挥社会风险信访指数等评估预警系统的作用，提升社会风险治理的效能。

（二）积极发挥社会风险信访指数的评估和预警功能

社会风险信访指数可以作为评估和预警社会风险的系统工具，需要尽最大可能地反映社会矛盾现实，以确保评估预警工作的灵敏、快捷、真实与可靠。所以社会风险信访指数预警系统应尽量关口前置，由拥有一手资料的社会风险管理者提前实时分析研判并上报有关预警报告等，帮助政府及时发现不稳定因素，积极防患于未然，努力把社会风险消灭在萌芽状态。

（三）走向"智慧信访"，积极推动社会风险的量化监控和精准化解

应积极运用大数据、人工智能等分析技术，持续完善社会风险信访指数等评估指标体系。从长远而言，应建立"智慧信访"大数据评估与预警系统，深度分析信访数据，实现对社会风险的量化评估和精准化解。"智慧信访"大数据系统可将信访数据转化为多层次、多维度的信息，揭示数据背后的逻辑关联，实现对社会风险形势的实时监测，随时掌握社会风险的动态，追踪社会事件的端倪，未雨绸缪地推动社会风险的及早精准化解。"智慧信访"时代的开启，将形成积极应对、精准分配资源的工作新模式，助力新时期社会风险治理的创新发展。

第三节　基于网络大数据的分析 [①]

在大数据时代，网络对社会稳定风险的影响已越来越凸显。当前国内外大量的社会冲突、集体行动与社会动乱事件多是经由网络发酵和动员而发生发展，其整个演变过程与社交网络密不可分。本节将研究视角集中于网络大数据背景下的社会环境及社会治理风险问题，首先探讨大数据对社会风险研究的影响，进而总结基于网络大数据的社会风险研究方法，并通过网络大数据实证分析有关社会风险问题。

---

① 本章前面部分的文献综述内容已发表，参见邵东珂、吴进进、彭宗超：《应急管理领域的大数据研究：西方研究进展与启示》，载《国外社会科学》，2015（06）。

一、大数据对社会风险研究的影响

（一）大数据研究的兴起

大数据概念最初的提出和理论研究可以追溯到《自然》杂志于 2008 年推出"大数据"专刊，同年，计算机社区联盟（Computing Community Consortium）发表了报告《大数据计算：商业、科学和社会领域的重大革命》，阐述在数据驱动的研究背景下，解决大数据问题所需的技术以及面临的挑战。美国数据管理领域专家发布《大数据的挑战与机遇》白皮书，介绍大数据的产生并分析了大数据的处理流程。随后，国际各研究机构都纷纷展开对大数据市场的研究和分析，对大数据进行了不同的定义。2011 年 6 月，麦肯锡咨询公司发布报告《大数据：创新、竞争与生产力的未来前沿》（*Big Data：The Next Frontier for Innovation，Competition，and Productivity*）详细分析了大数据的影响、关键技术和应用领域，并将大数据定义为"无法在一定时间内用传统数据库软件工具对其内容进行采集、存储、管理和分析的数据集合"。2012 年，国际数据公司指出了中国市场在大数据领域的潜力，并将大数据定义为"为了更为经济地从高频率获取的、大容量的、不同结构和类型的数据中获取价值，而设计的新一代架构和技术"[①]，同年，发表了《中国大数据技术与服务市场 2012—2016 年预测与分析》，并从 2013 年开始，每年发表《中国大数据技术与产业发展白皮书》，突出了对中国大数据市场的重视。[②] 此外，联合国也在 2012 年发布报告《大数据开发、挑战与机遇》（*Big Data for Development，Challenges and Opportunities*），主要阐述各国，特别是发展中国家，所面临的大数据挑战与机遇。高德纳咨询公司在 2013 年也对大数据给出了定义，认为大数据是海量、高增长率和多样化的信息资产，并且提出大数据会和 ERP 企业资源规划、CRM 供应链和客户管理以及其他应用系统一样，成为常规业务应用。[③]

根据以上机构的研究和定义，本研究认为，大数据本质上是指传统计算无法统计的巨量数据。由于移动通信和互联网越来越普及，网络与通信信息容量自 20 世纪 80 年代以来迅猛扩张。如此海量的数据，无法通过人工在合理时间

---

① IDC 分析师关于中国大数据市场的十大预测，参见开源资讯 http：//www.oschina.net/news/34737/big-data-market-prdeict，2022 年 8 月 3 日访问。

② IDC：2016 年中国大数据市场将达 6.17 亿美元，参见萬仟网 https：//www.10qianwan.com/articledetail/151578.html，2022 年 8 月 3 日访问。

③ 众志和达：解读大数据洞察新价值，参见 IT168 网 http://storage.it168.com/a2013/0307/1459/000001459634.shtml，2022 年 8 月 3 日访问。

内达到截取、管理、处理并整理成为人类所能解读的信息。因此分析大数据以获得客观结果必须借由计算机来进行。

大数据除了在量上的规模巨大外（Volume），还具有高速（Velocity）与多样性（Variety）特征。也有些国际大公司认为，大数据除了上述 3V 特征外，应该还需要加入真实性（Veracity）或者价值性（Value），进而提出 4V 或 5V 大数据特征。[①]大数据的产生改变了信息生产和传播模式，特别体现为社交媒体（如推特、脸书）等网络应用平台。进入 21 世纪以来，社交平台成为人们传播信息和日常沟通交流的必备工具，人们的在线活动产生了海量信息与数据。互联网改变了传统的人类社会模式，而这种改变后社会的现实状况又可以通过大数据分析出来。

（二）大数据对社会风险研究的挑战

大数据不仅为科技研发带来了巨大变革，也对人类组织行为和社会构成产生了深远影响。社会风险是社会学和公共管理学等多学科交叉研究的一个重要领域。在大数据时代背景下，在线社交平台等交流工具带来的信息传播方式改变和信息内容爆炸化，直接影响了人们传统的行为模式与交往方式，也为社会风险研究提出了新挑战。

1. 社会风险的网络研究

社会风险中的环境风险、心态风险、行为风险，既是线下实体空间中的社会现象，也在互联网时代的线上网络空间中折射、推动和演绎。过去我们线下实体空间中获取有关的社会风险信息主要依靠组织层层上报文件数据，或通过专门的统计调查机构收集信息数据，现在则可以通过人们在网络空间中自觉不自觉留下的大数据中来采集资料并进行分析评估。

互联网把人类带入了一个多维的信息化、网络化时代，使得社会进入了一个双重社会：现实社会和虚拟社会（网络社会）。网络社会与现实社会高度关联，现实社会风险绝大多数会在网络空间中有表现，网络社会风险绝大多数也源自现实社会风险。但同时网络社会风险也具有自身的特点，因而会形成独特的网络性社会环境、社会心态与社会行为等。网络社会风险是指网民在网络社会中通过自主与不自主参与网络群体活动以及有关网络事件，特别是参与或卷入重大敏感网络事件或者突发网络事件时，所呈现的网络互动而形成的社会风险，这很值得我们系统而深度地加以分析与研究。

---

① ［英］维克托·迈尔·舍恩伯格，［英］肯尼思·克耶：《大数据时代》，杭州，浙江人民出版社，2013。

2.网络社会心态的特点

社会心态是社会稳定不可缺少的组成内容。从社会稳定的内涵可以看出，社会稳定是一个系统概念，其中包含了社会环境、社会心态稳定、社会行为稳定等多方面因素。社会稳定离不开社会心态稳定，所以在大数据时代，网络社会心态的研究，对社会稳定和社会矛盾预防有至关重要的作用。[①]

对网络社会心态的量化分析，多通过网络舆情分析。研究认为，网络社会心态存在各种干扰因素，并不能客观反映现实社会的真实民意。[②]其次，"网络社会心态"，被社交媒体快速传播后，短时间内迅速引起"群体极化"。美国学者桑斯坦认为，团体成员一开始有某些偏向，在商议后，人们会形成极端的观点，且多倾向于对政府不利的一面。[③]网络群体性事件就是该类"网络心态"问题的典型代表。尽管学者们从不同层面对"网络心态"的局限性、负面性进行了研究，但不可否认的是，随着社交媒体迅猛发展，用户数量不断增加，"网络心态"已具有相当的代表性，成为当前中国较为有效的民意表达方式。

二、社会风险的网络大数据分析方法

大数据时代，社会风险的网络大数据分析重点主要包括：社会热点事件的舆情分析（网络舆情折射的社会环境、社会心态与社会行为）、网络舆情危机管理和公众参与治理（网络舆情过程中的社会治理因素）等方面。我们重点来看社会热点事件的舆情风险分析。社会热点事件的网络舆情是指现实生活中的一些热点事件发生后，在网络迅速传播扩散，形成强大的舆论态势。互联网的迅猛发展极大地改变了信息的生产、传播和接受方式，不同于信息传播层级化的过去，层级越高掌握的信息越多，网络传播使得信息由资源垄断转为资源共享、从封闭体系走向开放体系、由单向传播迈入多向交互。

王来华从狭义上将舆情进行了定义，认为舆情指在一定的社会空间内，围绕中介性社会事项的发生、发展和变化，作为舆情主体的民众对国家管理者产生和持有的社会政治态度。[④]广义上，张克生认为舆情指国家管理者在决策活动中所必然涉及的，关乎民众利益的民众生活（民情）、社会生产（民力）、民

① 张允熠：《论社会心态与社会稳定》，载《社会科学研究》，1992（04），66~72页。

② 郑雯、桂勇：《网络舆情不等于网络民意——基于"中国网络社会心态调查（2014）"的思考》，载《新闻记者》，2014（12）。

③ [美]桑斯坦：《网络共和国：网络社会中的民主问题》，黄维明译，上海，上海人民出版社，2003。

④ 王来华：《舆情研究概论——理论、方法和现实热点》，32页，天津，天津社会科学院出版社，2003。

众中蕴涵的知识和智力（民智）等社会客观情况，以及民众在认知、情感和意志的基础上，对社会客观情况以及国家决策产生的主观社会政治态度（民意）。[1]简而言之，广义的舆情，就是指民众的全部生活状况、社会环境和民众的主观意愿，也就是通常所说的"社情民意"。孟小峰、慈祥从数据产生的机制出发将数据分为三种：运营数据、感知数据和人类原创数据，web2.0时代的网络数据。既是人类原创数据的爆发增长，其中包括个人和各种社会群体对自己关心或与自身利益紧密相关的各种公共事务所持有的情绪、意愿、态度和意见，也就是网络舆情。[2]谢海光、陈中润从分析模式和判据入手，总结了舆情的热点/热度、重点/重度、焦点/焦度、敏点/敏度、频点/频度、拐点/拐度、难点/难度、疑点/疑度、黏点/黏度、散点/散度等10方面特点。[3]唐涛考察了大数据时代舆情分析的新特征，发现网络舆情具有数据体量、复杂性和产生速度等方面的优势，因此应该作为社会学舆情分析的主要关注点。通过概述常用的网络舆情分析方法的利弊，他提出了要利用大数据分析方法来进行网络舆情的相关研究，最后对需要注意的相关问题进行了总结，阐述了四种新思路新方法以展望大数据时代网络舆情分析的前景。[4]

当下的网络舆情研究繁复多样，不同学科背景的学者分别从传播学、社会学、教育学、政治学等方面进行研究。中共中央宣传部舆情信息局编著的《舆情信息汇集分析机制研究》是国内在舆情信息汇集分析机制方面的第一本专著。该专著总结分析了舆情汇集和分析机制包括汇集、分析、报送、反馈、工作保障和激励机制，涉及敏锐发现和整理、正确甄别筛选、保持动态跟踪、科学分析研判。运行方法为建立网络舆情工作机构和联席会议制、加强沟通协调、监控预测、快速处理、跟踪反馈。

在具体的网络舆情研究的实践中，除了学科的研究视角不同以往，研究工具也日益重要，还出现了不少网络舆情监测分析软件，知名的有人民网舆情监测平台、拓尔思监控系统、邦富互联网舆情监控系统、方正智思舆情监控系统、军犬网络舆情监控系统等。以人民网舆情监测平台为例，网络舆情信息采集系统可对传统媒体网络版、新闻网站、论坛、博客等进行全天候定

① 张克生：《舆情机制是国家决策的根本机制》，载《理论与现代化》，2004（04），71~73页。
② 孟小峰、慈祥：《大数据管理：概念、技术与挑战》，载《计算机研究与发展》，2013，50（01），146~169页。
③ 谢海光、陈中润：《互联网内容及舆情深度分析模式》，载《中国青年政治学院学报》，2006（03），95~100页。
④ 唐涛：《基于大数据的网络舆情分析方法研究》，载《现代情报》，2014，34（03），3~6+11页。

向抓取信息，还可利用百度、谷歌、奇虎等搜索引擎进行信息补充，并进行关键词、关注度、转载率等统计分析。

从网络舆情分析的具体研究而言，关注点相似的舆情主体间也自觉或不自觉地形成了一些联系相对紧密的子群体。以天涯社区为例，关注在同一个网络热点问题聚集，说明了关注者的群体利益相似性，子群体中信息传播速度更快。要分析并管理网络舆情，就必须对网络舆情主体和舆论子群体进行研究，而网络社区的热点话题关注度的分析是一个有益的角度，类似与子群分析主要揭示网络舆情形成者之间实际存在的或者潜在的关系，网络关注度的研究是对话题诉求背后的社会事件属性进行解析，继而映射分析社会热点事件属性背后的社会矛盾。

三、案例分析：天涯论坛的关注度

（一）问题的提出

当网络成为媒体的重要形式以后，它就成为各类话题产生和发酵的重要载体。与传统媒体所不同的是，网络媒体除了承载信息以外，还可以记录浏览人的行为，这种有意无意间留下的痕迹，就构成网络行为的大数据，这也为本节研究网络热点与网民行为之间的关系提供了重要基础。那么哪类话题能够吸引网民的注意力？哪类话题能够引发网民评论，并进一步形成网络舆情？本案例试图区分网民面对网络话题产生的两种行为表现——关注和共鸣，并用点击数和回复数作为代理变量，研究网络话题属性与关注度和共鸣度的关系。

（二）已有研究综述

1.网络参与

随着互联网的普及，网络已经成为人们进行思想交流和沟通的重要平台，上网浏览新闻、发帖、回复成为网民获取信息、参与讨论，表达意见和诉求的新型途径。由于网络的迅猛发展，普通百姓拥有了更多的信息渠道、参与机会和话语权，对政府行政活动的规范化和社会公共问题的讨论解决产生了重大影响和推动作用。所谓网络参与，从概念上讲，它指公民及社会团体为实现特定目的，以网络为渠道，对社会公共问题表达观点、宣泄情绪，借此对政府政策制定、执行、评估等加以影响的活动。[①] 虽然网络参与是以虚拟数字讯号为媒介，

---

① 魏娜、袁博：《城市公共政策制定中的公民网络参与》，载《中国行政管理》，2009（03），82~85 页。

但其功效却是显而易见的。现阶段网络参与主要聚焦于社会公共性话题，网民通过自主发起和加入网络平台上社会事件的讨论，形成网络热点，成为社会参与的一种重要的非正式制度。目前，常见的网络参与形式主要有网上投票、论坛发帖、微博发表、微信转发和回复等。网络参与因其使用工具的便捷性与廉价性、行为主体的平等性与匿名性、实现方式的互动性与直接性等特点而广受海量网民青睐。[①]

显然，各大网络媒体每天都会涌现大量各类网络话题，但何种网络话题能够成功升级为公共问题，引起社会广泛关注，甚至提上政府议程、影响公共政策过程，这一系列的演变都与网民行为相关。从具体的网民行为来看，主要有搜索、点击、浏览、发帖、转发、评论等。由此可将网民大体分为网络看客、网络哄客、网络暴民三类。[②]网民的第一类行为是基于点击、浏览话题等"看"的形式进行参与，通过浏览帖子默默关注事件始末。第二类行为是基于发帖、回复、评论等"写"——即敲击键盘的形式进行参与，主要是表达观点和价值观，表示赞同或者反对，但言语相对平和。第三类行为，虽然仍然是在"写"，但是言辞和语气更加强烈，表现为宣泄情绪、声援或打击事件当事人，有时会使用谩骂和攻击的语言，甚至会演变成为线下的冲突行为。

网民们在虚拟的世界中，出于渴求新知、猎奇探究、平等参与、彰显个性、自我实现心理，频繁点击、浏览、转发热点话题，表达着自己的兴趣和关注，体现了网民的参与。[③]不同的行为显示了网民不同的参与程度。网民在海量数据中搜寻所需信息时，展现了个体兴趣和需求，点击、浏览等行为则显示了信息对网民吸引力。[④]而网民在论坛社区、微信群中"发帖"或对信息进行"转发"的行为，一方面是分享信息，将热点话题分享给其他网民群体；另一方面也表达其兴趣和喜好，暗含了自己的态度和立场。如果进一步发表评论，则是网民从自身角度出发，以自身经历为基础，并以自我态度为条件，宣扬个人观点，宣泄个人情绪等，并希望通过与其他人互动获得情感共鸣、价值认同，此种参与行为实际上体现了网民的心态。这一过程具有强烈的主观色彩，有极大可能

① 俞怀宁、俞秋阳：《我国公民网络政治参与的形式、特点及其政治影响》，载《社会主义研究》，2011（05），76~79页。
② 王道勇：《匿名的狂欢与人性的显现——对2006年若干网络集群事件中网民行为的分析》，载《当代青年研究》，2007（03），33~39页。
③ 周亚东、孙钦东、管晓宏：《流量内容词语相关度的网络热点话题提取》，载《西安交通大学学报》，2007（10），1142~1145+1150页。
④ 安蔚：《网民心态对网络舆情影响的相关性研究》，南昌，江西师范大学硕士学位论文，2015。

推动舆情热点产生。

2. 网络热点

网络话题之所以能够成为热点或焦点，关键在于其议题内容和表达形式。从议题内容来看，网络热点往往集中在以下八个方面：一是涉"官"与涉"腐"；二是涉"富"或贫富差距的话题；三是涉及社会"公平、正义"的事件，例如一些特权现象、司法不公问题；四是涉及民族主义以及宗教信仰、中外关系的话题；五是涉及伦理道德的事件；六是涉及百姓切身利益的话题，例如房价、车价、教育改革、医疗改革等；七是涉及公共安全、重大事故、自然灾害、环境污染等话题和事件；八是涉及明星、知名企业、敏感地域的新闻。[①]

从表达形式来看，有学者发现，"网络时代的议题建构具有去政治化、随意性、标签化等基本表达偏好，在修辞格的运用上偏重于感性化表达的示现和白描等手法"，此外"新闻标签""标题党"现象尤其突出。[②③]大数据时代，数以亿计的民众都通过网络了解外面的世界，面对网络信息的汪洋大海，网民如何选择？无疑简单醒目以吸引眼球为目的的"标题"最具有可识别性，在新闻排行榜上具有"高能见度"，如今标题党不仅存在于网络草根文化中，也成为网络新闻的"重灾区"。[④]对于传统新闻传播，好的标题是文章成功的一半；而对于网络传播来说，标题可能是"成功"的全部。[⑤]衡量一个话题或者新闻事件是否能够成功引起读者兴趣，最简单的指标就是点击数和回复数。"标题党"满足了网站点击数需求，因此网络平台在运营过程中，为了博取关注度，网络热点话题不免落入"标题党"俗套。

网络热点的后延有两种可能：一种可能是网民被另一热点吸引，关注度转移；另外一种可能，热点事件愈演愈烈，呈现"一呼百应"局势，从而出现点击数和回复数激增现象，形成所谓的"网络群体性事件"。[⑥]网络群体性事件是"在相对自发的无组织的和不稳定的情况下，因为某种普遍的影响和鼓舞而发生的

---

① 喻国明、李彪：《网络事件中元信息文本的议题建构与微观修辞研究》，载《现代传播（中国传媒大学学报）》，2011（11），29~33页。
② 梁立超：《网络热点事件中"新闻标签"现象研究》，保定，河北大学硕士学位论文，2011。
③ 王辰瑶、金亮：《网络新闻"标题党"的现状与叙述策略——对8家网站新闻排行榜的定量分析》，载《新闻记者》，2013（02），65~71页。
④ 吴辉：《"标题党"现象的成因与危害》，载《新闻传播》，2008（11），60~61页。
⑤ 王辰瑶、方可成：《不应高估网络言论——基于122个网络议题的实证分析》，载《国际新闻界》，2009（05），98~102页。
⑥ 郑大兵、封海东、封飞虎：《网络群体性事件的政府应对策略》，载《信息化建设》，2006（11），34~35页。

集群行为。"[1] 网络空间的隐匿性给网民提供了一个相对自由的平台,借助网络媒体网民就热点话题或事件表达所思所想,从而形成了一种集群行为。网民在群体讨论中除具有从众心理以外,还表现出"沉默的螺旋理论"和"群体极化"倾向,最终形成一个意识强烈的群体观点。[2] 关注点相似的主体间自觉或不自觉地形成了一些联系相对紧密的子群体,产生一种聚合效应。[3]

(三)研究内容

文献研究发现,虽然很多文献都对网络话题、网络热点进行了讨论,但是大多属于定性讨论,缺乏对话题属性与网络参与行为的实证研究,因此本研究将从实证的角度探求网络话题属性与网民关注度和共鸣度的关系。所谓的关注是受到网络信息标题的影响,点击该条信息,进而浏览的行为;而共鸣则是受到信息的激发产生的回复、评论等行为。本节以网络话题标题的事件属性划分为基础,建立自变量体系,进而研究话题属性与网民关注度和共鸣度的关系。

1. 研究假设

根据彭宗超等对社会稳定风险评估指标的研究,我们对事件属性进行研究,划分了 24 类网络话题的属性(表 2.3.1)。[4] 本研究依据此划分标准,讨论哪一类话题会引起网民的关注和共鸣,由此形成 2 个基本研究假设:

假设 1-i:与第 i 个属性相关的网络话题与关注度正相关;

假设 2-i:与第 i 个属性相关的网络话题与共鸣度正相关;

其中 i 取 1 至 24,从而和表 2.3.1 中的 24 个属性相对应,因此假设 1 和假设 2 中各有 24 个子假设。例如子假设 1-1 即:与自然灾害相关的网络话题与网民的关注度正相关;子假设 2-1 即:与自然灾害相关的网络话题与网民的共鸣度正相关。

---

① 李金龙、黄峤:《挑战与应对:网络群体性事件下的政府信息管理》,载《湖南师范大学社会科学学报》,2010,39(01),38~41 页。

② 朱颖华:《简析网络传播条件下议程设置的"三部曲"——以大旗网为例》,载《今传媒》,2010(08),62~64 页。

③ 张传香:《网络群体性事件聚合效应研究》,载《现代传播(中国传媒大学学报)》,2012,34(09),151~152 页。

④ 彭宗超、曹峰、李贺楼、邵东珂:《社会生态系统治理视角下的中国社会稳定风险评估的理论框架与指标体系新探》,载《公共管理评论》,2013,15(02),43~60 页。

表 2.3.1　网络话题属性

1. 与自然灾害相关	13. 与政府官员和基层组织负责人个人负面行为相关
2. 与生态环境与公共卫生问题相关	14. 与性别问题相关
3. 与金融问题相关	15. 与特殊人群相关
4. 与物价问题相关	16. 与上访、社会纠纷、冲突事件、群体性事件、极端事件、刑事案件相关
5. 与就业问题相关	17. 与民族、宗教问题相关
6. 与生产安全、矿难、交通事故相关	18. 与公众人物、知名人物相关
7. 与消费安全相关	19. 与社会传统、习惯、伦理、道德相关
8. 与征地拆迁相关	20. 与福利、财富、贫困、收入差距等相关
9. 与政治人物、政府组织、军队相关	21. 与国际政治问题相关
10. 与政府公共政策、社会福利、社会保障相关	22. 与国际经济金融问题相关
11. 与公共项目或工程相关	23. 与国际社会其他问题相关
12. 与政府的公共管理活动相关	24. 与港澳台问题相关

2. 变量设计

（1）因变量

①点击数。对某个社会事件的点击数代表了网民对此类事件的兴趣，反映了网络网民对该社会热点事件的关注程度。

②回复数。对某个事件评论栏中的回复数，相对于点击数，显示了网民对该社会热点事件产生心理共鸣，进一步通过输入文字或符号的参与行为表达这种内心情绪。

（2）自变量

本文对某个事件赋予 24 个话题属性变量，如果这个社会事件具有某种话题属性，则该变量赋值 1，反之则为 0。应该注意的是，一个社会事件可能具有多种话题属性。

3. 数据来源、数据处理及分析模型

（1）数据来源和数据处理

本书采集了天涯社区 2012 年春到 2014 年春社会热点事件排行榜的数据，该排行榜描述了当时社会热点事件的名称、网民对该事件的点击数和回复数数据，其中点击数数据有 102 周（2012 年 3 月 3 日到 2014 年 4 月 11 日）数据，回复数有 85 周（2012 年 6 月 3 日至 2014 年 4 月 11 日）数据。由于原始排行榜的每周热点事件个数容量不相同，为了保证统一的权重，我们删去了排名中前五名之外的社会事件。本书对自变量体系进行描述，发现自变量中"是否与民族宗教相关"其值为 0，即该属性对排名无解释力，删去该变量以精简模型，其余的自变量的描述统计如表 2.3.2 所示。

表 2.3.2　解释变量的统计描述

自 变 量	求　和	标准差	占据总和权重
与自然灾害相关	8	0.14	0.01
与生态环境与公共卫生问题相关	17	0.20	0.02
与金融问题相关	12	0.17	0.02
与物价问题相关	11	0.16	0.01
与就业问题相关	2	0.07	0.00
与生产安全、矿难、交通事故相关	8	0.14	0.01
与消费安全相关	17	0.20	0.02
与征地拆迁相关	5	0.11	0.01
与政治人物、政府组织、军队相关	30	0.26	0.04
与政府公共政策、社会福利、社会保障相关	25	0.24	0.03
与公共项目或工程相关	16	0.20	0.02
与政府的公共管理活动相关	124	0.46	0.16
与政府官员和基层组织负责人个人负面行为相关	89	0.42	0.12
与性别问题相关	50	0.33	0.06
与特殊人群相关	52	0.34	0.07
与上访、社会纠纷、冲突事件、群体性事件、极端事件、刑事案件相关	86	0.41	0.11
与公众人物、知名人物相关	35	0.28	0.05
与社会传统、习惯、伦理、道德类相关	89	0.42	0.12
与福利、财富、贫困、收入差距等相关	59	0.35	0.08
与国际政治问题相关	21	0.22	0.03
与国际经济金融问题相关	2	0.07	0.00
与国际社会其他问题相关	10	0.16	0.01
与港澳台问题相关	5	0.11	0.01

（2）模型选择

①模型 1：以点击数和回复数的实际值为因变量的 OLS 线性回归

本书首先采用点击数和回复数的实际值作为因变量，采用 OLS 线性回归。例如，2012 年 11 月 24 日—30 日的话题"重庆'不雅照书记'"，点击数为 2307515 次，回复数为 12224 条，在回归时采用其原始数据。模型如下：

$$Y = a + b_1 X_1 + b_2 X_2 + b_3 X_3 + \cdots + b_1 X_i$$

其中 Y 代表回复数或者点击数的原始值，X_1、X_2、X_3、$\cdots$、X_i 分别表示相应的解释变量。

②模型 2：以点击数和回复数的排序值为因变量的 OLS 线性回归

在模型 1 中，左侧因变量是连续变量，数值为整数且数值较大，而右侧解释变量是话题属性的 0~1 变量，这样左右数值的匹配性差异很大。本研究主要关注社会事件的标题所属的定性范畴对该社会事件在网络社区中获得的点击数和回复数的解释情况，考虑到数据结构的情况，本文对每周的点击数和回复数进行了赋值，每周点击数或回复数为第一的赋值 5，第五的为 1，中间依次排列。在此基础上，仍采用一般线性回归分析，模型如下：

$$Y = a + b_1 X_1 + b_2 X_2 + b_3 X_3 + \cdots + b_i X_i$$

其中 Y 代表回复数或者点击数的被重新赋值后的分值，X_1、X_2、X_3、$\cdots$、X_i 分别表示相应的解释变量。

③模型 3：以点击数和回复数的排序值为因变量的 Ordered-Probit 模型回归

在模型 2 中，虽然对因变量进行重新赋值，但 OLS 模型仍然默认因变量是连续的，但实际上经过赋值打分制的处理后因变量仅仅反映了热度排名，是离散值，而非连续值，因此采用离散因变量的排序模型 Ordered-Probit 更为恰当。与线性模型不同的是，Ordered-Probit 模型是非线性的，其统计学理论基础是大样本的极大似然近似，模型函数形式如下：

假设 $y^* = x'b + \varepsilon$ 由于赋值分数为 1~5，则可知道选择规则为：

$$Y = \begin{cases} 0, & \text{若 } y^* \leqslant 0 \\ 1, & \text{若 } 0 < y^* \leqslant \mu_1 \\ \cdots \\ 5, & \text{若 } \mu4 \leqslant y^* \end{cases}$$

排序模型的回归结果可以得到解释变量的概率系数和切点的估计值，从中得到各个热点事件的得分概率。

（四）研究结果及分析

1. 点击数和回复数的关系

网民在网络平台上以自我兴趣为基础选择关注的话题，表达所思所想，这些网络行为最直观的是通过浏览量和评论量等统计量体现。因此，网络平台上的点击数和回复数是研究网民行为特征的重要指标。

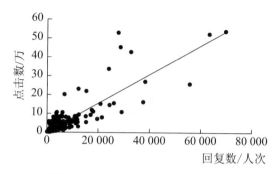

图 2.3.1 点击数和回复数拟和曲线

本文首先考察了点击数和回复数的关系。我们用点击数和回复数直接进行相关关系拟合（图 2.3.1），点击数和回复数总体展现为线性相关的趋势，但是大量数据在原点附近集聚。

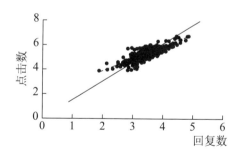

图 2.3.2 点击数和回复数对数拟合曲线

由此本文又对两个变量取对数后，再进行相关关系拟合，形成图 2.3.2。图 2.3.2 显示，取对数后点击数和回复数的散点在拟合曲线的两侧对称分布，其相关系数为 0.814。由此可知，天涯论坛上各热点话题的点击数和回复数显著相关。

网民的点击数和回复数反映了话题的热度。网民根据自身兴趣与利益损害关系，会设置自己的阅读清单并筛选信息。同时，网民受到网站"推送"或"标题党"等因素的影响，点击标题并浏览内容，形成对话题的关注度。但点击数只是反映了网民对标题关键词的兴趣，还没有形成表达和舆论。当网民通过点击进入内容，如果对内容产生情绪冲动和心理共鸣，就会激发表达欲望，驱使他进行讨论和回复，发表自己的意见和评论。这时，网民从简单的旁观者转变为行动者，参与程度加深。这种参与有的是表达赞同或者批评，有的仅仅是情绪宣泄，还有的是回复者之间的辩论甚至是对骂。因此，点击数和回复数反映了网民对网络事件标题和内容的关注和共鸣。两者之间显著的相关性表明，对标题较高的关注度往往会引发更高的心理共鸣，进而形成更强的社会舆论。

2. 模型分析与讨论

本节认为，在网络社区中点击数代表网民对该热点事件的兴趣和关注，而回复数反映了网民对此事件产生共鸣，愿意花费敲击键盘的时间和精力，表达自己的情绪，同时还渴望看到别人对自己的情绪表达的回应和看法。根据所设定的模型，本文进行了回归分析，结果如表 2.3.3 所示。

表 2.3.3　各模型回归结果

自变量	模型 1	模型 2	模型 3	模型 4	模型 5	模型 6
与自然灾害相关	-128 155.901 (-0.086)	4819.910 (1.553)	1.136* (2.16)	0.900* (2.09)	1.581* (2.12)	0.979 (1.76)
与生态环境与公共卫生问题相关	-94 586.374 (-0.088)	2256.625 (0.939)	1.177*** (3.28)	1.682*** (6.41)	1.698*** (3.62)	0.926*** (3.11)
与金融问题相关	-133 250.214 (-0.112)	145.583 (0.060)	0.593 (1.30)	0.651 (1.44)	0.830 (1.34)	0.501 (1.48)
与物价问题相关	-160 846.838 (-0.130)	-918.794 (-0.277)	0.649 (1.69)	0.369 (0.84)	0.770 (1.57)	0.467 (1.67)
与就业问题相关	-250 341.373 (-0.061)	-2608.801 (-0.329)	1.829* (4.28)	1.924* (4.21)	2.149* (3.43)	1.289 (3.40)
与福利、财富、贫困、收入差距等相关	475 740.483 (0.320)	11355.652*** (3.858)	1.391** (3.80)	1.441** (3.50)	2.021** (3.69)	1.154** (3.12)
与生产安全、矿难、交通事故相关	-283 428.157 (-0.247)	611.592 (0.233)	0.434 (1.50)	0.609 (1.69)	0.518 (1.57)	0.316 (1.64)
与消费安全相关	-382 986.604 (-0.380)	-1207.070 (-0.447)	0.408 (1.25)	0.395 (0.98)	0.540 (1.30)	0.326 (1.27)
与征地拆迁相关	2 955 882.900*** (3.613)	1352.010 (0.735)	0.756** (2.90)	0.655* (2.26)	1.080** (2.89)	0.630*** (3.05)

续表

自变量	模型1	模型2	模型3	模型4	模型5	模型6
与政党、政府组织、军队相关	−259 702.210 (−0.141)	−2399.051 (−0.526)	−0.402 (−0.87)	−0.232 (−0.34)	−0.565 (−0.91)	−0.356 (−0.97)
与政府公共政策、社会福利、社会保障相关	−447 106.753 (−0.484)	521.575 (0.216)	−0.198 (−0.78)	−0.105 (−0.35)	−0.188 (−0.59)	−0.127 (−0.66)
是否是公共项目或工程	−521 568.827 (−0.490)	981.002 (0.929)	−0.244 (−0.79)	−0.246 (−0.85)	−0.362 (−0.87)	−0.238 (−0.94)
与政府的公共管理活动相关	−277 129.273 (−0.593)	58.643 (0.051)	−0.0627 (−0.39)	−0.0798 (−0.45)	−0.0370 (−0.17)	−0.0510 (−0.41)
与政治人物、政府官员和基层组织负责人个人负面行为相关	−309 547.469 (−0.453)	171.204 (0.147)	0.504* (2.07)	0.308 (1.14)	0.677* (1.94)	0.412* (2.09)
与性别问题相关	−372 074.158 (−0.612)	1731.741 (1.221)	0.185 (0.93)	0.341 (1.46)	0.260 (0.99)	0.153 (0.98)
与特殊人群相关	110 893.891 (0.180)	2816.660 (2.213)	0.289 (1.54)	0.300 (1.42)	0.429 (1.83)	0.231 (1.59)
与上访、社会纠纷、冲突事件、群体性事件、极端事件、刑事案件相关	−162 725.116 (−0.292)	−658.173 (−0.400)	0.496** (2.69)	0.524** (2.46)	0.711** (2.85)	0.399** (2.72)
与公众人物、知名人物相关	−92 037.802 (−0.174)	−588.809 (−0.393)	0.0282 (0.16)	0.127 (0.66)	0.0463 (0.19)	0.0164 (0.12)
与社会传统、习惯、伦理、道德相关	−312 168.826 (−0.589)	−894.608 (.690)	0.282 (1.63)	0.249 (1.37)	0.423 (1.84)	0.218 (1.58)
与国际政治问题相关	−424 125.107 (−0.455)	4691.296 (1.948)	0.787* (2.55)	1.011** (3.60)	1.093** (2.95)	0.602* (2.53)

自变量	模型 1	模型 2	模型 3	模型 4	模型 5	模型 6
与国际经济金融问题相关	−239 652.834 (−0.079)	433.206 (0.072)	0.0165 (0.02)	0.190 (0.23)	0.585 (0.40)	0.302 (0.41)
与国际社会其他问题相关	−418 331.868 (−0.695)	−894.608 (−0.690)	0.203 (1.12)	0.232 (1.17)	0.278 (1.23)	0.149 (1.10)
与港澳台问题相关	−386 192.690 (−0.199)	−1269.464 (−0.298)	−0.819 (−1.23)	−1.222 (−4.86)	−1.534 (−1.45)	−0.740 (−1.14)

注：（1）模型 1—模型 6 分别对应点击数原始值的 OLS 模型、回复数原始值的 OLS 模型、点击数排序值的 OLS 模型、回复数排序值的 OLS 模型、点击数排序值的 Ordered-Probit 模型、回复数排序值的 Ordered-Probit 模型；（2）括号中为回归系数的 t 值；（3）*：$p < 0.05$，**：$p < 0.01$，***：$p < 0.001$。

（1）模型讨论

模型 1 和模型 2 分别是应点击数原始值的 OLS 模型、回复数原始值的 OLS 模型，从回归结果来看，当左侧的因变量（点击数或者回复数）为连续变量，而右侧的自变量为 0~1 变量时，仅有"与征地拆迁相关"（模型 1）和"与福利、财富、贫困、收入差距等相关"（模型 2）显著，解释力很弱。

在模型 3 和模型 4 中，本节采用了点击数和回复数的排序赋值作为因变量。从回归结果来看，显著的自变量分别有 8 个和 6 个。但是应该注意的是，这里对点击数和回复数的赋值，并不是点击数和回复数的实际值。其变量属性已经从连续变量变为离散变量，其大小仅仅反映了点击数或回复数大小的排序值。基于以上讨论，本节认为当右侧子变量为 0~1 属性变量时，右侧采用点击数和回复数的排名赋值，并使用 Ordered-Probit 模型更为适合。因此我们采用模型 5 和模型 6 的回归结果进行讨论。

（2）回归结果讨论

在模型 5 中，当因变量是点击率的排序值时，显著的变量有 8 个，表明网民在面对"与自然灾害相关""与生态环境与公共卫生问题相关""与就业问题相关""与征地拆迁相关""与政治人物、政府官员和基层组织负责人个人负面行为相关""与上访、社会纠纷、冲突事件、群体性事件、极端事件、刑事案件相关""与福利、财富、贫困、收入差距等相关"和"与国际政治问题相关"的话题时更容易点击。在模型 6 中，网民对"与生态环境与公共卫生问题相关""与征地拆迁相关""与政治人物、政府官员和基层组织负责人个人负面行为相关""与上访、社会纠纷、冲突事件、群体性事件、极端事件、刑事案件相关""与福利、财富、贫困、收入差距等相关"和"与国际政治问题相关"6个话题更容易展开评论。

从点击数和回复数的关系上来看，回复数显著的6个话题涵盖在点击数显著的8个话题内，即回复数高的，点击数也高，但点击数高的，回复数不一定高。也就是说，网民对某个标题感兴趣，会点击进入浏览，但如果其内容没有引起进一步的兴趣，就不再回复。因此，网络关注度是共鸣度的前提，但是关注未必导致共鸣。社会舆论更多的是共鸣度造成的，所以从这个角度来看，"标题党"往往会造成点击率上升，引起较高的关注度，然而能否引起社会舆论还是话题内容本身。

在彭宗超等人的研究中，将环境类话题的属性分为自然、经济与发展、政治与政府、社会、区域与国际等五个大类。[①]从能够引发讨论和评论的话题来看，第一，在自然类中，人们高度关注"与生态环境与公共卫生问题相关"的问题，这反映了人们对环境和健康安全等问题关心。一旦此类事件成为公共话题，往往会引发公共舆论。第二，在经济、生产与发展类话题中，人们高度关注与"福利、财富、贫困、收入差距等"和"与征地拆迁"相关的话题。随着经济发展和城镇化的推进，与贫富差距相关的话题往往成为热点话题之一，而拆迁房屋、征收土地过程中因利益补偿机制而产生的矛盾和冲突，则更容易成为舆论焦点。第三，在政治与政府类话题中，"政治人物、政府官员和基层组织负责人个人负面行为相关"特别能够引发网民的注意和讨论，这往往反映现代社会网民问责意识的增强。第四，社会类话题中，与"与上访、社会纠纷、冲突事件、群体性事件、极端事件、刑事案件相关"的话题往往成为舆论的焦点，网民喜欢在此类事件中选择立场、讨论是非。最后，在区域与国际问题类，与"与国际政治问题相关"也已成为网络舆论的焦点，这反映了网民在讨论话题中的国际问题的取向。

网络社区具有自由性和匿名性的特点，发生在社会上的各种事件和话题在网络社区中更容易扩散和传播，因此网络已经成为公众参与和意见表达的一个重要的平台，也成为公共舆论的重要策源地。网民在网络社区主要有两种行为：一种是点击某个话题，显示了网民对此话题的兴趣和关注；另一种是输入文字进行回复，显示了网民对话题产生了共鸣，愿意进一步参与，表达自己的态度、

① 彭宗超、曹峰、李贺楼、邵东珂：《社会生态系统治理视角下的中国社会稳定风险评估的理论框架与指标体系新探》，载《公共管理评论》，2013，15（02），43~60页。

立场和观点。因此，网民的关注和共鸣是形成网络舆论的基础，而点击数和回复数就构成了衡量关注度和共鸣度的重要指标。

本节研究发现，关注度和共鸣度显著相关，但是关注度是共鸣度的必要条件，但不是充分条件。特定的话题属性对网民的关注度和共鸣度有显著的影响，这反映了网络舆情的基本走向。因此，通过研究关注度和共鸣度与话题属性之间的关系就成为考察网络热点成因的一条有效途径，可以利用网络大数据不断分析网民关注和产生共鸣的话题，为舆情监测和社会治理提供重要的参考依据。

第三章　中国社会冲突的动态过程分析

在前两章对社会生态系统治理的环境—心态—行为—治理指标全面系统的理论与实证分析基础上，本章将对社会稳定风险—冲突的演化过程与机理进行专门分析。社会风险—冲突表现为不断演化的动态过程。通过大量深入分析，本章构建了冲突时间和冲突程度的二维社会冲突动态过程模型，分析了冲突模型各个阶段的特征、机制和影响，并运用突变理论，对冲突升级的路径进行专门分析，同时还将讨论冲突演化过程中媒体的作用及其传播特征，最后对6个典型事件进行案例实证研究。

社会风险—冲突的演化是一个动态过程，它在时间轴上是一条曲线（图 3.1.1）。图中 A—B 段是社会冲突的潜伏阶段。在这个阶段，冲突的潜在风险已经存在，但尚没有显性化，因此常常被人们忽视。这时，管理重心是展开社会稳定风险评估。B 点是社会冲突的触发事件，管理重心是及时处置突发事件，防止冲突升级。B—C 段是社会冲突的升级阶段，管理重心是采用柔性的解决方案（包括谈判与调解、仲裁与判决等），寻求冲突双方化解对抗、防止它升级为暴力冲突。C—D 段是社会冲突的危机阶段，这时社会秩序已经遭到破坏，管理重心是管控危机，甚至需要动用强制力量恢复社会秩序。D—E 段是社会秩序的恢复阶段，管理重心是改善政策与管理活动，展开社会安抚并重建社会秩序，以避免社会冲突再次发生。

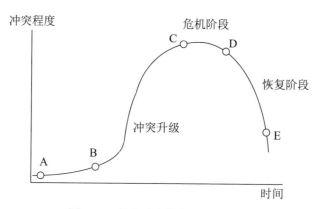

图 3.1.1　社会冲突的演化动态过程

第一节　社会冲突的潜伏阶段 [①]

一、社会冲突潜伏阶段的社会稳定风险分析

为保持社会协调稳定，规避和预防社会不稳定事件的发生，需要立足于一定的框架和方法展开科学和系统的社会稳定风险评估。我们主要基于社会生态系统的"环境—行为"视角提出社会稳定风险演化评估的框架与方法。

（一）社会稳定与不稳定

社会稳定是社会的某种状态，它与社会秩序相关联。社会秩序是社会生活中某种稳定而协调的状态，它是一系列相互关联的社会结构、社会制度及社会实践。[②] 社会秩序从形态上看，表现为三种形态：一是对立统一或多样统一的社会秩序形态，二是有机统一的社会秩序形态，三是和谐的社会秩序形态。[③] 如果说社会稳定就是社会秩序的稳定，那么也就是与社会相关联各种因素，包括社会结构、社会制度、社会实践，保持一段时间的相对稳定。但是社会稳定并不是指社会静止不变以及没有矛盾和冲突，而是指社会矛盾和冲突能够被有效地控制在一定范围内，社会绝大多数成员能够自觉遵守共同的社会规范，社会生活相对处于安定、和谐与有序状态。[④] 也就是说社会稳定是一个各种社会因素、社会成分的有序存在及社会结构的平稳运行，是静态和动态的统一。[⑤]

"社会稳定"的反义词是"社会动乱"，它意味着社会结构、制度和实践被打破。"社会不稳定"是介于"社会稳定"和"社会动乱"之间的一种状态。从逻辑上说，由社会稳定状态转变为社会动乱状态可以有两种路径：一是从社会稳定状态变为社会不稳定状态，进而演化成为社会动乱状态；二是从社会稳

---

① 本章部分内容已发表，参见曹峰等：《我国社会稳定风险治理的评估框架与方法——基于社会生态系统的"环境—行为"视角》，载《经济社会体制比较》，2014（04），184~200 页。

② 高峰：《社会秩序的存在何以可能？》，载《中共中央党校学报》，2010，14（04），44~48 页。

③ 贾玉娇：《社会秩序何以可能——对中国社会秩序重建的理论考量与路径探索》，载《河南社会科学》，2013，21（04），24~29 页。

④ 沈瑞英：《矛盾与变量：西方中产阶级与社会稳定研究》，39 页，北京，经济管理出版社，2009。

⑤ 李传柱：《当代中国社会稳定：历史、挑战、对策》，中共中央党校科学社会主义教研部博士学位论文，2001，55~56 页。

定状态突变为社会动乱状态，这意味着社会秩序的突然崩溃。[①] 社会稳定状态与社会不稳定状态之间可以转化，很多事件表明轻度的、局部的社会不稳定状态可以回到社会稳定状态。因此，所谓的"维稳"，就是借用外部干预的力量使社会从轻度、局部的不稳定状态恢复至稳定状态。

从分类上说，宋世昌将社会稳定划分为政治稳定、经济稳定、思想稳定、社会秩序稳定。[②] 李君如则认为"社会稳定是指整个社会处于稳固、安定、和谐、有序的状态，是政治稳定、经济稳定、文化稳定、思想稳定等的统称，其对立面是动乱无序"。[③] 沈瑞英认为社会稳定是一个多维度的复杂系统工程，它包括政治稳定、经济稳定、思想意识形态稳定以及国际环境稳定等一系列子系统。[④] 王文章强调社会稳定指包括国家的经济系统、政治系统、文化系统等在内的整个社会大系统，处于协调有序、动态平衡的连续运行状态。[⑤] 石国臻从广义和狭义两个维度对"社会稳定"这一概念进行了阐述，认为"社会稳定一般是指政治环境、社会秩序的稳定。从广义上说，是指一个国家和社会的政治生活、经济生活、文化生活、科技教育以及对外交往的依法有序发展，国家政治局面安定团结，社会治安秩序呈稳定状态。从狭义上说，主要是指社会秩序的稳定"。[⑥]

从以上定义中可以发现，在界定社会稳定的时候，容易产生概念上的嵌套问题，也就是说广义的"社会稳定"中包含了狭义的"社会秩序的稳定"。为了解决这个问题，彭宗超等在社会稳定风险研究中引用"社会生态系统"的概念对于稳定内涵的划分将更为清楚。[⑦] 在这个社会生态系统中，包含若干子系统，如自然子系统、经济子系统、政治子系统、社会子系统、思想意识子系统，以及国际环境系统。因此，广义的社会稳定就是"整个社会生态系统的稳定"，而狭义的社会稳定就是"社会子系统的稳定"。

[①] 有研究试图结合突变论，解释社会如何由稳定状态变为社会动荡状态，参见朱正威、胡永涛、郭雪松：《基于尖点突变模型的社会安全事件发生机理分析》，载《西安交通大学学报（社会科学版）》，2011，31（03），51~55 页。

[②] 宋士昌主编：《马克思主义社会稳定理论与实践：新世纪新阶段中国社会稳定问题研究》，264~287 页，济南，山东人民出版社，2003。

[③] 李君如：《社会主义和谐社会论》，2 页，北京，人民出版社，2005。

[④] 沈瑞英：《矛盾与变量：西方中产阶级与社会稳定研究》，43 页，北京，经济管理出版社，2009。

[⑤] 王文章：《维持社会稳定性的根本要素及其重要支撑》，载《人民论坛》，2021（08），34~37 页。

[⑥] 石国臻：《论社会稳定的特征、影响因素和对策》，载《公安大学学报》，2000（06），46~49 页。

[⑦] 彭宗超、曹峰、李贺楼、邵东珂：《社会生态系统治理视角下的中国社会稳定风险评估的理论框架与指标体系新探》，载《公共管理评论》，2013，15（02），43~60 页。

（二）什么导致了社会不稳定

关于解释为什么存在社会不稳定或者什么因素导致了社会不稳定，国内外有大量的研究。总结起来，主要有如下观点：

（1）政治与腐败问题。房宁在东亚模式的政治稳定研究中指出，集权政体在利用政权力量强制实现社会稳定的同时，也使各种社会矛盾不断积累、加深和加剧，其原因之一是集权体制"制造了一个与经济界联系密切的庞大官僚体制，成为严重的权力腐败的温床"。[1] 事实上，大多数学者在分析导致社会不稳定的因素时都将腐败作为重点分析对象之一。

（2）社会结构。李传柱认为，中国社会从传统迈向现代的变革"是一个包括利益主体、活动规则和思想观念共同变动的过程"。[2] 这种变动使各群体的社会地位和利益格局发生相应地变化。由此，不同个体在改革中基于各自的利益得失而对党和国家的各项方针政策产生不同的体验和态度，有的因获益而支持，而有的因遭受损失而反对，于是就会产生社会矛盾和冲突，从而对社会稳定产生影响。李笃武认为转型过程中我国社会阶层结构发生了重大变化，"一方面，阶层分化对中国的政治发展产生积极的推动作用；另一方面，其分化过程中出现的一些问题可能诱发转型期的社会不稳定"。[3] 文军认为中国三十多年的社会转型过程中，阶层差异、利益差异和观念差异不断凸显，使得社会结构日益复杂，而传统的社会整合机制又无法适应这种变化，从而在社会差异与社会整合的交接过程中出现严重的空白环节，对社会稳定构成严重威胁。[4]

（3）社会过程。除了从社会结构分化重组上来分析转型期社会稳定外，学者们也大量地从现实社会运行过程中产生的具体问题着眼，分析其对社会稳定的影响，主要有：

社会收入及财富分配不均。据西南财经大学中国家庭金融调查与研究中心公布的数据，我国基尼系数已从改革开放初的 0.28 上升到 2007 年的 0.48，在 2010 年达到 0.61。[5] 中国国家统计局近年公布的基尼系数 2012 年为 0.474，2013

---

① 房宁：《论民主政体的政治稳定功能》，载《战略与管理》，1998（02），69~72 页。

② 李传柱：《当代中国社会稳定：历史、挑战、对策》，中共中央党校科学社会主义教研部博士学位论文，2001，55~56 页。

③ 李笃武：《政治发展与社会稳定——当前转型时期中国社会稳定问题研究》，华东师范大学国际关系与地区发展研究院博士学位论文，2005，12 页。

④ 文军：《转型中的社会差异及其对中国社会稳定的影响》，载《探索与争鸣》，2010（09），12~13 页。

⑤ 王黎娟：《中国家庭基尼系数 0.61》，http://news.163.com/12/1210/04/8IBADKAO00014AED.html，2012-12-10。

年为 0.473，2014 年为 0.469，2015 年为 0.462，2016 年为 0.465，2017 年为 0.467，2018 年为 0.468，2019 年为 0.465，也即 2015 年前逐年下降，2016 年后又基本表现出逐年上升的态势。[1] 按照国际惯例，我国实际上属贫富差距悬殊国家。收入差距过大对于社会稳定具有诸多的负面影响。白书祥认为，"收入差距过大与社会稳定呈负相关关系，主要表现为：通过引发低收入群体心理失衡、贫富阶层的利益冲突、人口流动失序、教育失衡、民族矛盾、削弱对现行政策的认同，影响社会稳定"。[2] 胡联合、胡鞍钢认为贫富差距影响社会心理稳定、滋生社会不满，影响社会秩序、诱发犯罪行为，影响社会结构、导致阶层冲突与矛盾，影响社会公正、削弱国家凝聚力。[3]

就业问题。就业问题日益影响到社会稳定。在我国，城镇就业人员从 1949 年的 1533 万人增加到 2018 年的 43419 万人，增长了 27.32 倍；城镇失业率从 23.6% 降低到 3.8%。我国适时地制定并实施了符合国情的就业政策，既满足了广大劳动者的基本生存需求，又维护了社会稳定。[4] 白书祥认为，"就业不充分影响着社会稳定。这突出表现在三个方面：失业人员大量存在影响社会稳定；就业弱势群体大量存在影响社会稳定；就业权益缺失影响社会稳定"。[5] 更具体地来说，曾燕波分析了大学生就业问题对社会稳定的影响，"大学生作为具有较高人力资本水平的群体，而且处于青年这一人生观与世界观尚未成形的阶段，如果遭遇就业困难，轻则影响到自身健全人格的培养，重则会对社会安全带来隐患"。[6] 于恒奎和刘继学认为，失业问题不仅造成个人和国民经济损失，过高的失业率会影响社会稳定，产生诸如高犯罪率和社会骚乱等一系列问题，进而影响甚至阻碍经济发展。[7]

农村问题。改革开放后，乡村的权利关系发生了变化，利益受损引发的矛盾纠纷增多。[8] 董玉萍认为"三农"问题是影响和谐社会构建的重要问题，农村

① 源自 https://www.ceicdata.com/zh-hans/china/resident-income-distribution/gini-coefficient。
② 白书祥：《收入差距过大与社会稳定的负相关探析》，载《理论前沿》，2008（19），16~18 页。
③ 胡联合、胡鞍钢：《贫富差距是如何影响社会稳定的？》，载《江西社会科学》，2007（09），142~151 页。
④ 谢秀军、陈跃：《新中国 70 年就业政策的变迁》，载《改革》，2019（04），16~26 页。
⑤ 白书祥：《就业不充分是影响社会稳定的重要因素》，载《宁夏社会科学》，2008（03），55~57 页。
⑥ 曾燕波：《大学毕业生就业问题对和谐社会发展的影响》，载《上海经济研究》，2007（09），44~51+34 页。
⑦ 于恒奎、刘继学：《对国际金融危机背景下我国就业问题的思考》，载《哈尔滨市委党校学报》，2009（06），1~5 页。
⑧ 周庆智：《发挥人民调解的农村社会稳定作用》，载《人民论坛》，2020（27），62~65 页。

社会稳定与否对整个社会稳定形势有着最为重要的影响。影响农村社会稳定的因素主要有：农民利益长期得不到有效维护，农民缺乏有效的利益诉求表达渠道，以及农村公共品供给不足等。[①] 杜胜利认为，近年来农村现代化导致农村社会利益分化，农村利益分化一方面有助于农村经济发展，但也导致农村社会不稳定。[②] 程洪宝分析了村民自治下的农村基层民主对于维护农村社会稳定的作用，指出农村一些地方基层民主实践中存在的"自治职能异化、民主权利弱化、民主参与非制度化、两委矛盾普遍化"，对农村社会稳定会构成不利影响。[③]

民族问题。段超认为，"民族地区经济文化相对落后，与发达地区差距拉大，一些地区农民负担较重，国家发展民族地区的有关政策没有完全落实"。[④] 谢金林、张艺指出"对于西部边疆民族地区而言，由于周边国家局势动荡不安、西方国家'颜色革命'策略既定、境外三股势力分裂活动频繁，再加上内部民族问题、宗教问题、文化问题比较复杂，这些问题交织在一起使该地区成为我国舆论安全链条中最薄弱的环节"。[⑤] 同时，在民族地区还往往出现新、旧矛盾相互叠加，内、外因素相互交织，经济与政治相互影响，民族问题与宗教问题相互串联的现象，这无疑也会增加社会稳定的风险。[⑥]

还有学者在其研究中综合考虑了各种影响社会稳定的具体问题。王彩元认为，影响我国社会稳定的因素主要表现在六个方面：一是经济方面，主要包括发展不平衡问题、贫富差距问题和失业问题；二是政治方面，主要包括腐败问题、民族与宗教问题和境外敌对势力的渗透；三是人口方面，主要包括人口总量持续增长、性别比例失调、人口流动的冲击；四是思想文化方面，主要包括不良的社会思潮和各种思想文化的"冲撞"；五是社会治安方面，主要包括违法犯罪形势更加严峻、群体性事件的高发态势和安全事故增多；六是国际方面，

① 董玉萍：《农村社会组织在维护农村社会稳定中的作用》，载《安徽农业科学》，2010，38（17），9278~9280 页。
② 杜胜利：《农村利益分化与农村社会稳定的关联分析》，载《经济问题探索》，2008（03），44~47 页。
③ 程洪宝：《农村基层民主与农村社会稳定的关联分析》，载《求实》，2007（11），85~87 页。
④ 段超：《当前影响民族团结和社会稳定的因素分析》，载《中南民族大学学报（人文社会科学版）》，2003（05），32~35 页。
⑤ 谢金林，张艺：《论网络时代舆论安全与西部边疆民族地区社会稳定》，载《新疆社会科学》，2010（04），51~55+141 页。
⑥ 张军：《新中国成立以来中国共产党维护新疆社会稳定的理论与实践研究》，陕西师范大学博士学位论文，2017。

主要包括国际恐怖主义活动、金融危机和国际周边环境的影响。①

从以上文献分析看，相当多的学者已经为社会稳定风险评估提出了多元视角。但我们也发现这些文献仍存在以下问题：第一，未能系统地阐明社会稳定风险的内在演化过程逻辑，缺乏风险演化总体性的评估框架和方法；第二，在突出某个因素独特性的同时，牺牲了全面性，即无法为社会稳定风险演化评估提供一套综合性的指标体系；第三，在分析社会不稳定的成因时，有的命题缺失，有的则命题交叉混淆不清。因此，综合性的社会稳定风险演化评估指标体系必须采用统一框架，全面系统地梳理社会运行的各个子系统，并通过构建假说及案例实证的方法构建其评估指标体系。

二、社会生态治理系统视角下社会风险诱因的定性分析

基于前述"环境—心态—行为—治理"关系的总体框架，社会稳定风险评估的核心就是看哪些因素可能增大社会稳定风险，即构建社会稳定风险的因果关系链。

进一步，当我们说"某个因素或事件有风险"时，是指这个事件会造成不利后果，且这些不利后果的发生是以一定的概率存在的。当我们说"某个因素或事件有某种风险"时，我们是指这个事件有某种特定的不利后果，而且这种特定的不利后果以某种概率存在。但是，当我们讨论"社会稳定风险评估"时，实际上是讨论"某个因素或事件的社会'不'稳定风险"，即该因素或事件发生以后，会产生"社会不稳定"的不利后果，而且这种作为后果的"社会不稳定"又是以一定的概率存在的。所以我们在开展社会稳定风险评估时，要看的不是作为"因"的"社会不稳定"，而是作为"果"的"社会不稳定"。面对作为"果"的"社会不稳定"，社会稳定风险评估核心任务是去研究"社会不稳定"的"因"是什么，也就是说什么导致了社会不稳定。更为具体地说，是要研究是什么导致了社会不稳定事件，进而增大了社会不稳定风险。从实证角度看，我们可以依据观察与推理，归纳建立一系列命题，然后用案例或数据去验证命题中的环境因素是否曾经确实导致过社会不稳定事件的发生，以及通过什么机理导致的。由于社会不稳定事件可能是由多个因素共同导致的，因此这些经过实证的因素就构成了诱发社会不稳定事件发生的必要外部条件。某个时空所具备的必要条件越多，发生社会不稳定事件的概率就越高，即社会稳定风险越高。

对社会稳定风险评估的研究是遵循一定的逻辑的。显然，抽象地去描述社会不稳定是困难的，我们可以从以下四个方面把握社会不稳定。第一是采用描

---

① 王彩元：《21世纪初期影响我国社会稳定的因素分析》，载《求索》，2005（06），92~94页。

述的方法。比如某个时空 ST 发生了社会不稳定事件（如网络舆论事件、个人极端事件、刑事犯罪、群体性上访、游行、抗议、示威、社会骚乱、叛乱、起义、造反、政变和革命等事件），我们说该时空 ST 社会不稳定。在这里，我们是通过社会主体的行为来判断社会是否稳定。第二是比较同一空间的不同时点（或时段）。如果某空间 S 在 T1 时点（或时段）比 T2 时点（或时段）导致社会不稳定事件的因素更多，发生社会不稳定事件的频率更高、规模更大，那么我们就说空间 S 在 T1 时点（或时段）比 T2 时点（或时段）更不稳定。第三是比较同一时点（或时段）的不同空间。如果同一时点（或时段）T，空间 S1 比空间 S2 中导致社会不稳定事件的因素更多，社会不稳定事件的频率更高、规模更大时，我们就说 T 时点（或时段）空间 S1 比空间 S2 更不稳定。第四是比较不同时空。当时空 ST1 比时空 ST2 中导致社会不稳定事件的因素越多，社会不稳定事件发生的频率更高、规模更大时，我们就说时空 ST1 比时空 ST2 更不稳定。

由此，进行社会稳定风险评估必须对时空进行界定。也就是说，展开稳定风险评估，必须首先确定在哪个空间或区域（如某个村 / 社区、乡 / 镇 / 街道、区 / 县，地 / 市、省 / 自治区 / 直辖市、全国）以及在哪个时点或时段（如全国两会召开之际等等）。

同时，触发社会不稳定事件的特定因素可能是复杂的，但有两类特别值得注意：一是特别重大突发事件，自然灾害中的飓风（美国的卡特里娜飓风）有可能导致社会不稳定事件；二是政府或社会特别重大的决策或工程事项也可能导致社会不稳定事件发生。所以，进行社会稳定风险评估，必须首先界定时空整体社会风险条件，而后要特别关注可能的触发因子，如特别重大突发事件和特别重大治理事项。

接下来，我们先来讨论影响社会稳定风险的整体社会环境因素，后面两节我们将分别探讨社会不稳定的冲突事件的两大触发因素：特别重大突发事件（自然灾害）和特别重大治理事项（重大工程）。

三、社会冲突潜伏期综合性社会风险环境的定性分析

这里我们将重点基于上述社会生态治理系统"环境—心态—行为—治理"理论框架中的"环境"，考察了八个维度，包括：时空、自然、经济、政治、政府、社会、媒体、国际。在这些维度之下，我们提出了 36 个综合性社会稳定风险环境因素评估命题，探讨可操作性的监测目标（见表 3.1.1）。接下来，我们将对这 36 个命题逐一阐述，并提出进行社会稳定风险评估应采取的主要方法和政策建议。

表 3.1.1　综合性社会稳定风险评估的评价要素与检测目标

环境维度		评价要素	监测目标
一、时间与空间		特殊空间	建立当地社会稳定风险地图，监测特殊空间
		特殊时点、时段	建立当地社会稳定风险日历，监测特殊时点或时段
二、自然		自然灾害	当地以往和近期主要自然灾害的种类、频率与危害[①]
		生态恶化与环境污染	当地生态与环境污染指数
三、经济	1.宏观	金融危机	外债清偿率 汇率浮动情况 银行不良贷款率 股票价格指数升降幅度
		物价上涨	消费者价格指数（CPI）
		下岗失业	当地下岗率、失业率
	2.微观	劳资纠纷	当地工人的投诉、讨薪、抗议事件
		生产安全	当地发生特别重大生产安全事故的类型、频率与危害
		消费安全	当地以往发生消费安全事故的频率，当地消费安全事故中受到伤害和死亡的人数
		征地拆迁	当地涉及拆迁的工程项目数、影响范围与程度
四、政治		中央和地方关系	无良好客观指标，可将地方是否愿意执行中央的税收政策作为监测目标
		政治人物	可通过媒体或其他消息渠道了解当地是否发生了与政治人物相关的意外事件
		官员腐败	无良好客观指标，可进行问卷调查了解公众对当地政府官员腐败程度的综合感受

[①]　不同地区自然灾害的种类不同，各地可根据具体情况确定应核查何种自然灾害。

续表

环境维度	评价要素	监测目标
五、政府	重大公共政策	当地政府出台重大政策的数量、影响范围与程度等
	大型公共工程	当地兴建大型工程数量、影响范围与程度
	公共管理活动	无良好客观指标，可进行问卷调查了解公众对当地政府进行公共执法活动时的规范性、合法性、透明性、可信任性、满意性等的综合感受
	应对突发事件的成效	当地发生突发事件后政府的应急成效
	社会控制力	当地公安、武警总数占当地人口总数的比例
六、社会	贫困人口	当地贫困人口占总人口的比例
	收入分配差距	当地基尼系数
	外来人口	当地外来人口占当地总人口的比例
	特殊人群	当地特殊人群的绝对数量，当地特殊人群占当地总人口的比例
	社会纠纷	当地发生社会纠纷的规模与数量
	民族与宗教矛盾	当地少数民族人口占总人口的比例，当地有信仰宗教的民众占总人口的比例
	境外（三股）势力	当地境外势力（如新疆地区三股势力）的活动情况
	谣言传播	无良好客观指标，可对当地媒体社会舆论情况进行监测
	针对政府的负面焦点网络舆情事件	当地发生针对政府负面舆论焦点网络舆情事件的数量
七、媒体	本国与其他国家政治冲突	本国与其他国家是否发生冲突
	国际经济或金融危机	是否发生国际经济或金融危机
八、国际	本国与其他国家政治冲突	本国与其他国家是否发生冲突
	国际经济或金融危机	是否发生国际经济或者金融危机

1. 当其他条件一定时，特定空间比其他空间的社会不稳定的可能性高

社会不稳定事件发生的概率在不同空间区域的分布不同，有两类空间特别值得考察。第一类是曾经发生过重大事件的空间。第二类空间是人口密度或流量较大的地方，比如说火车站、飞机场、学校、医院、集市、演唱会现场、大型运动赛事现场，等等。这类空间人流密度大，一旦发生触发事件，容易形成人员聚集，爆发社会不稳定事件。实证案例如"贵州 Q 县事件"。[①] 在实践中，各地可以建立社会稳定风险地图，标记敏感性空间（比如广场、特征性建筑、政府部门所在地）以及人口密度大、人流量高的特殊区域。将这些敏感空间作为监测目标，加强这些区域的疏导和管理。

2. 当其他条件一定时，特定时点或时段比其他时点或时段的社会不稳定的可能性高

社会不稳定事件发生的概率在不同时点或时段是不同的。如某时点在历史上曾经发生过重大事件，或者是重要的政治活动日、节假日和集会日等，或者是上下班的高峰期等，在这些时点或时段发生不稳定事件所造成的人员、财产的损失会更大，产生社会影响力也会更大。实证案例如在 2014 年 3 月 1 日在昆明发生的"3·1 昆明火车站严重暴力恐怖事件"就发生在两会即将召开之际。[②] 在实践中，各地可以建立社会稳定风险日历，将每天 / 周 / 月发生社会稳定风险的频率进行统计，标注发生社会不稳定事件概率较高的时点或时段，作为监测目标，从而加强关注和管理。

3. 当其他条件一定时，自然灾害的发生会增大社会不稳定的可能性

当自然灾害（特别是重大自然灾害）发生的时候，人们的生命和财产安全可能遭受巨大损失，相关的生活资源和公共服务可能发生短缺或中断，生产、生活秩序可能遭到严重破坏，这些都有可能诱发多种社会不稳定事件，从而增大社会不稳定风险。因此，当其他条件一定时，发生（或预期发生）自然灾害的时点（或时段）和区域比未发生（或预期不发生）自然灾害的时点（或时段）和区域的社会不稳定的可能性更高。相关案例非常多，如美国卡特里娜飓风发生以后，部分受灾地区发生了哄抢便利店的事件。[③] 在实践中，各地可将当地以

① 贵州黔西发生恶性冲突事件致 10 余名警员受伤，参见环球网 http://china.huanqiu.com/article/9CaKrnJrZfj，2022 年 8 月 3 日访问。

② 依法严惩昆明火车站暴力恐怖事件，参见新浪新闻中心 http://news.sina.com.cn/c/2014-03-02/034429599308.shtml，2022 年 8 月 3 日访问。

③ 美国飓风灾区哄抢事件蔓延布什前往视察，参见新浪新闻 https://news.sina.com.cn/o/2005-09-02/12456846937s.shtml，2022 年 8 月 3 日访问。

往自然灾害发生的种类和频率作为重要监测目标。① 同时判断当下或近期是否已经、正在或者将要发生自然灾害，如已经或正在发生自然灾害，监测其造成的损失情况（包括死伤的人数和财产损失）。损失情况越严重，越应注意社会稳定问题。

4. 当其他条件一定时，发生生态恶化、环境污染会增大社会不稳定的可能性

现在公众对自己周围的生态、环境品质越来越关注。其他条件一定，当生态恶化和环境污染事件发生的时候，尤其造成了周围居民生命健康或其他权益损失以后，发生社会不稳定事件的概率会增加。实证案例如无锡太湖蓝藻事件，在该事件中虽然未爆发大规模群体性事件，但是造成无锡全城自来水污染，生活用水和饮用水严重短缺，引发社会恐慌，超市、商店里的桶装水被抢购一空。② 在实践中，各地可将当地的生态与环境相关指标作为监测目标，如水、大气、土壤等指标，找出当地主要的污染源、污染种类、污染程度，并进行动态监测。当这些指标发生异常时，应特别关注社会稳定问题。

5. 当其他条件一定时，发生经济和金融危机会增大社会不稳定的可能性

经济危机和金融危机发生时，商品大量过剩，生产大幅度下降，失业工人剧增。特别是金融领域发生危机时，货币出现较大幅度的贬值，政府、企业和社会投资人陷入债务困局，银行破产，企业倒闭。这种情况下，经济危机和金融危机往往伴随着政治和社会动荡。实证案例如希腊债务危机时造成的国内社会动荡。③ 在实践中，各地可将外债清偿率、汇率、银行呆坏账率和股票价格指数作为监测目标，当这些目标出现异常波动时，应特别关注社会稳定问题。

6. 当其他条件一定时，物价飞涨会增大社会不稳定的可能性

物价飞涨产生的原因很多，有的是因为发行过多货币引起的，有的是因为产品或服务的供不应求引起的。在物价飞涨过程中会产生一系列社会问题：在生产领域，部分中小企业在原材料价格成倍增长的情况下，为减少成本，采取裁员、降低工人工资，甚至克扣工资等手段。在消费领域，居民生活或多或少会受到影响，其中受影响最大的、最直接的是中低收入群体。随着物价上涨，

---

① 在讨论灾害频率的时候应注意的是，当某地区相当长一段时间内没有发生灾害，预期下一个阶段灾害发生可能性更高还是更低是有争议的。

② 太湖蓝藻爆发致自来水污染，参见搜狐新闻 http://news.sohu.com/s2007/taihuwuran/，2022 年 8 月 3 日访问。

③ 希腊债务危机继迪拜债务危机之后全球又一大债务危机，参见百度百科 http://baike.baidu.com/view/3246111.htm，2022 年 8 月 3 日访问。

特别是生活必需品价格的上涨，这些群体的家庭日常保障开支难以为继，久而久之会形成对政府、对社会的不满情绪。实证案例如 2011 年 11 月印度各地民众示威抗议通货膨胀。① 再如，2011 年 1 月 6 日，北非国家阿尔及利亚因为物价飞涨，全国各地城镇均出现抗议浪潮，示威者和警方爆发冲突，造成多人受伤。② 在实践中，各地可将消费者价格指数（CPI）作为监测目标。当这些目标出现异常波动时，应特别关注社会稳定问题。

7. 当其他条件一定时，失业、下岗人数增加会增大社会不稳定的可能性

失业率增加或者下岗人数增加时，大量工人失去工作或者收入大幅度降低，其收入风险加大，因而会产生与企业和政府的对抗行动，造成社会不稳定。③ 20 世纪 90 年代，我国进行国有企业改革，大批工人下岗，多地曾出现工人游行和抗议行为。产生这些事件的原因往往是因为经济安置补偿不合理、下岗减员过程中存在违规操作、工人在心理上无法接受下岗命运和下岗再就业困难等原因。在实践中，各地可将下岗率或失业率作为监测目标。当这些指标出现大幅度增加时，应特别关注社会稳定问题。

8. 当其他条件一定时，劳资矛盾激化会增大社会不稳定的可能性

劳资双方是一对矛盾主体，由于工作安全、欠薪、工资和福利待遇、利益分配等问题常常诱发社会不稳定事件，从而增加社会不稳定风险。随着工业化、市场化和城市化的推进，地方政府对资本的偏好使雇主变得更为强势，但是雇主往往又缺乏法治意识和社会责任感，而弱势的劳动者维权意识和维权能力逐渐增强，社会又缺乏有效的劳资矛盾调解机制，这些因素相互叠加，使得我国劳资矛盾的风险性逐渐增高。此类实证案例较多，如在实践中，这类事件往往由于是企业内部经营引起的，所以比较难以察觉，很多是事件发生后才获知。所以各地一旦发现有工人讨薪、罢工、抗议事件时，应特别关注社会稳定问题，及时处置，防止事态扩大和冲突升级。

9. 当其他条件一定时，发生生产安全事故会增大社会不稳定的可能性

生产安全事故，比如煤矿安全事故、非煤矿山安全事故、交通事故发生等，不但会造成人身伤害和财产损失，而且容易引起媒体和社会公众对事故的处置

---

① 印度各地举行示威抗议通货膨胀，参见网易新闻 http://news.163.com/photoview/00AO0001/18535.html，2022 年 8 月 3 日访问。

② 阿尔及利亚民众全国范围示威抗议物价上涨（高清图），参见南海网新闻 http://www.hinews.cn/news/system/2011/01/08/011828049.shtml，2022 年 8 月 3 日访问。

③ 这里特别强调的是失业或下岗可能是前面命题中经济或金融危机造成的，也有可能是政府战略性结构调整造成的。

和责任问题的关注。同时，在事故调查和处理过程中，受害家属情绪容易激动，可能对赔偿和善后处理不服。因此当这类事件发生时，很有可能诱发社会不稳定事件。在这里有三个子命题：第一，当其他条件一定时，有特殊行业（如矿山）的地区比没有特殊行业地区社会不稳定的可能性高；第二，当其他条件一定时，生产安全事故发生的频率越高的地区，社会不稳定的可能性越大；第三，当其他条件一定时，突发生产安全事故中死伤的人数越多，社会不稳定的可能性越大。因此，在实践中，各地可将当地生产安全事故发生的类型、频率和危害结果作为监测目标，从而关注社会稳定问题。

10. 当其他条件一定时，发生消费安全事故会增大社会不稳定的可能性

近些年多次发生有关消费安全事故，在这类事件中往往会发生损害消费者权益、损害身体健康，乃至造成人员死亡，当发生这一类事件的时候，社会成员可能与相关企业发生冲突，进一步可能归责于政府，认为政府监管不力，从而增大社会不稳定的可能性。在这里有两个子命题：第一，当其他条件一定时，消费安全事故发生的频率越高，社会不稳定的可能性越高；第二，当其他条件一定时，消费安全事故中受到伤害和死亡的人数越多社会不稳定的可能性越高。相关实证案例如"大头娃娃事件"。[①] 在实践中，各地可将消费安全事故发生的频率、消费安全事故中受到伤害和死亡的人数作为监测目标，从而关注社会稳定问题。

11. 当其他条件一定时，征地拆迁会增大社会不稳定的可能性

由征地和拆迁引起的信访问题、个人极端事件、群体性事件曾时常见诸媒体。其主要原因包括某些征地和拆迁行为违背老百姓的意愿、个别开发商和政府官员从中牟利、补偿标准不合理、补偿程序不公开、补偿不到位。当然也不排除在这一过程中，拆迁户之间互相攀比，个别人为谋求个人利益最大化而采取一些极端手段。这些原因都导致了一些社会不稳定事件的发生。在实践中，各地可将涉及拆迁的工程项目数作为监测目标。凡是涉及拆迁问题，都应该重视拆迁安置和补偿问题，以及相应的社会稳定问题。

12. 当其他条件一定时，中央和地方关系恶化会增大社会不稳定的可能性

中央和地方关系是一个国家政治生活中的基本关系之一，并且决定着一个国家政治稳定的基本格局。当中央和地方关系比较协调时，社会秩序就比较稳定，当中央和地方关系产生矛盾和对抗时，社会秩序就会陷入混乱和动荡。实证案

---

① 大头娃娃，参见百度百科 https://baike.baidu.com/item/%E5%A4%A7%E5%A4%B4%E5%A8%83%E5%A8%83/50055406?fromtitle=%E5%A4%A7%E5%A4%B4%E5%A8%83%E5%A8%83%E4%BA%8B%E4%BB%B6&fromid=3377683&fr=aladdin，2022 年 8 月 3 日访问。

例如历史上的安史之乱。① 在当前的实践中，无良好客观统计指标反映中央和地方关系，可将地方是否愿意执行中央的税收政策作为监测目标。

13. 当其他条件一定时，发生与政治人物相关的意外事件会增大社会不稳定的可能性

政治人物往往具有巨大的政治影响力或者是某个利益集团的代表。当政治人物发生非正常事件（比如政治人物去世、被刺杀或者发生政治丑闻等），原有的政治结构可能失去平衡，甚至诱发不同利益集团之间的斗争，从而增加社会不稳定的可能性。实证案例如，2006 年 11 月 21 日黎巴嫩工业部长皮埃尔·杰马耶勒遇刺，引发政局动荡；② 2010 年 8 月 2 日，巴基斯坦统一民族运动党信德省议员海德尔遭暗杀，引发卡拉奇大规模骚乱。③ 在实践中，可通过媒体或其他消息渠道了解当地是否发生了与政治人物相关的意外事件。当此类事件发生时，应特别关注社会稳定问题。

14. 当其他条件一定时，政府腐败会增大社会不稳定的可能性

如果一些地方、部门和个人公权私用、特权腐败、权力不作为和乱作为，甚至官商勾结、官黑勾结侵犯公众利益或群众利益的事时有发生，造成群众利益损失、情绪对立，对政府的不信任感增强，最终可能导致群体性事件，造成社会的不稳定。历史经验证明，政府官员的腐败是社会动乱的根源之一。实证案例如 2004 年 4 月初，秘鲁全国各地相继出现民众抗议官员腐败浪潮，示威者举行大规模集会，并封锁公路、破坏公共设施，个别地区甚至出现劫持并杀害地方政府官员的严重暴力事件。④ 埃及在 2011 年发生的社会骚乱原因之一也是民众抗议穆巴拉克政府的腐败问题。⑤ 在实践中，无良好客观指标反映当地政府的腐败程度，可通过问卷调查了解公众对当地政府官员腐败程度的综合感受。

① 安史之乱，参见百度百科 https://baike.baidu.com/item/%E5%AE%89%E5%8F%B2%E4%B9%8B%E4%B9%B1/131840，2022 年 8 月 3 日访问。
② 黎巴嫩部长遇刺引发动荡 真主党认为是挑起内战，参见搜狐新闻 https://news.sohu.com/20061123/n246556561.shtml，2022 年 8 月 3 日访问。
③ 10·16 巴基斯坦卡拉奇枪击事件，参见百度百科 https://baike.baidu.com/item/10%C2%B716%E5%B7%B4%E5%9F%BA%E6%96%AF%E5%9D%A6%E5%8D%A1%E6%8B%89%E5%A5%87%E6%9E%AA%E5%87%BB%E4%BA%8B%E4%BB%B6/5953332，2022 年 8 月 3 日访问。
④ 秘鲁民众抗议政府官员贪污腐败的浪潮愈演愈烈，参见新浪新闻中心 http://news.sina.com.cn/w/2004-05-05/16192464966s.shtml，2022 年 8 月 3 日访问。
⑤ 2011 年埃及民众抗议活动，参见百度百科 https://baike.baidu.com/item/2011%E5%B9%B4%E5%9F%83%E5%8F%8A%E6%B0%91%E4%BC%97%E6%8A%97%E8%AE%AE%E6%B4%BB%E5%8A%A8/4413854，2022 年 8 月 3 日访问。

15. 当其他条件一定时，重大决策的出台或变更会增大社会不稳定的可能性

重大决策往往涉及不同的利益群体，有的群体会从中受益，而有的群体会受损。当一些群体所享受的公共服务水平和社会福利供给水平因决策出台而下降时，往往会引起公众的不满，诱发社会不稳定事件。实证案例如，2003 年 12 月 6 日，数十万意大利民众在首都罗马举行大规模示威游行，抗议意大利政府改革养老金制度的计划。[①]2011 年 11 月 30 日，约 200 万英国人走上街头，开始举行"世纪大罢工"，以抗议政府提高养老金保障门槛的计划。[②] 还有的决策会改变人们传统的生活习惯，也可能引起人们的不满，从而诱发社会不稳定事件。在实践中，可将政府是否出台重大决策，特别是税收政策、价格调整政策、社会福利与保障政策等，作为监测目标。在即将出台重大政策之前，应特别关注社会稳定问题。

16. 当其他条件一定时，大型公共工程建设会增大社会不稳定的可能性

重大工程项目往往对经济社会和生态环境有重大影响，因此，它所面临的风险种类繁多且各种风险之间的相互关系错综复杂。在经济生活中，政府为保持经济增长投入巨资上项目，原本是为了迅速增加社会财富，提高百姓生活水平，但所上项目往往会出现扰民、污染环境、影响百姓切身利益等问题，给社会稳定带来风险。在实践中，可将是否计划兴建大型公共工程项目作为监测目标，且特别重视那些涉及征地、拆迁和可能造成环境污染的项目。

17. 当其他条件一定时，政府不规范的公共管理活动会增大社会不稳定的风险

在政府领域，除了公共工程建设和公共政策的制定外，就是日常的公共管理活动。政府的公共管理活动可以分为规制和服务两种行为。不规范的规制性活动（如执法活动）和低劣的服务性活动，有可能引起社会公众的不满，从而诱发公众与政府工作人员的冲突。在实践中，无良好客观统计指标反映当地政府公共管理活动的规范性，可进行问卷调查，了解公众对当地政府进行公共管理活动时的合理性、合法性和规范性的综合感受。

18. 当其他条件一定时，政府应对突发事件不力会增大社会不稳定的可能性

突发事件（如自然灾害、事故灾难、公共卫生、公共安全事件）中往往有人员死亡、财产的损失，突发事件也往往会造成城乡运行生命线的破坏中断（比

---

① 意数十万人示威抗议养老金改革，参见新浪新闻中心 https://news.sina.com.cn/w/2003-12-07/13071279549s.shtml，2022 年 8 月 3 日访问。

② 2011 年英国大罢工，参见百度百科 https://baike.baidu.com/item/2011%E5%B9%B4%E8%8B%B1%E5%9B%BD%E5%A4%A7%E7%BD%A2%E5%B7%A5/2028499，2022 年 8 月 3 日访问。

如供电、供水、供热、交通的中断）。如果政府不能及时、有效地应对，则会增大社会不稳定风险的可能性。典型的实证案例如 2003 年的"非典"和 2019 年底暴发的新冠肺炎疫情。①② 在实践中，一旦发生突发事件，各地应及时处置，并同步关注社会稳定问题。

19. 当其他条件一定时，政府对社会的控制力降低会增大社会不稳定的可能性

当前，大量新的阶层群体形成，各种社会组织不断出现，社会各群体的利益诉求呈现出多样化的态势。但是，我国政府表现出较强的控制能力，能够有效地掌控政治、经济以及社会大局。不过，应当注意的是当政府对社会的控制能力下降时，发生社会不稳定的可能性将增加。在实践中，可将各地公安和武警总人数对人口的比例和当地政府对公安和武警的投入占财政经费的比例作为监控指标。

20. 当其他条件一定时，绝对贫困人口数量上升会增大社会不稳定的可能性

绝对贫困是人的一种生活状态，在这种状态下人们无法获得足够的物质生活保障以满足个人生理的需要，对本身的生存构成严重威胁。贫穷首先诱发的就是犯罪，进而成为社会不稳定的诱因。在实践中，各地可将当地贫困人口占总人口的比例作为监测目标。

21. 当其他条件一定时，收入差距增加会增大社会不稳定的可能性

收入分配不均等是诱发社会不稳定事件的重要因素。收入差距增加会增大相对剥夺感，引起社会阶层的分化，并引起社会对抗心理，并由此增加社会不稳定的风险。在实践中，各地可将基尼系数作为监测目标，当基尼系数增大时，应特别关注社会稳定问题。

22. 当其他条件一定时，外来人口与当地人口之间矛盾激化会增大社会不稳定的可能性

中国当前的流动人口数量巨大，外来人口与当地人口之间的同化和融合又需要相当长的时间，因此一旦发生纠纷，人们的身份感很容易暴露出来，形成外来人口与当地人口之间的冲突，从而演化成为社会冲突事件。在实践中，可以将外来人口与当地人口的比例作为监测指标，当外来人口数量增加时，应注意社会稳定风险问题。

---

① 抗击"非典"专题，参见新浪新闻中心 http://news.sina.com.cn/z/sars/，2022 年 8 月 3 日访问。
② 2019 新型冠状病毒，参见百度百科 https://baike.baidu.com/item/2019%E6%96%B0%E5%9E%8B%E5%86%A0%E7%8A%B6%E7%97%85%E6%AF%92/24267858，2022 年 8 月 3 日访问。

23. 当其他条件一定时，特殊人群相对规模增大会增加社会不稳定的可能性

特殊人群（如待业人员、留守妇女儿童、外国人、辍学青少年、残疾人、外来务工人员、流动人口、特殊疾病患者、退役军人等）往往属于弱势群体，比如没有工作、收入较低，缺乏有效的社会支持系统，往往容易诱发社会不稳定事件。在实践中，可将特殊人群绝对数量和特殊人群占当地人口的比例作为监测目标。其数量或比例越大，越应注意社会稳定问题。

24. 当其他条件一定时，社会纠纷升级会增大社会不稳定的可能性

这里的社会纠纷是指发生于不同社会主体之间的各种权益冲突。社会纠纷的发生与存在是社会的正常现象，但是当社会纠纷升级就会威胁社会稳定，增加社会不稳定的风险。社会纠纷的种类非常多，其中涉及人数越多，对社会稳定的影响越大。实证案例如 2013 年 4 月 8 日安阳爆发因非法集资引发大规模群体性事件。[①] 在实践中，可将当地发生社会纠纷的规模与数量作为监测目标。

25. 当其他条件一定时，民族与宗教矛盾激化会增大社会不稳定的可能性

多民族、多宗教共存的国家中，各民族和各宗教、教派之间经济、政治、思想文化、语言文字、风俗习惯存在着差异和矛盾。宗教和民族之间的差异有可能诱发社会不稳定事件。实证案例如 2013 年 3 月 20 日，缅甸中部曼德勒省密铁拉市发生由宗教矛盾引起的暴力冲突事件，缅甸总统吴登盛宣布在发生骚乱的地区的 4 个市镇实行紧急状态，并派出军队维持秩序。[②] 在实践中，多民族、多宗教混居的地区要注意由民族和宗教问题诱发的社会纠纷和冲突。在历史上曾经发生过此类事件的地区更要特别注意。

26. 当其他条件一定时，三股势力活动会增大社会不稳定的可能性

三股势力是指宗教极端势力、民族分裂势力和恐怖势力。这些势力主要从事爆炸、暗杀、纵火、投毒等活动，造成社会的恐慌，引起社会的不稳定。在实践中，如发现当地存在三股势力的活动，或者已经发生由三股势力所造成的暴力恐怖事件，该地区应特别注意由此诱发的社会稳定问题。

27. 当其他条件一定时，谣言传播会增大社会不稳定的可能性

谣言是一种内容没有得到确认的、缺乏事实根据的、通过自然发生的、在非组织的连锁性传播通道中所流传的信息。它是对人、对事、对社会事件的一

---

① 安阳非法集资上访群众聚集天安门广场 多人被拘，参见观察者网 https://www.guancha.cn/society/2013_04_08_137053.shtml，2022 年 8 月 3 日访问。

② 缅甸宗教矛盾引发暴力冲突 缅军开进骚乱城市，参见环球网 https://mil.huanqiu.com/article/9CaKrnJzN1E，访问时间 2022 年 8 月 3 日。

种不确切信息的传播，往往会使原来比较稳定的社会秩序变得十分混乱，使人心惶惶，甚至引起群体性事件和社会不稳定。在实践中，各地应特别关注互联网、手机等现代通信工具中传播的与事实不符或未经确认的消息，当有谣言传播时，应相应地关注社会稳定问题。

28. 当其他条件一定时，针对政府的负面焦点事件会增大社会不稳定的可能性

随着民主法治意识不断增强，人们对于各级政府的运行提出了更高的要求，怀疑和不信任感的产生是必然的。同时某些地方政府的不当行为时有发生，甚至反复出现，损害了社会公众的利益，破坏了政府的整体形象。实证的案例如维基解密揭露 2009 年 6 月的美国外交电文，内容为引述当时美国驻突尼斯大使 Robert Godec 的报告，指出本·阿里家族及其兄弟手足与掌管该国经济的一名黑道分子勾结，并指第一夫人勒伊拉泽鲁·本·阿里靠兴建贵族学校赚取利益。揭露外交电文后加深了民众对于政府不满的情绪，而这起揭露事件也成为骚乱爆发的重要导火线之一。[①] 因此在实践中，当网络等媒体上出现了有关政府的负面消息时，应关注社会稳定问题。

29. 当其他条件一定时，本国与其他国家政治冲突会增大国内社会不稳定的可能性

当本国与其他国家发生政治冲突的时候，也会对国内的社会稳定产生影响。当政府处置国际间政治冲突的时候，民众也可能爆发强烈的情绪，表达对冲突对方国家或者本国政府的不满，从而诱发社会的不稳定。实证案例如 2012 年中国与日本围绕钓鱼岛问题冲突升级，导致群众砸烧日系车事件。[②] 在实践中，当本国与他国发生冲突时，应注意国内的社会稳定问题。

30. 在其他条件一定的情况下，发生国际经济、金融危机会增加国内社会不稳定的可能性

随着全球化进程的发展，全球各国经济和金融的相互依赖程度加深。发展中国家与国际接轨的过程也为社会稳定带来了极大的不确定性。当国际经济发生震荡时，往往会诱发国内经济的不稳定，产生一系列连锁反应。[③] 因此，当国际经济和金融危机发生时，应高度关注国内的稳定情况，特别是那些与国际经

---

① 茉莉花革命，参见快懂百科 https://www.baike.com/wiki/%E8%8C%89%E8%8E%89%E8%8A%B1%E9%9D%A9%E5%91%BD?view_id=5g4asuxn96s000，2022 年 8 月 3 日访问。

② 反日游行中的"红与黑"，参见观察者网 https://www.guancha.cn/politics/2012_09_28_100771.shtml，2022 年 8 月 3 日访问。

③ 连锁反应包括金融危机、企业倒闭、工人失业和物价飞涨等。

济接轨较为密切的地区要极为注意这些问题。实证案例如 2009 年 1 月底法国爆发的 250 万人抗议政府经济政策的全国性罢工，这也是 2008 年全球金融危机在西欧引爆的第一次大规模罢工。此后，葡萄牙、意大利、希腊、挪威、瑞典、英国、爱尔兰、德国陆续发生了几千人到几十万人不等的罢工游行。① 在实践中，当发生国际性的经济、金融危机的时候，也应注意国内的社会稳定问题。

第二节　社会冲突的触发因素：突发自然灾害事件

自然灾害，尤其是特别重大突发自然灾害（或巨灾），在给人类社会带来巨大物质财富损失的同时，也给社会秩序造成了极大冲击。在巨灾情境中，约束人们行为的社会规范往往失去效力，政府与社会团体等组织运行不畅，人们容易做出非道德、非理性甚至反社会的越轨行为，从而使社会秩序陷入混乱。特别重大自然灾害的演化过程可以分为灾前预警期、灾害发生期、灾后失范期、灾后救援期、灾后恢复期，在不同时期灾害对社会秩序的影响机制是什么？应该如何应对？回答这些问题必须从灾害的全过程来理解如何维持社会秩序的稳定，或者说如何让社会秩序尽快恢复稳定。这有赖于我们对自然灾害和社会秩序的关系进行深入研究，掌握科学的规律，扬长避短，趋利避害。

一、研究回顾

尽管人们对灾害的研究由来已久，但是在 1954 年美国社会学家弗瑞茨（Fritz）和马克（Mark）撰写《人类灾难行为的 NORC 研究》（*The NORC Studies of Human Behavior in Disaster*）以前，这些研究较为零散。在弗瑞茨等开展有关研究以后，灾害问题（特别是灾害所诱发的社会问题）越来越受到人们的重视。人们逐渐认识到灾害并非纯粹是个自然问题，还具有很强的社会属性。弗瑞茨明确提出了灾害的社会性质，强调灾害是"对社会或社会子系统所造成的物质损失或对其正常职能的破坏"。灾害会对人类社会关系、社会组织结构、社会公共安全、家庭生计系统、个体身心健康等方面产生一系列影响。② 因此，灾害对于人类社会的冲击，不仅仅是微观层面人员的死伤和物质的损失，而且是宏

---

① 法国 250 万人举行全国性罢工抗议政府经济政策，参见新浪新闻中心 https://news.sina.com.cn/w/2009-01-30/023717121112.shtml，2022 年 8 月 3 日访问。

② 祝明、孙舟、唐丽霞、于乐荣：《灾害社会影响评估基本框架研究》，载《自然灾害学报》，2015，24（04），7~14 页。

观层面对于社会稳定的冲击。①

　　社会稳定是社会的某种状态，它与社会秩序相关联。社会秩序的稳定是人们生产生活和社会运行发展的基本前提，社会秩序的基本内涵可以概括为三个方面：（1）社会规范的正常实施；（2）社会结构的相对稳定；（3）冲突和无序被控制在一定范围内。社会秩序的稳定有赖于多种因素的共同作用，而灾害在多个层面对社会秩序进行破坏，制造混乱。对此，社会科学界进行了大量研究。在经验事实层面，菲利普（Philip）与马基林（Marjolein）通过对 1950—2000 年 187 个政治体的统计资料研究发现，无论是在短期还是中期，重大灾害都将诱发国内的暴力冲突，尤其是在低收入和中等收入欠发达国家中，更容易出现反社会的集体行动。② 周利敏认为人们对灾害的归因有两种不同的倾向，"天灾"的归因倾向能促进积极的集体行动产生，反之，"人祸"的归因将引起灾民对灾害责任主体的愤怒不满和抗争性行动，威胁到社会的安全稳定。③ 蒂埃尼曾指出在灾害重建的过程中，如果救灾资源不能够公平有效地分配，弱势群体的脆弱性将会相对提升，灾前性别、族群乃至阶层等社会不平等因素在灾后将进一步恶化，导致政治斗争、阶层矛盾与社会冲突。④ 李永祥也发现在灾害发生后，灾民之间互助合作现象较为普遍，但当救灾物资到来后，人们却往往因为物资的分配问题发生矛盾和冲突。⑤

　　从群体和组织出发，柯兰德利（Quarantelli）认为我们以往对政府的认识存在误区，我们倾向于认为在灾害中政府可以接管一切，无所不能，但事实上，政府在灾害发生后也很难保持良好状态，出现诸如领导混乱、信息残缺、推诿责任与救灾资源分配不均等问题。⑥ 林闽钢等探讨了在汶川地震中非政府组织（NGO）参与救灾的情况，指出 NGO 组织与政府之间缺乏有效的沟通和良好的

---

① Fritz C E. Disaster；Merton, RK, Nisbet, RA. Contemporary Social Problems. New York: Harcourt, Brace and World, 1961, 651-694.

② Philip, N., Mrajolein, R. Natural Disasters and the Risk of Violent Civil Conflict. International Studies Quarterly, 2008, 52（1）:159-185.

③ 周利敏：《灾害情境中的集体行动及形成逻辑》，载《北京理工大学学报（社会科学版）》，2012，14（03），82~88 页。

④ Tierney KJ. From the Margins to the Mainstream? Disaster Research at the Crossroads. Annual Review of Sociology, 2007, 33: 503-525.

⑤ 李永祥：《灾害管理过程中的矛盾冲突及人类学思考》，载《云南民族大学学报（哲学社会科学版）》，2013，30（02），47~54 页。

⑥ Quarantelli EL. Images of Withdrawal Behavior in Disasters: Some Basic Misconceptions. Social Problems, 1960, 8（1）:68~79.

分工，使救援工作的效率受到影响。[①] 从个体出发，赵高峰等人通过对汶川地震极重灾区灾民心理状况的调查分析，发现地震幸存者的创伤后应激障碍诱发职业心理和社会功能残疾，对个体的身心健康、家庭生活和社会参与造成长期破坏性影响。[②] 刘正奎等的研究发现灾害发生后，非灾区的民众对健康和安全的担忧甚至高于灾民，也就是说灾害引起的恐慌和对社会秩序潜在的隐忧具有很强的扩散性。[③]

社会秩序的混乱既是灾害对人类社会造成的损失结果，又是导致进一步损失的原因，而且比起直接的物质损失，这种负面的影响更加持久和隐蔽。以往的研究虽然或多或少地联系到了社会秩序的问题，但是很少结合灾害演进全过程进行综合性考察。本节尝试整合和提炼各种理论和经验研究，结合具体的实例，探讨在灾害演进的过程中，社会秩序所受到破坏的风险因素及其作用机制。

二、重大自然灾害演进对社会秩序的影响变化

为了更好地研究重大自然灾害对社会秩序的影响，我们可以将灾害发生的全过程划分为六个阶段：灾前预警期、灾害发生期、灾后失范期、灾后救援期、灾后恢复期和灾后发展期。不同阶段对社会秩序产生影响的风险因素有很大差异，本文将以汶川地震为案例，分析灾害在不同阶段对社会秩序的冲击和影响。

（一）灾前预警期

灾害发生前，政府作为管理主体要承担风险管理、监测预报和预警发布的功能，[④] 但是灾害发生具有很高的不确定性，诸如时间、地点和强度都很难进行预测，特别是地震之类的灾害，基本没有可靠的预测手段。因此，灾害的预警往往将政府置于两难境地，一种情况是，及时发布可能的临震预报，并采取了相应预警措施，然而灾害却没有发生，这会使整个城市的生产停滞，有可能产生一定的社会恐慌与不稳定因素，并对政府的公信力产生负面影响；另一种情

① 林闽钢、战建华：《灾害救助中的 NGO 参与及其管理——以汶川地震和台湾"9·21"大地震为例》，载《中国行政管理》，2010（03），98~103 页。

② 赵高锋、杨彦春、张强等：《汶川地震极重灾区社区居民创伤后应激障碍发生率及影响因素》，载《中国心理卫生杂志》，2009，23（07），478~483 页。

③ 刘正奎、吴坎坎、王力：《我国灾害心理与行为研究》，载《心理科学进展》，2011，19（08），1091~1098 页。

④ 王慕华：《基于 WSR 和霍尔三维结构的气象防灾减灾监控管理研究》，载《灾害学》，2020，35（04），103~107 页。

况是，没有发布可能发生的灾害预报，灾害却发生了，全社会公众在毫无准备的情况下会造成难以挽回的生命和财产损失。[1] 因此，政府在发布预警信息的时候非常谨慎。如果发布了预警信息，一方面政府将面临民众恐慌和灾前无序逃离的难题，人们可能陷入高度紧张甚至恐慌之中，过激的反应将导致社会混乱，另一方面灾害发生的不确定性，使得政府还将承受发布预警信息后但灾害却未发生的风险。反之，如果政府未能及时准确地发布预警信息，预防措施不到位，将加剧灾害的损失，受到民众的责难，埋下灾后问责行动中政府与灾民矛盾冲突的隐患。在信息不充分的情况下，政府进退维谷，难以决断，往往选择等待所谓的"确定性"信息，最终错过预警的最佳时期。在面对小概率高成本的风险规避决策时，政府往往会选择侥幸和等待。但是，即使政府不发布信息，社会仍然会通过一些信息渠道和自然现象，感知到异常，依赖于非正式渠道的"小道消息"进行确认，从而有可能引起社会的恐慌。

（二）灾害发生期的社会失序风险

社会秩序的重要作用之一即在于对人的生理本能加以限制，在灾害爆发的紧急情境中，生理本能容易压倒道德理性的力量，造成社会秩序的混乱。当灾害爆发时，人们出于生理本能，逃避危险，保全生命，在求生本能的驱动下，人们做出的行为往往是非理性的，如果缺乏必要的知识和技能，人们在应对灾害时的不当行为将使自己的情况变得更加糟糕。另一方面，虽然一些研究表明在面对灾害时，人们并不会完全将社会道德准则抛在脑后，按照生理本能行事，但是在求生本能的驱动下，人们总是很容易跨越道德伦理的底线，做出危害他人及社会的行为，动摇社会秩序稳定的基础。

汶川地震的案例就印证了人们的求生本能而导致的社会失序风险。2008 年 5 月 12 日 14 时 28 分，汶川特大地震爆发。在灾害发生时抛弃道德伦理的典型代表就是汶川地震中的"范跑跑"，他把学生留在教室自己夺路逃生，引发媒体舆论的巨大争议。其实在地震爆发的刹那，群体行为的诱发因素可归为三类：次优最优化、最小化最大风险和羊群效应。[2] 次优最优化指的是人们在逃生的过程中总是希望使自己的境况更好点，例如"范跑跑"在地震发生时会希望自己以最快的速度逃到室外安全的地方，而这种个体理性的选择最终却会演化为群体的非理性，造成"囚徒困境"，群体效益下降。最小化最大风险指的

---

① 龚文婧：《我国地震灾害预警机制中的政府行为分析》，中共中央党校硕士学位论文，2008。
② 朱华桂、李世雄：《突发灾害群体行为分析：基于代价损失模型》，载《学海》，2013（02），112~117 页。

是人们在灾害突发的情境中，首先考虑的不是收益成本的权衡而是规避最大的风险，如在地震发生时人们首先考虑的是保全自己生命，其他如财物等都可以抛弃，甚至不惜利用一切手段和逾越任何准则。羊群效应意指人们的从众行为，灾害发生时，面临巨大的外部压力和不完备的模糊信息，人们的从众行为非常明显。

（三）灾后失范期的社会失序风险

灾后违法犯罪现象多发高发历来是个让人头痛的问题，也是社会失序的主要风险源之一。在灾害的情境下，维持正常社会秩序的机制遭到破坏，道德和法律的约束力下降，越轨行为层出不穷，诸如故意散播谣言、哄抬物价、牟取暴利、盗窃电力设备、破坏运输通讯、利用灾民伤亡窃取抢夺灾民财物、以救灾名义募捐进行诈骗、制售有毒有害假冒伪劣食品药品、贪污挪用救灾款项物资、滥用职权、玩忽职守等。一方面，灾害造成灾区物资紧缺，人们出于维持正常生活的需要，迫于无奈，可能会采取一些不合法手段获取资源；另一方面，有些不法分子趁机抢夺财物，已经不单纯是因为生存的需要，浑水摸鱼和乘机敛财的行为屡见不鲜。因此，法律适度的宽严相济和区别对待是有必要的。同时，在灾害发生的时候，各类千奇百怪的谣言盛行于网络空间中，严重误导广大人民群众，诱发民众恐慌心理，引发社会动荡和秩序混乱。[1]

通过梳理新闻报道，汶川地震灾后失范期的社会失序风险主要集中于贪污挪用救灾款项物资。如某地 4 名官员贪污汶川地震捐款，利用职务之便共同侵吞捐款 62 万元。[2]

（四）灾后救援期的社会失序风险

灾后救援是多个主体共同参与的过程，包括政府、民间组织、灾民和志愿者等。以政府为核心，协调各方关系，是保障救援工作高效进行的基础，但政府在灾害中也经常陷入组织混乱的境况。无组织的自发性救援如果缺乏强有力的引导和管理，容易导致救援工作的混乱，使救援工作的进度和效率大打折扣。我国在灾害救援方面存在着诸如缺乏科学的灾害救援指挥管理体制、缺乏相应的灾情信息收集分析系统、救援力量管理权限不明调配不合理、救灾物资持续

---

[1] 陈文：《论重大灾害事件中的网络谣言传播及法律应对——以新型冠状病毒肺炎疫情为例》，载《北方法学》，2020，14（05），80~90 页。

[2] 私分 62 万汶川地震捐款浙江湖州 4 名干部被判重刑，参见搜狐新闻 http://news.sohu.com/20101021/n276139247.shtml，2022 年 8 月 3 日访问。

供给不力和分发不合理、民间救援力量缺乏整合等问题。①

当汶川地震最强烈的冲击结束，人们从最初的惊慌失措中冷静下来，逐步投入救死扶伤的工作中。据统计，截至 2008 年 5 月 15 日，解放军和武警部队投入救灾的现役部队 95 553 人、民兵预备役部队 36 174 人。② 来自全国各地的救援力量纷纷涌向灾区，成都市区近千辆出租车自发前往都江堰救灾。但是，由于缺乏统一的调度，一度造成交通拥堵，重要的救灾力量和救灾物资被堵在路上，运不进去。大量志愿者自发进入灾区，没有统一的组织领导，各自为政，一些志愿者由于自身缺乏经验，反而成为需要救护的对象。

（五）灾后恢复期的社会失序风险

当灾害的救援工作结束后，人们在逐渐恢复生产生活的同时，开始追问"灾难为什么没有及时预警？""学校楼房为什么出现坍塌？""救援物资为什么没有到位？""灾后为什么补偿分配不均？"简而言之，人们在寻找给他们带来损失和伤害的原因，不同的归因倾向给社会秩序带来不同的影响。当灾害情境定义从"天灾"转向"人祸"时，就会出现灾民寻找灾害责任主体的行为，并通过对"人祸"所代表的社会组织进行谴责来抒发不满情绪和心理伤害，甚至可能采取极端的行动以宣泄愤怒，这就是所谓的"咎责行动"。政府极易成为人们"咎责行动"指向的目标，道格拉斯（Douglasm）指出在前现代社会中人们通常把责任归咎于特定的个人，而现代社会则倾向于归咎大型组织（如大型企业和国家等）。③

在汶川地震中，人们因为在地震中暴露出的中小学校舍建筑质量问题，产生极大不满甚至愤怒。针对这些问题的"咎责行动"对社会秩序形成了威胁和冲击。在当今社会，总体的趋势是，民众寻找灾害责任主体的意识越来越强烈。回顾历史，随着现代国家的建立，政府承担越来越多的社会管理职能，民众也就对政府产生更多期待和依赖，需要政府承担更多的责任和义务。"人祸"的归因倾向，将降低灾民受助后的满意度，减少互助行为和利他主义的产生，甚至威胁社会的安全稳定。

（六）灾后发展期的社会失序风险

从更长的时间跨度来看灾后的重建发展，如果不能处理好平等的问题，将

---

① 周枭：《武警部队灾害救援危机管理的法律保障》，西南财经大学硕士学位论文，2014。
② 生死竞速 72 小时，参见经济日报 http://paper.ce.cn/jjrb/html/2008-05/16/content_14008.htm，2022 年 8 月 3 日访问。
③ Douglas M. Risk and Blame: Essays in Cultural Theory. London: Routledge, 1992.

给社会秩序带来严重的负面影响。从某种程度上来说，灾害制造双重不平等：首先由于性别、族群与阶层等灾前社会不平等因素的存在，使得同一地区的个人家庭或群体受灾的风险本来就存在差异；[①] 其次，如果灾后重建的资源无法公平有效地分配，弱势群体的脆弱性将会相对提升，灾前性别、族群或阶层等社会不平等因素在灾后将会被强化，而这种强化容易导致灾后的社会冲突。[②] 贫富过度分化使得社会秩序的稳定承受很大压力，如果说人们感受到强烈的不平等和剥夺感，就容易采取极端行为倾泻自己的不满，尤其是在灾害的刺激下，给社会带来严重危害。例如，发生在灾区的劫掠行为也是平等问题激化的一种表现，可能存在的情况是社会弱势群体因为灾害陷入生活无望的境地，铤而走险，劫掠财物，这既是出于满足自我生存的需要，也是在宣泄积压已久的不满。

灾害对社会网络的破坏也将对社会秩序造成威胁，灾后重建不仅仅是物质层面的恢复，社会秩序的稳定还在于社会网络的重构。截至 2008 年 9 月 18 日，汶川地震共造成 69 227 人死亡，374 643 人受伤，17 923 人失踪，留下了一大批鳏寡孤独残人群。[③] 每个单独的个体在社会关系网络中都是一个节点，都有自己的位置和作用，具有不可取代的特殊性。灾害对社会网络的破坏，突出的表现是使人们失去至亲之人，失去在社会关系网络中对自己具有强有力的支持；另外还表现在对社会基本组成单位家庭的破坏，以及对社会组织和社会团体的破坏。在灾害的冲击下，社会网络受到极大的破坏，一个支离破碎的社会关系网络难以承载良好的社会秩序。此外，灾害还将给人们带来严重的精神创伤，这种伤害持续时间长，缺乏有效的解决手段，而且经常被人们所忽视。

三、总结与讨论

灾害对社会秩序的破坏，在灾害周期的不同阶段得到了充分的体现。这种破坏虽然在强度和方式上有所差异，但其导致的无序和混乱都将给人类社会带来伤害，对于在灾害中已经陷入困境的人们来说，这无疑是雪上加霜。总结灾害周期在不同阶段的社会失序表现，如表 3.2.1 所示：

---

① Bolin, B, Race, Class, Ethnicity, and Disaster Vulnerabilit; Rodriguez, H. Handbook of Disaster Research. NY: Springer, 2007.

② Tierney, KJ. From the Margins to the Mainstream? Disaster Research at the Crossroads. Annual Review of Sociology, 2007, 33: 503-525.

③ 相关报道参见 https://zhidao.baidu.com/question/236927268.html.

表 3.2.1　灾害周期不同阶段的失序表现

灾 害 周 期	失 序 表 现
灾前预警期	对灾害预警信息反应过激，采取不当的预防措施；预警与谣言的传播造成民众的恐慌和骚乱
灾害发生期	缺乏应对的训练和经验，慌不择路，无序逃生；在求生本能的驱动下抛弃习俗道德及法律的准则
灾后救援与失范期	救援工作组织混乱；救灾物资分配不均造成混乱；政府的有效运作面临挑战；为满足生存需要偷抢衣食等生活必需品；趁火打劫，聚敛财物；社会暴力冲突事件多发高发
灾后恢复期	咎责行动中，对灾害责任主体的不满和愤怒引发社会冲突和混乱；救灾资源分配不均引起冲突
灾后发展期	灾害加剧社会阶层的贫富分化对立，引发矛盾和冲突；社会关系网络碎片化，家庭及社会团体组织受重创，在灾害中丧失亲人的鳏寡孤独残陷入生活困境；灾后遗留下的精神创伤和精神疾病

应当说，社会秩序在灾害中表现出了一定的脆弱性，尤其是在巨灾的冲击下。在灾前预警期，对预警信息的处理和反应成为影响社会秩序稳定与否的关键因素；在灾害发生期，人们的无序逃生行为容易导致混乱的局面，以及强烈的求生动机导致对社会道德伦理的冲击；在灾害救援与失范期，有两种明显的社会秩序混乱现象，一是违法犯罪现象多发高发，另一个就是救援工作的组织混乱；在灾害重建期，针对灾害责任主体的咎责行动是导致社会秩序混乱的主要因素，这种咎责行动所针对的问题有很多，诸如防灾工作不到位、灾前预警不及时、灾后救援不力等等；在灾后发展期，灾害对社会秩序的破坏具有一定的长期性和隐蔽性，诸如贫富分化、社会网络破碎和精神创伤等问题，都会在一个较为长期的过程显现它们的负面影响。

在灾害的情境下，很多因素相互作用，而且对社会秩序的负面影响可能跨越多个周期，例如灾害的预警问题（见图 3.2.1）。在灾害预警期，如果未对灾害进行预警，那么社会秩序可以保持在一个比较稳定的水平，如果进行预警，可能导致民众恐慌，社会秩序的脆弱性会相对提升；但是当灾害发生时，如果未预警，人们没有相应的心理准备和预防措施，社会秩序陷入极端混乱，脆弱性迅速提升，但如果有预警，采取了相应的应对措施，可以减轻社会秩序的混乱程度，减缓脆弱性提升的速度；最后在灾后恢复期，如果灾前的预警工作不到位，灾民就会倾向于"人祸"的归因倾向，给社会秩序造成压力，再次较大幅度地提升社会秩序的脆弱性水平，但如果灾前预警工作到位，就可以有效地缓解灾民的不满情绪。当然因为存在其他"人祸"的因素，所以即使灾前的预警工作到位，灾民仍会有一个问责的需求，在这个过程中，社会秩序面临比较大的压力。

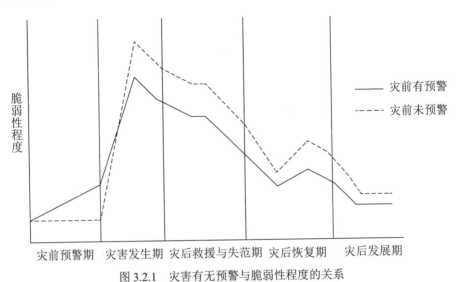

图 3.2.1 灾害有无预警与脆弱性程度的关系

因此，在防灾、减灾、救灾的过程中，政府负有维持社会秩序稳定的重要责任。灾害中如果政府处置得当，可以有效地减轻社会秩序的混乱程度。及时、透明、有效的灾害预警信息是社会秩序稳定的强心剂，灾害预警工作如果到位，可以有效地降低灾害所带来的损失。灾害发生后，政府第一时间的组织动员是救援工作有序进行的重要保证，社会秩序的稳定有赖于政府组织的有效运转，而暴力机关的威慑力也是必要的基础。灾后重建期，疏导和引导舆论很重要，在做好本职工作的同时应当直面问题，不回避责任，注意"人祸论"的归因倾向给社会秩序带来的不良影响。在救灾资源的分配上，应当切实向社会弱势群体倾斜，防止因为灾害使某些个体或群体陷入无望的生活困境之中，消除社会矛盾冲突的潜在刺激因素。

相比于救灾工作而言，防灾减灾是一个需要更加长期努力的过程。灾害演进过程中社会秩序的稳定和混乱，绝不仅仅是灾害应急措施得力与否的短期表现，同时也是反映社会健康与否的真实写照。所以说灾害的治理工作应与社会总体建设相结合，也是进一步研究的方向。面对灾害，我们应该着眼于社会的总体建设和长期规划，在社会的各个层面加强抵御灾害风险的能力，构筑社会秩序稳定的坚实基础。

第三节　社会冲突事件的触发因素：重大工程项目 ①

重大工程项目出现往往会影响百姓切身利益等问题，给社会稳定带来风险。因此，重大工程项目要重视社会稳定风险评估与管理，采取措施以降低、规避威胁社会稳定的风险因素。本节以重大工程项目为例来做专门分析。

一、重大工程的社会稳定风险因素评价

重大工程项目是指具有一定投资规模，关系国计民生或对一定区域政治、经济、社会、文化、生态、环境等有重要影响的工程项目。如重大水利水电工程项目、重大交通运输工程项目、重大化学工业工程项目等。在经济生活中，政府投入巨资上项目，原本是为了保持经济增长、提高百姓生活水平，重大工程项目在惠及百姓的同时，不可避免地会涉及土地征用、房屋拆迁、居民安置、环境改变、生产安全等敏感问题，极易引发社会矛盾、纠纷，乃至冲突性事件，成为社会稳定的风险源，进而可能对社会秩序造成灾难性的影响。特别是一些地方政府或企业在实施重大工程项目时，事先不征询当地群众意见，偏离公平正义，违背群众根本利益，结果导致社会矛盾尖锐化，引发社会不稳定事件。因此，重大工程项目从立项开始就要重视社会稳定风险管理，凡涉及资源开发、征地拆迁、生态环境、居民安置等有可能引发社会稳定风险的重大工程项目，都应进行社会稳定风险评估。

二、重大工程项目社会支持度风险评估

重大工程项目社会稳定风险评估就是指对实施重大工程项目（包括建设和运营）的全过程中可能威胁社会稳定的各种因素进行科学预测，评价其危害程度和可能性，并制定应对策略，采取针对性措施有效规避、预防、降低、控制、化解风险因素，确保重大工程项目顺利实施。预测风险的路径有两条：首先，可以通过访谈或者查阅历史数据、案例和媒体报道，了解历史上同类工程中社会不稳定事件发生的情况，预防和处置的方法；更为重要的是通过问卷和访谈等形式了解当地群众对当前工程的态度和意见，也就是在重大工程建设前期进行社会支持度调查。

2005年，四川省遂宁市首先颁布了《重大工程建设项目稳定风险预测评估

---

① 本章部分内容已发表，参见曹峰、邵东珂、王展硕：《重大工程项目社会稳定风险评估与社会支持度分析——基于某天然气输气管道重大工程的问卷调查》，载《国家行政学院学报》，2013（06），91~95页。

制度》，对重大工程的社会稳定风险评估提出了"五步工作法"。其中首要环节"就是确定评估对象，全面掌握情况，对拟订的每个重大事项，开展深入细致的调查，广泛征求各方面意见，掌握社情民意"。① 特别是中央维稳办推广遂宁的社会稳定风险评估的经验后，社会稳定风险评估在全国各地逐渐被各级政府所认识，各地也纷纷出台有关社会稳定风险评估规定和办法。② 作为一项新的制度安排，在几年之内迅速地被传播和仿效，最终上升到中央层面，党的十八大报告提出"建立健全重大决策的社会稳定风险评估机制"。③ 在评估当中，各地均认识到"公民广泛、有序、实质性地参与是决定社会稳定风险评估质量的关键"，必须考察工程方案是否充分考虑了群众的接受程度，是否超出大多数群众的承受能力，是否得到大多数群众的支持。④

公众支持或反对一项工程，源于工程建设和运营所带来的风险。杨琳和罗鄂湘曾经构建过一个初步的有关重大工程对于社会风险指标体系。该体系中包括经济方面、生态环境方面、社会方面和制度方面的风险因素。⑤ 事实上，工程项目的客观风险是一个方面，更为关键的是社会公众如何感知这些风险。学界对此的研究集中于邻避运动和邻避设施，即"别在我家后院"。重大工程项目往往对全体居民带来较大生活便利和效应，但是如果它在局部产生比较严重的负外部性，附近的居民会反对它们建造在自家附近，引发所谓的邻避冲突。国内学者陶鹏和童星用"邻避情结"来形容社会民众感知重大工程项目社会风险的意向与行为。⑥

娄胜华和姜姗姗指出了社会民众和专家在风险认知上的区别。⑦ 认为对重大工程项目的社会政策制定者和专家往往从技术角度定义风险，而在社区居民看来，风险主要源于一种主观感受。也就是说，存在技术风险和感知风险之分，区别在于，第一，技术风险是可以实际度量的，而感知风险往往难以度量，例如邻避设施引发的焦虑情绪、房屋价值的损失、灾难性事故发生的可能性等。

---

① 刘裕国：《四川遂宁推行社会稳定风险评估》，载《人民日报》，2006-06-06（010）。
② 《中央维稳办推广遂宁社会稳定风险评估经验》，载《领导决策信息》，2007（28），18页。
③ 建立健全重大决策社会稳定风险评估机制，参见中国共产党新闻网 http://theory.people.com.cn/n/2012/1217/c352852-19921849.html，2022年8月3日访问。
④ 朱德米：《"重大决策社会稳定风险评估"不能走样》，载《北京日报》，2013-1-28（18）。
⑤ 杨琳、罗鄂湘：《重大工程项目社会风险评价指标体系研究》，载《科技与管理》，2010（02），43~45页。
⑥ 陶鹏、童星：《邻避型群体性事件及其治理》，载《南京社会科学》，2010（8），63~68页。
⑦ 娄胜华、姜姗姗：《"邻避运动"在澳门的兴起及其治理——以美沙酮服务站选址争议为个案》，载《南京社会科学》，2012（04），114~117页。

第二，感知风险虽然是一种心理活动，同样具有重要的政策启示，但它常被政策制定者和专家们忽略。

由于重大工程项目可能造成潜在损失，就要对相关利益群体进行合理的补偿。学界对重大工程项目的补偿问题也进行了细致的研究。汤汇浩指出，从一般实践看，在居民获得满意的经济性补偿情况下，邻避效应的发生概率和危害程度通常都是可控的。[①] 钟水映和李魁通过实证分析发现，征地拆迁的补偿费用水平是决定受影响人口满意度的重要因素之一。[②] 安置效果以及工程对农业生产和非农业经营的影响也是影响满意度评价的重要因素。王锋等调查了因工程项目而导致征地拆迁的社会民众的满意度，通过实证分析得出了被拆迁居民总体满意度不高的结论，认为要切实保障被征地拆迁居民的利益。[③]

1. 某输气管道重大工程社会支持度调查

依据已有研究提供的基本思路，我们对某输气管道重大工程展开了社会支持度调查。该输气管道工程是继"陕京一线""陕京二线"和"陕京三线"后又一条向北京和环渤海地区输送天然气的能源通道。它西起陕西省榆林市的靖边县，途径内蒙古自治区的鄂尔多斯市、呼和浩特市、乌兰察布市，以及河北省的张家口市，进入北京，然后再通过河北省的廊坊市连接进入天津市宝坻区。该工程共跨越五个省、自治区和直辖市，总长度约1200公里，工程总投资约204亿元，2014年开工建设。主要的施工技术是管沟的开挖、管道的焊接和敷设、管沟的回填，以及压气站的建设等。建设过程中主要对土地进行临时征用，少部分进行永久性征用。据此，我们对该工程全线的居民进行了问卷调查，了解居民对该重大工程的社会支持度。

（1）样本的确定

进行社会稳定评估的社会支持度调查必须首先要确定利益相关群体。利益相关群体可以分成三类，第一是受项目直接影响的群众和组织；第二是一般公众、社会组织、媒体和专家，虽然不受到项目的直接影响，但是他们热心公益、关注公共事件；第三是地方政府和项目建设单位。在这个体系中，项目是诱因，第一类利益相关群体是行动者，第二类利益相关群体是风险的折射和放大者，

---

① 汤汇浩：《邻避效应：公益性项目的补偿机制与公民参与》，载《中国行政管理》，2011（07），111~114 页。

② 钟水映、李魁：《工程性移民征地满意度的影响因子分析——以某公路征地拆迁为例》，载《华中农业大学学报（社会科学版）》，2008（01），43~47 页。

③ 王锋、赵凌云：《我国被征地拆迁居民满意度调查——以浙江省湖州市为例》，载《华中农业大学学报（社会科学版）》，2010（02），584~587 页。

第三类利益相关群体是政府相关管理部门。因此在社会支持度调查中，第一类利益相关群体是调查的核心。

天然气输气管道工程属于线状工程，第一类利益相关群体主要是管道沿线一定宽度范围内的居民。① 兼顾到调查成本与样本代表性两大因素，我们将工程沿线的居民视为一个总体，对该总体采用分层的方法进行简单不重复随机抽样，抽取了陕西、内蒙古、河北、北京、天津五个省、自治区、直辖市 30 个乡镇、51 个村的 2010 户居民进行问卷调查，分层的依据是输气管道在各地区的敷设里程和各地区人口的密度。根据样本容量的计算方法，我们得到总样本容量的理论最大值为 1816，但为了确保问卷样本具有充足的可靠性和代表性，我们以户为单位进行调查，一共发放问卷 2010 份，实际回收问卷 1949 份，其中有效问卷为 1824 份。

（2）问卷调查及结果分析

根据实际回收问卷中有效问卷反映的结果，在 1824 位调研对象中，主要以男性为主。调研对象按照年龄大小分成青年、中年、老年三个群体，样本中以中年人为主。由于管道经过的地区主要是农牧区和山区，所以被调研的人群文化程度并不高，主要是初中文化。家庭年收入大部分为 1 万 ~3 万元。调研对象所使用的燃料煤炭为主，还有不少使用木柴、秸秆、牛粪等。

第一，调查对象所关注的工程建设产生的环境影响（图 3.3.1）。重大工程项目往往对环境也产生巨大影响，问卷要求被调查者选择三个最不能容忍的环境风险。调查结果显示民众最不能容忍的三个环境问题是水体污染、大气污染及土壤污染。此外，噪声振动污染、电磁辐射、放射线污染、水土流失也是民众比较关心的问题。由于管道工程建设影响到的群体主要以农村居民为主，因此他们更关注工程项目是否会对水体、大气、土壤等身边的、有关农业耕作的环境因素产生影响。对于输气管道工程而言，它对水体、大气和土壤产生的影响较小。同时由于天然气属于清洁能源，对于治理大气环境污染还有积极意义。因此，公众反对的可能性预计也会较小。

---

① 不同的工程第一类利益相关人的分布是不同的。比如垃圾焚烧厂，这类工程可以简化成为一个点，第一类利益相关人主要分布在围绕该点的圆形或者椭圆形范围内。天然气输气管道工程可以简化成为一条线，第一类利益相关人主要分布在工程沿线一定宽度的范围内。

表 3.3.1　调查对象基本信息描述表

基 本 信 息		占比 /%
性别	男性	82.80
	女性	17.20
年龄	18~39 岁	21.20
	40~60 岁	58.70
	60 岁以上	20.10
文化程度	文盲	1.90
	小学	21.30
	初中	49.00
	高中或中专	18.70
	大专以上	9.10
家庭年收入	1 万元以下	19.40
	1 万~3 万元	43.00
	3 万元以上	37.60
日常燃料	天然气	2.08
	煤炭	56.42
	木柴	27.52
	其他	13.98

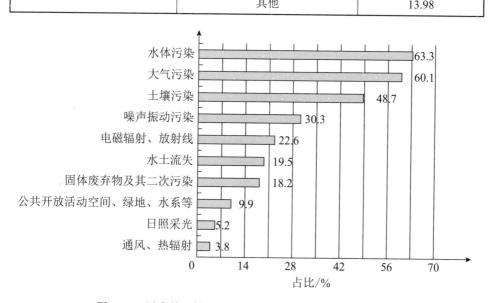

图 3.3.1　民众关心的工程产生的环境影响或问题风险评估

第二，调查对象所关注的工程建设产生的经济社会影响（图3.3.2）。对于一项工程产生的经济、社会影响，民众最关心的排在前三的经济社会影响是：不要导致个人收入降低，不要影响周边土地、房屋的价值，不要增加生活成本。此外，不要影响日常出行，不要影响公共配套设施，不要影响文化、生活习惯等问题也是民众所关心的。从问卷结果看，民众更为关心的是经济利益问题，这也往往是诱发社会冲突的主要原因。从经济社会影响来看，输气管道工程会使沿线居民的生活更加方便，由此预计公众更倾向于支持此类项目。

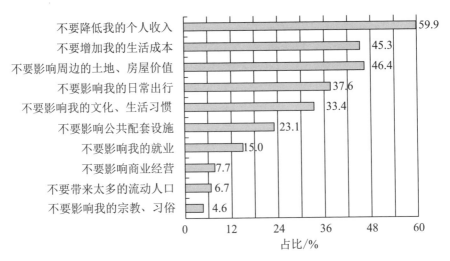

图3.3.2　调查对象所关心的工程产生的经济、社会影响

第三，调研对象对于输气管道类工程的总体态度（图3.3.3）。天然气输气管道是国家重大的战略工程和民生工程，而且途经地区的绝大多数群众是以污染较重的煤和木柴为主要的生活燃料。正如前面所预测的，占总数94.4%的调查对象对于输气管道工程持"很支持"或"支持"态度。由此表明沿线民众对于此类民生工程的高度认可。此外，我们也看到有5.5%的调查对象持"不反对"态度，即中立态度。值得注意的是有0.10%的调查对象对输气管道工程的修建持"反对"态度。虽然从相对值看，0.10%的比例并不高，但是社会冲突事件往往就是由于少数人的反对而引起的，应重视这些个体在工程建设中的态度、意见和诉求。

第四，若该工程经过调查对象所在的村庄时，调研对象的态度有一些变化（图3.3.4）。虽然绝大多数被调查者表示支持，但是由于所谓"邻避效应"的存在，即当地居民因担心工程项目对身体健康、环境质量、资产价值等带来诸多负面影响，会采取强烈和坚决的集体反对甚至抗争行为。也就是说，在有些情况下，即使居民认为某工程项目有价值，但是并不希望项目修建在他的生活、工作圈内，从而让他付出额外的成本。问卷显示，除了少数人声称"不支持、不配合"和"修不修建与我无关"外，约30%的被调查对象表示如果工程经过所在的村庄，会支持和配合；68%的被调查者以风险补偿为前提，表示如果补偿合理，会支持和配合。因此，风险补偿是此工程开工建设的重要前提。

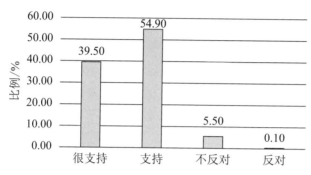

图 3.3.3　调查对象对于输气管道工程的支持程度

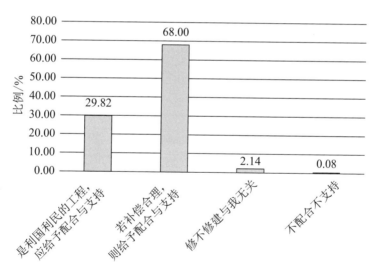

图 3.3.4　若该工程经过调查对象所在的村庄时调查对象的态度

第五，若该工程涉及土地、房屋的征收和征用，调查对象的态度（图3.3.5）。在重大工程建设过程中，最有可能产生具有社会不稳定性质事件的群体是其生产、生活、财产和健康等受到工程项目负面影响的群体。在预期或实际已遭受了损失后，利益相关群体（或个体）会估算损失值 X0 并提出损失报价 X1，通常 X0 < X1。针对利益群体的损失，项目单位和地方政府通常会估算补偿最高

标准 Y0 和补偿报价 Y1，通常 Y1 < Y0。在社会群众与项目单位反复谈判的过程中，X1 会不断地趋向于 X0；而 Y1 也会不断地趋向于 Y0。如果 X0 ≤ Y0，那么双方有可能达成协议。如果 X0 > Y0，那么双方的谈判就有可能破裂，进而可能产生阻挠工程、阻断交通、上访、个人极端事件或者群体性事件。

土地、房屋的征收和征用是工程项目建设过程中的敏感问题，工程项目中的社会冲突事件往往是由于征地补偿的标准未能达成一致而造成的。调查结果显示 75.50% 的被调查对象表示如果工程方征得其同意且补偿合理，可以征收征用其土地和房屋；5.3% 的被调查对象表示工程最好不要影响其土地和房屋。值得注意的是，还有 19.20% 的被调查者强烈希望工程经过其土地和房屋并获得补偿。在工程建设的补偿过程中，村民之间也存在攀比的现象，看到别人土地被临时征用并且获得补偿，自己也希望获利。这就不难解释，为什么在一些工程建设中存在"抢栽抢种"的现象，其目的也是希望获得更多的补偿。

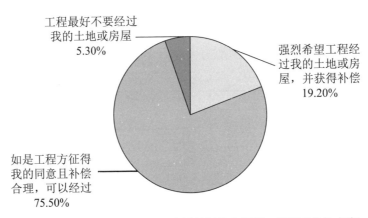

图 3.3.5　若该工程涉及土地、房屋的征收和征用，调查对象的态度

第六，调查对象拟采取的纠纷解决方式（图 3.3.6）。如果在工程建设期间民众与项目方产生纠纷，51.2% 的民众选择寻求政府的帮助，45.3% 的民众会与项目方进行谈判协商来化解纠纷，2.2% 的民众选择寻求媒体的帮助，1.3% 的民众采取干扰施工或其他个人或集体的行动。由此可见，政府与项目方是化解社会稳定风险的主要责任方，对于化解社会稳定风险至关重要。而比较极端的个体会在纠纷发生时选择其他的方式表达不满，这是重大工程项目建设过程中社会稳定风险管理的重点。

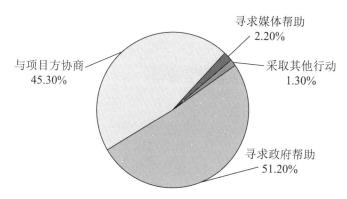

图3.3.6　调查对象拟采取的纠纷解决方式

　　简单而言，重大工程项目社会稳定风险评估的核心是进行社会支持度调查，即在重大工程项目开工建设之前对所涉及的民众对工程项目本身、对土地/房屋征用、工程项目所带来的经济、社会、环境影响的态度和意见的调查。

　　就重大工程项目所带来的环境影响而言，水体、大气、土壤污染是社会民众最为关注的。若重大工程项目伴随着这类污染越多，诱发社会不稳定性事件的可能性就会越大。因此，要高度关注会带来此类污染的重大工程项目的选址及污染防范措施，以免引发社会不稳定。从经济社会影响方面，社会民众更加关注工程项目所带来的直接经济影响，包括个人收入、生活成本和房屋价值等。

　　调查结果显示，重大工程项目中总存在极少数不支持的社会民众。这构成了重大工程建设中最可能打破社会秩序、表达不满的行动主体。人们之所以反对，是对工程项目存在一定的"邻避情结"，其关键在于补偿是否合理。若补偿能够满足社会民众的预期，"邻避情结"就会淡化，产生社会不稳定事件的可能性就降低。同时，也不要低估社会民众渴望被拆迁从而获得补偿的心态。调查显示，有一部分民众希望通过工程项目建设获得拆迁补偿的机会，从而改善生活。一旦发生纠纷和矛盾，民众更期望通过与政府部门及项目方协商来得到解决。为了避免公众更多地诉诸媒体和采取其他方式阻碍工程建设，政府部门和项目单位应该扮演更为积极的角色。

第四节　社会冲突的动态升级模型 [①]

一、初等突变理论与尖点突变模型

（一）初等突变理论概述

在自然界和社会系统中，大量现象都涉及状态的不连续性，或者表现为时间上的不连续，如火山爆发、桥梁断裂、生物变异、战争爆发或股市暴跌，或者表现为空间上的不连续，如物体的边界或几种生物组织之间界面的断裂。然而，早先建立的以微积分学为基础的绝大多数数学分析模型多用于对连续性结构和光滑变化的线性走势进行定量研究，但对生物学和社会科学中存在的大量不连续系统无法进行较好的解释。20 世纪 70 年代建立起来的突变理论恰好弥补了这方面的不足，它从系统动力学的角度成功解释了连续系统中何以产生不连续的、突发性的变化。

突变理论属于动态系统理论的范畴。"按结构稳定性来划分，动态系统可分为三类。处于结构稳定的系统不可能发生突变，因而不作为突变理论研究的对象；处于结构不稳定的系统无法存在于现实世界中，亦无法进行研究；突变理论关心的是兼具结构稳定与结构不稳定两种情形的系统。" [②] 突变理论认为，系统内部的稳定态与非稳定态之间存在着"分界点"，即"临界值"。当系统受到外部力量的作用时，即控制变量发生连续的变动，系统的状态变量起初将试图通过反作用吸收外界压力而随之发生连续的变动，也就是系统的渐变过程。如果外部力量过于强大而不可能被完全吸收，即控制变量变动到临界值时，系统状态就达到了稳定态与非稳定态的分界点。这时，控制变量在临界值附近的一个微小的变化，都会引起系统状态的跳跃式发展，即系统发生突变，系统随之进入一种新的状态，如图 3.4.1 所示。

突变理论的上述动力学发生机制，在法国数学家托姆于 1972 年发表的《结构稳定性和形态发生学》一书中作了详细阐释。托姆研究了多种突变现象后，总结出折叠型突变、尖点型突变、燕尾型突变、蝴蝶型突变、双曲型突变、椭圆型突变和抛物型突变七种基本的突变类型。由于它们的控制变量均不多于 4 个（即控制空间维度小于等于 4 维），这七种突变被称为初等突变。其中最简单的是折叠突变，但它的突变特征很不充分。尖点突变是仅次于折叠突变的另

① 本部分源自李一涵：《基于突变理论的中国群体性事件冲突升级研究》，清华大学硕士论文，2013 年 6 月。

② 苗东升：《系统科学精要（第 3 版）》，96 页，北京，中国人民大学出版社，2010。

一种最简单的突变形式，由于它几乎具备了突变的所有基本特征，目前被广泛应用于多种学科下的非连续现象的解释中。本研究亦将运用尖点突变理论，构建用于解释中国群体性事件冲突升级的理论模型。由于研究不涉及除尖点突变以外的突变类型，因而在如下的叙述中只给出尖点突变的控制空间维度、势函数、分界点以及几何形状，并对它的性质和运行规律进行具体说明。

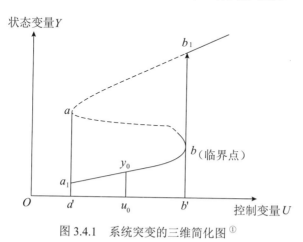

图 3.4.1　系统突变的三维简化图 [1]

（二）尖点突变及其系统的运动规律

给定尖点突变的有势系统，其势函数为 $V(x)=x^4+ux^2+vx$，此系统的平衡态（不动点）方程为 $V(x)$ 的一阶导数，亦即 $4x^3+2ux+v=0$。该系统的控制变量（自变量）为 2 维即 (u, v) 平面，状态变量（因变量）为 1 维即 x 轴，因而构成 3 维乘机空间 $u—v—x$。系统的所有不动点形成乘积空间的一张三叶折叠曲面 M（行为曲面），如图 3.4.2 所示。

图 3.4.2 下方的平面 D 是 2 维控制变量 (u, v) 所在的平面，上方的曲面 M 代表系统行为变量 x 在 (u, v) 作用之下的运动曲面。在曲面 M 的中间部分出现了一个折叠区 C（阴影部分），它将曲面分成三个部分——上叶 A、下叶 B 和中叶 C。其中，中叶是势函数的所有极大点（不稳定点）的集合，而上、下叶是极小点（稳定点）的集合。由于中叶 C 代表着系统的非稳定态，因而系统的状态变量 x 在变化过程中不是存在于上叶 A 中，就是存在于下叶 B 中。折叠曲面中叶的两条边界（棱）构成了曲面 M 的奇点集——面 A 与面 C、面 B 与面 C 的交线，投影到 D 平面上得到由原点引出的曲线 a 和 b，即为尖点突变的分界

---

① 该图示摘自苗东升：《系统科学精要（第 3 版）》，97 页，北京，中国人民大学出版社，2010。

点集，它是系统控制空间中的结构不稳定点集合。当控制变量 u、v 在下叶（或上叶）移动时没有达到中叶与下叶（或上叶）相交的分界曲线时，系统只有定量性质的改变。而当控制变量 u、v 的变化到达相应的分界曲线时，就会引起系统的突变。

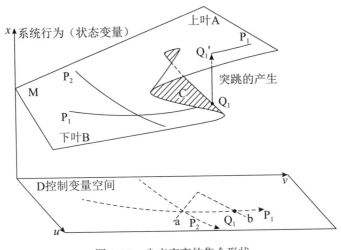

图 3.4.2　尖点突变的集合形状

为了更清楚地解释尖点突变发生的动态过程，在图 3.4.2 中设计了 2 条系统状态变化的运动路径 P_1 和 P_2。P_1 的初始点位于 M 曲面的下叶 B 上，控制变量 u 的值保持较小幅度的变化，v 的值不断增大，从而在下叶保持平滑移动。当 P_1 变动到位于下叶与中叶的交线上的 Q_1 点处，P_1 在 Q_1 点处产生突跳至上叶 Q_1' 处，从下叶的状态 B 突变为上叶的状态 A，而继续在上叶保持平滑移动。P_2 的初始点同样位于下叶 B 上，与 P_1 不同的地方在于，其控制变量 v 的值保持较小幅度的变化，u 的值不断增大。在变化过程中，由于 P_2 没有达到下叶与中叶的交线，P_2 始终在下叶上平滑移动而没有发生突跳。

（三）初等突变理论在社会冲突管理中的应用

突变理论刚引入社会科学研究时，最著名的应用是在决策学中，以齐曼设立的"狗的攻击"这一简单决策模型为代表。随着社会科学研究者对突变理论认识的加深，初等突变理论在社会科学中的应用也随之扩展到语言学、符号学等学科范畴。近年来，有学者将突变理论引入对突发公共事件和公共危机管理的研究中，作为突变论理在社会科学研究中又一新的扩展。

突变理论对研究突发公共事件的发生机制和危机处置手段具有较强的解释力。根据胡税根的定义，"公共危机是由不可预测的、突发的、紧急的、影响广泛的突发公共事件导致的，往往具有相当大的破坏性，会严重影响到社会秩序的稳定和经济生活的运行。"① 公共危机发生前，社会秩序一般处于平稳运行状态，一旦危机来临，社会秩序便受到冲撞产生紊乱，并且在短时间内不易恢复，例如由地震造成的公共危机。由于公共危机具有突发性、紧急性、不可预测等特征，这使得社会秩序往往在瞬间由稳定向混乱转变，这之间就产生了非连续变化。突变理论恰恰可以反映和解释这种非连续变化状态的演化过程。而对公共危机进行预防、控制和管理，从突变理论的角度看就是要调整影响危机变化程度的控制变量的运动路径，使其朝着人们希望的方向发展。

目前已有学者将初等突变理论应用在研究社会安全事件的发生机制和演化过程上，如文献综述中提到的朱正威、胡永涛等人对社会安全事件尖点突变模型的构建 ②，戚志如、陈莺对群体性事件是否触发的尖点突变模型的构建 ③，以及赵来军、程晶晶应用基本突变理论中的尖点突变模型，分析非常规突发事件中的个体行为状态等。④ 还有学者运用突变理论评估突发事件中的城市安全状态。⑤

二、群体性事件冲突升级的尖点突变模型构建

本书将群体性事件冲突升级过程视为一个动态演化的子系统，它存在于"社会"这个更宏大的系统中。随着子系统的演化，它所在的社会系统的状态将发生改变，而"突变"正发生在由于子系统行为状态改变而促使社会状态发生改变的瞬间变化中。突变后的子系统亦表现出不同于原有系统的新状态。需要再次强调的是，本书所定义的群体性事件冲突过程中的"突变"特指群体行动从非暴力冲突到暴力冲突的瞬时改变，而造成社会状态从非暴力冲突状态向暴力冲突状态的突然转化。如此，在对群体性事件发生过程做出系统定义的基础上，研究将借鉴社会冲突相关理论，构建用于分析群体性事件冲突状态变化的尖点突变模型。

---

① 胡税根：《公共危机管理通论》，杭州，浙江大学出版社，2009。

② 朱正威、胡永涛、郭雪松：《基于尖点突变模型的社会安全事件发生机理分析》，载《西安交通大学学报（社会科学版）》，2011，31（03），51~55 页。

③ 戚志如、陈莺：《群体性事件突变理论模型的建立和分析》，载《江苏警官学院学报》，2012，27（02），147~149 页。

④ 赵来军、程晶晶：《基于突变理论的非常规突发事件下个体行为状态研究》，载《中国安全科学学报》，2010，20（12），14~19 页。

⑤ 陈秋玲、张青、肖璐：《基于突变模型的突发事件视野下城市安全评估》，载《管理学报》，2010，7（06），891~895 页。

（一）应用尖点突变模型的可行性分析

"突变理论及相关模型在社会科学的研究中，一个很重要的方式就是经验方式，即在系统的势函数未知的情况下根据系统表现的外部形态来建立它的一个突变模型。社会科学问题的分析基础即是对该模型的突变特征分析。"[1]齐曼在对突变结构的基本特征进行深入分析和研究的基础上，于1976年提出突变现象所遵循的五个基本特征：多模态、不可达性、突跳、发散性、滞后性。"突变理论认为，一般情况下，只要所研究的社会科学问题中出现上述两个以上特征时，就可以运用突变模型进行定性分析。"[2]通过资料收集和初步研究，本研究认为群体性事件的冲突升级过程基本符合上述五个特征。

（1）多模态。"指系统中出现两个或多个不同的状态。"[3]就群体性事件而言，冲突升级前、后所造成的对社会系统的影响分属于两个完全不同的状态：非暴力冲突状态和暴力冲突状态。因而符合系统的多模态特征。

（2）不可达性。"指系统内部存在一个不稳定的平衡位置，即中叶部分，并且这种不稳定状态在实际中不可能达到。"[4]在群体性事件中，群体行动从对抗性状态向暴力状态转变过程中，几乎不存在对其是否实施暴力进行思考的中间状态。因此，该类突发型社会事件符合突变模型的不可达性。

（3）突跳。指沿着运动路径的变化，"控制变量的不同取值使系统状态发生变化，从一种状态向另一种状态的转变是突然完成的，中间的过渡时间非常短"。[5]群体性事件的后果往往都比较严重，能够在较短时间内使社会系统受到破坏，其原因在于，群体性事件中的行动主体决定实施暴力行动并付诸实践是在瞬间完成的，而使得受侵害一方来不及采取有效措施进行防御和抵抗。

（4）发散性。"若系统初始状态位于控制变量上的值都在很小的区域内，且沿着控制变量同比例伸缩的方向变动，那么系统最终达到哪个状态将取决于初始状态的位置。"[6]在群体性事件中，事发的初始状态和紧接下来的变动往往

---

① 凌复华：《突变理论及其应用》，123~125页，上海，上海交通大学出版社，1987。
② 朱正威、胡永涛、郭雪松：《基于尖点突变模型的社会安全事件发生机理分析》，载《西安交通大学学报（社会科学版）》，2011，31（03），51~55页。
③ ［英］桑博德：《突变理论入门》，凌复华译，93~96页，上海，上海科学技术文献出版社，1987。
④ 朱正威、胡永涛、郭雪松：《基于尖点突变模型的社会安全事件发生机理分析》，载《西安交通大学学报（社会科学版）》，2011，31（03），51~55页。
⑤ 同上注。
⑥ 喻彤钰：《政府危机决策协调机制研究及其评价指标体系构建》，清华大学硕士学位论文，2005。

对行动结果有相当程度的影响，因而由于初始状态所处的情境不同，在群体性事件发展过程中即使受到相同因素的干预，也会呈现不同的结果。

（5）滞后性。指沿运动路径，系统突跳不会出现在第一条奇点集上，而是会越过它到达第二条奇点集后才会发生，即突跳存在滞后性。在大多数群体性事件中，从非暴力冲突向暴力冲突的转变存在一个时间酝酿的过程中，该过程往往会出现不止一个可能促使冲突升级的爆发点，但大多情况下突变不会发生在第一个可能引爆的点上，而是存在一定的滞后性，在后继出现的引爆点上被触发。

由于群体性事件冲突升级的过程基本能够满足突变理论的上述特征，因此在接下来的论述中研究将构建用于解释群体性事件冲突升级的尖点突变模型。

（二）尖点突变模型构建的相关变量分析

根据尖点突变模型构建原理，模型由 1 个状态变量（因变量）和 2 个控制变量（自变量）构成。在设计群体性事件冲突升级的状态变量指标方面，研究采用达伦多夫提出的"冲突烈度"概念作为表征冲突层级大小的状态变量。在达伦多夫对社会冲突的研究中，"冲突强度"和"冲突烈度"是作为两个不同概念被提出的。冲突强度指"冲突各方的力量消耗及其卷入冲突的程度"，冲突烈度指"冲突各方在追求其利益时所采用的手段的激烈程度"。[1] 在群体性事件冲突升级的过程中直接体现的是由行动主体所使用的手段不同而产生的对社会系统不同程度的冲击。

在设计群体性事件冲突升级的控制变量指标方面，研究参照赵来军、程晶晶所构建的用于解释突发事件中个体行为状态的尖点突变理论模型，同时结合对群体性事件冲突升级的小样本案例分析，将群体性事件发生的"事件环境"和"群体属性"作为影响冲突升级的控制变量。[2] "事件环境"即群体性事件发生地的地域社会状况以及事件发生过程中群体行动参与者所触及的信息环境和周围情境。群体属性即群体行动参与者集合在一起表现出的群体性特征，包括群体规模和群体结构。后文将对这些变量进行进一步分解。由此确定了群体性事件冲突升级尖点突变模型的三维空间变量。

---

[1]　[德]达伦多夫：《现代社会冲突》，林荣远译，北京，中国社会科学出版社，2000。
[2]　赵来军、程晶晶：《基于突变理论的非常规突发事件下个体行为状态研究》，载《中国安全科学学报》，2010，20（12），14~19 页。

（三）尖点突变模型的数理解释和模型构建

将突变理论运用于社会科学研究，即通过构建相应的初等突变模型定性描述和解释社会科学领域存在的突变现象，本章在运用尖点突变模型解释群体性事件冲突升级现象时，同样对模型中出现的数理概念进行定性描述。"由托姆的数学演化以及齐曼对突变机构的证明过程可知，尖点突变模型的构建是由若干公式相继推导而成。"[①]

（1）势函数。"在社会科学领域中，'势'由系统各个组成部分的相对关系、相互作用及系统与环境的相对关系决定，'系统势'可以通过系统的状态变量和控制变量描述系统的行为，'势'的数学函数描述也是由状态变量和控制变量共同决定的。"[②] 因此，依据尖点突变函数的推导过程，由群体性事件参与主体的行为反应、群体属性及其事发环境构成的社会系统的势函数可表述为 $V=V(x,c)$。在该势函数表达式中，V 表征的是群体性事件对社会秩序构成冲击的势的大小；式中的 x 是状态变量，即社会系统处于非暴力冲突层级还是处于暴力冲突层级；c 是控制变量，即群体性事件发生的事件环境和群体属性，可用参数 u、v 分别表示。由控制变量的变动及其变动造成的状态变量的变动共同影响着系统势的大小。

（2）平衡曲面方程。根据势函数的一阶导数 $4x^3+2ux+v=0$ 构建的平衡曲面方程可以描述为处于群体性事件发生时，该社会系统处于某一状态时候的事发环境状况和群体属性状况。由于每一时点的事件环境和群体属性都在变化，由曲面表征的社会系统状态在每一点处都表现为不同的状态。

（3）奇点集。"在突变理论中，将某平滑函数的位势导数为零的点叫做定态点，在某些定态点附近，连续变化能够引起不连续的结果，此时将退化的定态点称为奇点，由奇点所构成的集合即为奇点集。"[③]在该系统中，奇点集是指促使群体性事件中的行为主体由对抗性行为转化为暴力行为的引爆点，由事发环境变量和群体属性变量中的某些因子决定。当群体性事件的发展触及这些因子时就会发生行为的突变，而导致社会冲突状态的升级。

（4）分歧点集。突变理论认为，当控制变量参数 u，v 在某个范围内变化，状态变量有不止一个极值时，系统必然处于不可达状态。因此分析的关键是求"一对多"时控制变量对应的集合——分歧点集 a—k—b 围成的尖点面积。[④]在群体

---

① 朱正威、胡永涛、郭雪松：《基于尖点突变模型的社会安全事件发生机理分析》，载《西安交通大学学报（社会科学版）》，2011，31（03），51~55 页。

②③④ 同上注。

性事件冲突升级的尖点突变模型中，分歧点集表征的是使行为状态发生突变的所有群体属性分量和事件环境分量恶化的程度。

综合以上分析，得出适用于解释群体性事件冲突升级的尖点突变模型，如图 3.4.3 所示。模型中的折叠曲面 M 表示由群体性事件造成的社会冲突状态，下叶为非暴力冲突状态，上叶为暴力冲突状态，中叶为系统的不可达状态。下叶以 O 为顶点，与水平面呈 α 角向上倾斜，表示从顶点 O 出发，随着事件环境和群体属性的变化，非暴力冲突烈度不断增强。上叶与水平面呈 β 角向上倾斜，表示随事件环境和群体属性的变化，暴力冲突烈度不断增强。模型下方的控制变量空间中，由 O' 点引出"事件环境"和"群体属性"两个分量。其中 O' 点是 O 点在控制变量空间上的投影；"事件环境"分量沿水平方向向外发散，表示事件环境随时间的迁移不断恶化，由此引发群体性事件冲突烈度的增长；"群体属性"分量沿竖直方向向外发散，表示群体属性随时间的迁移发生的改变，由此引发群体性事件冲突烈度的增长。

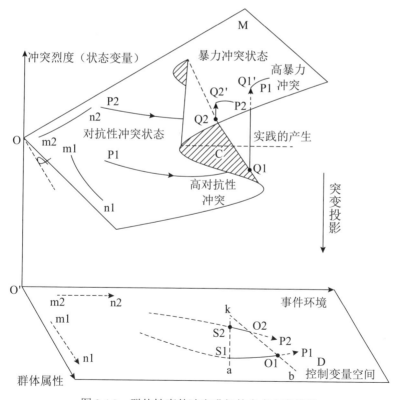

图 3.4.3　群体性事件冲突升级的尖点突变模型

三、基于尖点突变模型的群体性事件冲突升级发生机理分析

（一）运动路径解释

为了进一步说明群体性事件冲突升级的发生机理，特在模型中设计了 4 条运动路径——m1—n1，m2—n2，P1，P2。

m1—n1 线的实际意义是指在事件环境不变的情况下，随着群体属性的变化，非暴力冲突不断增强，例如群体中多了煽动群众实施暴力行为的非直接利益行动者。但由于事件环境处于良好状态，例如地方政府短时间内给予了群众满意的答复，使得 m1—n1 线未能够到达奇点集，因而无法产生从非暴力冲突到暴力冲突的突变。m2—n2 线的实际意义是指在群体属性不变的情况下，随着事件环境的恶化，例如出现了"警察打死人"的谣言，使得非暴力冲突状态不断增强直至突变的发生。

P1 和 P2 的实际意义在于，随着事件环境和群体属性同时恶化，P1 和 P2 按照自身的路径发展均到达奇点集而发生突变。但是二者在控制面上的突变投影曲线与分歧点集 a—k—b 相交形成的线段的长短不同，其中 P1 与分歧点集形成的长度为 S1—Q1，P2 与分歧点集形成的长度为 S2—Q2，S1—Q1 大于 S2—Q2。根据突变理论观点，"长度越大说明两个模态之间的差距越大，而造成突变程度的不同。[①] 因而在平衡曲面上，P1 的突跳大于 P2 的突跳。即在群体性事件的发展过程中，由于事件环境变量和群体属性变量恶化程度的不同，行为主体会发出不同程度的行动的突变，比如有些群众的行为举动会从示威游行突然变化为打砸警车和袭击民警，而有些群众的行为举动会从堵塞交通突然变化为打砸烧地方政府大楼。

（二）模型总结

通过构建群体性事件冲突升级的尖点突变模型，能够对群体性事件的冲突升级过程做出以下判断。第一，群体性事件冲突升级的过程是连续和突变的统一。群体行动过程中一开始的非暴力冲突程度的加深以及突变后暴力程度的加深是一个渐变的过程。突变只发生在从非暴力冲突转化为暴力冲突的过程中。第二，突跳值的大小决定了群体性事件冲突所能达到的最终状态。突变程度越大，对社会秩序的冲击程度和破坏性越强。第三，探寻处置群体性事件的办法，就是要针对控制变量的变动情况进行深入分析和研究，从中寻找出控制变量中那些

---

① 朱正威、胡永涛、郭雪松：《基于尖点突变模型的社会安全事件发生机理分析》，载《西安交通大学学报（社会科学版）》，2011，31（03），51~55 页。

对结果造成关键性影响的分量指标，从而提出政策建议。

四、实证分析

（一）模型和假设

对于冲突升级，本文采用两类分析方法。一类是考察冲突是否升级的影响因素，运用 Binary Logistic 模型来进行分析：

$$\log\frac{P_i}{1-P_i}=\beta_0+\sum m\beta_{im}X_{im}+\sum n\beta_{in}X_{in}+u_i（式4\text{-}1）$$

$$\log P_{i1}-P_i=\beta_0+X_{im}+X_{in}+\varepsilon_i$$

其中，P_i 为事件 i 升级的概率，$X_{im}X_{im}$ 为事件环境变量，包括经济发展水平、受教育水平、就业状况、治安状况等；$X_{in}X_{in}$ 为群体属性变量，包括参与规模、组织化程度和利益关涉度等。β_0 为常数项、β_{im}、β_{in} 为估计系数，U_i 为残差项。

另一类是将四级冲突烈度作为因变量，运用 Ordinal Logistic 模型来分析：

$$\ln\frac{P（Y_{sj}）}{1-P（Y_{sj}）}=\alpha_0+\sum m\alpha_{im}X_{im}+\sum n\alpha_{in}X_{in}+u_i（式4\text{-}2）$$

其中，P 为给定自变量值时，冲突发生的累积概率，X_{im} 为事件环境变量，包括经济发展水平、受教育水平、就业状况、治安状况等；X_{in} 为群体属性变量，包括参与规模、组织化程度和利益关涉度等。α_0 为常数项，α_{im}、α_{in} 为估计系数，U_i 为残差项。

在接下来的论述中，研究将依据自变量设定部分前人的研究结论提出如下研究假设：

假设 1：中国城镇 / 农村人均可支配收入的高低与群体性事件是否由非暴力冲突走向暴力冲突存在一定相关性。

假设 2：某地区平均受教育年限越长，该地区群体性事件达到的冲突等级越低，越不容易从非暴力冲突向暴力冲突突变。

假设 3：某地区发生的群体性事件的参与人数越多，群体性事件越容易由非暴力冲突走向暴力冲突。

假设 4：某地区发生的群体性事件中集体行动的组织化程度越高，群体性事件达到的冲突等级越低，越不容易从非暴力冲突向暴力冲突突变。

假设 5：某地区发生的群体性事件中，群体利益关涉度越高，群体性事件达到的冲突等级越低，越不容易从非暴力冲突向暴力冲突突变。

为验证上述假设，研究将采用 Logistic 回归分析法。Logistic 回归与线性回归一样，假定各样本的独立性，即自变量之间是相互独立的，不存在相互影响的关系。由于研究在选择自变量之前已经剔除了可能造成共线性的变量，因而各变量间不存在明显的共线性问题。

为了探究哪些影响因素促使群体性事件从非暴力冲突向暴力冲突发生突变，研究首先将因变量作为二分变量，运用 Binary Logistic Regression 方法进行模型构建。研究继而考察影响群体性事件达到不同层级冲突状态的因素，将因变量作为定序变量，运用 Ordered Logistic Regression 方法进行模型构建。在两种方法下，研究分别构建了五个模型，前两个模型仅分别纳入宏观变量和微观变量进行对比，后三个模型是在微观变量既定的情况下，逐步纳入宏观因素，考察模型的解释效度。

（二）回归结果和讨论

通过 Stata 进行数据分析，两种方法下的 Logistic 回归结果分别如表 3.4.1 和表 3.4.2 所示。

表 3.4.1　Binary Logistic Regression 模型回归结果

自变量	因变量：冲突是否升级到暴力水平（是 =1）				
	（1）	（2）	（3）	（4）	（5）
人均年收入（log 值）		0.747 （0.963）	-0.598 （0.539）	0.865 （0.759）	1.916 （1.726）
人均受教育年限		-2.729*** （1.029）		-2.779*** （0.935）	-3.861** （1.532）
每万人刑事案件立案数		0.035* （0.020）			0.024 （0.026）
参与规模	-0.310 （0.480）		-0.218 （0.503）	-0.917 （0.686）	-1.439 （1.217）
组织化程度	-2.145*** （0.747）		-2.233*** （0.772）	-2.661** （1.138）	-2.621* （1.593）
利益关涉度	-1.751** （0.877）		-1.778** （0.888）	-3.747** （1.747）	-3.789 （2.75）
常数值	3.651*** （1.229）	17.998** （7.919）	9.088* （5.158）	23.603** （9.289）	24.054* （12.427）
样本数	60	50	60	60	50
LR chi-square	20.42***	22.54***	21.70***	41.73***	38.69***
R^2	0.303	0.409	0.322	0.619	0.702

注：* $p < 0.1$，** $p < 0.05$，*** $p < 0.01$。

　　根据回归模型，如表 3.4.1 所示，将群体性事件是否升级到暴力水平作为因变量。若单独将群体性事件发生的事件环境纳入回归模型，如模型（2）所示，人均受教育年限与社会治安状况均具有显著的解释效度。表明群体性事件升级至暴力冲突与当地宏观的社会地域环境紧密相关。具体而言，人均受教育年限越高，群体性事件越不容易走向暴力；每万人刑事立案数越高，群体性事件越容易走向暴力，社会治安状况的恶化为群体性事件的冲突升级制造了滋生的土壤。但将群体性事件具体发生时的微观情境考虑在内，如模型（5）所示，人均教育程度依然具有较强的解释效度，但万人刑事立案数并不显著，其作用被具体的微观变量所替代。平均受教育年限代表一个地区人口的文化素质高低，从统计数据看，中国各地区的平均受教育水平已达到较高的程度，即处于图 3.4.2 曲线中的右半部分，因而受教育水平与暴力程度呈现显著的负相关性。

　　组织化程度对群体性事件的冲突升级具有较强的解释效度，组织化程度越高，群体性事件越不容易走向暴力。该结论佐证了如下命题，即组织化程度越高的集体行动，会越多地将情感因素排除在行动外，而按照事前的计划、准备、策略以及领导集团的指令行动。由于一切行动听指挥，因而最终的行动演化成暴力的可能性是极小的，除非在开始行动前，领导者和组织者就有将集体行动导向暴力的意图。

　　回归结果还表明，参与群体性事件人群的利益关涉度越高，群体性事件越不容易升级。由于行动人群通常带有明确的目标指向，为达成目标会采取理性的抗争，以引起地方政府的注意，而非以暴力冲突为最终目的。尽管有些事件最终走向暴力，也是由其他的因素刺激所致，并非行动的初衷。同时，利益关涉度高的行动群体在获得官方的回应后也会因满足其物质利益和人身安全的诉求而更轻易地放弃行动。但很多由无直接利益关系者参与的群体性事件，参与行动是为了发泄对社会和地方政府的不满，该行动更容易受情感驱使而走向暴力。

　　同时，对于群体性事件冲突等级进行更为细致的划分，运用 Ordinal Logistic 模型进行分析，结果详见表 3.4.2。影响因素与表 3.4.1 中的大致相同，具有类似的解释效度。表明在群体性事件升级的各个阶段，人均受教育年限、组织化程度、利益关涉度等因素均扮演着至关重要的角色。

表 3.4.2　Ordered Logistic Regression 模型回归结果

自变量	因变量：冲突等级				
	（1）	（2）	（3）	（4）	（5）
人均年收入（log 值）		-0.038 (0.547)	-0.976 (0.405)	-0.094 (0.468)	-0.092 (0.605)
人均受教育年限		-1.815*** (0.476)		-1.638*** (0.425)	-1.991*** (0.510)
每万人刑事案件立案数		0.018* (0.011)			0.013 (0.011)
参与规模	0.357 (0.339)		0.589 (0.380)	0.559 (0.394)	0.747* (0.454)
组织化程度	-1.733*** (0.655)		-1.791*** (0.669)	-1.499** (0.726)	-1.140 (0.794)
利益关涉度	-0.673 (0.557)		-0.791 (0.578)	-1.181* (0.635)	-1.366* (0.725)
样本数	60	50	60	60	50
LR chi-square	13.50***	26.86***	20.05***	38.61***	37.79***
R^2	0.101	0.238	0.150	0.289	0.335

注：* $p < 0.1$, ** $p < 0.05$, *** $p < 0.01$.

综合以上论述，回归研究解答的问题即现有 60 个案例中不同的自变量如何导致因变量的变化，也就是受教育年限的长短、组织化程度的高低、利益关涉度的差异如何造成暴力或非暴力的冲突状态。但除此之外，影响群体性事件冲突烈度的还有一些依情境变化的复杂因素。由于这类因素不适用于进行回归分析，在接下来的论述中，研究将通过定性的方法对其进行统计描述。

本节研究了影响群体性事件冲突升级的那些重要因素。研究显示，在宏观地域因素中，某一地区的经济发展水平对群体性事件的冲突升级没有影响，而该地区的受教育水平会显著作用于群体性事件所能达到的最终冲突状态，人均受教育年限越高的地区，群体性事件中的行动主体倾向于采用相对温和的手段进行抗争。而某地区青年失业率的上升则有助于群体性事件冲突层级的提升。在特定情境下的系列因素中，谣言的生成和传播对群体性事件冲突升级起到较大作用，而由任何一方发出敏感言语和敏感行为，则有助于激发集体行动向更暴力的冲突状态演化。在政府对事件进行应急处置时，领导更早现身事发现场与民众对话，更快地找到能够说服民众放弃行动的方案，则会避免群体性事件的冲突升级。而较早时间出动警力则不一定对群体性事件事态的控制起到积极作用。

就参与集体行动的群体属性而言，当集体行动的人数达到一定规模时，如上百人，行动人数上的增加对群体性事件冲突升级没有影响。而集体行动的组织化程度和利益关涉度则显著作用于群体性事件最终达到的冲突状态。组织化程度越高的集体，越容易采取对抗性的手段而非通过暴力的打砸烧行动进行抗争。同样，利益相关度越高的集体，越容易以温和的手段与相关方进行对抗，并在目标达成后在较短时间内放弃行动。

第五节　社会冲突升级中社会媒体作用分析 [①]

微博等新兴社会媒体的问世与发展，对国家与社会的关系正产生深刻的影响。借助新的媒介技术手段，公众对政府正形成更大的社会压力，也引起了政府对社会管理问题的高度重视。社会媒体之所以引起我们的关注，其核心原因在于，通过社会媒体国家和社会的政治力量平衡可能被打破，并被重置。对于这一新出现的问题，学术界与政府都十分关注，却仍缺乏深入剖析。毋庸置疑，对这一问题的阐释具有重大意义。

一、聚焦新兴社会媒体

2010 年年底至 2011 年年初，非洲国家突尼斯发生了要求总统本·阿里下台的持续抗议活动，并演变为持续骚乱。受到突尼斯骚乱的影响，2011 年 1 月 25 日，由于不满物价上涨、失业率高和腐败等问题，埃及多个城市也开始发生民众大规模集会。超过 25 万人聚集到开罗的解放广场及周边，要求总统穆巴拉克下台。抗议者主要是青年人、妇女，涵盖了从学生到贫困人口的不同阶层。示威者挥舞着埃及国旗和写上"再见穆巴拉克"的布条，并高喊"穆巴拉克到沙特或巴林去"和"我们不要你"的口号。2 月 11 日，穆巴拉克宣布辞职，埃及武装力量最高委员会接管国家。[②]

尽管埃及的动乱有其深刻的政治与经济原因，但许多人也将埃及的政治动荡归因于互联网、脸书（Facebook）和推特（Twitter）等社会媒体，甚至有人称其为"脸书革命"，因为抗议示威的前期策划与动员主要是通过脸书完成的。当时的抗议者在著名的社交网站脸书上建立了若干号召抗议的群，同时通过推

① 本章部分内容已发表，参见曹峰、李海明、彭宗超：《社会媒体的政治力量——集体行动理论的视角》，载《经济社会体制比较》，2012（06），150~159 页。
② 阿拉伯之春，参见百度百科：http://baike.baidu.com/item/阿拉伯之春/9991319？fr =aladdin，2022 年 8 月 3 日访问。

特大量发布消息，在短时间内迅速召集了大量抗议者。政府曾试图通过控制互联网和手机来控制局面。骚乱发生的第二天，埃及政府关闭了互联网和手机服务。但是这一举措激怒了抗议者，随后号召在 1 月 28 日发动代号为"愤怒的星期五"的更大规模抗议。可以说，在埃及的骚乱中，反对派通过社会媒体成功实施了社会动员。当政府以关闭互联网作为回应时，却激起了声势更大的抗议活动，最终横扫全国，并颠覆了穆巴拉克的执政地位。

那么如何定义社会媒体？它的传播特征是什么？如何分析社会媒体的政治力量呢？

二、社会媒体的概念与传播特征

"社会媒体"，英文为 Social Media。卡普兰（Kaplan）和韩莱因（Haenlein）认为，社会媒体是"一组基于互联网的、建立在 Web2.0 的思想与技术基础之上的、并允许用户生成内容的应用程序"。[①] 所谓的 Web2.0，是新一代互联网的概念。在传统的网络中，用户（消费者）仅仅是被动地浏览已经设计好的网络内容。而 Web2.0 是指允许人们撰写、分享、评价、讨论、相互沟通的网站和技术，它利用互联网推动了用户的参与式，构成了社会媒体的技术平台。

社会媒体的具体形态包括微博（如 Twitter、新浪微博、搜狐微博、腾讯微博、网易微博等）、博客（如 Blogger.com、新浪博客、搜狐博客等）、维基（如 Wikipedia、Wikileaks、互动百科、百度百科等）、图片分享（如 Flickr 等）、播客和视频分享（如 Youtube、土豆网、优酷、酷 6 网等）、论坛（如天涯论坛等）、社交网络（如 MySpace、Facebook、开心网、校内网、人人网等）、网络社区（如猫扑网等），以及门户网站新闻的评论等。当下，随着互联网大数据的不断发展，微博、微信、抖音、快手等应用已经成为当下最为流行的社会媒体。[②]

有的文献将 Social Media 称为"社交媒体"。"社交"事实上仅仅是这些媒介的一种功能。从功能上看，具有 Web2.0 技术特点的新型媒体并非都以社交为目的，比如微博、博客、维基、论坛以及门户网站发布的新闻后面的评论。它们的主要功能在于发表观点，而非交友。社会媒体的关键特征在于它可以由社会个体或组织撰写、编辑和发布信息。如果把信息的传播过程分为"信息的生产、信息传播渠道的运营、信息的监管，以及信息的接收"四个环节的话，可以发现这四个环节中，后三个环节在社会媒体中并没有发生显著的改变（图 3.5.1）。

---

① Kaplan, M. Andreas and Michael Haenlein. "Users of the world, unite! The challenges and opportunities of Social Media". Business Horizons, 2010, 53（01）: 59-68.

② 侯玉娟：《大数据背景下媒体融合发展趋势探讨》，载《广播电视信息》，2021，28（04），28~29+33 页。

也就是说，信息传播渠道的运营主体（如提供微博的网络平台、手机短信等）仍然是传媒企业和电信企业，信息传播的监管主体仍然是政府，信息内容的接收主体仍然是一般公众。社会媒体的特质在于信息的生产者和生产过程的变化，它由原来的政府部门生产或者传媒企业生产，转换成为由社会公众生产。

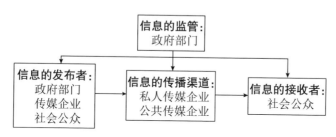

图 3.5.1　信息生产、传播、接受与监管模式

　　因此，我们说社会媒体是"新媒体"，并不仅仅是指传播技术和传播形式的改变，而是信息生产者的变化。或者说只有社会公众与新的传播技术手段相结合的时候，才是真正意义上的"社会媒体"。现在许多政府部门也开设了"政府微博""政务微信公众号"。当政府机构使用了某种形式的社会媒体工具的时候，事实上已经改变了社会媒体的属性，使它重新回到了"政府媒体"。

　　我们认为"社会媒体"强调的是由社会公众生成内容。它突破了传统上政府和传媒企业对内容的垄断和控制，是可以由社会个体或组织撰写、编辑和发布的新型的媒体。由于社会媒体的产生和发展，信息的生产者从原来的政府部门和传媒企业二元结构并以政府为主导的模式，演变成为政府部门、传媒企业和社会公众三足鼎立的模式。

　　社会媒体是随着信息技术发展而兴起的一种全新的媒体形态，众多学者已经开始总结社会媒体在传播上的新变化。[1] 我们认为社会媒体的传播特征在以下五个方面发生了显著的变化（表 3.5.1）。

表 3.5.1　社会媒体与传统媒体比较

传播特征	社会媒体	传统媒体
信息采集	每个社会个体均可采集	主要由媒体记者采集
信息制作成本	低	高
信息发布即时性	高	低
信息传播结构	网络结构	一对多结构
信息的模糊性	较高	较低

① 郭亮：《微博将带来什么》，北京，中华联合工商出版社，2010。

第一，社会媒体的信息采集点大大增加。越来越普遍使用的携带轻便、功能繁多、使用简便的 IT 终端（如集成了上网、拍照、录音和录像等功能的手机），使每个人都具有了采集信息和发布信息的能力，于是人人都成为信息源。在微信等平台上，公众可以分享自己的所想和所做，自己的故事、照片和视频，也可以是身边发生的各种社会事件。2009 年夏天，Twitter 将其公司的口号"你在做什么？"变成了"分享和发现世界上正在发生之事"。这就等于鼓励每个人都成为"公众记者"，使社会媒体的触角深入社会各个角落。每个角落的事件都可能被曝光，只要这些"公众记者"认为是有价值的。

第二，社会媒体降低了信息的制作成本。与社会媒体相对应的，我们把传统媒体（包括广播、电视、图书和杂志等）称作工业化的媒体。传统媒体的信息制作是一个工业化流程，制作成本巨大，参与人员众多，程序复杂。而在社会媒体中，信息制作过程大大简化，成本大大降低。用户可以任意地输入一个话题、引入一个焦点事件、表明一个立场，就成为信息。低成本使每个人都有能力成为信息的制作者。采集便捷化和制作低成本化是推动社会媒体平民化最为重要的技术原因。

第三，社会媒体的信息发布即时性更高。由于第一和第二特点的存在，社会媒体的触手延伸到社会各个角落，因此当事件发生的时候几乎总有社会媒体在场。由于社会媒体的信息制作简单、成本低，信息处理可以在事件发生的现场经过简单加工、无需经任何审核即可瞬时完成并发布。比如，拍摄一两张照片并配以几十个字的说明。这种发布方式使得社会媒体往往赶在传统媒体报道之前发布第一手的信息，对突发事件进行现场直播。所以，从这个角度看，任何政府媒体无论如何也赶不上社会媒体的发布速度。

第四，社会媒体改变了信息的传播结构。在传统媒体（如广播、电视、图书、杂志等）和互联网 Web1.0 时代，信息传播是单向的。少数人是信息的生产者，而多数人是信息的消费者，这种传播类似于一种由中心向四周的传播。而在微博这一类社会媒体结构中，信息的传播从一个中心演变成多中心，从单向演变成多向，从辐射结构演变成网络结构。在社会媒体时代，"关注"与"粉丝"构成了一种特殊的传播关系。当你被某个网友加了"关注"，你就拥有了一个"粉丝"（fans，即喜欢你、关注你的人）。重要的是一个"粉丝"可以关注多个人，而"粉丝"本身也可能有众多的"粉丝"，这形成了一种复杂的网络关系。

第五，社会媒体传播的信息更加碎片化并且模糊性增强。正是由于社会媒体传播信息短小，它不可能对某个事物或者事件进行全方位的描述和评论。社会媒体对客观的真实是基于对碎片信息的拼接和整合。也就是说，当众多信息片段被集成在一起，有可能趋近对事物或事件全面认识。同时，因为社会媒体信息制作迅速，这些信息并没有经过细化、推敲和论证，它可能仅仅是一种情绪的宣泄、一段感受的表达、一次片面的经验、一方偏激的观点、一个行动口号、一句触目惊心的描述。这些信息仅仅传达一种模糊的感觉和非全面的事实，甚至是谎言和假象。

三、社会媒体的社会风险

针对媒体的传播特征，麦奎尔比较了两种模式，即主导模式和多元模式。[①]在主导模式中，媒体的主体是统治阶级或者精英，媒体的管理模式是集中式的所有权控制，其生产是标准化和程序化的，内容是自上而下的选择和制定的，受众是被动的，其效果是认同已有的社会秩序。而在多元模式中，媒体的主体是彼此互相竞争的政治、经济、社会、文化的利益团体，存在众多的、彼此独立的媒介，其生产是自由的、独创性的，内容是多样的、相互竞争的，受众是分散的、有反应的，其效果是不连贯、不可预测的。

我国传统的媒体（包括图书、杂志、报纸、广播、电视和传统的网络媒体）更倾向于主导模式，因此社会媒体产生和发展意味着媒体在由主导模式向多元模式转变。在传统媒体环境，政府和社会之间已形成一种均衡。但社会媒体新的传播技术和方式正在赋予公众更强的政治力量，从而倾向于打破传统上政府与社会之间建立的均衡秩序，从而带来有关的社会稳定风险。社会媒体给政府带来的挑战不是来自技术上的挑战，而是来自多元模式的挑战。

对于这种挑战，政府最为关注的是社会媒体对于事关社会及政治稳定的集体行动、社会运动乃至革命的影响。所谓的集体行动是由许多个体参加的、具有很大自发性或组织性的政治行为；社会运动是由许多个体参加的、高度组织化、寻求或反对特定社会变革的制度外政治行为；而革命是有大规模人群参与的、高度组织化的、旨在夺取政权并按照某种意识形态对社会制度进行根本改造的制度外政治行为。[②]从制度化角度看，社会运动和革命通常是非制度化的，而集体行动在某些国家是制度化，在某些国家是非制度化的。从组织化角度看，与社会运动和革命相比，集体行动的组织化和所追求的社会变革程度较低。比如我们国家发生的大多数群体事件多属于组织化程度很低的集体行动，主要以利益诉求为目标，较少具有社会变革的诉求。但是应注意的是，集体行动、社

---

① ［荷］丹尼斯·麦奎尔：《麦奎尔大众传播理论》，崔保国、李琨译，北京，清华大学出版社，2010。

② 赵鼎新：《社会与政治运动讲义》，北京，社会科学文献出版社，2006。

会运动和革命是可以升级转化的。集体行动可能酝酿转化为大规模的社会运动，进而有可能升级成为革命。

在众多的社会集体行动理论中，斯梅尔塞（Smelser）提出了要素累加模型（Value-added Model）。[①] 该模型认为集体行动是由以下六个因素决定的：结构性的诱导因素、结构性的怨恨和相对剥夺感、普遍化的信念、触发社会运动的因素或事件、有效的运动动员和社会控制能力的下降。随着各因素不断累加，发生集体运动的可能性也逐渐增加。这个模型为解释当前中国的社会冲突事件提供了非常好的框架。

结合要素累加模型、集体行动理论和传播学模型，我们提出社会媒体对集体行动的影响模型。按照前面的讨论，社会媒体并不指单纯的媒介手段（比如微博），它是新型互联网媒介与社会使用者共同构成的。在图 3.5.2 的左侧虚线框内的信息社会发送者、社会媒介技术手段、信息的社会接收者共同构成了社会媒体。发送者与接收者通过社会媒介技术手段进行互动和信息交换。在图 3.5.2 的右侧虚线框内是要素累加模型。在特定的社会结构条件下（比如政治不平等、官僚阶层腐败、贫富分化等）社会公众产生结构性的怨恨或者相对剥夺感，并形成某种普遍化的信念，即对某种特定的社会问题产生的症结及其解决途径产生共同认识。以上就构成了集体行动产生的制度性背景因素。事实上突尼斯和埃及发生的社会骚乱就是在大的制度性因素下被点燃的。但是集体行动的发生往往是某个或者几个事件触发的，比如突尼斯的骚乱就是由城管和小摊贩的冲突事件引起的。[②] 当触发事件发生以后，可以通过传统的社会网络组织进行运动动员。但是当存在社会媒体时，触发事件则对社会媒体产生了刺激，社会媒体则可对社会动员产生积极作用。进一步，当政府的社会控制力下降的时候，集体行动、社会运动乃至革命就有可能发生。所以社会媒体的政治力量集中体现为它对于集体行动的动员影响力。

社会媒体对与社会集体行动的动员作用表现在两个方面：第一是形成社会舆论场，从而激发国民情绪，形成心理共鸣，为集体行动提供认知强化；第二，形成非正式组织网络，从而为集体行动提供组织基础和协调机制。以下我们对这两个方面进行详细地分析。

---

① Smelser, Neil J. Theory of Collective Behavior. New York: Free Press, 1962.
② 突尼斯骚乱不断升级，参见搜狐新闻 http://news.sohu.com/s2011/tunisiansprotests/，2022 年 8 月 3 日访问。

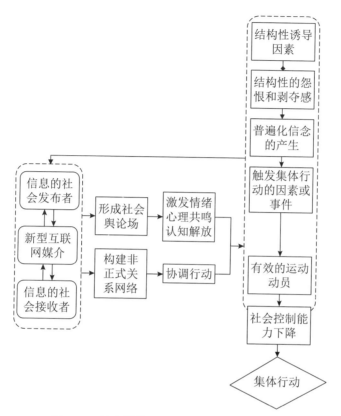

图 3.5.2　社会媒体对社会集体行动风险的影响

（一）社会媒体为社会动员提供情绪、心理和认知的基础

一个人不可能亲身经历所有的事件，因此他对于周围世界的了解在很大程度上依赖于媒体报道。就某个事件而言，媒体传播的信息可以分为两类，一类是关于事件的描述，另一类是关于该事件解读和评论的描述。新型互联网媒介技术手段与普通社会公众相结合形成了不同于传统政府媒体和市场媒体的社会媒体。社会媒体的产生和发育在某种程度上开辟了社会公众公开表达意见的渠道和空间，由此形成了不同于"官方舆论场"的"社会舆论场"。传统媒体在信息的制作和传播上是一体化的，更容易受到政府的控制，因此在信息发布和舆论立场上更会倾向于政府一方。社会媒体则全然不同，信息的制作过程社会化了，任何人都可以发表言论。社会媒体使每个人都成为"公民记者"，而且所有的信息都是直接的、未经过滤的原生态信息。在利益多元化、人员阶层化的社会中，社会媒体不再是政府政策宣讲者，而是反过来日趋成为一种"问责"的工具。透过社会媒体，公众获得了一个非正式的但又直接的渠道对他们所质

疑或反对的内容提出异议，因此就有可能形成"官方舆论场"和"社会舆论场"针锋相对的局面。社会媒体所形成的社会舆论场可以通过三个方面对集体行动的社会动员产生影响。

第一是激发情绪。社会媒体关注的焦点往往首先是由某个触发事件引起的，比如"7·23"甬温线动车事故。[①] 在突发事件中往往带有一些有争议的、触目惊心甚至是惨烈的场面，社会媒体中的信息发布者通过自己的设备采集这些文字、声音和画面，不加编辑或者稍加编辑后即通过社会媒介发布，很容易激发社会媒体受众的紧张、悲伤、不满、愤怒的情绪。而集体行动的基础就是这些情绪的抒发和表达。在社会冲突中可以发现往往有些个体是受到现场的感染即卷入冲突的，事实上社会媒体就可以提供这种身临其境的场面，从而激发参与者的情绪。

第二是心理共鸣。社会媒体的受众往往一开始就具有某些共同的倾向，这种倾向的本质就是模型中所提到的，由于某种结构性的诱导因素所导致的怨恨或者相对剥夺感而形成的普遍化观念。当触发事件发生以后，在社会媒体的舆论场中，经过发布者和接收者的组群信息交换后，组群的成员会彼此印证先前形成的普遍化观点（比如官员是腐败的、官商是勾结的、政府对于弱势群体是冷漠的），从而形成心理共鸣。在这种心理共鸣下，"他们的感情和思想都转向了一个方向，他们的个性消失了，形成了一种群体心理"。[②]

第三是认知解放。要使一个集体行动从潜在可能变为现实，集体行动群体必须经历一个认知解放过程，即原来在人们眼中合法的变得不合法，合理的变得不合理了。[③] 认知解放的核心就是对现有制度的结构化弊端的认识，比如财富占有的不均等、政治权利的不平等、分配过程的不公平等。在社会舆论场中，舆论领袖通过描画"是什么"、解读"为什么"和提出"该怎么办"，催生认知解放。这为集体行动的社会动员提供了广泛的基础，从而形成所谓一人振臂一呼、万人群起响应局面。在这种情势下，人们被巨大的情绪洪流和心理狂热所裹挟，对社会秩序极易造成巨大的冲击。

---

① 7·23 甬温线特别重大铁路交通事故，参见百度百科 https://baike.baidu.com/item/7%C2%B723%E7%94%AC%E6%B8%A9%E7%BA%BF%E7%89%B9%E5%88%AB%E9%87%8D%E5%A4%A7%E9%93%81%E8%B7%AF%E4%BA%A4%E9%80%9A%E4%BA%8B%E6%95%85/10805173?fr=aladdin，2022 年 8 月 3 日访问。

② ［法］古斯塔夫·勒庞：《乌合之众：大众心理研究》，冯克利译，北京，中央编译出版社，2005。

③ McAdam, D. Political Process and the Development of Black Insurgency 1930-1970. Chicago: University of Chicago Press, 1982.

（二）社会媒体以非正式网络为社会动员提供组织基础和协调机制

理性取向的集体行动理论认为组织在集体行动中扮演重要的角色。蒂莉（Tilly）认为要把集体利益转化成为集体行动，组织力量非常关键。社会媒体通过构造虚拟空间，并搭建人与人之间的联系，形成了一种非正式的网络组织，从而推动集体行动的爆发。这种非正式网络组织具有三个重要特征。[1]

第一，网络的组织结构。在社会媒体构造的网络中，没有官僚结构，没有固定的领导层，成员没有特定的职责，组织缺乏稳定性。但是由于互联网遍及世界各地，使得社会媒体网络组织的覆盖范围大大扩展，甚至为跨国动员提供基础。[2] 社会媒体空间为该类组织提供了活动场和集散地，组织成员在特定的人或事件的吸引下会产生聚拢和围观效应。组织的某些成员居于网络的中心位置，可以通过对私人或公共事件进行描述或评论。

第二，网络的成分特征。在社会媒体所形成的社交网络中，不论社会成员在身份、物理空间、血缘等传统关系纽带上有无关联，任何两个社会成员都可以有效地"被联系起来"。组织成员的资格已经没有这么重要，他们仅是在某些时刻对于某些事件（如某个突发事件发生的时候，或者街头游行示威正在进行的时候），通过网络的主动参与表达自己的关注。因此，社会媒体成员的异质性较强。

第三，网络的关系强度。格兰诺维特（Granovetter）在研究社会网络时，提出了关系强度的概念，将社会网络中的关系分为强关系和弱关系。[3] 在社会媒体形成的网络中，也存在强关系和弱关系。强关系是网络成员间既有社会关系的强化（比如在现实社会中已经是亲戚、朋友、同事，然后又通过社会媒体进行联系），而弱关系是仅仅通过社会媒体建立起的沟通关系。在社会媒体所形成的网络中存在大量的弱联系，他们仅仅因为对某个议题的关注而集聚、联系在一起。社会媒体网络组织虽然缺乏中心性控制，但是可以通过自发性获得内聚力。

通过社会媒体形成的网络为集体行动提供了组织基础，同时社会媒体还为这种网络组织提供了新的协调机制。集体行动者可以通过社会媒体进行所谓的

---

[1]　Tilly, Charles ed. The Formation of National States in Western Europe. Princeton: Princeton University Press, 1975.

[2]　[英] 安德鲁·查德威克：《互联网政治学：国家、公民与新传播技术》，任孟山译，北京，华夏出版社，2010。

[3]　Granovetter, Mark S. The Strength of Weak Ties, The American Journal of Sociology, 1973, 78（6）：1360-1380.

"灵巧的移动协调机制"。[①] 传播技术很久以来就是进行社会动员强有力的工具。[②] 但是，社会媒体所采用的移动式无线互联网技术可以使集体行动的协调变得更为有效率。抗议的人群通过移动电话、短信、微博、BBS、论坛或网上聊天工具相互联系、互通信息，从而变成了更为"灵巧的暴民"。[③] 行动者通过社会媒体的技术手段，实现"个人意见的动态集结"，由此可以随时协调组织、变换策略。

四、政策启示与结论

社会媒体的产生和发展正赋予社会公众新的力量，它可以形成社会舆论场、构造非正式网络，从而为集体行动提供情绪、心理和认知的基础，以及大范围的网络组织和灵巧的协调机制。从政府的角度来看，如何有效地规制社会媒体已经成为社会管理中的重要课题。因此，针对前面的分析，我们提出如下政策建议。

第一，从制度层面看，社会媒体尽管可以对集体行动的动员起到作用，但是从模型来看，问题的表象是社会媒体，但是问题的根本不在社会媒体，而在于国家、市场、社会运行体系中的弊病，这种弊病就构成了图3.5.2中的结构性诱导因素。正是结构性的诱导因素使人们产生了愤恨或者相对剥夺感，进而形成某种普遍化信念。所以，唯有能够通过改革和制度优化，消除其结构性的诱导因素（比如贫富分化），才能大大减小社会集体行动基础。消除结构性诱导因素是国家进行制度创新的指向，是一个系统工程。我们可以发现有的上访事件或社会群体事件不是个别现象，也不是某个部门独立可以解决的，因为这是制度性因素造成的。单靠碎片化的社会管理创新并不能解决系统性的问题。只有深刻剖析并进一步弱化和消除这些结构性诱导因素，才能从根本上消除诱发广泛集体行动，乃至社会运动和革命的风险。

第二，从触发事件的角度分析。当触发事件发生的时候，应充分利用一切传播手段提高政府信息发布的即时性。我们在前面已经分析，社会媒体信息采集点多、信息发布成本低、信息传播成网络状，因而信息传播的即时性高，总具有"先手优势"。尽管各级政府目前也逐步开设政府微博等，但这在本质上已经不再是社会媒体，而是政府借用社会媒体所采用的媒介技术而建立起的政府媒体。政府微博在即时性上仍然无法与社会媒体相匹敌，因为面对突如其来

① ［英］安德鲁·查德威克：《互联网政治学：国家、公民与新传播技术》，任孟山译，北京，华夏出版社，2010。

② Jones, A. Wired World: Communications Technology, Governance and the Democratic Uprising. In Comor, E.(ed.). The Global Political Economy of Communication: Hegemony, Telecommunication and the Information Economy. Basingstoke, UK: Macmillan, 1994.

③ Rheingold, H. Smart Mobs: The Next Social Revolution. London: Pine Forge, 1993.

的触发事件，政府需要审核、决策，需要对信息发布后的效应进行评估。虽然政府媒体信息发布的即时性不可能超过社会媒体，但是可以尽量缩短它们的时间差。这样做的意义是避免社会媒体所带来的情绪、心理和认知效应的发酵时间。如果政府部门在"发布还是不发布""发布部分信息还是全部信息""是否需要否认一部分事实"这些问题上犹豫不决，就会让社会媒体的"先手优势"更加明显。因此必须改善各级政府在触发事件发生后的决策过程，尽量缩短政府媒体与社会媒体在信息发布上的时间差，从而避免社会媒体中谣言和虚假信息酝酿和大面积传播。

第三，从舆论管理的角度分析。政府应尽量充分发布信息，进行舆论场的平衡，积极缓和公众情绪、调控心理共鸣、引导社会认知。社会媒体可以发表短小精炼的消息，但是却不能对消息中的事件进行从头到尾的详细陈述；其评论侧重于发表观点或者表达情绪，但却不足以提供支撑观点的详细逻辑。对于事件的深度报道与评论，政府所掌控的传统媒体则更有优势，它更加专业和系统，内容更加完整和翔实。因此政府以客观、理性的态度，发布更为全面的信息，将公众置于均衡的信息场中，避免群体极化，并进一步引导网民客观、冷静地发表观点，使社会媒体成为人们沟通与交流观点的平台，而不是宣泄情绪手段。

第四，从监控互联网的角度分析。各级政府普遍重视加强对社会的控制力，包括对互联网的监视。在现代政治理论中，监视是一个重要的话题，它作为国家监控人们行动方式自古就有。随着互联网在全球的普及，对互联网的监视和控制正变成一个重要而富有争议的话题。这里涉及言论自由、个人隐私的问题，以及政府是否有权力在示威、游行和骚乱发生的时候关闭互联网，以切断其"灵巧的协调机制"和"跨国动员的渠道"。应当明确的是，政府对社会的控制是维护社会秩序的必要手段，特别是当公共利益和公共安全受到威胁的时候。这需要审慎的法律制定来明确政府的权责。

最后，从模型中也可以看到，集体行动的产生最终是因为政府对社会控制力的下降。目前各级政府都在进行社会管理创新，也希望通过加强社会控制力来避免冲突性的集体行动、社会运动和革命的发生。但是，前面所讨论的社会结构性诱导因素、结构性的怨恨和剥夺感及普遍化的观念是诱发集体行动的根本。加强对社会的控制力而不消除结构性诱导因素是治标不治本的做法，所获得的稳定也仅仅是高风险状态下的稳定。关闭某些互联网站或屏蔽某些信息的做法是一种类似关闭阀门式的做法，虽然可以起到一时之效，但这并不能消减水流对阀门的压力。而且随着压力越来越大，维持阀门系统的成本也会越来越高。因此，面对社会媒体的压力，考虑如何有效地疏导才是解决问题的根本思路。

第四章　中国社会矛盾的预防模式研究

在前面系统分析中国社会稳定风险形态走势以及社会冲突演化机理的基础上，本章将专门关注这些风险和冲突的关口前移性问题即社会矛盾的预防模式问题，即主要分析社会矛盾的基本概念界定与特征，在社会生态系统治理理论框架下构建对社会矛盾发生与演化机理的理论解释框架；进而系统构建社会矛盾预防的理论路径；而后以浙江枫桥、四川遂宁、北京朝阳、吉林安图等四个社会矛盾预防的典型模式为案例，按照社会矛盾预防的理论路径，从制度与社会环境、社会认知与心态以及治理机制等入手，对社会矛盾预防实践展开实证分析；在总结上述预防模式经验的基础上，提出社会矛盾预防模式推进的路径及相关政策建议。

第一节　社会矛盾的内涵与发生机理

本节基于对既有相关文献的回顾分析，并结合中国转型期社会背景，界定了社会矛盾概念的内涵，回顾了关于社会矛盾发生与演化机理的既有理论解释以及本章将采用的理论视角，以为后续理论分析做准备。

一、当前社会矛盾的内涵

在中国的政治和社会生活中，"社会矛盾"是一个常见词汇。在我党坚持的马克思主义意识形态中及在其指引下确立的各个时期的基本方针和政策中，"社会矛盾"始终是一个基本范畴。我党对这个范畴的具体内涵的认识始终在与时俱进地发展。党的十九大报告对此给出的最新论断是："中国特色社会主义进入新时代，我国社会主要矛盾已经转化为人民日益增长的美好生活需要和不平衡不充分的发展之间的矛盾。"[1] 上述意义的"社会矛盾"对应的是从马克思主义哲学层面就经济社会发展所做的整体性判断。与上述意义上的"社会矛盾"不同，还有社会学和公共管理意义上的"社会矛盾"：一方面，这个意义上的

---

[1]　准确理解"不平衡不充分的发展"，参见百度网 http://baijiahao.baidu.com/s？id=15892514606，2022 年 8 月 3 日访问。

社会矛盾指的是不同层面的社会主体（个体、群体或组织）之间的具体社会关系的一种状态或属性，或 / 及这些社会主体之间的具体社会互动的一种产出，反映的是不同主体之间的利益、认知和价值观念等的不兼容甚至对立及其社会后果。这种社会学意义上的"社会矛盾"与"社会冲突"和"纠纷 / 争议"等属于同一范畴，普遍存在于各个社会之中；对之可以从不同角度加以区分，如（群体）内部矛盾与外部矛盾、现实性矛盾与非现实性矛盾等。① 另一方面，虽然这个社会学意义上的社会矛盾并非只有负功能，但在现实和实践中，一般都被视作应予以避免或消除的不利现象或后果，从公共管理的角度看，便属于一类社会问题；避免或消除社会矛盾便是公共管理者的一项重要职能——这在当代中国语境下便是防范和化解社会矛盾（与冲突）、维护社会和谐稳定。② 本章以下内容所关注的，便是上述社会学和公共管理意义上的社会矛盾，即发生在具体的社会关系和社会互动中并被视作一类需要加以解决的社会问题的社会矛盾。

根据毛泽东同志关于社会矛盾的经典理论，可以将社会矛盾区分为非对抗性的人民内部矛盾和对抗性的敌我矛盾。③ 就当前社会矛盾的性质而言，一些研究虽然并未认为可将其归入敌我矛盾范畴，但强调其可能的对抗性。比如，朱力基于对进入 21 世纪以来社会矛盾发展演变的分析提出了"刚性社会矛盾"的概念。朱力认为，刚性社会矛盾形成于社会结构因素，与社会成员生存利益有关，与之有关的冲突的强度与烈度具有高对抗性，"与改革初期以个体之间的矛盾纠纷为主体的柔性矛盾有较大区别"。④ 与上述认识不同，大多数研究的认识则与官方的判断一致或相近，即更为明确地指出当前的社会矛盾仍然主要是非对抗性的人民内部矛盾。⑤ 从这些研究的发现和观点来看，当前的社会矛盾具有如下基本特征：

首先，以改革和政策为主要诱发因素。打破了既定的利益和观念格局，引发了各种矛盾与冲突，又为卷入这些矛盾与冲突的民众提供了诉求表达的机会。

---

① ［美］L. 科塞：《社会冲突的功能》，孙立平等译，北京，华夏出版社，1989。

② Lan, Z. A Conflict Resolution Approach to Public Administration. Public Administration Review, 1997, 57（01）：27~35.

③ 毛泽东：《毛泽东文集》，第 7 卷，204~216 页，北京，人民出版社，1999。

④ 朱力：《刚性社会矛盾内涵与特征——关于我国 21 世纪以来重大社会矛盾的探解》，载《中共中央党校学报》，2016（02）。

⑤ Sapio, F. The Invisible Hand of Government: the Conceptual Origins of Social Management Innovation. In Trevaskes et al. The Politics of Law and Stability in China. Cheltenham & Northampton: Edward Elgar, 2014. 248-249.

这在国企改制、劳工权益保护等问题领域尤为明显。[1][2] 从更具体的层面来看，政策变化的时间跨度短、频率高、规模大是当代中国公共政策的典型特征；一些政府及部门在有些领域制定并执行的这些具体政策及其不断变化推动了改革的进程和转型发展，同时也在不断地引发相关社会矛盾与冲突，滋生社会不稳定风险。[3] 总之，持续的改革和高频率的政策变迁推动了中国快速的转型和高速的发展，也会伴随社会矛盾与冲突的出现。

其次，以现实利益为主要缘由、整体上具有非对抗性。如既有研究指出的，作为当前社会矛盾与冲突的相对激烈形式的各类"抗争"大多是指向政府的具体政策（及行为）及具体问题，大多是局部且分散的，没有明确的规范性立场和有力的组织基础，不会形成具有对抗性的社会分裂。[4] 矛盾与冲突的当事方在表达其诉求时非但不会采取对抗性策略，还会有意识地避免形成对抗性局面。[5] 换言之，矛盾和冲突的当事方所图的只是解决现实问题、满足他们的现实利益诉求，而并没有其他的主张。当然，社会矛盾与冲突的当事方也有他们关于"正义""权利"的观念和话语，这些观念也会在他们的诉求表达乃至所谓"抗争"中发挥作用。即便是"表达权利"（rights-asserting）的"大规模抗议"也大多数是以既定（法律）规则为框架——正是这些法律规则界定了什么是"权利"；[6] 即便是具有较高受教育水平和权利意识的中产阶级所图的也不过是有个"更好的生活"。[7]

最后，具有弥散性和棘手性。从整体上而言，当前的社会矛盾是以分散的、无组织化的形式出现的，通常表现为个人行为或自发的群体行为，随时可能发生在任何地方和领域。[8] 这种无组织化特征表明这些社会矛盾不具有对抗性，就

① Lee, C-K. Against the Law: Labor Protests in China's Rustbelt and Sunbelt. Berkeley: University of California Press, 2007.

② Ngai P et al. The Role of the State, Labour Policy and Migrant Workers' Struggles in Globalized China. Global Labour Journal, 2010, 1（1）: 132-151.

③ Zhu D，Cao S. Decision-Making and Risk Sources: Key to Source Governance for Social Stability. Chinese Political Science Review, 2020, 5（1）: 95-110.

④ Liu C. Beyond Coercion: The New Politics of Conflict Processing in China. China Political Science Review, 2017, 2（2）: 221-236.

⑤ Fu D. Disguised Collective Action in China. Comparative Political Studies, 2017, 50（4）: 499-527.

⑥ Biddulph S. The Stability Imperative: Human Rights and Law in China. Vancouver & Toronto: UBC Press, 2015: 11-12, 24.

⑦ Xiong Y. Becoming a Good Citizen for a Better Life: Why Does the Middle Class Prefer Negotiation over Rightful Resistance in Shanghai. Japanese Journal of Political Science, 2018, 19（2）: 313-331.

⑧ Chen F，Kang Y. Disorganized Popular Contention and Local Institutional Building in China: A Case Study in Guangdong. Journal of Contemporary China, 2016, 25（100）: 596-612.

形成了类似于周雪光曾指出的"大数"现象的局面，即虽然具体内容和诉求各异，但由于有相同或相近的背景和根源，大量的社会矛盾"一窝蜂"地出现。① 这也就意味着负有解决矛盾任务的各级党委政府，尤其是地方和基层党委政府要面对具体内容各异的大量矛盾纠纷。② 在转型发展过程中，大量的社会矛盾很难通过制度化（司法）渠道被有效解决。③ 而若处理不当，对于地方党委政府而言则往往意味着要面对"一票否决"式的问责。④ 此外如毛泽东同志在《关于正确处理人民内部矛盾的问题》一文中指出的，"在一般情况下，人民内部的矛盾不是对抗性的。但是如果处理得不适当，或者失去警觉，麻痹大意，也可能发生对抗"。⑤ 因此更重要的是，虽然当前的社会矛盾基本上都属于非对抗性的人民内部矛盾范畴，若处理不当则从中完全有可能衍生出更具对抗性的社会矛盾与冲突。

二、社会矛盾的发生与演化机理

社会矛盾作为一种社会现象有其发生与演化机理，对社会矛盾发生与演化机理的准确把握是社会矛盾预防的必要前提。本节基于对既有相关理论视角的分析，梳理社会矛盾发生与演化条件，并对社会矛盾发生与演化进行阶段分析，最后在社会生态系统治理框架下解释社会矛盾是如何发生和演化的。

（一）对社会矛盾发生与演化的既有理论阐释

1. 社会安全阀理论

社会安全阀是美国冲突功能主义社会学家科塞用来形容发泄情绪对于冲突的社会功能的概念。⑥ 安全阀原来是指锅炉中的零部件，锅炉通过它自动释放蒸汽压力，保证锅炉内的气压维持在一定范围内，从而确保锅炉的正常运作。科塞借用这一工业术语，创造性地提出了社会安全阀的概念：为社会或者群体提供正当渠道来表示和发泄平常积累的不满情绪，释放社会压力，避免这种敌对

① 周雪光：《中国国家治理的制度逻辑：一个组织学研究》，400~404页，北京，生活·读书·新知三联书店，2017。
② Chen F. Local State Adhocracy: Infrastructural Power and Stability Maintenance in Grassroots China. Problems of Post-Communism, 2020, 67（2）：180-192.
③ Peerenboom, R. More Law, Less Courts: Legalized Governance, Judicialization, and Dejudicialization in China. in Ginsburg, T. & Chen, A. H. Y. (eds.). Administrative Law and Governance in Asia. London & New York: Routledge, 2009: 189-191.
④ Ang Y Y. The Problem of Defining Success in China's Bureaucracy. Eai Working Paper，2017.
⑤ 毛泽东：《毛泽东文集》，第7卷，211页，北京，人民出版社，1999。
⑥ [美]L.科塞：《社会冲突的功能》，孙立平等译，北京，华夏出版社，1989。

情绪超出系统的耐压能力，形成严重冲突，导致系统瓦解。本质上，安全阀是调节冲突使之不至于瓦解社会的一种机制。故社会要建立一种"安全阀"制度；这种制度有两种类型：其一是在不破坏群体关系的前提下，允许针对源对象的敌意或冲突行为在社会所认可的手段或限度内表现出来；其二是通过设置替代目标以转移针对原始目标的敌意。①

科塞的"安全阀"理论观点概括起来有：通过安全阀释放被封闭的敌对情绪，可以起到维系关系的作用，但是安全阀不能解决问题，只是缓和矛盾，可以提供替代目标及发泄的手段，转移原始的目标，越僵化的社会结构，安全阀也就越重要。

2. 社会燃烧理论

社会燃烧理论由中科院牛文元教授借用物理学中的自然燃烧原理提出。② 该理论将社会的无序、失稳和动乱与燃烧现象进行合理的类比，认为引起社会无序包括三个缺一不可的环节，即燃烧物质：人与自然的不协调、人与人的不和谐；助燃剂：部分媒体的误导、小道消息、社会心理恣意放大、敌对势力的恶意攻击、非理性的推断等；引爆点：有一定规模和影响的突发性事件。③ 社会燃烧理论的作用主要是借用物理理论，剖析现有社会问题，然后构建一套社会稳定预警系统，用来预测社会稳定的潜在危险，及时有效化解风险，保证社会和谐有序。

根据社会燃烧理论，需要构建稳定预警系统，通过合理、有效的风险评估和预警，及时发现并疏导风险等，预防社会燃烧的发生。④

3. 全面风险治理理论

不同于将风险理解为损害乘以事件发生的概率，贝克提出了"风险社会"的概念；风险社会指的是特定社会情境下，人为制造的不确定性的逻辑，要求社会结构、制度和联系向更加复杂、偶然和断裂性的形态转变。⑤ 风险社会的到来及其发展推动了从风险管理到风险治理的发展。风险管理主要是根据对相关后果及其危害的预测采取行动；在风险管理的基础上引入风险评估，也即事先估算某些具有危害性后果的事件发生的概率及其可能的危害程度，借此为风险管理提供一种集中的和管理上可控制的工作方式，使应对风险的路径实现系统

① 陈晓云、吴宁：《中国社会矛盾学说与西方社会冲突理论之比较》，载《汕头大学学报（人文社会科学版）》，2004（01）。

② 牛文元：《社会物理学与中国社会稳定预警系统》，载《中国科学院院刊》，2001（01）。

③ 牛文元、叶文虎：《全面构建中国社会稳定预警系统》，载《中国发展》，2003（04）。

④ 杨芳勇：《论社会燃烧理论在"重大事项"上的应用——重大事项社会稳定风险评估的理论基础与方法模型》，载《中共浙江省委党校学报》，2012（04），106~108页。

⑤ Beck U. Risk society. Sage，1992.

化，确定行动重点，或可借此降低风险，并优化风险与收益的平衡，则构成传统意义上的风险治理。[①②③]

在以上对风险管理及风险治理认识的基础上，国际风险治理理事会（IRGC）于 2005 年出版了风险治理白皮书，提出了基于流程设计的风险治理框架，为推进风险治理研究与实践提供了重要参照。[④] 基于对风险及其管理和治理的理论与实践的发展成果并结合国内相关领域风险及其管理和治理的现实，国内学者提出并不断发展了本土化的全面风险治理理念与理论。[⑤⑥] 全面风险治理是指公共部门以及与风险有关的行为主体和利益相关者参与的，包括信息的收集、分析、沟通以及管理决策，制定相关规则、流程和机制所形成的更为复杂的多层次、多主体、多维度的治理结构。全面风险治理理论不同于以往的风险治理理论，是从单一风险到复杂多元风险治理的全过程演变。治理主体、治理过程和治理方式的诸多变化，蕴含了政府从单方面的风险控制到全面风险治理思路的根本转变。主要特征有：一是主体的多元化。要求将法律、制度、社会和经济的诸多变量纳入风险评价中，公共部门不只是唯一的参与主体，与风险有关的行为主体和利益相关者，都应当纳入风险治理的结构中来。二是治理过程的多层次。风险治理涵盖了与风险信息的收集、分析、沟通以及管理决策制定有关的行为主体、规则、惯例、过程和机制所形成的复杂的网络，并且要求多个行为主体和利益相关群体的合作与协调。三是治理方式的多维度。风险治理还要求将诸如制度安排、政治文化以及不同的风险感知纳入环境变量中加以分析和考量。以全面风险治理的理论为指导，进行制度创新，形成多层次、多主体、多维度的矛盾预防制度设计，达到预防矛盾的目的。

（二）社会生态系统治理框架

本章中的社会生态系统治理框架由本研究组负责人、清华大学公共管理学

①　Alaszewski A, Harrison L, Manthorpe J. Risk, health and welfare. Policies, strategies and practice. Open University Press, 1998.

②　Tierney K J. Toward a Critical Sociology of Risk. Sociological Forum. Kluwer Academic Publishers-Plenum Publishers, 1999, 14（2）：215-242.

③　Rimmington, J. Overview of Risk Assessment. Risk Assessment Conference. Queen Elizabeth II Conference Centre, 1992.

④　IRGC. White Paper on Risk Governance: Toward an Integrative Framework. 2005.

⑤　彭宗超：《中国社会矛盾的全面风险治理——兼谈"枫桥经验"》，载《公安学刊（浙江警察学院学报）》，2013（3）。

⑥　李尧远、曹蓉：《全面风险治理：灾害防治模式的理想形态——兼论总体国家安全观的学术启示》，载《中国行政管理》，2018（2）。

院彭宗超教授从重视应用的理论视角，在既有社会矛盾、冲突及社会稳定相关理论和研究发现的基础上，借鉴社会生态学视角和社会生态治理系统视角以及社会心态视角形成的理论分析框架（该框架具体内容请见第一章第四节）。① 根据该框架，社会矛盾的最终表现便是各种幅度、激烈程度不一的社会冲突。由于社会行动者通过对与其相关的社会问题进行有心态影响的甚至有目的的行动及治理，进而能调节和控制社会生态系统的运行后果，所以，心态和治理影响着社会生态系统中社会行动的后果，从而影响着社会生态系统的运行秩序，因而，心态和治理因素也是影响社会矛盾发生和变化的重要条件。若最终发生或形成不利甚至破坏性后果的社会矛盾事件，也就是特定社会行动者具有不利甚至破坏性后果的行动作为被解释变量，其解释变量则包括环境要素、社会行动者心态—行为要素和治理因素。根据社会生态系统治理框架，本章重点从环境、心态—行为和治理三个方面梳理出社会矛盾发生和演化的条件。

1. 环境分析

影响社会矛盾发生与演变的环境因素包括制度环境和经济、社会、文化环境。一方面，制度从本质上来讲是关于一系列社会关系、行为和利益关系的规定和协调。首先，社会制度属于上层建筑，是对生产关系的规定，是在一定的生产力发展水平基础上建立的。制度适时变化才适应社会的发展。其次，制度变迁过程中的利益格局变化，容易导致社会矛盾的产生。制度的变迁是原有利益关系和规范变化的过程，也是调整和再分配利益关系以及解决社会矛盾的过程。最后，制度的过程特征直接影响社会矛盾的形成和解决。因此社会矛盾在某种意义上是制度矛盾。② 良好的社会制度框架下，社会矛盾能够自我协调和化解，有一套矛盾自消的机制，不会冲击已有社会架构；在不良社会制度框架下，或者说社会制度建设跟不上社会经济发展，即经济基础与上层建筑不相适应，这样容易滋生大量社会矛盾，冲击已有社会架构，严重阻碍社会发展。另一方面，包括经济、社会和文化等方面因素在内的社会环境则为社会矛盾的发生和演变准备了前提条件和诱因。社会矛盾的升级变化与一定的社会环境相关。环境有内部环境和外部环境之分。内部环境是指矛盾双方内部之间存在的环境状况；外部环境，不言而喻，是指矛盾双方之外的环境对事物产生直接或者间接的影响。以国家为分界的话，即指国内环境和国际环境。还可以分为宏观环境和微观环境。宏观环境，是指社会大环境，社会方针政策下的社会境况，如经济发展状况、

---

① 彭宗超、曹峰、李贺楼、邵东珂：《社会生态系统治理视角下的中国社会稳定风险评估的理论框架与指标体系新探》，载《公共管理评论》，2013，15（02）。

② 刘少杰：《社会矛盾的制度协调》，载《天津社会科学》，2007（03）。

政治文明程度等；微观环境则是指小范围的环境，比如一个社会矛盾发生的环境，大环境对此也有一定的影响，但是很小，而微观环境直接或间接影响矛盾演变转化的整个过程。

2. 心态—行为机制分析

个体和群体对于事物的认知也影响矛盾的产生和激烈程度。如蒂利举例说明的，当某战斗团队的成员集体认为他们错把敌人当成了朋友时，他们的认知是错误的，导致了错误的行动，产生了不该有的悲剧。[①] 在现代化进程中，社会结构、利益格局等的调整，会自动地划分出拥有财富或资源差异的"中心"与"边缘"的群体格局，形成鲜明的对比。当位于边缘的群体面临生活水平低、看病难、买不起房等生活现状，由于个人发展得不到改善，再加上不公平状况的存在，使公众产生了不满和怨恨，形成转型社会背景下存在的一种长期压抑或半压抑的情感状态。[②] 当某些事件发生时，会用隐性的、内化了的认知来评判事件，从而引起情感的共鸣，指导行动。如前文已经指出的，当下中国社会随着传媒的发展，社会信息流动日益加大，群体性的认知与心态感染和传播也越来越多地实现即时化和跨区域化。但不同时空背景下的社会信息流动和认知与心态传播与感染速率和效果也不相同。另外，从实际来看，不同地区文化因素、既往的社会环境因素等都各不相同，这些都可能导致不同地方主流社会心态的不同，进而决定了同样或相似的环境因素在不同地方可能形成不同后果。由于社会矛盾最终反映为个体或集体的行动，产生极其不利甚至破坏性后果，而个体或集体行动必然要受个体或集体认知与心态作用，因此对认知与心态的作用也必须加以重视。

3. 治理因素分析

党的十八届三中全会指出，全面深化改革的总目标，是完善和发展中国特色社会主义制度，推进国家治理体系和治理能力现代化。党的十九届四中全会则专门就国家治理现代化建设进行部署。党的二十大报告指出，要健全共建共治共享的社会治理制度，提升社会治理效能，这对于社会矛盾预防具有重大的指导意义。良好的治理是有效防范和及时化解社会矛盾的重要条件，从社会生态系统治理框架来看，治理就是政府对可能引发社会矛盾的各种利益关系的协调，通过改变特定关系的内容与特征，消除其中可能存在的紧张和冲突因素，避免其向社会矛盾与冲突的转变。或在社会矛盾已经发生之后，缓解与之有关的关

① ［美］查尔斯·蒂利：《集体暴力的政治》，谢岳译，上海，上海人民出版社，2006。
② 孙静：《群体性事件的情感认知机制分析》，载《创新》，2013（02）。

系中的紧张因素，并将之与社会系统的其余部分隔离开来，避免矛盾扩散。总之，治理的目的就是避免或消除构成社会系统的社会关系中的紧张因素，通过有意识地干预，防范和化解社会矛盾。

（三）对既有理论的讨论与本章的理论视角

前文介绍的社会安全阀理论、社会燃烧理论以及全面风险治理理论从各自的理论视角出发描述了社会矛盾发生与演化过程，并对社会矛盾发生与演化机理给出了理论解释。从这些理论中可以看出，一方面，社会矛盾的发生与演化都是在一定社会条件下的社会现象，要探明社会矛盾如何发生及如何演化，首先要确定相关的重要因素有哪些。另一方面，社会矛盾的发生与演化过程由可从理论上加以识别的不同阶段构成。处于不同阶段的社会矛盾具有不同特征，无论是消除矛盾还是预防其向下一个阶段演化，都需要准确把握矛盾所处阶段及其特征，有针对性地进行干预。上述三个理论各自侧重不同，对于本书都具有重要的借鉴意义。在这些既有理论基础上，本章主要从社会生态系统治理框架出发，认识社会矛盾发生与演化的条件与机制，并沿用第三章关于社会冲突发展阶段的划分，将之用于对社会矛盾发生与演化的阶段分析，即将社会矛盾的发生与演化区分为潜伏、升级、危机、恢复等四个阶段，据此建立对社会矛盾发生与演化的理论解释，进而设计更优化的社会矛盾预防与治理模式与路径。

三、本章的分析思路与内容

上文基于对既有相关研究的回顾，阐明了本章所关注的当前社会矛盾的基本内涵及主要特征，介绍了本章后续分析将采用的关于社会矛盾发生与演化机理的理论视角。上述分析表明，当前的社会矛盾仍主要属于非对抗性的人民内部矛盾，但其中很多矛盾一旦发生，往往难以被有效解决；而若应对不当，从这些原本属于非对抗性的人民内部矛盾中完全可能发展出更具对抗性的矛盾。有鉴于此，各级政府十分重视社会矛盾预防工作，以图通过"关口前移"减少社会矛盾隐患、将可能发生的社会矛盾解决在萌芽状态。作为一类社会现象或问题，社会矛盾有其发生和演化过程与机理。要有效地预防社会矛盾，就需要有效地把握社会矛盾的发生和演化机理。对此，既有研究给出了诸多解释，而本章则选择采用社会生态治理视角。基于以上分析形成的思路是：在社会生态系统治理视角下，基于对社会矛盾发生与演变机理的分析来考察社会矛盾预防的既有实践与改进思路。

基于以上思路，本章后续几节的内容如下：第二节将在社会生态系统治理视角下审视既有的社会矛盾预防工作，并基于该视角对社会矛盾发生与变化过程的分析，构建社会矛盾预防的四阶段分析框架。在该分析框架的指引下，第三节选取了关于社会矛盾预防的四个案例进行实证分析，总结了关于社会矛盾预防的既有经验。基于上述理论与实证分析形成的发现与观点，第四节就改进社会矛盾预防工作提出了具体的政策建议。

第二节　社会矛盾预防的现状与理论路径：基于社会生态系统治理框架

一、社会矛盾预防的现状

矛盾预防对于防范和化解社会矛盾、避免形成社会冲突和不利后果具有重要的现实意义。本节在回顾实际中社会矛盾预防工作取得进步的同时，运用社会生态系统治理框架反思社会矛盾预防的不足，并进而建立社会矛盾预防的理论路径。

（一）社会矛盾预防工作的发展

对于社会矛盾的研究早已有之。面对矛盾的多重复杂，中央和地方政府开始探索实施"关口前移"，以风险管理作为具体的手段，在中央和地方社会管理实践中建立了风险评估体制。2007 年以后，中央开始推动全国各地实施重大事项社会稳定风险评估；2009 年以后，中央更加重视风评的建立，要求定政策、做决策、上项目、搞改革都要进行社会稳定风险评估；2010 年《关于切实做好矛盾纠纷大排查大调解工作的意见》下发，要求各综治部门把风评纳入社会治安综合治理考评体系，制定实施细则，从源头上预防和减少矛盾纠纷的发生。2010 年 12 月 19 日召开的全国政法工作会议强调："要建立健全科学的预防化解矛盾机制，全面推行社会稳定风险评估机制。"2011 年中央经济工作会议提出了与住建系统相关的任务："健全重大工程项目建设和重大政策制定的社会稳定风险评估机制，着力从源头上预防和减少矛盾。"2012 年，中共中央办公厅、国务院办公厅印发《关于建立健全重大决策社会稳定风险评估机制的指导意见（试行）》（中办发〔2012〕2 号），开始在全国范围内推行重大决策社会稳定风险评估。2014 年，习近平总书记在主持召开中央国家安全委员会第一次会议时提出"坚持总体国家安全观"；总体国家安全观将包括社会稳定在内的内部安全与外部安全一齐纳入国家安全范畴，发展和深化了社会稳定的理解，突出了为维护社会稳定而进行社会矛盾预防工作的重大意义。2018 年党和国家机构改革之后，原中央和各级地方维稳工作领导小组及其办公室不再设立，相关职能交由中央和各级党委、政法委承担，更好地统筹协调政法机关资源力量，强化包括社会矛盾预防在内的维稳工作的系统性。党的十九届四中全会提出，要"完善正确处理新形势下人民内部矛盾有效机制"，包括"社会矛盾纠纷多元预防调处化解综合机制"，为进一步推进社会矛盾预防工作指明了方向。此外，历年的中央政法工作会议都对社会矛盾预防或排查、化解等工作提出要求，做出部署和安排。2019 年 9 月 1 日起施行的《重大行政决策程序暂行条例》（国令第 713 号）第二十二条规定："重大行政决策的实施可能对社会稳定、公共安全等方面造成不利影响的，决策承办单位或者负责风险评估工作的其他单位应当组织评估决策草案的风险可控性。"这实际上是以行政法规的形式将通过风险评估的社会矛盾预防明确为重大决策主体必须履行的法定程序。在中央的大力重视和推动下，各地结合本地实际，创新出一系列矛盾预防措施。如"枫桥经验"的与时俱进，辽宁的民心网，北京朝阳的一网、两库、三关体系，安图的群众诉求服务中心等。2021 年，中共中央办公厅、国务院办公厅印发了《关于加强新形势下重大决策社会稳定风险评估机制建设的意见》（中办发〔2021〕11 号），进一步要求各地方政府进一步重视重大决策的社会稳定风险评估。党的二十大报告中进一步强调，要健全共建共治共享的社会治理制度，提升社会治理效能。在社会基层坚持和发展新时代"枫桥经验"，完善正确处理新形势下人民内部矛盾机制，加强和改进人民信访工作，畅通和规范群众诉求表达、利益协调、权益保障通道，完善网格化管理、精细化服务、信息化支撑的基层治理平台，健全城乡社区治理体系，及时把矛盾纠纷化解在基层、化解在萌芽状态。

在理论方面，针对矛盾预防的研究也不断增多。这些研究有的致力于构建一套矛盾预防机制；有的从区域出发，研究预防措施；有的结合大数据时代现状，构建矛盾预防机制。

（二）社会矛盾预防存在的问题

尽管中央积极推动社会稳定风险评估等社会矛盾预防制度与机制建设、实施，地方在此方面也做了大量的探索，但在具体实施过程中仍存在不少问题。基于社会生态系统治理框架，本书分别从"环境""心态—行为"和"治理"三个方面加以分析。

1. 环境方面

这里的环境是指社会、政治、经济和文化等在内的广义的社会及制度环境。就制度环境而言，有学者认为社会矛盾从根本上是制度的矛盾，可见制度在矛盾演化过程中的重要性。一是在现有的矛盾预防体系中，新旧制度不衔接，新制度建立缺少配套制度辅助。二是很多地方尽管建立了风险评估体系，但由于缺乏实践经验，风评体系的科学性还有待加强。三是预防机构设置不合理。目前，地方政府一般都设有化解和预防矛盾的专门部门。但矛盾预防是一个系统工程，不是局部的哪一个部门、哪一个单位能够独立完成的，需要社会、公民、政府的共同参与，构筑预防的网络。四是部门间缺少协调。如各部门各行其是，相互之间缺少沟通，互相扯皮，则不利于矛盾预防工作的开展。五是群众诉求渠道有待创新。如诉求渠道有限，正常诉求渠道受阻，则社会矛盾和冲突案件增多。六是监督考核标准有待完善。矛盾预防工作短期内鲜有成效，对于官员现有考核标准需量化，官员为了晋升搞短期绩效、形象工程，对矛盾预防工作极为不利。就社会环境而言，当今社会是开放的社会，国际经济形势、军事态势，直接影响国内环境。经济的全球化，一国经济危机，可能引发全球经济波动，进而波及社会稳定。国内各种矛盾纷繁复杂，外来文化的渗入，冲击着我国的传统价值体系。

2. 心态—行为方面

首先，对社会认知与心态的调查分析工作重视程度仍然不够。由于社会认知与心态分散存在于社会之中，使得对其调查分析工作难以形成有效的绩效考核体系和绩效评价机制。

其次，行为预防观念的误导。社会矛盾预防在很大程度上由党和政府部门主导，在人们的思想中好像预防工作只是政府的事情。但预防工作不仅涉及政府部门，还需要社会、公民、市场等主体的全方位参与。更为重要的是，一些地方和部门把对社会认知和心态的调查分析视作简单的舆情管理，重在"堵"而非"疏"。如果缺乏与民众进行有效对话和引导社会舆论的能力，非但不能预防矛盾、还会激化矛盾。

3. 治理方面

从宏观看，社会矛盾是社会系统内部各社会子系统、社会要素间关系的不协调的反映。从微观看，社会矛盾是具体的个体或群体间存在的紧张与冲突状态。治理可以消除或减缓社会系统内部存在于社会关系中的紧张与冲突状态，对于预防社会矛盾具有极为重要的作用。如果说社会系统内部的紧张与冲突是难以避免的，那么最终会不会真正演化成社会矛盾并形成不利甚至具有破坏性的社会后果则取决于能不能进行及时、有效的治理。从治理这个角度来看，当下社会矛盾预防主要存在着如下几方面的问题：

首先，社会矛盾预防的群众基础不扎实。社会矛盾存在于实际社会生活中纷繁复杂的个体或集体关系之中，因而可以说社会矛盾因子是分散分布于社会中。对于具有科层制特征的政府而言，以其有限的能力不可能对这些分散的社会矛盾因子做到全面、及时掌控与把握，必须借助于群众力量。但近些年来，一些基层组织涣散、群众基础不巩固，甚至干群关系本身就紧张，大大限制了政府有效掌控社会矛盾状况的能力。

其次，个别地方政府的治理行为只重形式，没有真正认识到社会矛盾预防的必要性和重要性。当下经济增长仍然是地方政府的主要关注点，虽然自上而下建立了各种社会矛盾预防机制，但在经济增长动机的驱动下，这些机制及其实施往往被地方政府以形式主义的方式加以应对。

再次，社会矛盾预防未能有效发挥社会力量的作用，尤其未能有效发挥社会基层力量的作用。

最后，社会舆论不当干预。媒体网络繁荣，信息传播速度快。矛盾发生后，网上评论遍地开花。但舆论的干预有正负两方面功能，如果舆论干预不当，不仅不会预防和化解矛盾，反而会促使矛盾更加复杂和难以解决。

二、社会生态系统治理框架下社会矛盾预防理论

基于前文在社会生态系统治理框架下对社会矛盾及其发生与演化机理的分析，本文进一步阐明社会矛盾预防的理论路径。如前文已指出的，本章沿用第三章对社会冲突发展阶段的划分，将社会矛盾的发生与演化过程区分为潜伏、升级、危机、恢复等四个阶段。本章认为，根据每一个阶段的社会矛盾状态所具有的特征，可以采取相应的治理措施，实现不同的社会矛盾预防效果。另外，社会矛盾预防并非仅仅存在于社会矛盾出现之前，在社会矛盾出现之后，即可能导致不利甚至具有破坏性后果的社会矛盾事件发生之后，仍然可以采取相应治理措施，避免社会矛盾升级。由于这种治理措施旨在预防出现更为不利或更具破坏性的社会矛盾事件的发生，或缩短既有社会矛盾事件的存在时间，因而也属于广义上的社会矛盾预防范畴。下面将社会矛盾发生和演化分为三个转化过程，分别考察在不同转化过程中的社会矛盾预防思路。

（一）矛盾的潜伏阶段——矛盾的升级阶段

矛盾的潜伏阶段是矛盾演变的初始阶段，表明制度或社会环境中已经出现

了可能引发社会矛盾的因素，但这些因素尚未对社会认知和心态产生影响，或者说这些因素还不足以推动形成可能诱发具有不利甚至破坏性后果行为的社会认知或心态。如果有效的治理措施持续缺位，导致潜伏的社会矛盾因素对社会认知和心态产生影响（如形成对政府的不信任等观念），可能会导致矛盾升级，形成紧张或冲突。另一方面，即便社会矛盾已经进入升级阶段，有效的治理措施也可以有效削减矛盾，消除其中可能导致不利或破坏性行为的社会认知和心态，从而使社会矛盾又重新进入潜伏阶段。

由于社会系统内部的社会关系中始终存在着矛盾因素，也就是说社会系统内部不可避免地存在社会矛盾因子，因此，这个阶段的社会矛盾预防应该是常态工作，即根据社会情势的发展演变，及时调整制度结构中不适应经济社会发展的部分，尤其是要调整其中与民众切身利益有直接冲突或不利于民众利益诉求的部分。另外，也要实时地监控经济、社会和文化领域不断涌现的新关系、新状况，尽早发现可能引发社会矛盾的不利因素。由于这个阶段的社会矛盾处于萌芽状态，也就是以社会矛盾因子的形式分散存在于社会中，这个阶段的治理措施高度依赖于社会参与，即要充分动员各方面力量、形成有效的群众治理机制，这样一方面可以及时收集群众对制度环境因素的反馈，及时调整其中不适应社会发展变化的部分，另一方面也能全社会、全天候、全方位地监控社会矛盾因子的发展状况。

社会系统中矛盾因素形成的社会矛盾因子是社会矛盾发生与演化的客观条件，由于这些客观条件转化成实际的社会矛盾事件必须通过影响社会认知与心态这个中间要素，因此，在这个阶段的治理中，对社会认知与心态的及时把握与调节也是至关重要的内容。为此，不仅要建立和完善有效的舆情收集机制并确保其有效实施，还要梳理正确的社会认知与心态干预思路，即尊重民众表达意愿与权利，积极主动地就民众关注的问题与之进行沟通交流，而不能压制民意表达，堵塞社会舆论，因为这样会掩盖社会矛盾因子、妨碍对其及时的掌控和调节，甚至会促成社会矛盾因子转化为不利的社会认知与心态或导致不利的社会认知与心态的进一步升级，最终形成与社会矛盾预防目的相冲突的社会后果。

（二）矛盾的升级阶段——矛盾的危机阶段

处于紧张性状态的矛盾有很大的不稳定性，一旦社会环境中出现触发事件，矛盾就会被激化，演化成大范围的冲突性事件，甚至形成对抗性暴力事件，转变到危机阶段。要尽量引导矛盾往有利的方向发展，预防向大的危机转化。但再严密的预防也有疏漏，还是有部分的矛盾会受制度和社会环境、社会认知与心态以及不恰当的治理措施的影响，演变成危机，进入危机阶段，或者又转化升级。而在矛盾升级演变成危机过程中，会有一个诱发因子，因此分析影响矛盾演变的因素，排斥诱发因子，要尽量抑制冲突的发生、升级及造成伤害。诱发因子是矛盾升级至关重要的节点，直接导致紧张性的关系爆发，造成显性的冲突、伤害的发生。要对社会矛盾的激化重点进行分析研究，分析矛盾激化的特点和后果，为矛盾预防和应急管理提供参考依据。在社会矛盾的危机阶段，由于具有不利甚至破坏性后果的社会矛盾事件已经发生，所以最具现实必要性的治理措施便是应急，以控制事态为最直接目的。如何应急是需要认真分析和考虑的。一些地方政府在过去的实践中，面对已经发生的社会矛盾事件，在没有对事件发生原因进行反思的情况下随意定性并采取控制措施，往往造成事与愿违的后果，非但不能控制社会矛盾事件的升级，反而会激化矛盾，形成更为不利或更具破坏性的后果。因此，妥善的应急并非草率行事，而是建立在对社会矛盾发生和演化基本机理认识基础上的有效干预，只是这种干预主要是以控制事态为目的，还不能从根本上消除或减缓社会系统中的紧张与冲突因素。

具体讲，为避免社会矛盾从升级阶段发展至危机阶段，可采取如下措施：首先，要改善局部制度环境。虽然社会矛盾因子弥漫于整个社会之中，但社会矛盾事件只会发生在具体的时空之下。也就是说，在特定的时空之下由于具备某些超过临界点的条件，会导致普遍存在的社会矛盾因子的聚集，形成类似于裂变的过程，最终导致社会矛盾事件的发生。为此，首先要改善局部的制度环境，如以维护和改善民众权益为宗旨调整地方治理结构，包括改进各项关系到民众切身利益的具体政策，调整工作行为不当甚至侵害民众权益的地方官员等。其次，要疏通民意表达渠道，确保民众能够有效地表达其对特定问题的关注、意愿，并实现政府与民众之间的有效沟通。最后，要充分动员社会力量参与，通过各种形式的社会参与，可以起到舒缓民意的作用，还有助于政府更好地发现问题所在，有针对性地采取干预和调节措施，防止社会矛盾升级和社会认知与心态向更为不利的方向转化。

如果社会矛盾进入危机阶段，首要的干预措施就是调节社会认知与心态，避免其朝向更为不利的方向发展。由于社会认知与心态是制度与社会环境因素的产物，因此，必须从这些方面加以疏导和调节。即客观地反思制度与社会环境中的不利因素，承认其对民众权利的不利影响，并就此与民众达成谅解与承诺。在此基础上采取应急措施，如摒弃错误的政策、调整失职渎职或违法官员，做出维护民众权益的承诺并及时采取行动等。此外，在这个过程中同样要充分利用社会力量，通过各种形式的社会参与方式，使民众及时了解政府的努力，以达到舒缓民意的作用。同时，利用社会内部整合因素，也能够抑制破坏性的社会行动的发生，能够起到控制社会矛盾事件进一步升级演化的可能。总之，要通过各种措施调节和改善社会认知与心态，尽快结束具有不利甚至破坏性后果的社会矛盾事件。

（三）矛盾的危机阶段——矛盾的恢复阶段

在社会矛盾已经进入危机阶段，即具有不利甚至破坏性后果的社会矛盾事件已经发生的情况下，对制度环境和社会环境因素的及时干预，如调整人事安排及其治理策略、动员社会力量参与、加大对民众特别是利益相关民众的权益保护、改进各种公共服务以及加强社会控制力量，可以在短时间内将社会矛盾事件控制在一定范围之内，避免其升级导致更大破坏性后果。此外，还可以更好地识别社会系统中的差异性因素及紧张和冲突的利益关系，通过政策制定和变迁从根本上予以解决矛盾，从而进入恢复阶段。这样一来，就可能实现坏事变好事、由乱变治，使社会矛盾因素转化为推动社会系统改良和更好运作的动力。

在具有不利甚至破坏性后果的社会矛盾事件发生之后采取的应急性的治理措施只能起到控制事态升级演化的作用，不能从根本上消除或减缓可能导致社会矛盾事件发生或再次发生的因素，因此一旦应急措施起到效果之后，就要继续采用进一步的恢复治理措施，从根本上消除可能导致同类社会矛盾事件再次发生的制度与社会环境因素。实际上，社会矛盾事件作为社会系统内部紧张与冲突因素的集中体现，能够为长远的有效治理提供指引。以各种群体性事件为例，在这些事件发生之前，其所在地方的制度环境和社会环境往往存在各种问题。制度环境方面的问题如官员腐败、舆情渠道不畅、地方性政策损害民众合法权益等等；社会环境方面的问题如环境污染与生态破坏严重、地方贫富分化严重、地方社会治安混乱等等。这些在常态治理中应加以解决的问题往往被忽视，进而导致社会认知和心态朝不利方面发展。一旦上述制度与环境因素导致社会认知与心态超过特定临界点，就会导致群体性事件的发生。这类事件的发生固然会造成不利甚至破坏性后果，但也提供了更好地反思制度与社会环境中的不利因素以及准确、全面了解社会认知与心态的机会。只要能对这些因素加以实质性的改善，就可能实现社会治理的进步。但如果在控制社会矛盾事件之后停滞不前，导致社会矛盾事件的制度与社会环境因素仍然存在，社会认知与心态仍未被修复，社会矛盾事件极有可能再次发生，且极有可能以更为不利或更具破坏性的方式发生。

第三节　社会矛盾预防实证研究

在各个地方社会矛盾预防实践中，有一些相对成功的范例，为改进和完善社会矛盾预防提供了可以总结的成功经验。基于在社会生态系统治理理论框架下构建的社会矛盾预防的理论路径，本节选取浙江枫桥、四川遂宁、北京朝阳以及吉林安图四个地方性的社会矛盾预防实践加以比较分析，从理论上加以总结和提炼。

一、浙江枫桥

（一）形成背景

"枫桥经验"是村民自治、基层民主法治建设的模范。1963 年，全国开始进行社会主义教育运动。浙江省诸暨县（现诸暨市）枫桥镇创造了"发动和依靠群众，坚持矛盾不上交，就地解决"的经验。同年 11 月 22 日，毛泽东同志亲笔批示，各地要学习和借鉴枫桥镇的做法。枫桥镇的经验为全国所知晓，"枫桥经验"由此诞生，"枫桥经验"成为一个专有名词。进入 20 世纪 80 年代，社会转型带来一系列的变化，利益格局有所调整，必然导致因利益分配引发的矛盾增多。面对新的时代背景和历史任务，枫桥干部群众与时俱进，在推进经济发展的同时，注重矛盾的预防与解决，坚持"四前工作法"。[1]创造了党政带头，依靠群众来化解矛盾，做到了把矛盾化解在基层，小事不出村，大事不出镇，矛盾不上交的成功经验，实现了社会和谐有序的良好局面。"枫桥经验"发展成为预防与处理矛盾的一个社会管理典范。习近平总书记在浙江工作期间就明确要求充分珍惜、大力推广、不断创新"枫桥经验"。[2]党的十八大以来，以习近平同志为核心的党中央高度肯定和强调坚持和发展"枫桥经验"。2013 年 10 月，习近平同志就坚持和发展"枫桥经验"作出重要指示强调：各级党委和政府要充分认识"枫桥经验"的重大意义，发扬优良作风，适应时代要求，创新群众工作方法，善于运用法治思维和法治方式解决涉及群众切身利益的矛盾和问题，把"枫桥经验"坚持好、发展好，把党的群众路线坚持好、贯彻好。[3]2018 年 11 月 12 日，在浙江绍兴隆重召开了"纪念毛泽东同志批示学习推广'枫桥

---

① 吴锦良：《"枫桥经验"演进与基层治理创新》，载《浙江社会科学》，2010（07）。
② 《人民日报》评论员：《让"枫桥经验"在新时代发扬光大》，载《人民日报》，2018-11-13（01）。
③ 坚持和发展新时代"枫桥经验"的三个向度，参见百度网 http://baijiahao.baidu.com/s?id=16533 97764275498473&wfr=spider&for=pc，2022 年 8 月 3 日访问。

经验'55 周年暨习近平总书记指示坚持发展'枫桥经验'15 周年大会"，进一步推动了对"枫桥经验"的坚持与发展。对于社会矛盾预防而言，"枫桥经验"有极其重要的历史和现实意义。

（二）具体内容

1. "综治"的组织架构

综治的主体广泛，内容全面。主体包括党的组织、政府，镇的综治中心，村组织，辖区企业。内容涉及调解、预防、日常管理各方面。围绕主体和内容，设置组织网络来保障目标的实现。在组织方面，一是成立了枫桥镇党委、政府领导下的社会治安综合治理委员会和平安创建工作领导小组。[①] 在这两个组织机构下面，设立了综治工作中心。综治工作中心整合信访、调委会、司法所、维权办等部门，通过联席会议等，建立综合治理的各部门联动机制。该中心还进一步向基层延伸，在片区、行政村和企业里都有相应的分中心和工作站。二是治安调解组织，在村和社会企业内部都设立治安调解委员会。三是群防群治组织，即建立镇上的治安中队、护村队、各类工作预防小组（帮教、社区纠正等）。

2. 制定规章制度

围绕"社会治安综合治理"工作，通过制定制度来规范综治的主体和内容。其一，矛盾预防制度，如纠纷排查制度、外来人员服务管理制度、归正人员安置帮教制度等。其二，工作制度，为规范各项工作，还制定了相关的工作制度，主要包括六类：工作例会制度、信息报告制度、首问责任制度、督查督办制度、基本台账制度、考核评价制度。

3. 网格化管理方式

近年来，枫桥镇实行网格化管理，建立起了纵向到底、横向到边、相互配合、共同行动的社会管理网格系统，像"渔网"一样，把矛盾控制在网格内部。在纵向上，建立了镇、区、村三级纵向网格，分片管理，镇的综治中心由党委政府负责，领导下面两级的网格。区叫片区网格，镇共有三个二级网格区，由综治分中心负责。三级网格是最底层的，以村为单位，共有二十八个网格区，由村两委会负责。通过网格化管理，层级领导，各负其责，及时了解所管辖区域内的情况，第一时间采取措施。位于最基层的村民代表能够及时了解村民的状况，既是信息收集员，也是矛盾调节员。横向上，又有各个专项的网格化，如纠纷化解网格化、社会人管理网格化等六个方面。[②]

---

① 汪世荣：《枫桥经验——基层社会治理的实践》，8~17 页，北京，法律出版社，2008。
② 吴锦良：《"枫桥经验"演进与基层治理创新》，载《浙江社会科学》，2010（07）。

4. 有一套行之有效的工作机制

枫桥经验不仅有其特殊的网格化管理，还有一套与之相配套的工作机制。首先，矛盾发生时，各部门不推诿，不踢皮球。第一时间通知镇政府，继而相关部门积极跟进。枫桥镇利用其网格化管理格局，上下联动，部门之间相互协调，善于用系统的力量解决社会纠纷。其次，谈话。谈话是开展调解工作的主要方式。通过谈话全面了解纠纷发生的前因后果，其中的利益纠葛，进而寻求多种社会关系来做当事人的思想工作，使纠纷得到合情合理合法的解决，客观上也有利于诉求双方把怨气发出来，减少矛盾转化升级的概率。再次，开展五联机制，即"联合调解、联合预防、联合值班备勤、联合社会治安、联合平安创建"。[①]

5. 日常的规范化管理

加强对辖区吸毒人员的排查和管理、赌博的管理以及新进人员的服务和管理等。为预防群体性事件的发生，制定了处置群体性事件的预案，防患于未然。

6. 解决矛盾的多元方式

枫桥经验是通过多元方式最大限度地预防、减少矛盾，就地化解矛盾纠纷，采用方式有以下几种。第一，调解。建立镇范围内的调解链。在解决纠纷时注重矛盾各方的社会关系、历史关系，必要时动用这些关系做说理说服工作。对于村镇无法解决的纠纷，会告知当事人走诉讼程序。第二，司法裁判，这是解决矛盾纠纷的最终路径。枫桥镇主要以调解的方式来解决纠纷。在整个诉讼过程中，都可以用调解的方式。对当事人不愿意协调或者不履行调解协议的，法庭依法作出判决。第三，重预防，而非事后惩戒。创新出矛盾预防的"四前工作法"。枫桥预防工作的重点在预防违法犯罪方面，司法所是矛盾纠纷的预防枢纽。司法所的预防主要借助于人民调解、社区矫正、综合协调、法制教育、"五五"普法以及对于归正人员的帮教。[②]枫桥建立的预防体系，在网格化管理的框架下，从下到上建立起信息汇报和反馈制度。注重宣传教育、调解，防止纠纷扩大、减少上访，把矛盾消灭在萌芽状态。第四，地方和区域矛盾的自我化解。枫桥始终秉承着"小事不出村，大事不出镇，矛盾不上交"的理念，主动面对问题，积极化解矛盾，而不是被动等着老百姓"上访"。面对群众信访，不是不理不问、围追堵截，而是主动利用村镇部门，积极开展工作。此外，还加强基层民主法治建设，完善村民自治；加强新农村建设，提升农村经济发展水平；同时也强调农村的文化、环境、管理等内容的建设。

---

① 汪世荣：《枫桥经验——基层社会治理的实践》，8~17 页，北京，法律出版社，2008。
② 同上注。

二、四川遂宁

（一）形成背景

社会稳定风险评估机制是自下而上的社会管理创新实践，是地方政府在实际中总结经验教训的成果。鉴于现实中由于重大项目建设酿成的群体性事件，特别是 2004 年"汉源事件"的发生，四川省遂宁市于 2005 年开始探索重大事项风险评估机制。2005 年 6 月，针对当时容易引起群体性事件的重大项目，遂宁出台了《重大工程建设项目稳定风险预测评估制度》，该文件明确规定了重大建设项目开工需经过的审查程序、内容，未经评估的项目不得开工，评估出现风险的项目在风险解除后才能开工。[①]2006 年，风险评估的范围扩大，关乎群众利益的重大决策、政策、重大项目、改革等，都要提前进行风险评估。中央政法委维稳办公室从 2005 年起就关注到了遂宁的做法，对遂宁运用社会稳定风险评估机制从源头上预防矛盾、化解矛盾的做法进行跟踪，并于 2007 年派出调研组前往遂宁，深入调研总结，决定在全国推广遂宁经验。[②]随后几年，各地纷纷学习遂宁风评经验，并根据本地实际，适时创新，建立了各具特色的风评机制，如江苏的"淮安模式"、山东的"烟台模式"等。

（二）做法与经验

1. 制度保证

第一，适时制定制度规范，并严格执行。2005 年 6 月，遂宁出台了《重大工程建设项目稳定风险预测评估制度》；2006 年 2 月出台《重大事项社会稳定风险项目评估化解制度》，提出了风险评估八项工作机制；2010 年 12 月，遂宁市修订出台了《征地和农民拆迁社会稳定风险评估办法》等一系列制度规范。[③]第二，采取五项措施加强监督。一是党委、政府监察室、党委维稳办等部门通力合作；二是纪检部门，人大、政协，维稳、信访部门和新闻媒体的监督作用；三是在维稳信息直报点，有人大、政协、群众组成的信息直报员，向有关部门反映报告；四是重大项目出现严重风险时，及时召开联席会议；五是建立落实稳定风险评估化解机制的定期报告制度。第三，建立风评责任追究制度。如在评估过程中有走过场、造假的现象，对主要领导、分管领导和直接责任人通报

① 任芳：《四川遂宁：完善机制促和谐发展》，载《经济日报》，2009-08-09（2）。
② 《中央维稳办推广遂宁社会稳定风险评估经验》，载《领导决策信息》，2007（28）。
③ 毕胜、谢安军、邓勇：《对遂宁广安推进落实社会稳定风险评估机制情况的调研报告》，载《资源与人居环境》，2012（06）。

批评；对重大事项决策不当、失误，引发较大风险的，进行责任倒查。

2. 科学规范的风评程序——五步工作法 ①

确定评估对象—预测评估风险—制定预案—编制审查评估—审查评估报告。重大工程评估都按照这一风评程序，整个过程分工明确、步骤清晰、目标明确。具体操作步骤如下：

第一步，确定评估对象，全面掌握情况。对拟定的每个重大事项，都要通过深入细致的调查研究，广泛征求各方面的意见，掌握社情民意，为预测评估提供准确可靠的第一手资料。

第二步，缜密分析预测，准确评估风险。对重大事项确定后可能出现的不稳定因素进行逐项分析预测，必要时邀请相关专家、学者、有关党政领导，召开稳定风险评估会和听证会。

第三步，制定维稳预案，落实维稳措施。针对预测评估出来的涉稳较大隐患，研究制定预防和处置工作预案。推行因重视不够、工作不力而发生重大问题的责任追究办法。

第四步，编制评估报告，分级按程序报送。根据前三步工作结果，编制每个重大事项社会稳定风险评估化解报告。预测评估化解报告制作完毕后，市级部门、园区直接报送市维稳办，区、县由其维稳办汇总汇报市委维稳办备案。

第五步，审查评估报告，严格管理目标。市委维稳办负责市级重大事项社会稳定风险预测评估化解报告的收集和初审，对报告中预测评估出的涉稳重大问题进行分析和判断，提出对策建议，形成书面意见，提交市委维稳领导小组成员会议审定，并将审议意见向市委、市政府有关领导报告。市委维稳办、市级部门、区县、园区分别建立重大事项稳定风险预测评估档案，列入维稳工作目标，逐项考评奖惩。

3. 首创风评内容框架

重大事项经手的各部门要从合法性、合理性、可行性、安全性、可控性五个方面进行社会风险评估。合法性评估，指重大事项是不是符合法律法规，涉及的对象范围是否准确，是否合乎程序；合理性评估是指是否合乎人情，是不是符合群众的根本利益，是否公平、公正、公开；可行性评估，指重大事项是不是符合当地经济发展状况，时机是否恰当，有没有实施的群众基础和条件；安全性评估，指是否会引起群众性事件，发生的概率是多少，存在的隐患有哪些，

---

① 四川遂宁出台重大事项社会稳定风险评估化解制度，参见中国政府网 http://www.gov.cn/jrzg/2006-06/06/content_300985.htm，2022 年 8 月 3 日访问。

如何预防；可控性评估指是不是有预警措施，是不是有应急预案，是不是有化解对策。

4. 主动出击

对于重大项目建设，政府相关部门主动出击，通过多种渠道，征求群众意见，寻求问题的解决方法。如污水处理费用的调整涉及城区近 50 多万人的切身利益，属于重大政策。遂宁市通过风险评估，分析可能存在的隐患。该市发改委、维稳办、物价局等部门展开联合调查，主动征求群众意见，制定多套调价方案，最终根据不同用户承受能力，实施分类调价。新收费标准实行后，该市不仅减少亏损，还达到了节约、环保、稳定"三赢"效果。[①]

三、北京朝阳

（一）形成背景

北京作为首都是中国与世界交往的"窗口"，同样面临着经济快速发展与高风险相伴而存在的复杂形势。自 2008 年起，朝阳区政府面对新的挑战，在党的方针政策指导下，为巩固维稳成果，继续推进区域经济发展，与中国人民大学危机管理研究中心合作，建立了"一网、两库、三关"互相衔接的矛盾预防体系，该体系在维护基本稳定，深化社会服务管理方面取得了显著的成果，俨然成为基层维稳可以借鉴的模式。

（二）"一网、两库、三关"体系的基本架构

中央对于社会稳定历来重视，各级政府在促进经济发展的同时，利用制定政策、加大投入、理顺关系、扩大民主参与范围等一系列体制机制优化来维护本地区的安宁。但从实际效果来看，仍存在"维稳运行机制依然不科学问题，体现出较为明显的应急性、波动性、补漏性、随意性和形式性"。[②]针对现实中存在的这些缺陷，朝阳区政府建立了"一网、两库、三关"风险治理体系。

"一网"指的是情报信息网。情报信息网设有三个层面：区级、区级职能部门和街乡、基础层面。这三个层面从上到下，分层管理，层层把关。第一层面——区级层面，是区内最高层面，统筹全区，负责整个区的信息沟通、共享，保证区政府对整个区信息的系统了解和掌控。第二层面，在原来已经有的情报

---

①　王青山、陈岳海：《遂宁经验：从源头创和谐》，载《四川日报》，2009-08-09（001）。
②　陈刚：《社会管理创新与基层维稳实践——以北京市朝阳区"一网、两库、三关"科学维稳体系为例》，载《中国延安干部学院学报》，2011（01）。

网的基础上，建立部门、街道、乡之间的沟通机制，在实现纵向沟通顺畅的同时也实现横向的信息顺通。第三个层面——基础层面，在社区和行政村安排情报信息员，对其进行培训和教育，及时全面收集基层信息。建立从上到下的三级情报信息网络格局，这样的布局下，能够使信息在上下之间自由流通，改变原有的信息不对称、各成一体的信息收集网络，形成全区资源共享、系统调配的一体化情报信息体系。[①] 除此之外，情报信息网还吸收来自新媒体和传统媒体的信息，对各类风险信息进行立体化实时监控。加强机制和体制建设，保障信息的共享和交流，规定责任主体，规范信息网的运行。

"两库"本质上就是资料存储库。一个是基本情况库，另一个就是为决策提供支持的应急决策支持库。基本情况库里面包含国内外各类维稳资料、案例，以及相关的应急管理、危机管理的知识。该库还内设三个子库，对全区居民生活的水、电、卫生、食品等等生活相关的方面进行全面的了解和记录。应急决策支持库就是对世界范围内的案例进行收集，并根据其成功经验，制定标准化、有效的处置办法以及各种能够解决危机的办法，为危机提供尽可能全面的解决方法。两库是包容和开放的，不断吸收各地新的案例，并有同类的搜索、经验提示等功能。

"三关"表面释义是三个关口，分别是：（1）情报研判预警关：关于信息的分析与判定；（2）科学决策关：实施决策；（3）监督考核关：发挥监督作用。[②]

情报研判预警关。通过设定风险等级，判断已有风险达到的等级，并对风险的演变趋向进行可能性分析。根据朝阳区的实际情况，借鉴世界通用的风险等级评定标准，以及对已有典型案例风险走势的分析，科学设计本地区的风险评定标准，将风险程度定为："不能容忍的风险、可容忍需重视的风险、可忽视的风险三个等级。"[③] 在实际操作层面，实行两级审核机制，职能部门和区实行信息分流。

科学决策关。根据已有的各等级风险处理机制，进行风险处置，尽量把矛盾消灭在萌芽状态。根据风险分析所判断的等级，制定应对的标准化处置流程。当重大事件发生时，各责任主体根据流程采取相应的措施，各部门各负其责，相互配合，整体联动，形成高效率的矛盾应对模式。

---

① 陈刚：《社会管理创新与基层维稳实践——以北京市朝阳区"一网、两库、三关"科学维稳体系为例》，载《中国延安干部学院学报》，2011（01）。

② 同上注。

③ 同上注。

监督考核关。建立与绩效挂钩的贯穿各方面、全过程的监督考核机制，保障整个体系的规范有效运行。建立绩效考核机制，定期对责任主体、部门进行考核，起监督作用。建立责任追究机制，确定后果等级和责任等级。针对决策错误、指挥不当、物资调配不到位等失误造成的损失，根据处罚标准，予以惩罚，强化事前警示作用。

情报信息网囊括了丰富的信息资料，为"两库"和"三关"提供了可靠的参考依据。"两库"是该体系的指示库，支撑、服务于这个体系；"三关"以一网和两库所收集来的信息和知识为依据，进行风险分类、决策、监督，把风险防范在始发状态。

四、吉林安图

（一）形成背景

吉林省安图县在处理某些舆论关注度高、解决阻力大的社会问题时，党委、政府职能部门时常捉襟见肘，诉求群众也常常得不到满意答复。其中个别群众无视相关法律和政策，提出各方难以满足的不合理要求，积攒了不少长期解决不了的矛盾。对于这些问题，群众经常去县里找领导，或者去北京上访，群众持续地"闹"，给正常的经济和社会发展带来严重的负面影响。特别是2010年"728"洪灾发生后，两江镇四岔子村13户村民对于重建住房用地置换耕地不满意，就该问题不断上访，引起了不小的社会反响，给灾后重建工作带来了极大阻力。此事在该县主要领导层产生了强烈震动，在总结以往社会管理实践的基础上，该县决策者认为症结在于公众参与程度不高，导致安图社会管理工作出现了短板。结合党中央当时对社会管理格局提出的"党委领导、政府负责、社会协同、公众参与、法治保障"[①]这一总体要求，该县以公众参与为突破口进行社会管理创新的尝试，成立了"诉求中心"。

这一创新扩展了群众诉求的渠道，拉近政府和民众的距离，真正做到人民的事人民议，充分发挥百姓参政议政功能，正确引导社会舆论，化解社会矛盾。

（二）主要内容

1. 组织建设

单独成立群众诉求中心，其内部设立行政接访办公室、法律援助办公室、

---

① 胡锦涛：《坚定不移沿着中国特色社会主义道路前进 为全面建成小康社会而奋斗》，载《人民日报》，2012-11-09（002）。

民事民议办公室、纪检督查——简称"四位一体",民事民议办公室还设立"评理、说事、建言"三个工作平台。与电视台合作,开设《安图民声》频道,对诉求中心的诉求案件进行全程跟踪录播①。

"四位一体"具体是指:首先,行政接访,在诉求中心设有信访局人员轮流坐班制,主要针对群众来访来信来电诉求,按照《信访条例》相关要求,主动协调做出专业性的应对和处理,化解一部分社会矛盾。对于不能化解的矛盾,就做出筛选,如果诉求双方同意,又符合开评议大会的条件,就建议并引导其进入民事民议的程序。其次,在诉求者有法律方面的疑问,或者因为不懂法而无理上访的话,法律援助办公室工作人员负责为诉求者做出司法解释和提供相关法律援助服务。再次,民事民议包括"评理—群众来评""说事—群众反映""建言—群众就近期政府工作提意见"三个工作平台,把议事代表纳入进来,进行一定范围的公民参与。这是最大的创新,让百姓事百姓议,充分体现了人民的主体地位。"评理—群众来评"平台组织议事代表和群众,以现场评议和即时评议两种方式,充分地议论,用群众的评判来说服群众,从而解决矛盾和问题。"说事平台"通过"领导基层座谈""涉事部门约谈""百姓即时访谈"三个载体听取老百姓的心声,帮助老百姓解决问题。"建言平台"针对一个时期内的县域经济发展情况,组织群众参政议政,倾听民声需求,集民智、汇民策。最后,纪检督查部门与诉求中心协调联动,针对相关部门对群众诉求问题的具体情况进行跟踪问责。

"一个频道"即指《安图民声》频道,对曝光的群众诉求案件进行切实的跟踪报道,并有专家、诉求人、群众对事件的点评,形成全覆盖、全程跟踪录播的电视媒体监督网络。②

2. 配套工作制度

设置了各项工作制度,使各项工作有章可循。

接访制度。规定了接访工作人员的工作程序、工作内容、工作态度。

会议制度。第一,群众诉求服务中心每两周召开一次全体工作人员会议,汇报近期工作开展情况,研究与布置下一步工作。第二,群众诉求服务中心每季度召开一次由业务主管部门和业务指导部门主要领导参加的综合会议,分析工作情况、总结经验、查找不足,研究部署下一阶段工作和任务。第三,群众诉求服务中心主任可以根据需要,召集临时办公会议,传达有关文件精神,贯

---

① 中共安图县委办公室、安图县人民政府办公室:《关于进一步加强公众参与社会管理工作的通知》,2012。

② 安图县:《安图县群众诉求服务中心管理办法》,2012。

彻底落实业务主管或业务指导部门布置的工作任务，研究处理群众反映的有关问题和建议。[①]

另外，配套的工作制度还有领导下访制度、考勤制度、联席会议制度、学习制度、信息上报制度、档案管理制度、安全制度等。

安图的创新总结如下：第一，搭建中介平台，主动解决矛盾。安图县从确立人民的主体地位、切实保障公民"四权"入手，为公众参与社会治理搭建了"四位一体、三个平台和一个频道"的诉求服务网络，实现了"六个功能平台"定位。[②] 诉求服务平台具有包容性、开放性和动态性特征，凡是有利于群众诉求服务的体制机制方法创新都可以纳入平台中来，以更好地满足公众参与社会治理的需求。第二，公众广泛参与。公众参与是安图县首创，是创新的亮点。遵循从群众中来到群众中去的工作方法，通过自荐、组织推荐等程序，选出议事代表240名，之后并不断完善议事代表制度，建立议事代表资料库。开展民事民议、献言献策、舆论监督，实现"百姓事，百姓议""百姓理，百姓评"，充分发挥了社会自身力量，激发了社会活力。[③] 随着社会权威力量的增强，有效地配合了国家权威和行政权威的运用，创新了有效预防和化解社会矛盾的机制。第三，媒体的介入与跟进，把民间的"舆论场"扩大为"公众舆论场"。安图县人口少，又比较固定，大家彼此熟悉，使得舆论传播具有聚集和放大效应，起到了很好的民间监督的作用。

浙江枫桥、四川遂宁、北京朝阳和吉林安图的治理模式各自形成背景及具体内容都不相同，但都在社会矛盾预防方面取得了较好的实际效果，其中一些经验还被其他地方广泛借鉴。本书根据前文构建的社会矛盾预防的理论路径提炼这些模式中的主要经验。

按照前文在社会生态系统治理视角下形成的社会矛盾预防理论路径，社会矛盾预防就是要采用有效的治理措施，通过对社会矛盾发生与演化过程的干预和调节，避免矛盾发生与升级以及具有不利甚至破坏性后果的社会矛盾事件发生。而其中可采取的治理措施既包括对制度和社会环境的调整，也包括对社会认知和心态的调节和干预，还包括形成机制化的做法应对社会矛盾发生与演化的各个环节，即在从根本上调节环境因素和社会认知与心态因素之外，还形成

---

① 安图县：《安图县群众诉求服务中心工作制度》，2012。
② 安图县：《安图县政府工作材料》，2012。六个功能平台定位：（1）化解纠纷，调和社会矛盾的平台；（2）宣传教育，规范社会行为的平台；（3）社会监督，提高行政效能的平台；（4）情绪宣泄，规避社会风险平台；（5）沟通协调，密切干群关系的平台；（6）引导规范，促进社会公正的平台。
③ 安图县：《安图县政府工作材料》，2012。

长效治理机制以实时、动态地进行社会矛盾预防、管控。从这个视角出发，对四个案例模式进行梳理分析，系统提炼浙江枫桥、四川遂宁、北京朝阳和吉林安图各自在改善制度和社会环境以及社会认知和心态方面的成功经验。

首先，从制度和社会环境入手，通过改善制度和社会环境减少社会系统中紧张与冲突性因素，消减社会矛盾因子，从根本上防范社会矛盾的发生。一方面，预防矛盾，要有制度规范作保障。良好的措施，要变成制度规范，以刚性的方式，保证长久遵循实施。这不仅包括实施的内容、程序、具体的工作制度，还有配套的监督、考核制度。枫桥用制度规定了综治的组织和网络，设计了相关的工作制度、矛盾预防制度等，设置了一套有效的工作机制，保证政府的高效行动和矛盾的及时预防、解决。遂宁颁布了一系列制度规范，规定评估的内容、程序，还有监督、考核制度、责任追究制度等。北京朝阳模式制定了一套保障该体系高效运作的制度、规则、流程。建立与绩效挂钩并贯穿各方面、全过程的监督考核机制，保障整个体系的规范有效运行。安图的治理模式中，有一系列制度规范和文件规定，如领导下社区制度、联席会议制度、具体的工作制度；另一方面，营造公平、公正、公开的良好社会环境。枫桥历来是重视人民群众的作用，善用教育、改造来解决矛盾，就地化解矛盾，这种氛围熏陶下的枫桥镇有一套完善的矛盾预防机制，人民群众对政府的认可度高，形成了良好的干群关系，冲突性矛盾比较少。四川遂宁市在群体性事件多发的环境下，主动出击，开展社会稳定风险评估，在重大项目建设前，征询专家、群众的建议，破解干群之间的误解，营造和谐的干群环境。北京作为首都，行为举止都代表国家的形象，各级政府非常重视预防社会风险发生。朝阳面临转型期的复杂矛盾，倡导时刻了解各方动态和各类风险因子，具有强烈的危机意识和预防意识。安图县是延边州一个人口仅21万的县，由于人口比较少，所以安图的民生频道报道的诉求双方大多都认识，通过对事件的真实报道，老百姓都有自己的评判，有的实在是无理，会引起民众的批评，从而形成良好的舆论场监督各方，同时也引导人民树立正确的价值观、维权观，培养了社会理性，预防矛盾的升级演化。

其次，要积极主动调节和改善社会认知与心态及行为，为此既要搞好宣传教育，培养社会理性，又要建立舆情反馈与收集机制，创造政府与民众沟通对话渠道，从而能够及时准确地把握社情民意并及时回应民众诉求，增强民众对政府的信任。枫桥的治理模式注重宣传教育，政府通过基层工作站加强与基层的沟通交流，使人民认同他们的工作。依靠群众，切实让群众当家作主，培养了群众的责任感，也培养了群众的参政议政能力，提高自身的知识和素养。领导主动下访，在了解人民想法和困难的同时，也通过互相交流的方式宣传了党的方针政策。遂宁和安图为方便群众的诉求，成立了诉求中心，通过"四位一体"平台，解决群众问题，特别是民事民议，百姓事百姓评，并在专门的电视频道播放，切实起到了宣传教育的作用，引导社会风尚，真正让老百姓从心底信服、认可正确的道德标准和价值观。

　　最后，结合本地实际，充分发动社会力量参与，形成社会矛盾预防长效机制，并确保其有效实施。枫桥镇出现矛盾，负责部门发动一定的社会力量来参与调解。这些人说的话更有说服力，更易于调解的成功。安图县举行的评理大会，让诉求双方进行诉求说明，议事代表根据自己的意愿，选择支持的一方。诉求双方一方面情绪得到宣泄，另一方面也知道自己坚持的理由是否被认可，知道自己的对错。参与评理大会评理的不只是议事代表，还有成千上万通过电视了解事件的安图县老百姓们。老百姓的参政议政，干部下社区，渗透到基层，拉近了政府与老百姓的距离，通过双方面对面的沟通，能更好地相互理解。在安图这个小县城，领导与老百姓在路上见面都打招呼，互相问候，这种关系机制下，干群矛盾减少，通过面对面的诉求反映，也解决了大部分的风险源，预防社会矛盾的发生，确保社会和谐有序。

第五章　中国合和式社会风险治理分析

在前几章分别探讨社会风险评估、社会冲突演化和社会矛盾预防的基础上，本章将系统探讨社会风险治理的整体框架和战略设计问题。

近年实践中中国已在积极推动总体国家安全观下安全发展的战略转型和应急管理体系发展，越来越强调整体性、系统性与全面性。同时，国内外安全管理学界已在关注日常管理基础上更多重视应急管理、危机管理和风险管理研究，而且更强调从管理到治理的转型，从单一风险及危机管理向全面风险及危机治理转变，更凸显风险及危机治理的综合性及全面性。学界与实务界似有异曲同工之处，但依旧需在全面风险治理理论及实践发展的基础上，认真研究中国传统思想及实践经验，尝试提出有中国自身特色的风险治理概念，并对该理论及概念模式进行战略设计及实证分析。

本章将首先提出中国合和式风险治理的概念设想，而后基于合和式风险治理概念框架，提出社会矛盾的协商式柔性治理策略，并辅之以典型案例探讨协商式治理如何有效实现社会矛盾与冲突治理的有关问题，并进而分析警察维稳的刚性治理机理及绩效。

第一节　中国合和式社会风险治理的概念框架分析[①]

一、中国国家安全战略与社会安全应急体系的实践需求

中国明确形成包含 11 种国家安全在内的总体国家安全观。[②] 过去国家对外的主权安全、政治安全与信息安全等是国家安全的主体内容，现在总体国家安全观则强调外部安全与国内安全、国土安全与国民安全、传统安全与非传统安全、

[①]　本部分已经先期发表，参见彭宗超：《中国合和式风险治理的概念框架与主要设想》，载《社会治理》，2015（03）。本部分做了一定的修改和完善。

[②]　2014 年 4 月 15 日上午，习近平总书记在中央国家安全委员会第一次会议时提出，坚持总体国家安全观。其中提到的 11 种安全包括：政治安全、国土安全、军事安全、经济安全、文化安全、社会安全、科技安全、信息安全、生态安全、资源安全、核安全。2015 年出台的《中华人民共和国国家安全法》在上述重点安全领域任务基础上，还明确提出人民安全、金融安全、能源安全、粮食安全、网络安全、外层空间及国际海底区域和极地安全、海外利益安全等领域的重点任务。2020年新冠肺炎疫情以后，我国又将生物安全上升到国家安全的战略高度。

自身安全与共同安全以及发展与安全等多方面协调统一。其中，社会安全、军事安全与文化安全共同构成国家安全的保障。为了实现总体国家安全观下的战略转型，我们既需要加强日常各类安全管理，特别是社会安全管理，也特别需要大力完善应急管理体系，尤其是社会安全突发事件应急管理与风险治理体系。

中华人民共和国成立以来的应急管理体系走过 70 余年不断演化的历程。1949 至 2003 年，在思想上还没有"应急管理"概念和理论的指导，在实践中实行的是以单部门应急与政府临时高度动员为主要特征的管理模式。中国社会安全突发事件的管理尽管直接归口党组织和政法委统一领导，有一定的不同点，但也基本上主要属于单部门临时动员模式。

2003 年"非典"疫情应对经验说明这一模式已经不能完全适应我国新型突发事件应急的有关实际需要。此后中国下决心启动新一代应急管理体系和模式的重构，政府开始以应急管理"一案三制"（预案、体制、机制和法制）为主要内容的制度建设进程（参见图 5.1.1），并取得一系列的突出成效。[1]特别是相比于美国卡特里娜飓风后的应急响应，汶川特大地震的应急实践突出反映中国应急体系的建设成效：灾难响应更快速有力，社会动员力度与范围更大，救灾重建效果更有效，这些更彰显中国政治制度在巨灾应急上的巨大优越性。[2]

图 5.1.1　当代中国应急与风险管理体系与模式的演化历程

同时近年来含社会安全事件在内的各类突发事件应急管理与风险治理实践

---

[1]　薛澜：《中国应急管理系统的演变》，载《中国应急管理》，2010（08）。

[2]　彭宗超：《政治制度对应急管理体系及其运行绩效的影响——中美比较的视角》，载《新视野》，2014（02）。

也反映中国应急管理与社会风险治理体系建设依然面临诸多现实困境，主要问题在于：理念依旧是被动式应急，重视应急控制，轻视风险预防与学习提升；社会矛盾预防及应急预案的实用性不够强；应急体制还是以单灾种及单风险应急管控为主，综合应急与风险治理重视不够；多学科多领域专家的参与不足，决策平台标准化建设不足，多主体的社会治理参与不足等；相关法律体系不完备；社会应急与风险文化培育也很不够。

因此，中国应急管理与社会安全风险治理应逐步解决上述问题，需要继续加强"一案三制"建设，同时更要重视"一本四全"或"一本五全"（以人为本、全灾种、全过程、全方位、全社会与全球化）。[①] 其核心要义是要真正以人民群众的生命财产安全为本，从单风险或单灾种应对转变为多风险或多灾种综合考量，从重应急响应转变为重全流程应急管理及风险治理，从政府单一主体转变为政府主导及政府、企业、NGO 等多元社会主体联动应急与风险治理，从单一管控转变为多元治理工具的综合运用，从单纯强调部门内、区域内和国家内部应急与维稳控制转变为重视国内国际多部门多主体合作治理等。如图 5.1.2。

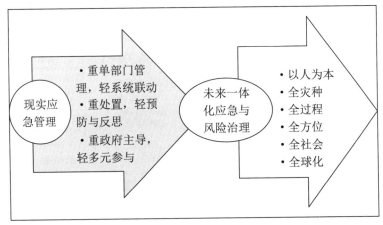

图 5.1.2 未来应急管理与风险治理转型方向

可见，中国总体治国方略与框架、总体国家安全观下的国家安全战略转型和应急体系的实践发展都在越来越强调应急管理及风险治理的整体性、系统性、

---

① 该概念由闪淳昌提出，最早参见："信息化是应急管理的灵魂：专访国务院参事、国家减灾委专家委员会副主任"，超图通讯 http://www.supermap.com.cn/sup/xwtxpage.asp?orderID=595，2022年 8 月 3 日访问。后见闪淳昌：《提高应急管理能力健全公共安全体系》，载《中国应急救援》，2015，9（1），4~7 页。

综合性与全面性。

二、国内外风险与危机管理的理论发展

（一）风险管理与其他管理间的关系

过去我们的应急管理尽管会提及事前、事中和事后全流程，但人们更重视的还是事中应急响应环节，因此我们应急理论重心也在应急响应。后来人们日益重视事前和事后环节，这就对我们事前风险管理和事态严重后的危机管理越趋重视。因此，真正实现应急体系全面转型应离不开风险管理和危机管理意识、理论、制度与方法的引入。风险管理与危机管理都要尽量提前评估、防范、减少与控制有关负面威胁或最不利后果的概率、范围与程度，两者根本目标一致，危机管理实际是对最坏风险的管理，风险管理要关注一般性风险防控，也要充分准备和尽力避免和应对最坏的情况，因此风险管理应是危机管理前置性基础工作之一。风险管理、应急管理与危机管理在概念上有所区分，但在实际事件的管理过程中是连为一体的，应该彼此包容与有机联动。甚至三个概念还应与日常管理紧密结合，并高度重视夯实日常管理，尽力避免和减少日常管理不善、风险管理缺位和应急响应不当等引发危机后果。只有这几者真正融为一体才会最终维护公共安全、社会安全和国家安全，实现国家和社会的长治久安。

（二）全面风险治理

国际风险管理较早起源于保险经济领域，后来先后被运用于工商管理领域及公共管理领域。最初一般比较强调对单一风险的管控，但后来人们发现风险相互联系、依存、共生或衍生，风险管理不仅要有自上而下的管控，也要有上下及各方共同参与，因此开始重视多元或复合性的风险管理及治理，也即全面风险管理或治理，或综合性或整合性风险管理或治理。[①] 具体见绪论部分图 0.2.2。

国内学界主要从 20 世纪 80 年代开始重视风险管理及风险治理，20 世纪 90年代开始研究全面风险管理，21 世纪后开始进一步关注全面风险治理。总体上看，风险管理研究大大多于风险治理研究，关注全面风险管理大大多于全面风险治

---

① 张维功、陈建敏、丁德勤：《企业全面风险管理研究综述》，载《软科学》，2008（12），40~43 页；张琴、陈柳钦：《企业全面风险管理（ERM）理论梳理与框架构建》，载《当代经济管理》，2009（07），25~32 页；Ortwin Renn, etc. Coping with Complexity, University and Ambiguity in Risk Governance: A Synthesis.Ambio, Coping with Complexity in Baltic Sea Risk Governance, 2011, 231~246.

理。目前全面风险治理研究还非常少。[①] 参见图 5.1.3 与图 5.1.4。我们发现，我国 20 世纪 80 年代以来的风险管理及治理研究绝大多数成果见于企业管理和金融管理等工商管理领域，公共管理学科相关研究要少很多，但 21 世纪以来已越来越多。[②]

ⓘ 数据来源：文献总数：253055 篇；检索条件：（主题%='风险管理' or 题名%='风险管理'）；检索范围：中文文献。

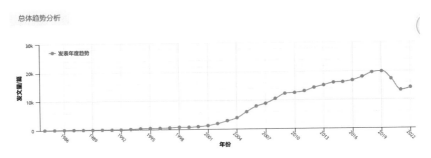

ⓘ 数据来源：文献总数：6271 篇；检索条件：（主题%='风险治理' or 题名%='风险治理'）；检索范围：中文文献。

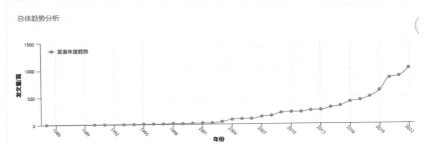

图 5.1.3　风险管理 / 风险治理主题词年度分布
（中国知网 2022 年 4 月 3 日）

国际国内上述概念及理论研究对于风险及危机管理学术和实践发展的意义重大，但它们还需要结合各国的国情，若运用在中国，就要与中国的现实紧密结合，也要与中国历史文化传统进行有机整合，一方面要让国际概念及理论本土化，另一方面我们要主动挖掘且积极传播中国自身的风险治理思想与实践中的有关历史及文化资源。

---

① 主要参见彭宗超：《中国社会矛盾的全面风险治理——兼谈"枫桥经验"》，载《公安学刊（浙江警察学院学报）》，2013（03），39~40 页；彭宗超、刘新传：《基于全面风险治理视角的我国暴恐事件处置分析》，载《中国社会公共安全研究报告》，2014（02），15~21 页。
② 具体还可以参见张维功、陈建敏、丁德勤：《企业全面风险管理研究综述》，载《软科学》，2008（12），40~43 页；张琴、陈柳钦：《企业全面风险管理（ERM）理论梳理与框架构建》，载《当代经济管理》，2009（07），25~32 页。

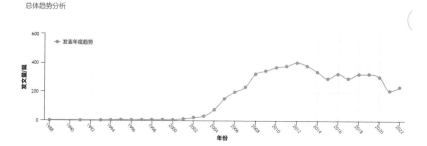

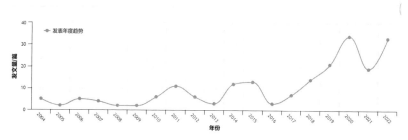

图 5.1.4 全面风险管理/治理主题词年度分布
（中国知网 2022 年 4 月 3 日）

（三）民本与和合：中国传统思想的启示

1. 民本思想

"民本"思想在我国源远流长。民本意味着人民是国家的根本，"民惟邦本，本固邦宁"[①] "民为贵，社稷次之，君为轻"[②]。由此进而强调，国家为天下共有，如 "大道之行，天下为公"[③] "天下，非一人之天下，天下之天下也"[④]。

21 世纪以来我们开始重视以人为本。2003 年党的十六届三中全会公报明确提出："坚持以人为本，树立全面、协调、可持续的发展观，促进经济社会和人的全面发展。"2014 年 10 月党的十八届四中全会通过的《中共中央关于全面推进依法治国若干重大问题的决定》首次明确提出"以民为本"，并主张立法与法制要"恪守以民为本、立法为民理念，贯彻社会主义核心价值观，使每一项立法都符合宪法精神、反映人民意志、得到人民拥护"。2022 年党的二十大

---

① 《尚书·五子歌》。
② 《孟子·尽心下》。
③ 《礼记·礼远》。
④ 《吕氏春秋·孟春纪第一》。

报告指出要坚持以人民为中心的发展思想，强调要维护人民根本利益，增进民生福祉，不断实现发展为了人民、发展依靠人民、发展成果由人民共享，让现代化建设成果更多更公平惠及全体人民。

中国的民本思想可能与人本思想不完全一样，但也属于一种人本思想，它应用在风险治理领域，核心就是要以民众生命财产安全为本。

2. 和合思想

在核心价值上，"中国文化是以意欲自为调和持中为其根本精神"。[1]《易经》在总体上就有阴阳和合并化生万物这一思想，对于天、地、人之间的和合关系与吉凶祸福相互依存并转化的辩证关系早就有深刻的论述和把握，其中全部六十四卦各自六爻的吉凶分布，参见图5.1.5。卦相主要分吉、凶中求吉、凶等，每一爻也如此，且吉凶往往会互相转化，"否极泰来"。

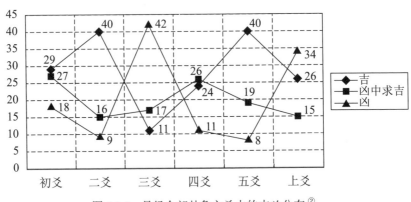

图 5.1.5 易经全部卦象六爻中的吉凶分布 [2]

后来阴阳和合又演进为五行（金木水火土）的相生相克与和合共生。阴阳五行学说已在中医学界获得广泛运用和发扬光大，用于针对各类疾病和健康风险的综合预防、诊治和康复，历史成效巨大。中医一般强调上医治国、中医治人、下医治病，也即能直接治理病患的医术并非最高境界，能治病患身体的内在系统与外部环境问题的医术应是更好或更高的境界。当然也可引申理解，中医理论不仅能治人们身体病患，也可延伸应用治理人群社会和整个国家。这很值得风险管理与治理学界学习与借鉴。

在"广大和谐"原则下，天、地、人、物都会相待而有、而生、而成，且能雍容和谐。孔子强调"中""和"，强调"和为贵"。孟子也说："天时不

① 梁漱溟：《东西文化及其哲学》，北京，商务印书馆，2004。
② 刘宝霞博士据黄沛荣《〈易经〉形式结构中所蕴涵之义理》（台湾地区《汉学研究》2001年第19卷第1期）绘制。

如地利，地利不如人和。""和"是政治的最高境界，是国泰民安的基本特征。中国传统文化的核心价值之一就是"和"，强调人与天和、人与人和及人与地和。"和"也是我们社会风险治理的最高境界追求之一。

在实现条件方面，中国对"和"的追求条件是"和而不同"。"同"指事物的单一性。单一不能长久，也即"同则不继"，"以同禅同，尽乃弃矣"。[①]可见"和"以不同为前提，不同就可能冲突，而"和"是"既冲突又融合"，"让冲突的双方在保持各自独立性的前提下而融合共生"。[②]这在社会风险治理领域就要求切实尊重和有力保障社会多元主体合理合法的不同的利益诉求和价值观念的共存共融，否则就会引发巨大的社会冲突、矛盾、不安与动荡不稳等。

在具体操作方面，"和"就是不同事物的配合协调，以长补短，就是包含沟通、协商、互信、合作等。[③]张立文教授的《和合学》全面且深度诠释了中国传统的和合思想。这在社会风险治理领域就要求不同的利益与关联，甚至对立的利益与关联，经过充分的信息沟通、协商、谈判，接近和达成社会共识与多赢。同时社会和谐与社会风险治理的工具运用也需要多元主体的合作配合，多元途径与方式的综合运用，如刚柔并济，即刚性治理与柔性治理有机结合等。

3. 古代链式治理思想

中国古代有关风险与危机的概念有很多，主要有畿、微、危、怠、灾、难等不同危害程度的风险与危机。有关全流程风险链式治理要求主要有居安思危、知畿查微、持危安危、御灾救荒等等，贯穿这些流程环节的还有以人为本或以民为本、慎始慎终或固始善终等总体要求。[④]

三、中国合和式社会风险治理的概念设想

（一）合和式社会风险治理：概念框架

根据前述中国应急管理与风险治理体系转型"一本四全"的实践需求和国际国内全面风险治理的前沿理论支持，在此我们利用中国民本、阴阳五行和合与链式风险治理等传统思想，提出有我们自身文化特色的一个核心概念：合和式风险治理，也即针对自然灾害、事故灾难、公共卫生事件和社会安全及经济安全事件等具有多元性、衍生性与复合性风险与危机特征，政府、市场、企业、

---

① 刘泽华主编：《中国政治思想史》（先秦卷），45 页，杭州，浙江大学出版社，1996。
② 张立文：《和合学：21 世纪文化战略的构想》，10 页，北京，人民大学出版社，2006。
③ 刘泽华主编：《中国政治思想史》（先秦卷），45 页，杭州，浙江大学出版社，1996。
④ 详见刘宝霞、彭宗超：《风险、危机、灾害的语义溯源及中国古代链式风险治理流程思路探寻》，载《清华大学学报（人文社科版）》，2016（01）。

社会与公民等多元主体，能够综合运用行政管制、经济激励、社会自治与企业及公民参与等多元政策工具，积极主动做好规避准备、预测预警、应急响应、恢复重建与学习提升等全流程的管理与治理，最终尽可能规避或减少各类风险与危机中的生命与财产损失，且能转危为安，或变威胁为机遇，以保障社会和谐稳定与国家长治久安，参见图 5.1.6。

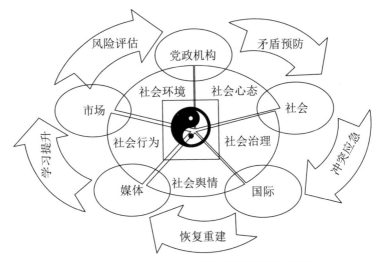

图 5.1.6　合和式社会风险治理的现代概念框架

在上述概念和图 5.1.6 中，我们运用阴阳五行和合理念，突出危与机共生共存并相互包含与转化的基本思想，把有关社会风险类型分为五类（社会环境风险、社会心态风险、社会行为风险、社会治理风险、社会舆情风险，其中新加了前面没有探讨的社会舆情风险，这个风险以前重视不够，需要给予关注。）

治理主体也分为五类，即党政机构、市场主体（含企业）、社会主体（含公民）、媒体和国际五个方面的治理协作网络，其中媒体与国际两个主体是新加的，也需要也给予关注。

其背后同时也意味着有刚柔程度不同的 5 类典型治理工具：党政主导与行政管制，市场、经济激励与企业参与，社会、自主治理与公民参与，媒体沟通动员与宣教，外部资源利用等。

同时还结合前述社会冲突与社会矛盾的演化过程与发展阶段及危机治理流程，把社会风险治理流程分为 5 个阶段：风险评估、矛盾预防、冲突应急、恢复重建、学习提升，真正体现全流程的要求。这也许可谓现代版的"社会风险 / 危机的阴阳五行和合"。其中本研究重点关注了前三个过程，对于后面两个环节未来也需要我们给予专门的关注与分析。

上述框架的出发点和根本目的就是要以民为本，全面系统考虑五大社会风险、建立五大主体协调合作机制，综合运用五大治理工具，五阶段全流程实施风险治理，以保障民众生命财产安全，实现社会和国家的安全、稳定、和谐与发展。也就是说传统的民本、和合与链式治理等思想与今天我们所追求的"一本四全"的全面社会风险治理是非常契合的，完全可以发挥其很强的概括、抽象、指导与参考作用，是真正有中国文化特色的概念术语。

我们之所以用"合和"而没有用中国古代哲学研究界的"和合"概念，是因为意在强调通过合作来实现和谐状态，合作在先，和谐在后；也是因为"合和"比传统的"和合"具有更宽的概念范畴，不仅可以把"危机与五行"元素更好地加以整合，而且可以融合传统民本、链式治理、合作治理和合作博弈的理念。①

（二）合和式社会风险治理：五大转型方略

为了实现上述合和式社会风险治理框架，我们需要注重运用图 5.1.8 中的五大转型方略：

一是从重视社会安全事件与危机发生后临时组建指挥部应对模式向更重视长远规划转变。这里不仅要更重视社会安全事件应急管理体系建设本身的长远规划，而且需要重视日常各地、各部门、各组织和全社会中长期发展规划对社会风险、危机、灾难预防与事件应急方面的有关投入。

二是从重视社会安全事件应急向更重视其风险与危机治理转型。这是关口前移必须要求的转型，不仅需要针对一些特定的重大活动与重大工程及重大决策开展社会稳定风险的专项评估、管理及治理，且需重视对全社会开展社会稳定风险的综合评估，重视实施社会矛盾的预防战略与提升社会群体事件的应急响应能力及水平。特别是在社会安全领域的日常管理与应急管理中全方位引入风险管理与治理的有关理念、战略、制度与方法，更加积极主动地解决日常管理与应急管理中的有关风险与问题，尽可能更早地规避、预防、转移与准备有关社会矛盾与社会冲突风险事件的发生与蔓延。在重视风险治理时，还需更重视危机治理。要重视一般性风险的日常与应急治理，但不能因日常管理与常规应急已有进步就沾沾自喜与不思进取，还要更重视做最坏的社会风险与社会危机打算和最好的准备，才可能真正全面提升有关组织和全社会的抗风险抗危机能力，也就是真正提升社会风险抗逆力。

---

① 我们曾利用上述思想研究中国的民主制度模式，参见彭宗超、马奔、徐佳君：《合和式社会主义民主——一种可能的中国民主模式探讨》，载《经济社会体制比较》，2010（06），98~106 页；彭宗超、马奔、刘涛雄：《合作博弈与和谐治理——中国合和式民主研究》，北京，清华大学出版社，2013。

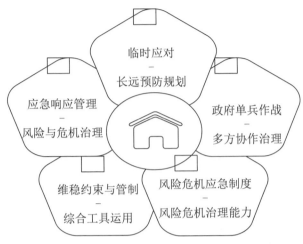

图 5.1.7　合和式社会风险与危机治理的五大转型战略

三是从过去社会安全事件单兵作战向未来更重视多方协调合作治理转变。目前和未来的社会安全风险、事件与危机很可能具有复合性和复杂性，确实越来越不是单一地方、部门和主体能有效应对、管理与治理的，而是日益需要更重视多元主体的协调联动与合作治理。从过去单纯重视政府主导的应急能力提升向未来更多地发挥社会组织、市场、企业和公民的主体联动参与作用转变。

四是从过去社会安全管理过于重视压力型维稳约束和行政管制工具的运用到社会风险多元治理工具的综合运用转变。维稳约束与行政管制在社会风险与危机事件发生时的应急过程中往往很有效，但其成本也是巨大的。从整体社会风险与危机治理看，更要做到刚柔相济，要综合运用政治动员、行政管制、目标激励、协商谈判、社会参与等多元政策工具来更有效治理各类社会安全风险与危机。

五是从以前偏重社会安全事件"一案三制"的应急制度建设到更加关注社会风险整体治理能力的逐步提升。这既需要继续加强并完善有关"一案三制"建设，又要更加系统考虑各相关主体社会风险、危机及应急意识、专业知识与技能的增强与提升，也需要重视有关人力、财力、物质、信息、技术和制度等资源的匹配投入，以便切实提升社会风险与危机情景下各方的协同决策能力和综合治理能力。

（三）合和式社会风险治理：五大关键举措

实现合和式社会风险治理的主要举措涉及图 5.1.8 中的五大合和：

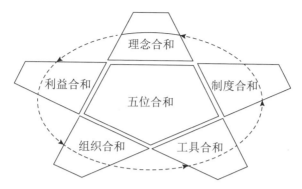

图 5.1.8　合和式风险与危机治理的五大关键举措

一是理念合和，也即重视"和为贵""和而不同"等重要理念，允许国内外不同的社会风险治理理念并存，相互借鉴并有机整合，比如政府主导与社会参与共生，忧患意识与吉祥文化并存，快速决策与慎重问责结合等等。

二是利益合和，这是一切合和难题中的核心问题，我们首先应该承认风险治理中各方的利益关切是很可能不同的，既需要紧急情况下的紧急协同，也更需要平常能有更多的沟通、交流、协商与谈判机会，以解决彼此的利益冲突，实现真正的利益合和。

三是制度合和，主要指为了贯彻有关的理念合和与实现利益合和，需要不同层级、部门、领域社会风险治理的体系、制度与机制的建立和完善，既能彼此兼容和有效实施，也能建构和运行社会风险治理的一体化制度保障体系。如今的全面依法治国方略的贯彻实施应能增进有关的制度合和。

四是组织合和，再好的制度也需要有关组织的建立与运行，社会风险与危机治理涉及的不同地域、层级、领域和专业的有关组织能经常化的相互沟通、协调与支持，才能真正实现组织协同合和。

五是工具合和，社会风险与危机治理的工具纷繁多样，有效治理有关风险与危机自然离不开各类工具的综合运用。根据阴阳五行学说，我们拟借用五行概念，把风险与危机治理工具分为"金式"治理、"木式"治理、"水式"治理、"火式"治理和"土式"治理等五大类。

"金式"治理强调政府刚性强制权力的运用，适用于安全秩序的应急处置、持续维持与快速恢复。

"水式"治理是一种柔性治理工具，更多重视的是市场社会自治与志愿参与行动。

"木式"治理重视在刚性强制与柔性志愿两类工具中间状态的工具运用，强调激励与沟通。

"火式"治理也是介于金式治理与水式治理之间的一种工具，但不同于也相对于木式治理，具有更强的威慑性。

"土式"治理类于水式治理，但与水式治理相对应，具有更多的规范性。

几类社会治理工具均有利有弊，有不同的针对性，只要运用得当，都可以达到有关的治理目标。一般来说，现代社会风险与危机往往需要五行治理工具的综合运用，方能有更好的治理效果。

四、讨论与展望

中国的总体国家安全观、应急管理和社会风险治理体系发展越来越重视总体性、系统性、整合性特别是全面性，同时中国也非常需要全面建立有自身特色的社会风险治理与应急管理体系。国内外风险管理学界也都在逐步更加重视全面风险管理与治理。中国传统民本思想、和合思想与风险治理思想与现代全面风险管理与治理的有关思想有很大的契合度，甚至比国际全面风险治理思想有更大的系统性、综合性和严密规范的思维逻辑指引。因此，我们结合古今中外有关的学术思想，面向中国社会风险治理的实践发展需要，明确提出有中国自身文化特色的合和式社会风险治理概念，并运用该概念，对有关治理体系的目标框架、转型内容和实施关键都进行初步设计，以期抛砖引玉，希望能对有关学术探讨与实践发展均有一定的参考作用。

阴阳五行和合学说，仅仅围绕阴阳变易及其五行相生相克十个维度辩证关系，来诠释世界万物。这比西方通常的一个维度或二维矩阵分类式研究要更系统和更复杂。中国合和式风险治理概念希望汲取这一传统智慧，力图能对社会风险治理提出一些更系统和更深入的设计思路，这也许是合和式风险治理区别于目前一般的全面风险管理或治理概念的主要特色所在。

当然，我们若仅停留于初步论证与框架设计层面可能是远远不够的。我们未来还需要进行一些更系统深入的具体研究与探讨。比如中国传统阴阳五行学说对我们的风险治理的启示具体有哪些？合和式风险治理相比于国内外已有的全面风险管理理论的核心共性与主要特性到底有哪些？合和式风险治理概念及理论在国际学术交流中可能的争议是什么？它在中国及国际未来的风险治理实践中的应用前景会怎么样呢？这些都将有待于我们和对此感兴趣的学界同仁们去做更多更细致的学术思考与实践验证。

从阴阳和合到刚柔相济，从五行和合到全方位社会风险治理整体框架体系建构，我们的探讨都是初步的，主要在规范与逻辑层面进行论证。具体到中国合和式社会风险治理的工具运用，前面已经明确，需要既高度重视以协商谈判为主的风险治理柔性模式，也有效运用以警察维稳为关键手段的风险治理刚性模式，更需要两者相互包含和有机结合。因此下面我们拟对两方面具体问题专门进行实证分析。

第二节　社会风险的柔性治理——协商谈判分析 ①

一、协商式社会冲突管理——化解对抗的谈判过程与方法分析

如何有效管控社会冲突风险是各级政府的重要课题之一。社会冲突风险管理方法不仅需要公安武警强力恢复社会秩序的硬方法，而且需要采用司法审判、仲裁、调解与谈判等柔性方法。② 柔性方法中，谈判法是在社会冲突演化过程中通过当事双方自愿协商化解矛盾并防止冲突升级的重要手段之一。从合和式治理来看，这不仅是一种非暴力、非诉讼的冲突解决方法，而且更强调通过沟通、讨论、交流的方式达成意见一致。与中立第三方介入的方法相比（如审判、仲裁与调解等），谈判具有当事方可以自行控制冲突解决进程和结果的优势。③ 但是，目前有关谈判的文献，主要是有关商业谈判，或者政治谈判。④⑤ 在公共冲突中，常健等讨论过两种谈判方式：分配式谈判与整合式谈判。⑥ 已有文献对于社会冲突谈判的模式选择、过程、特点和方法技巧等的分析不足。本文结合案例，尝试对以上问题进行探讨。

社会冲突的发生往往是因为冲突当事各方存在利益与观念的分歧。⑦ 而谈判是为了争取他人的认同或者取得自己期望的结果而进行的人际互动过程⑧，其目

---

① 本部分已经先期发表，参见曹峰《"协商式社会冲突管理——化解对抗的谈判过程与方法分析"》，载《公共管理评论》，2012，13（02）。收入本书做了个别修改完善。

② James A, Schellenberg. Conflict Resolution: Theory, Research, and Practice. Albany, NY: State University of New York Press, 1996.

③ [美] 斯蒂芬·B. 戈尔德堡等：《纠纷解决：谈判、调解和其他机制》，3 页，北京，中国政法大学出版社，2004。

④ 参见沃伦·H. 施米特等：《〈哈佛商业评论〉精粹译丛：谈判与冲突化解》，北京，中国人民大学出版社，2004。

⑤ 参见薄燕：《国际谈判与国内政治：美国与〈京都议定书〉谈判的实例》，上海，上海三联书店，2007。

⑥ 常健等（编著）：《公共冲突管理》，北京，中国人民大学出版社，2012。

⑦ Jeffrey Z. Rubin, Dean G. Pruitt, Sung Hee Kim. Social Conflict: Escalation, Stalement, and Settlement. NY: McGraw-Hill, Inc.,1994: 5.

⑧ [美] 芭芭拉·A. 布贾克，科尔韦特：《谈判与冲突管理》，3 页，北京，中国人民大学出版社，2009。

的旨在通过协商妥协，弥合彼此分歧，并在一定程度上实现自己的目标，从而达成合和的结局。由于谈判是在相对有序的条件下进行的，因此这种解决冲突的方式对社会运行体系的破坏力就小得多。如果双方能够达成协议，就可以避免严重对立，防止冲突升级为暴力。

理论上谈判的模式主要分为两种：一种为对抗性谈判，另一种为合作性谈判。[①] 它们之间的对比见表 5.2.1。

表 5.2.1　对抗性谈判与合作性谈判的对比

对抗性谈判	合作性谈判
注重眼前利益，无视长期关系 将谈判对手视为竞争对手 采用敌对的态度 强调己方的要求 亮底牌，以示威胁 倾向于施加压力 追求谈判的胜利	同时注重眼下的问题和长期的关系 将谈判对手视为问题的解决者 采用较为友好的态度 重视己方要求，也设法满足对方要求 不亮底牌，暗示较大的妥协空间 倾向于不屈服压力 在满足各自需要的同时注重人际关系

在社会冲突的谈判中，社会群体一方是"进攻者"，而政府一方是"防御者"，我们越来越多地观察到，在社会冲突谈判过程中，社会群体一方往往会倾向于使用对抗性的谈判模式，而政府一方则倾向于选择合作性谈判模式。为什么会存在这种倾向呢？本节从完全信息静态博弈的角度展开分析（如表 5.2.1）。

如果双方都选择"不合作"，即对抗和不妥协，由此造成冲突升级以后，社会群体和政府双方得分期望值分别设定为 X 和 Y；如果社会群体选择"合作"，而政府选择"不合作"时，政府无须为当初决策或行为承担责任（得 0），而社会群体则要承担相应的损失 C（得 -C，且 C > 0）；反过来，如果社会群体选择"不合作"，而政府选择"合作"，那么政府做出相应的赔偿 C（得 -C，且 C > 0），而社会群体的损失 C 得到补偿（得 0）；如果两者都选择"合作"，政府对社会群体做出少许补偿 δ（得 -δ，且 δ > 0），社会群体的损失减小（得 -C+δ，且 C > 0，δ > 0，C > δ）。如图 5.2.1。因此有关博弈过程的均衡情况将取决于 X 和 Y 的取值。

---

① ［美］赫布·科恩：《谈判无处不在：如何通过谈判赢得你想要的一切》，98 页，广州，广东人民出版社，2011。

政府

		不合作	合作
社会	不合作	X，Y	0，−C
	合作	−C，0	−C+δ，−δ

图 5.2.1　博弈过程

我们分如下四种情况来讨论：

第一，当 X ＞ −C，Y ＞ −C 时，即冲突升级后，社会一方损失将减小，政府所付代价也小于单纯赔偿所付代价 C 时，该博弈均衡结果就是双方均选择"不合作"，并推动冲突升级。

第二，当 X ＜ −C，Y ＜ −C 时，即冲突升级后，双方均将遭受更大损失，比如，社会一方在冲突升级后，不但得不到赔偿，而且会损失更多的时间和金钱；而政府一方，在冲突升级后，领导干部会遭受严厉的问责。这时，该博弈为纳什均衡，双方的最优选择为"合作"。

第三，当 X ＜ −C，Y ＞ −C 时，即冲突升级后，社会一方将遭受更大损失，而政府付出的代价却小于单纯进行赔偿所付出的代价，这时博弈过程就只剩下一个均衡点，即政府选择"不合作"，而社会选择"合作"。

第四，当 X ＞ −C，Y ＜ −C 时，即冲突升级后，社会一方遭受的损失减少，而政府付出的代价高于单纯进行赔偿所付出的代价，比如，社会一方因为冲突升级受到社会的关注，因而赔偿额度将高于期望值，而政府一方因为冲突升级不但要对社会进行补偿，还会造成主要领导干部的问责，这时，博弈过程只存在一个均衡点，即社会选择"不合作"而政府选择"合作"。

综合以上分析，我们发现影响以上均衡结果的是在社会冲突升级以后（如发生群体性事件）中央政府对地方政府严厉的问责制度，以及冲突升级和曝光以后地方政府对社会群体的赔偿额度。这就决定了在现有制度框架下，在社会冲突的谈判过程中，作为"进攻者"的社会群体往往更倾向运用对抗性谈判模式，推动冲突升级，以获得补偿；而作为"防御者"的政府更倾向运用合作性谈判模式，以尽量规避社会冲突升级可能引发的问责问题。

二、政府管理诱发社会冲突事件的协商谈判

各地根据中央要求，对重大政策与重大公共工程项目决策开展社会稳定风险评估。但是我们发现，还有为数众多的社会冲突事件（包括个人极端事件和群体性事件）是由政府的日常公共管理活动引起的。比如，在某些地区城管执

法过程引发了一些社会冲突事件。因此，政府的公共工程、公共政策和公共管理活动都可能成为诱发社会冲突事件的原因。这三类情况都使政府成为直接的冲突方，因而政府在管理和解决这类冲突中就面临更大的困难。在这里我们引用徐显国记录的一个实际案例来讨论在社会冲突演化以及社会冲突管理中谈判的过程和方法。① 本案例就属于因政府的公共管理活动诱发的典型的社会与政府之间的社会冲突。

西部某地一青年男子到华东某市打工，曾因抢劫与杀人罪证确凿而被依法判处死刑。执法部门依法向其家属邮发了死刑通告与火葬通知。未料邮件尽管正常送达，但签收却出了差错。邮件由死者堂弟（一高中生）签收后，未把此事向死者父母告知。执法部门接收回执后以为家人无异议，就将尸体火葬处理。并且执行者还疏忽了一点，该名男子家乡的特定风俗习惯要求，尸体是不能火葬的。

死者父母后来得知尸体被火化，马上千里迢迢从住地赶到华东该市，向市政府要讨回公道。这一切已无法挽回，市政府只能表示很遗憾。家属很失望，便从该市找到二三十个同乡，到市政府前集体抗议。事态逐步恶化，若处理不当，其后果可能不堪设想。市政府就召开紧急会议，针对可能一触即发的冲突，商讨处理办法。

在本案例中，该名男青年触犯法律，并受到制裁，本无争议。但是执法部门在死刑后的尸体处理方式上却出了差错，火葬通知并未被直接送达死者的父母，而且死者的堂弟签署后，也未及时告知死者的父母。死者堂弟的这一行为本身是有过错的，但是政府部门本身也存在过失。政府部门缺乏对宗教、民俗的重视，在火化死者尸体前缺少必要的核对。因此在该事件中，政府的日常公共管理活动就成为冲突的触发事件。

当死者父母千里迢迢赶到该市并向政府力讨公道时，冲突其实已开始升级。冲突的一方是死者的家属，而另一方是政府。这是典型的"进攻者—防御者"冲突模型。② "进攻者"是冲突升级的推动者，其目标是要从"防御者"那里获得某些东西（如道歉、追责、补偿等），或者是阻止"防御者"的某些行为。"进攻者"开始的行动总是比较温和的，因为这样背负的风险最小。但是，政府回应"一切已经无可挽回，只能表示遗憾"时，死者家属"力讨公道"的行动遭到了挫折。

---

① 徐显国：《冲突管理：有效化解冲突的10大智慧》，176~186页，北京，北京大学出版社，2006。

② Jeffrey Z, Rubin, Dean G. Pruitt, Sung Hee Kim. Social Conflict: Escalation, Stalement, and Settlement (2nd ed.). NY: McGraw-Hill, Inc.,1994. 73~74.

当安全、自尊、归属感等有关人群权益因外部干扰而受影响时，人们会逐渐积累紧张与挫折，进而还可能产生愤怒。[①] 愤怒情绪是助推"进攻者"升级冲突的一种重要心态。于是家属失望之下就在当地邀集二三十位同乡一起到市政府前进行抗议。从两三个人的力讨公道，到几十个人到政府门前集体抗议，这意味着冲突规模扩大了。当冲突升级以后，其状态会发生改变：人数少变成了人数多，具体事件变成了普遍事件，稳定的情绪变成了愤怒的情绪，正常的关系变成了敌对的关系。[②]

推动冲突升级，往往是冲突"进攻方"希望解决问题的一种方式。由于"防御者"的反应往往是根据"进攻者"的行动而做出的，当"进攻者"的行动较温和时，"防御者"的反应也就比较平淡。同时，在本案例中，"防御者"是政府，政府是多任务中心的，温和的事件往往不会进入政府的日常决策过程。从这个角度就不难理解为什么冲突的"进攻方"必须把事件闹大（比如采取群体抗议或者越级上访）。因为只有冲突升级为焦点事件才有可能引起"防御者"的关注，采取解决行动。针对事态可能进一步恶化，政府开始商量解决办法。本案例中，该市政府选择通过协商也即谈判方式。以下，我们将详细讨论有关社会冲突的谈判过程与方法。

三、社会冲突谈判的过程与方法

在许多社会冲突谈判中，政府往往缺乏对谈判过程与方法的认识，因而不能够很好地把握谈判的节奏和走向。事实上，社会冲突谈判也可分为不同阶段，每个阶段往往有不同的特点。谈判者应准确地掌握其过程和方法，在不同的阶段做出不同的准备和工作，从而推动谈判从一个阶段过渡到下一个阶段，更快地和对方达成意见一致，实现合和的目标，更好地化解矛盾，防止冲突升级。

（一）谈判前阶段——全面了解信息并准备

谈判前准备是谈判的第一阶段。不论是国与国之间政治谈判、公司之间的商业谈判，还是政府和社会之间社会谈判都必须进行精心的准备。那么谈判前应该准备些什么呢？

第一，综合各方信息、了解案情与谈判对手的情况。

市政府召开紧急会议，并针对当时一触即发的冲突，及时商讨处理办法。

---

① 徐显国：《冲突管理：有效化解冲突的 10 大智慧》，51 页，北京，北京大学出版社，2006。
② Louis Kriesberg. Social Conflict (2nd ed). Englewood Cliffs, N.J.: Prentice-Hall, Inc., 1982. 170-174.

在实践过程中，当社会冲突事件发生的时候（比如有人向领导干部报告一大群人把政府的大门给堵了），你脑海中瞬间会产生很多问题：谁堵的？来了多少人？究竟为什么？怎么才能解决？所有这些问题都是围绕着谈判对象而展开的，因此了解案情、核实信息、了解谈判对手是首要的一步，这决定了如何确定谈判原则和制定谈判方案。遇到重要事件，政府要及时和当事人家乡的有关部门取得联系，必要时可以派出一个工作小组赴当地了解情况。在这类事件当中，政府的任何应对措施都要建立在对谈判对手了解的基础上。谈判对手的属性可以分为自然属性和社会属性。自然属性主要包括年龄、性别、健康状况与性格特征等；社会属性包括社会关系、民族、宗教信仰、社会习俗、教育背景、职业、职务、收入与财产情况，以及聚集上访的人数、相互关系、居住情况等等。不同的属性会给我们的谈判带来不同的挑战，"如果你能预知对方真正想要的是什么，那么在谈判中你已经占优势，如果再能探明他们所受的限制和最后期限，无疑会对你更有利。"① 因此，了解谈判对手，还包括他的需求和底线，以及面临的约束条件等。

在本案当中，还要特别关注家属的情绪。与政治谈判和商业谈判不同的是，社会冲突谈判中，谈判对手不是冷静的政治家和商界精英，而往往是带有强烈情绪的社会群体。这类谈判对手有两个重要的特点：第一，是情绪化，即谈判者由于亲属死伤或者利益损失，可能非常悲伤和愤怒；第二，非常规和非理性的行为，即谈判对手为了维护自己的利益，在情绪的促动下，可能"不按常理出牌"，提出的有关要求不一定合理，往往会给人似乎"无理取闹"的感觉。因此，在社会冲突谈判中，首先要管理的就是谈判对手的情绪。情绪在我们沟通当中，起到至关重要的作用，我们会发现一个人在情绪稳定的时候，就比较"讲理"，比较好沟通。反之，在情绪不稳定的时候，就不那么"讲理"了，有的时候甚至是"蛮不讲理"。因此，在社会冲突谈判刚刚开始的时候，往往不是和对方谈什么条件，而是稳定对方的情绪。有时，政府部门的人员往往过度关注谈判对手的利益诉求，却忽视了他们的心理和情绪。这是谈判中冲突有所升级的主要原因之一。

第二，制定谈判的原则和策略。

市政府讨论后最终决定未来谈判和决策贯彻四项原则，即平稳、快速、尊重和以金钱安抚死者家属。

---

① ［美］赫布·科恩：《谈判无处不在：如何通过谈判赢得你想要的一切》，84页，广州，广东人民出版社，2011。

　　谈判的原则是指导整个谈判的纲领。在本案例中确定的四项原则都结合了社会冲突的特点。"平稳"强调了不让事态扩大和升级；"快速"反映了政府希望尽快解决问题，不让事件有更多的发酵时间；"尊重"是强调通过表达重视和敬重的态度以稳定对方情绪；"以金钱安抚死者家属"是预测到对方有可能提出经济上的要求而制定策略。"避免诉诸法律或公权力"是明确不使用诉讼和其他硬性手段，而是使用谈判的方式。当然，政府可以选择其他的方法，但是这就改变了解决问题的框架。需要特别注意的是，在具体实践当中要特别强调"尊重"的态度。通常我们说我们应该尊重每一个人，但事实上在尊重这个问题上，我们是高度选择性的。我们对有些人是高度尊重的，而对另一些人却不那么尊重。往往政府在处理这类冲突时，对谈判对手往往缺乏必要的尊重，从而给谈判造成障碍。可以说，尊重是彼此沟通的基本前提，也是合和式谈判的基础要件。

　　要注意的是，如果运用谈判方式，就会有妥协和让步。谈判就是在妥协和让步的过程中寻求折中的结果以满足双方的要求。因此，政府需要估计谈判对方可能提出的要求，同时要确定自己的底线，并计算双方的差距。如果冲突的"进攻方"（家属）的要求明显地超出"防御方"（政府）的偿付能力，而前者若不愿意做更大让步时，谈判就只能无果而终。[①]

　　第三，组成谈判小组。

　　市政府讨论后决定组成谈判小组，该小组由一位副市长牵头。谈判小组中包括了一位善于谈判的女性干部担任主谈者，还有一位深谙死者家乡当地习俗、颇受爱戴和信赖的警察。

　　在组织活动方面，政府往往是很有经验的，比如"由谁牵头？""哪些部门参与？""谁来具体执行？"等等。但是如何组成谈判的团队，就未必是每个政府部门都熟悉的。政府往往会选择有一定职务的人担任谈判者，职务高的人往往有一定的阅历、经验和决策权，但是，职务高低并不是选择谈判者的首要标准。[②]社会冲突的谈判不以商业利益和讨价还价为第一目标，而是安抚情绪和化解矛盾，因此谈判者除了具有相关行政级别和业务素质以外，外在形象要敦厚，谈话要有亲和力，要善于缓解紧张的气氛。谈判者的性别也是重要的考虑因素。有时，女性更具有亲和力，更有利于化解纠纷，因此在谈判小组成员

---

① 范愉、李浩：《纠纷解决——理论、制度与技能》，290~291页，北京，清华大学出版社，2010。

② 徐显国：《冲突管理：有效化解冲突的10大智慧》，177页，北京，北京大学出版社，2006。

中可以考虑安排女性谈判者。

组成团队后，并不意味着所有的人都出现在谈判现场，可以组成两组，一组在前台，一组在后台，这样可以有一个缓冲，在必要的时候调换谈判成员。谈判小组中熟悉当地情况的人员，可以负责在私下里和对方沟通。应该注意的是，不仅仅谈判桌上的沟通很重要，私下的沟通甚至更为重要。在合和治理过程中，蕴含"阴"和"阳"的视角。所谓"一阴一阳之谓道"①，"阴"可以构成"阳"的基础，若要"阳"的方面有更好的呈现，就要在"阴"的方面下更大的功夫。

第四，谈判的具体安排。

时间。要确定何时展开谈判，包括日期、上下午、开始和结束的时刻、中间何时休息等等。如果恰逢节假日和周末，也要确定是否进行谈判。从突发事件的管理原则来看，当基本确定了谈判策略和人员后，谈判应该是尽早展开，从而避免事件的发酵。

地点。谈判的地点力求避免在容易产生人员聚集的地方，比如郊外的宾馆或者专门的谈判地点。谈判的房间应该尽量简朴，避免豪华。如果是楼房，窗户要有安全护栏，避免发生意外。如果天气十分炎热或者寒冷，可以考虑安装空调，以保持室内温度适宜。这样会促使谈判对手保持心理和情绪的稳定。在某些政治谈判和商业谈判中，环境的设置就是要让对手不安；而社会冲突谈判中，要尽量使谈判对手平静、安定。

谈判桌。在很多地方，政府与上访的老百姓进行调解和沟通的时候，常常因陋就简，在办公室或者会议室展开交谈。事实上谈判桌的设置也有讲究，长方形的谈判桌，给人的感觉是两军对垒，阵营很分明，而圆形谈判桌往往表明各位谈判人员的地位平等。因此，可以考虑使用椭圆形的谈判桌，使双方感觉既有所区隔，又有交汇。双方彼此的距离，既不能太近从而产生压迫感，也不能太远因而不便于沟通。

设备。现场需要配置录音、录像等记录设备，对谈判情况进行记录与取证。应该注意的是，即使谈判现场有录音和录像设备，也应做好记录，因为记录的意义不仅仅是为了留下证据，更为重要的是表达一种尊重和重视的态度。

住宿餐饮。按照适当的标准为对方安排住宿，在谈判当天要安排餐饮。在饮食方面要考虑民族和宗教习惯，必要的时候应安排民族餐。谈判时，可以为对方准备冷、热茶水等，也可以准备些香烟。有时，在谈判开始前，先给对方

---

① 语出《易经·系辞上》："一阴一阳之谓道，继之者善也，成之者性也。"

端一杯水，或者递一支烟，谈判的气氛都会缓和很多。这是一般的政治谈判和商务谈判中很少考虑的。

消防、安保、医疗。为及时应对可能出现的突发事件，可以安排消防、安保和医疗人员在附近值守，以确保谈判现场的秩序和安全。应特别注意对方的情绪和健康，如出现意外情况，应及时送往医院救治。以上都是社会冲突谈判中特有的一些安排，在实际的谈判中还可以根据具体的事件和环境做出具体的安排。

第五，政府谈判人员的仪表和情绪。

着装。在社会冲突的谈判中，往往谈判对方有不幸的事情发生或者有利益损失，所以政府谈判代表的着装应该尽量简朴和平实，不能华丽、喜庆，也不需要像商务谈判那样统一着装。

情绪、表情和态度。政府的谈判代表在情绪、表情和态度方面必须配合谈判的气氛。一方面，在谈判场合下，政府代表哪怕有天大的喜事也要按捺住自己的情绪，在表情和态度上要表达出关切和尊重。现在，每个人都有多功能的手机，如果在现场被对方拍摄了不严肃的表情，然后上传网上，常常会引发媒体炒作与社会关注，对矛盾化解有不利影响。另一方，更需要注意的是内心冷漠的情绪。在实际谈判中，谈判人员往往容易因为事不关己而出现冷漠态度，这对谈判实际也是非常不利的。

第六，关于记者和律师。

记者。记者职业就是要发现新闻，能赢得读者、听众与观众的关注。在谈判尚未达成一致意见之前，不建议有记者和媒体参与谈判。但是，不排除谈判对方邀请媒体参加，这时可以在谈判后及时、主动地召开新闻发布会。

律师。律师所擅长的通常是搜集证据并为当事人辩护，未必善于在社会冲突谈判中进行有效地沟通。谈判意味着冲突解决还没有进入法律诉讼阶段，所以政府一般不需要聘请律师。但是不排除谈判对方可能聘请律师，因此，政府也要考虑是否聘请律师。

（二）谈判开局——调解情绪、避免对抗性

谈判首日，双方落座后，市方的领导面对家属诚恳地说，很感谢家属老远来到这里，首先市政府很理解他们的心情，不但有诚意，而且也有决心能解决这件事情，并希望双方坐下来好好谈谈，彼此和为贵，相信一定能够找到大家满意的办法。

在谈判开局，政府的诚恳态度非常重要，开场白可以根据不同的场合进行

设计,但是关键一点就是要言辞恳切,表达出对谈判对手的尊重和关切。其目标是稳定谈判对手的情绪。

社会冲突谈判与政治谈判和商业谈判最大的不同就是在谈判开局时,社会冲突谈判首先强调对谈判对手情绪的管理。在政治谈判和商业谈判中,谈判双方通常衣着整齐,表情冷静,每个人都力求控制情绪,不让对方察觉出自己的思想。但是在社会冲突谈判中,通常都有悲伤、气愤的事情。在激烈的冲突谈判过程一开始,对方有时是"要死要活"。因此在谈判开局,政府代表要做好心理准备:谈判对手的情绪可能是非常激动的,容易失去理智。因此,社会冲突谈判开局的首要任务不是和谈判对手讲条件,而是要管理好谈判对手的情绪,使其回归稳定。

未料,话没说完,死者的父亲就愤怒地打断了,说他们怎么满意呢?他们孩子的尸体都已糊里糊涂地被烧了,市里当官的不通知他们就烧尸体,死者的母亲也开始低声哭泣。

情绪的调控并不这么简单。主谈者在开场一番推心置腹、言辞恳切的话语之后,情绪调控的目标没有达到,对方依然很激动。在调控情绪的时候,有两种手段。一种是用缓和的话语,控制调节对方的情绪,但是也可以采取让对方宣泄的方式。在社会冲突的谈判中我们往往看到,谈判对手有的号啕大哭,有的谩骂指责。面对这样的局面,政府代表也不必紧张,这是正常的情绪宣泄,没有这些表现反而是不正常的。因为情绪宣泄本来也是情绪与心理管理的一种重要手段。在这种情况下,有两点应该注意,第一,要让对方表达和宣泄,把自己的感受、情绪讲透、讲尽;第二,尽管对方多人的情绪都非常激动,但应要求他们逐个发言,尽量保持良好的秩序,同时做好记录(包括录音、录像和笔录)。

市方代表为证明判决和执行全过程的合法性,随即拿出家属已经签收的死刑与火化通知书,交给死者父亲过目。死者父亲仔细看了通知书签名后说,那邮递员是怎么搞的?这么重要的邮件就交给一高中生签收是无效的。

在社会冲突的谈判过程中,谈判对手除了情绪激动以外,还有一种情况是转嫁责任和谴责对方。这也是社会冲突谈判与商业谈判及政治谈判的又一差异特征。在社会冲突的谈判沟通过程中,往往认为都是对方的责任,对方应该对造成的损失承担全部责任。这是人本能地保护自己的行为,很正常。

对死者父亲转嫁责任的意图和言辞谴责,市方代表回应说,不管是哪位家人签收,市里并不知晓死者堂弟签收文件后没有及时转交和报告死者父母,在法律上可以视同签收。整个过程是合法合理的。现在大家坐在这里,就是希望能心平气和地商量，看如何弥补他们的损失。

对于谈判对手转嫁责任、归责对方的行为，政府代表应当控制自己的情绪，不能因对方的言辞而勃然大怒，更不能反过来谴责谈判对手。如果在这个时候反唇相讥，指责死者家属的过错，只能激怒对方。社会冲突谈判的目的是要达成和解，在谈判开局情绪调控阶段，相互归责的行动可能推动冲突升级。

但是家属却不依不饶，认为政府管理老百姓的事情，就该了解民情民俗，市里错就错在把他们家人的尸体草草火化，是失职，是故意侮辱他们，欺人太甚！

谈判开局阶段最重要的就是要避免对抗性谈判。面对对方的言辞，即使你完全不同意对方的说法，也千万不要立刻反驳。反驳在通常的情况下只会强化对方的立场。可以先表示同意，用"我完全理解你的感受"这样的语言来淡化对方的竞争心态，然后再慢慢表达自己的意见。[①]

市方代表并没有生气，很耐心地说，他们非常理解大家的心情，他们的工作当中确实也有疏忽，但是绝对没有歧视侮辱的意思。他们要尽量解决好事情，并说家属们有什么想法都可以谈。

我们强调社会冲突的谈判中，情绪的调控和宣泄很重要。这一过程可能会持续较长的时间。但是谈判核心不是要在这个阶段纠缠。有时候，政府代表与谈判对手反复争论责任问题，却忘记了最初制定的谈判原则和目标。案例中政府代表让死者家属有什么想法都可以谈，这是在主动引导谈判对手能从情绪宣泄阶段转入实质性谈判阶段。但是，这个引导过程可能很漫长，因此不能显示出焦急和不耐烦，否则就失去了谈判优势。

要注意的是，在引导和敦促的时候不能单刀直入地说，"我们就谈谈赔偿问题吧？要多少钱？"可以预料的是谈判对手不会先谈赔偿的问题，总会在其他问题上先绕来绕去。但是，赔偿及金钱问题常常是此类谈判的关键，也是最后要谈及的问题。如果你指出对方就是为了钱而来的，反而有可能把对方推回到情绪阶段。对方说："谁说我们为了钱？我们就是要评评理，把孩子的尸体还给我们！"这将使谈判陷入僵局。

（三）谈判中局——条件谈判阶段

死者二叔不依不饶且提高声调说："别净说这些没用的！对就是对！错就是错！"

---

① ［美］罗杰·道森：《优势谈判》，24页，深圳，海天出版社，2012。

在社会冲突谈判中，对手往往会寻求亲朋好友、宗教领袖，甚至是记者和律师的支持。在本案例中，死者家属就在当地找了二十多位乡亲帮助。谈判时，家属有时过度悲伤和愤怒，可能不一定是主要的谈判者，反而亲戚、朋友、社会热心人士有可能成为最主要的情绪表达者、谈判者和开价者，他们往往起到推波助澜的作用。因此在社会冲突谈判中，要留心其他谈判对手。有时，政府代表在一开始把注意力放在表面对手之上，而在实际谈判中却发现真正的谈判对手是其他人，这往往让人措手不及。

死者二叔当时就说："既然市里承认有过失，就让市里领导在媒体上先赔礼道歉，而后还得按照他们家乡规矩办个葬礼，且两位老人一想到孩子的委屈，就整天吃不下又睡不着，身体每况愈下，市里还要赔偿医药费和精神损失费等。"

对方一下子提出了这么多条件！但谈判者要冷静，不要被对方提出的众多条件所吓倒。谈判提出的初始条件总是很苛刻的。当对方开始提条件的时候，我们要敏锐地认识到，这意味着谈判开始由情绪宣泄阶段进入条件谈判阶段。这是谈判的进步！

市方代表随即回应并与对方确认说："你们希望市里要做三件事，即公开道歉、补办葬礼与补偿，是吗？"

市方代表在这里重复了对方提出的三个条件。为什么要这样做呢？在真正的谈判过程中，情景可能是这样的：对方非常激动，参与的人也比较多，而且说的都是"车轱辘话"，东一句、西一句，重复了再重复。实际的表达过程，可能不是有条理和清晰的。这样，市方代表重复对方的条件，可以帮助对方梳理思路，明确提出的条件。这些条件可以备忘录的形式记录下来。

市方代表进一步还说："市里可以私下道歉，表达诚意；对于葬礼，市里之前没有办过，请先告诉办理方式，市里再考虑是否答应；至于经济补偿，这没有法律依据，市政府也没有相关预算，市里实在无能为力。"

这里我们看到，市方代表并没有直接答应家属提出的所有要求：可以道歉，但是私下的；葬礼需要根据情况再考虑；至于补偿，政府主要没有预算。案例中，政府部门不是已经确定了"以金钱安抚家属"的原则了吗？为什么却说没有预算呢？谈判心理的原则要求在任何谈判中都要做"不情愿的买家或卖家"，因此永远不要接受第一次报价。如果爽快地接受了第一次报价，会让对方感觉一定是什么地方出了问题，进而提出更多的条件。政府这样表态是否违背诚信原则呢？从谈判的角度来看，"做不情愿的买家和卖家"

是谈判双方都在使用的原则，它可以为自己预留更多的谈判空间。① 从政府一方来说，所答应的全部条件都要用纳税人的钱来支付，因此并非慷慨就是正确的，而且不存在一个市场为这些条件明码标价，因此需要通过讨价还价的过程来定价。

死者二叔板起脸说："市里若办不到，就把尸体还给他们，否则他们就上街游行，看看报纸与电视会怎么报道？"市方代表则回答说："尸体已火化了，这些要求真的有些强人所难。"

尸体火化是不能复原、无法归还的。这一点，政府知道，家属当然也知道。谈判对手反复提尸体，是提出了一种威胁和压力，意在诱惑和迫使你答应他提出的其他条件，是在为后面谈判做铺垫。这是在其他谈判类型中也经常使用的策略。不要被这种压力所影响，要坚决拒绝"诱惑"，等待对方提出真正的条件。

死者二叔一听立即起身说："这不行，那不行，看来市里根本不打算解决问题，这事就不用谈了！"其他家属一看，也纷纷起身要离席。

"随时准备离开"，这是谈判中另一条非常有力的施压方式。② 它传达的信息是"如果你不能提供我想要的东西，那我只好离开谈判桌"。但请注意的是，"离开谈判桌"并不一定意味着谈判的最终破裂，这只是施压的一种方式。试想，死者家属千里迢迢来到该市，就是为了浅尝辄止、谈判破裂吗？当然不是，越是对方说"不谈了，不谈了"，越是意味着"还要谈，还要谈"。

由于家属的意外离席，谈判中断了。当晚，具体负责中间协调联络的警察同志带着一篮水果专门拜访死者家属，且好言相劝说："市里请这么多领导见面协商，家属们怎么可以说走就走呢，市里还是邀请家属们回去继续商量。如果谈判就此拉倒，家属们费力抗争，真的最后能赢吗？可能不但得不到好处，还可能要赔上路费等，后悔都来不及的。"

对方谈判离席，虽然不一定意味着完全的谈判破裂，毕竟也算中断谈判了。当谈判进入死胡同时，解决的唯一办法就是引入调解人。在谈判准备的阶段，政府部门就要准备好调解人，调解人可能不止一个。应注意的是，调解人不是谈判者，他的作用是把谈判双方重新连接起来，拉回谈判桌。因此中间斡旋人与双方保持沟通和维系良好关系都是非常重要的。③

---

① ［美］芭芭拉·A.布贾克·科尔韦特：《谈判与冲突管理》，182 页，北京，中国人民大学出版社，2009。
② ［美］罗杰·道森：《优势谈判》，174～178 页，深圳，海天出版社，2012。
③ 范愉、史长青、邱星美：《调解制度与调解人行为规范——比较与借鉴》，北京，清华大学出版社，2010。

次日，家属们依约来到会议室，他们因为是被政府请回来的，每人都很理直气壮。彼此刚入座，一位家属就直截了当地问："政府工作有疏忽，造成了难以弥补的伤害。对此，市里究竟愿意赔多少？"市方的代表坦白说："市政府实在是没有这个方面的专门预算，不过，家属们可以先说说，到底多少才算合理的补偿？"

谈判是寻求折中的结果，但是折中却有不同的范围。当死者的家属质问"你们究竟愿意赔多少时"，这是迫使政府代表先出牌，而政府代表的回答巧妙地拒绝了这种要求。从谈判角度看，要尽量让对方先开价。同时，应该注意的是，谈判条件开始汇聚到补偿问题，这是谈判的又一进步！

家属们相互看看并给二叔一个眼色，二叔比出一个"六"的手势，即 60 万。

60 万，简直是狮子大开口！应该怎么看待这个问题呢？谈判时，对方所开出的首次条件一定会高出期望值。从这个角度说，家属一方的策略是完全正确的。首先，提出 60 万的开价，没准政府真的会爽快地答应；其次，即使政府不答应，这也为后面的谈判创造了很大的空间。因此，对方的漫天要价，并不奇怪。这在我们日常的买卖过程中，也经常看到。谈判过程中对方最先提出的条件总是较为离谱的，所以不要太在意。应当注意的是，当对方提出了具体的、可量化的数字时，谈判就又前进了一步！

市方代表听后开始窃窃私语，一位代表还拉下脸且"哼"了一声说："开玩笑。"副市长看到气氛有些不对，就立即建议，双方先休会 20 分钟。

谈判中，除需密切关注谈判对方的情绪外，还要注意自己团队的情绪变化。当对方提出过分或全新的要求时，不应简单地认为对方行为是侮辱与挑衅。为避免矛盾激化，必要时可暂时休会，给双方一定的思考时间与空间。

休会时，副市长请大家先冷静一下，不必把他们的开价视为狮子大开口，也可以换个角度思考，他们的高要价也是可以理解的。希望大家不节外生枝，关键要把重点放在赔偿的金额谈判上，以便能尽早达成协议。

这位副市长用换位思考的方式稳定了团队的情绪，同时，让团队的注意力回到最初制定的谈判原则上，统一了大家的思想。

经过 20 分钟的休会，谈判重新开始。副市长首先说："60 万要价，市里很为难，因为确实没有相关预算，且内部对金钱补偿的反对声音很强烈。但正是为了表示诚意，针对家属们的请求，他们特别请示市里主要领导，还是争取上级可以特别划拨 5 万元予以补偿。"

谈判就是妥协的过程。如果彼此互不妥协，谈判就不可能继续进行。政府原来说没有预算，现在声称特别请示了市政府，争取到了 5 万元。这就是妥协的过程，也表达出一定的诚意。在实践中，政府方谈判代表可能对妥协有所顾虑。事实上，我们担心的不是妥协本身，而是"无原则的妥协"和"无止境的让步"。如何避免这一点呢？关键是要制定好"目标"和"底线"策略，在目标和底线的框架下，有策略、有步骤的妥协和让步。

死者二叔听后则说："市里代表太瞧不起人了，5 万元这点钱就想打发人，绝对不行。60 万元一分都不能少！"副市长没有直接回应，而是转向其他家属说："双方都是要来解决问题的，是否能达成满意结果可能要取决于大家是否真有诚意。彼此各让一步，相信会尽快有大家满意的结果。"

面对对方很难缠的代表，应避其锋芒，自己的情绪不要随之起伏。此时最好转向其他成员并冷静阐明自己的主张。[1]

市里一位谈判代表突然强硬地说："家属们动辄就要闹上媒体，想用舆论压人，好像市里多理亏。其实不瞒大家，这孩子犯法，谋财害命且手段残忍。受害者难道不应该同情？人家父母你们怎么弥补？这件事若真闹大，媒体曝光，很可能会激起社会的更大愤慨。大家应该清楚，无论上街还是上媒体，最后都很可能弄巧成拙。"

一个谈判团队中往往有好几位谈判代表，这么多人参与并不仅仅是扩大阵容，更为重要的是，不同的代表要扮演不同的角色。案例中，政府代表使用的是谈判中典型的"红脸—白脸"策略，主要领导可以扮演较为温和的角色，而其他谈判专家可以扮演较为严厉的角色。[2]

（四）谈判结尾——让步妥协阶段

随后双方开始彼此拉锯战谈判，政府愿赔金额从 5 万元升到 10 万元，家属方也逐渐由 60 万元降至 20 万元。

在拉锯战的过程，政府进行了妥协和让步。让步有两条路径，第一条是由 5 万元，增加到 8 万元，再到 10 万元，还有一条路径是由 5 万元增加到 7 万元，再到 10 万元。这两条路径的区别在于前者是先增加 3 万元，后增加 2 万元，而后者是先增加 2 万元，后增加 3 万元。那条路径更好呢？我们说，在让步的过程中有一个原则，就是"让步的幅度不能一步比一步大"，这种方法叫做"不断收窄对方预期的逆向激励的方法"。当你有了两次让步，对方就可以估计下个阶段让步的幅度。如果是先 2 万元后 3 万元，对方可以认为，如果采取更为

---

[1]　徐显国：《冲突管理：有效化解冲突的 10 大智慧》，182 页，北京，北京大学出版社，2006。

[2]　[美]罗杰·道森：《优势谈判》，66 页，深圳，海天出版社，2012。

激烈的方式，也许可以争取到更多利益，没准下一步就是 5 万元。而如果是先 3 万元，后 2 万元，则给对方预期是能够争取的额度将越来越小，即使再进一步努力，最多也不会超过 2 万元。

当市里代表坚持顶多 10 万元时，死者家属方不仅反对，而且还要求当天就解决，否则就拉倒！市里代表说，今天市里已让步很多，很快就要解决了，希望不要功亏一篑。市里代表还问，为何非要今天解决？死者家属则以家中农忙为由。

以时间做威胁，可能迫使对方及早决定，但政府一方希望能有更多时间。所以当对方以时间为由施加压力时，应请对方讲明原因。

市里代表了解原因后说："大家农忙难处可以理解，就是 10 万元的确是政府的最高限额了。大家如果能再稍延迟两天，我们再请示上级，看看能否申请更高的额度。"

这里市方代表采取的另一个技巧是抬出一个更高权威。更高权威的作用是，第一，先前一口咬定 10 万元是最高限额，这时如果轻易地改变了，会让对方认为政府代表没有诚信。而我们通过请示所谓的上级，则可以打破先前僵局。第二，抬出更高权威也给对方传递了一个信息，即如果权威同意，我就同意。第三，以请示权威为由，可以赢得更多的决策时间。在谈判过程中，千万不要把自己装扮成最高权威的样子，否则所有的谈判压力都将集中到你身上。

更高权威可以是虚拟的。有时如果谈判价格仍在授权范围之内，你未必真的要去请示某个上级领导或部门，可以只是作为一种回旋的策略。但应注意，亮出的更高权威最好是一个模糊性的权威。如果你说"我要去请示一下市长"，第一，会给对方一个你没有决策权的印象；第二，对方会提出说"我们自己当得了自己的家，你能当家不能？你说了不算我就不和你谈了，把市长找来"；第三，把矛头直接指向了市长。所以不能提具体的权威，而是模糊的权威，比如你要请示一下上级、市委、市政府、市领导等等。

家属正犹豫不决时，副市长主动站起来，绕过桌子并走向死者父母，诚恳地弯腰握住死者父亲的手说，他非常理解死者父母的心情，这几天很辛苦。请他们相信，市里代表一定帮他们争取。

尽管在金额上双方各不相让，但是要避免形成对抗性谈判。参加社会冲突谈判的政府代表往往不由自主地把自己当成了对方的敌人。在社会冲突谈判中，政府代表要表明"我不是你的冲突方，相反，我愿意为你争取利益"。

死者家属答应两天后再作商议！政府谈判小组紧急开会。经过多方打探，联系到当地一位德高望重的长者。政府就把这位长者请来，说明事件缘由，并坦承目前赔偿金额问题谈判陷入僵局，需请他出面帮助协调。老人答应，同时老人问政府的底线是多少？政府代表说，最多再浮动 1 万到 2 万元。

　　当价格谈判走进了死胡同时，别忘了前面提到的寻求调解人的帮助。上一次的调解人是政府工作人员，而这一次是当地的一位长者。也就是说，不同身份的人都可以担任调解人。重要的是，他能够获得双方的信任。

　　经过老人的劝说，家属左右衡量，最终接受 12 万元。次日，双方再见面，在提及 12 万元性质表述时，家属希望用"赔偿"；政府则认为，12 万元纯属同情，应是"慰问金"。家属同意，但要求政府必须道歉，还要办葬礼！最后双方以 12 万元与一个小型葬礼达成妥协，并且双方在合议书上签字，从而成功化解这次冲突！

　　社会风险及冲突管理中，除了采用强制力量恢复社会秩序的硬性手段以外，还有很多较为柔性的手段，包括判决、仲裁、调解和谈判的方式。社会风险和冲突的有效管理更强调运用柔性手段，而不是更多运用刚性手段。其中谈判的方法是通过当事人之间直接或间接的协商化解冲突的重要手段，这对于政府作为冲突一方的冲突管理尤为关键。谈判总体上是一种社会冲突及风险治理的柔性手段，其运行有效往往取决于谈判双方之间直接以及通过第三方调解人工作能够建立互信、进行充分的沟通协商、彼此能够互谅互让达成双赢的解决办法等。其中坚持底线原则基础上的彼此妥协退让是非常重要的谈判原则，尤其是人民内部矛盾更多要靠协商甚至谈判的方法来解决。中华民族世代相传的伦理要求"仁义礼智信，温良恭俭让"中就专门有"谦让"的要求。我国既有遇到利益冲突时秉承"谦让"的"和合二仙"传说，也有"六尺巷"有关邻里"礼让"的真实历史故事。这都说明"和合"及"礼让"思想的基本运用是谈判协商这一柔性社会风险治理手段运用的关键指导原则之一。这个过程是柔性为主，但并不排除个别时段会有激烈冲突和柔中带刚或刚性辅助的可能和必要。上述协商式社会冲突管理中谈判的模式、原则、过程和方法，政府相关部门的工作人员如能熟练掌握，将有助于从容应对此类谈判并有效进行社会冲突化解和社会风险治理。

第三节　社会风险的刚性治理——警察维稳分析 [①]

　　前面已经提出我国合和式社会风险治理思想，也对其中侧重"柔性工具"

① 本节内容源于邵东珂：《我国警察维稳与群体性事件抗争策略变化研究》，清华大学博士学位论文，2016。

及谈判式的社会风险治理进行了专门探讨。本节将聚焦"刚性工具"之一即警察维稳式社会风险治理，希望实证研究警察维稳对我国群体性事件中抗争策略变化的影响机理，以此剖析我国警察维稳的治理绩效。

一、警察维稳的界定

所谓维稳，就是维护社会稳定的简称或缩写。单光鼐曾对维稳进行了定义，他认为维稳是"维护社会秩序，防止因社会秩序混乱和社会冲突引发广泛的社会不满，进而演化为'街头政治'"。① 但维稳这个概念也如单光鼐所说，"具体指涉不清、经验内含不详、抽象定义过宽"②。

由于维稳概念有上述诸多问题，往往对该概念难以量化与测量。故本节选取该概念的一个可测度的侧面进行重新定义和研究，即警察维稳。所谓警察维稳，是指在群体性事件发生时，警察所参与的现场处置与相关维稳工作。③ 就行为主体而言，警察维稳是从属于维稳这个大概念的，警察维稳只是维稳的一个维度，其行为主体自然是警察，突出强调公安部门的维稳作用。因为若论维稳的行为主体的话，不仅仅包括公安部门，还包括法院和检察院等司法部门，以及仲裁部门、信访部门，更重要的是，从某种意义而言，几乎我国地方政府中的每个部门都是维稳的参与部门。就处置对象而言，警察维稳概念强调的是警察针对群体性事件的维稳，强调的是警察对群体性事件的应对和处置，而不涉及警察其他维稳工作。

本节关注的焦点问题是不同的警察维稳模式对于群体抗争策略变化的实际影响效果如何？从而从中总结发现如何更好地改进警察维稳刚性工具运用，以提高社会风险治理绩效？

---

① 单光鼐：《官民良性互动》，载《南方周末》，2011-02-24，F31 版。
② 同上注。
③ 需要加以说明的是：我国的警察有很多类型，根据人民警察所在机关和组织的不同可划分为三类，一是行政警察即公安警察（是指我国公安机关、国家安全机关、监狱管理机关等行政机关中的人民警察。他们是人民警察的主要部分，占人民警察总数的绝大多数。其中公安机关中的人民警察在国家行政管理中，占有主导地位）；二是司法警察（是指我国审判机关、检察机关中执行警察职能的人民警察，主要担负押解犯罪嫌疑人，传唤当事人、证人，维护法庭秩序等任务）；三是武装警察（简称武警，既是警察，又是军人，分为三类，内卫武装警察、边防武装警察和消防武装警察。主要担负内卫、边防、消防等任务）。要按照警种，可以分为 15 种，包括户籍警察、治安警察、刑事警察、外事警察、经济警察、交通警察、航运警察、民航警察、铁路警察、司法警察、监狱警察、武装警察、边防警察、消防警察和林业警察。由于群体性事件的类型不同，故所涉及的警务处置归属也会有所不同。而关于群体性事件，一般是由行政警察和武装警察来处置，司法警察一般不会参与其中。

本节的三个研究假设及推论为：

研究假设 1　一般而言，警察维稳可以使群体性事件中抗争者的抗争策略降级；

推论 1　非暴力型警察维稳会有利于群体性事件中的抗争策略降级；暴力型警察维稳可能导致群体性事件中的抗争策略升级；

研究假设 2　警察维稳可以使得有组织的群体性事件中抗争者的抗争策略降级，难以有效地使得无组织的群体性事件中抗争者的抗争策略降级；

研究假设 3　相比干群纠纷类群体性事件，警察维稳使得民民纠纷类群体性事件和民商纠纷类群体性事件中的抗争策略更容易降级。

二、警察维稳及相关变量的衡量

警察维稳是本节的自变量。如何衡量警察维稳？纵览学界的相关研究，对警察维稳的衡量主要包括四个方面：一，公共安全支出；二，公安部门领导的级别；三，警察到场情况；四，警务处置措施。其中，第一个方面还有部分国内学者加以使用，后三个方面则全为西方学者研究中国或者西方时常常使用的变量衡量指标。

借鉴前人的研究，我们采用警务处置措施作为我国警察维稳的衡量指标，并且基于我国群体性事件中警务处置措施的实际情况，将我国警务处置措施按照严厉程度分为逐级升高的五类：包括警察到场，但没有采取措施（赋值 =1）；采取有限的措施（警察采取了行动，如协商和沟通、交通管制或设置路障等，但是没有逮捕、没有使用暴力或者任何器械，赋值 =2）；使用物理暴力（如推搡、击打等，赋值 =3）；使用武器（如催泪弹，赋值 =4）；逮捕（赋值 =5）。[①] 结合我国的具体实践情况，可以将我国警察维稳措施分为两类：暴力型警察维稳和非暴力型警察维稳。其中，非暴力型警察维稳也可以分为截然不同的两类：一类是疏导型警察维稳，用我国警务处置措施中的前两类来衡量，即包括：1= 警察到场，但没有采取措施和 2= 采取有限的措施；另一类是控制型警察维稳，用我国警务处置措施中的最后一类来衡量，即 5= 逮捕。而暴力型警察维稳用我国警务处置措施中的 3= 使用物理暴力和 4= 使用武器来衡量。

群体性事件中的抗争策略变化是本项研究的因变量。如何衡量群体性事件的抗争策略及其变化？肖唐镖依据抗争者表达的激烈程度，将抗争策略分为非暴力

---

① 西方学者在具体的实证研究中，也是将逮捕作为最严厉的警务处置措施来处理，故本节也遵循这一传统。

表达、低度暴力抗议与暴力抗争三类，其中，"非暴力表达包括游行示威静坐、罢工罢市罢运、打横幅喊口号等；低度暴力抗议包括堵塞交通、围堵办公场所、扰乱秩序等；暴力抗争即含明显暴力或破坏性的冲突，有对物或人身的攻击或伤害，包括冲击党政机关、打砸抢烧、人身攻击、持械对峙等"[①]。故本节主要借鉴肖唐镖对抗争策略的分类，将我国群体性事件抗争者的抗争策略分为三类：非暴力抗争（赋值 =1）、低暴力抗争（赋值 =2）和高暴力抗争（赋值 =3）。

在界定我国群体性事件的抗争策略后，本节便可以探讨群体性事件抗争策略变化。为研究警察维稳对于群体性事件抗争策略变化的影响，在构建群体性事件数据库时，本节也对群体性事件抗争策略进行区分，即警察到场前的抗争策略和警察到场后的抗争策略，并通过警察到场后的抗争策略与警察到场前的抗争策略比较来衡量群体性事件的抗争策略变化，将群体性事件抗争策略变化进一步分为有序的三类：降级（赋值 =0）、不变（赋值 =1）和升级（赋值 =2）。群体性事件的组织程度与类型是两个重要的条件变量。

如何衡量群体性事件的组织程度？参考肖唐镖的测量方法，即把群体性事件的组织程度从"专门性或临时性组织、行动的负责人、行动的动员状况、行动纪律的自我约束状况"[②]等维度进行测量与界定，本节将群体性事件组织程度划分为无组织和有组织两类。其中，无组织是指没有专门或临时组织、没有行动负责人、事件参与者自发参与的状态，赋值 =1；有组织是指有专门或临时组织、有明确的行动负责人、事件参与者被有序动员，赋值 =2。

如何衡量群体性事件类型？学界和政界对群体性事件类型划分的既有研究，给予了作者很多研究基础和启发，但我们认为，在实际操作中，现有的类型划分大多不具有可行性，会存在诸多瑕疵。最主要的问题便是互斥性不足。

本节提出基于矛盾双方主体的类型划分。从逻辑的角度可知，我国群体性事件的矛盾主体有三类：民、商、干部。这样的话，可以从逻辑上将群体性事件划分为六种类型：一是民民纠纷类群体性事件，二是民商纠纷类群体性事件，三是干群纠纷类群体性事件，四是商商纠纷类群体性事件，五是商干纠纷类群体性事件，六是干干纠纷类群体性事件。而逻辑上存在的类型，在现实中不见得都会普遍存在。基于本研究在之后所构建的我国群体性事件数据库可知，干干纠纷类群体性事件和商干纠纷类群体性事件则一般很少见诸报道，而商商纠

[①]　肖唐镖：《群体性事件中的暴力何以发生——对 1189 起群体性事件的初步分析》，载《江苏行政学院学报》，2014（1），46~55 页。

[②]　同上注。

纷类群体性事件往往在现实中一般也很少会直接表征为两个企业之间的争斗。[①]
故本研究将我国群体性事件划分为四类，即民民纠纷类群体性事件、民商纠纷
类群体性事件、干群纠纷类群体性事件和其他事件。

　　除警察维稳外，可能还有其他因素会影响群体性事件的抗争策略变化。这样，
我们需把此类变量视为本研究的控制变量。控制变量涵盖群体性事件中政府人员
到场及时性情况、到场政府领导的级别、群体性事件参与人数、群体性事件发生
地点属性、群体性事件受伤人数和致死人数等，本节也对控制变量进行了衡量。

三、数据库的构建与描述

（一）构建群体性事件数据库

　　据我们了解，国外确有群体性事件数据库，但我国迄今仍少见公开的群体
性事件大型数据库。[②] 既有国外数据库或国内小型数据库并不能给本研究提供很
好的研究支撑，故本研究尝试自行构建数据库。

　　新闻报道是国际上研究集体抗争最主要最流行的数据源。有国际专家认为，
"在关于抗议发展的可能的数据来源中，报纸显然是最好的选择。关于社会运
动的官方数据通常是缺乏的，如果它们有的话，它们的选择和分类标准经常也
是模糊的，是会随着时间发生变化的，无论如何可能不同于社会科学家的标准"[③]。
可见，这其中最主要的原因是可以从新闻报道特别是报纸中收集到大量的集体
抗争事件的信息。

　　本研究基于 2015 年底和 2016 年初的慧科新闻数据库，构建了我国群体性
事件数据库。慧科新闻数据库收录了自 1998 年以来我国上千平面媒体和数千网
站新闻，包括各省市自治区及地州的党报、各城市都市报、各国家级行业产业
报及重要门户网站和行业部门网站等。

　　由于慧科新闻数据库的参数限制与技术壁垒，该数据库难以自动抓取和大
批量下载，只能人工检索。那么，如何长时段获取群体性事件的海量信息呢？
柯平和赵益民的研究发现，"当高频词取到第 3 位时便能与人工标引的关键词

① 　由于企业是由民众所组成的，企业跟企业之间发生冲突和矛盾，一般也会表现为是民众与企业
的矛盾，如一伙人将某企业给砸了。这类事件从新闻上看，很难判定说是商商纠纷还是民商纠纷，
故本研究将难以区分的此类事件归于其他类型。
② 　西方学界已有一些学者公开过部分西方国家的抗争事件的数据库，如 Dynamics of Collective
Action Project，具体参见 http://www.dynamicsofcollectiveaction.com.，2022 年 8 月 3 日访问。
③ 　汉斯彼得·克里西、鲁德·库普曼斯、简·威廉·杜温达克、马可·G. 朱格尼：《西欧新社会运
动——比较分析》，张峰译，278~280 页，重庆，重庆出版社，2006。

达到一半以上的匹配，在取到 7 位时便能在 85% 的程度上替代人工标引"①。因此，我们可以通过高频词的方式来索引群体性事件的新闻报道。

基于高频词索引构建我国群体性事件数据库，具体流程主要有四个环节：新闻抽样；内容分析；数据检索；数据整理。

首先，新闻抽样。根据报纸政治属性，我国报纸可分为两类：党报和非党报。② 基于发行量标准，本研究分别选取全国、省级和市级党报各自发行量最大的《人民日报》《南方日报》《广州日报》；也选取非党报中发行量居于前三甲的报纸，包括《扬子晚报》《南方都市报》《齐鲁晚报》。本研究将 1998—2014 年分为四个时段，即 1998—2001，2002—2006，2007—2012，2013—2014，从上述 6 种报纸这 4 个时间段中各随机抽取 2 份群体性事件报道。本研究共计抽样 2×4×6=48 篇新闻报道。

其次，内容分析。本研究通过 ROSTCM6.0 对这 48 篇报道进行分词及高频词分析，确定我国群体性事件数据库构建所需要的 30 个高频词。③

再次，数据检索。运用"慧科搜索"功能，我们可以选择相关数据库，以"标题＋正文"方式做跨年度的检索，这为本节研究提供了极大的便利。通过对至少 6 000 000 条相关新闻报道进行梳理，建构了 10 000 个以上的群体性事件案例数据库。

最后，数据整理。由于初步搜索得来的群体性事件可能并非 100% 精确，如群体性事件人数要求一般是 5 人及 5 人以上，而初步数据库中却有一些 4 人及 4 人以下的群体性事件。因此，我们对数据库又进行了具体细致的梳理，删除部分不合标准案例和重复案例，最终保留案例 5 708 个并建成 1998—2014 年间我国群体性事件案例数据库。

① 柯平、赵益民：《从关键词与高频词的相关度看自动标引的可行性》，载《情报科学》，2009，27（03），326~328 页。
② 我国当前的报纸可以分为：党报、晚报、专业性报纸、信息类报纸、对象性报纸和其他。凡是冠以"日报"的报纸都是各级党报。参见百度知道 http://zhidao.baidu.com/link?url=WJIAOvqGtuDYtiiRcp-aca4zN9A3sOrPghGp3yJdwaIWtSVyT7VBigZo zyEYRheL0CSYDgRsqVOu3etiuEIHTK，2022 年 8 月 3 日访问。
③ 所选取的 30 高频词包括两类，一类是名词，包括：事件（188）、公安（59）、警方（87）、民警（76）、警察（24）、派出所（26）、公安局（24）、政府机关（52）、拖欠工资（53）、不法分子（19）、谣言（11）、纠纷（39）、群体性（25）、不明真相（21）、抗法（10）。另一类是动词，包括：打砸（26）、煽动（25）、殴打（22）、围观（20）、聚集（46）、聚众（17）、冲突（16）、冲击（14）、扰乱（25）、滋事（14）、闹事（41）、维权（13）、围攻（13）、阻止施工（22）、平息（14）。

（二）数据库描述性统计分析

本研究运用 SPSS16.0 和 Stata13.0 软件对数据库进行频数分析，并通过 Excel 2007 绘图，可以明确展示 1998 年之后的我国群体性事件全貌。

图 5.3.1 显示，在本数据库中，群体性事件发生最多的省份是广东，1998—2014 年间总量为 1593 件，占全国的 27.9%；北京市次之，为 346 件，占全国的 6.1%。需要说明的是，广东、北京等地区的新闻媒体业相对发达，媒体敢于报道群体性事件。其他地区媒体对报道群体性事件可能更为谨慎。

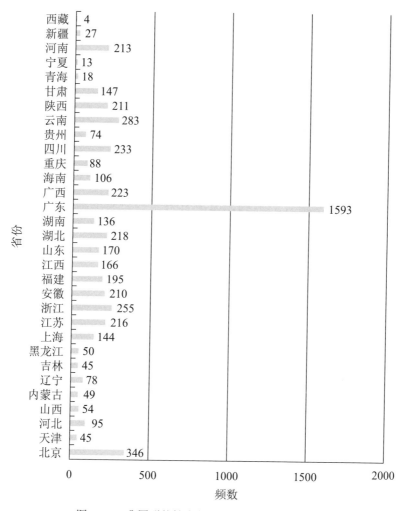

图 5.3.1 我国群体性事件的发生地点与数量分布

图 5.3.2 显示，数据库中我国群体性事件的发生年份分布总体呈现逐渐上升走势。1998 年和 1999 年所收集的群体性事件报道还较少。自 2000 年之后，

群体性事件便呈现出大致波动上升的态势。在 2008 年时，我国群体性事件的发生数量达到了顶峰，为 637 件。且在近十几年中，群体性事件有所下降但依旧需要高度关注。

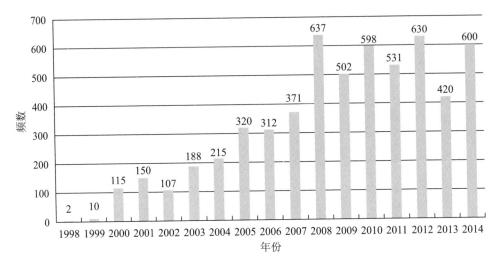

图 5.3.2　我国群体性事件的发生年份分布（1998—2014）

关于引发群体性事件的原因，本节参考了肖唐镖的研究和 Wickedonnaa 2014—2015 中国群体性事件报道分析，将群体性事件的发生原因分为 26 类，如图 5.3.3 所示。①② 我国群体性事件的前三甲原因是民间纠纷、执法纠纷和欠薪。

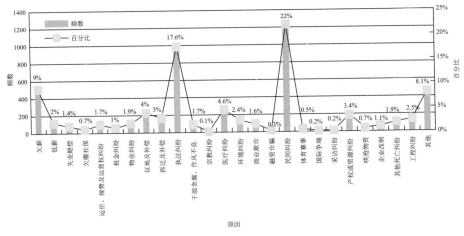

图 5.3.3　我国群体性事件发生原因

① 肖唐镖：《当代中国的"群体性事件"：概念、类型与性质辨析》，载《人文杂志》，2012（04），147~155 页。

② Wickedonnaa. 2015 年全年统计 . http://newsworthknowingcn.blogspot.com, 2016-01-15.

四、警察维稳实证检验

（一）变量描述

总体而言，相关变量的描述分析如表 5.3.1 所示：

表 5.3.1　数据的描述统计

连 续 变 量	有效数	均　值	标准差	最小值	最大值
警务处置措施	3039	3.49	1.464	1	5
到场政府领导级别	5157	0.17	0.841	0	9
参与人数	5206	2.922	1.221	1	5
受伤人数	5258	1.720	0.950	1	5
致死人数	5473	1.086	0.329	1[①]	4
类 型 变 量					
抗争策略变化	有效数 3046	降级 1562	不变 1153	升级 331	
抗争策略（前）	有效数 3172	非暴力 518	低暴力 899	高暴力 1755	
抗争策略（后）	有效数 3076	无抗争 1347	非暴力 317	低暴力 317	高暴力 1095
组织程度	有效数 5677	无组织 2003	有组织 3673		
事件类型	有效数 5341	民民纠纷 1281	民商纠纷 1072	干群纠纷 1647	其他纠纷 1341
警察维稳类型	有效数 3039	疏导型 1314	暴力型 337	控制型 1388	
发生地点属性	有效数 5701	城镇 4776	农村 925		
政府工作人员到场情况	有效数 5267	是 500	否 4767		

（二）回归分析

本书采用有序 Logistic 回归分析（Ordered Logistic Regression）方法。通过

---

① 需要强调的是，在描述统计中的受伤人数、参与人数、致死人数等变量的最小值和最大值，均是指数据库中将其按照一定区间划分为定序变量之后的最大值和最小值，而非原始值。

运用 Stata 13.0 软件和有序 Logistic 回归分析的结果如表 5.3.2 所示。表 5.3.2 中的模型一到模型六的因变量是我国群体性事件抗争策略变化，自变量是警务处置措施。从表 5.3.2 中可以得到下列若干个结论。

表 5.3.2　警察维稳与群体性事件抗争策略变化的回归分析

因变量	抗争策略变化					
自变量	模型一	模型二	模型三	模型四	模型五	模型六
警务处置措施	-0.068** (0.024)	-0.063* (0.025)	-0.064* (0.029)	-0.060* (0.029)	-0.060* (0.029)	-0.071* (0.036)
控制变量						
政府人员到场情况	--	-0.218 (0.173)	-0.028 (0.191)	-0.038 (0.191)	-0.066 (0.192)	-0.175 (0.230)
到场政府领导级别	--	0.119* (0.052)	0.014 (0.058)	0.015 (0.058)	0.018 (0.058)	0.053 (0.070)
参与人数	--	--	0.202*** (0.036)	0.202*** (0.036)	0.192*** (0.036)	0.149*** (0.043)
受伤人数	--	--	0.352*** (0.042)	0.353*** (0.042)	0.343*** (0.042)	0.328*** (0.052)
致死人数	--	--	0.089 (0.141)	0.091 (0.140)	0.068 (0.141)	0.163 (0.101)
组织程度	--	--	--	-0.169* (0.086)	-0.176* (0.086)	-0.161+ (0.101)
发生地点属性	--	--	--	--	-0.295* (0.119)	-0.288* (0.143)
民民纠纷类型（民官纠纷类为参考项）	--	--	--	--	--	-0.841*** (0.120)
民商纠纷类型（干群纠纷类为参考项）	--	--	--	--	--	-0.581*** (0.133)
省份固定效应	YES	YES	YES	YES	YES	YES
模型其他值						
Log likelihood	-2799.551	-2598.676	-2085.714	-2081.875	-2078.846	-1468.319
LR chi2	66.93***	62.82**	164.31***	168.06***	174.12***	189.07***
个案数	2982	2784	2355	2353	2353	1677

注：+：$p < 0.1$；*：$p < 0.05$；**：$p < 0.01$；***：$p < 0.001$.

第一，警务处置措施对群体性事件抗争策略变化有显著影响，警务处置越严厉，抗争策略就越倾向降级。假设 1 得到了验证。

表 5.3.2 的模型一到模型六，六个模型均表明：警务处置措施越严厉，抗争策略便越倾向于降级。其中，模型一中包含了自变量警务处置措施，还加入了省份固定效应。模型二比模型一多增加了两个控制变量，即政府人员的到场情况和到场政府领导的级别。因为这两个变量可能也会影响群体性事件的抗争者，也会使得抗争策略变化。但加入这两个变量后，警务处置举措对抗争策略变化仍有显著影响。相较于模型二，模型三又增加群体性事件的三个变量：参与人数、受伤人数和致死人数。回归分析结果显示，群体性事件参与人数和受伤人数越多，抗争策略越会升级。模型四和模型五分别新增组织程度和事件发生地两个控制变量，警务处置措施对抗争策略变化也仍有显著影响。

模型六显示本研究关于警察维稳与群体性事件抗争策略变化关系的最终机理。首先，回归方程整体是显著的（$p < 0.001$）。其次，警务处置对抗争策略变化有显著影响（标准化系数为 0.036，$p < 0.05$，显著负相关），表示警务处置措施越严厉，则抗争策略便越倾向于降级，会从高暴力程度抗争策略演变为低暴力程度抗争策略或者是非暴力程度抗争策略甚至是不会继续抗争。这也表明了警务处置措施给群体性事件的抗争者增加了继续抗争或升级抗争策略的成本。

第二，组织程度对我国群体性事件抗争策略变化的影响也较显著。回归分析结果显示：相较于无组织的群体性事件，有组织的群体性事件中抗争策略降级的概率更大（标准化系数为 0.101，$p < 0.01$，显著负相关）。而这一条结论，后文会有更加深入地分组验证和讨论。假设 3 得到了验证。

第三，相较于干群纠纷类群体性事件，民民纠纷类和民商纠纷类群体性事件的抗争策略更倾向于降级。

在模型六中，本节将干群纠纷类群体性事件作为参考项，加入了民民纠纷类和民商纠纷类群体性事件两个变量。研究发现，当警务处置措施越严厉时，相较于干群纠纷类群体性事件，民民纠纷类群体性事件的抗争策略更加倾向于降级（标准化系数为 0.120，$p < 0.001$，显著负相关）。在民民纠纷类群体性事件中，警察是作为独立的第三方介入的，增加了抗争者继续抗争的成本，而且这类群体性事件并不会激起抗争者关于正义感和不公平感，故在警察处警后，相较于干群纠纷，会更加倾向于降级。而相较于干群纠纷类群体性事件，当警务处置越严厉时，民商纠纷类群体性事件的抗争策略也是更加倾向于降级（标准化系数为 0.133，$p < 0.001$，显著负相关）。在民商纠纷类群体性事件中，警

察处警便是相当于给予了抗争双方提供了一定的收益，加之若继续抗争或者升级抗争策略的话，其成本也会因为警察的处置而随之升高，故在警察处警后，相较于干群纠纷，会更加倾向于降级。

本节接着将组织类型进行划分，分两组数据来研究不同组织程度的条件下，警察维稳对群体性事件抗争策略变化的影响是不是有所不同。

表 5.3.3 警察维稳与群体性事件抗争策略变化的回归分析（不同组织程度）

因 变 量	抗争策略变化	
自 变 量	无 组 织	有 组 织
警务处置措施	0.050 （0.058）	−0.161*** （0.047）
控 制 变 量		
政府人员到场情况	0.151 （0.349）	−0.481 （0.327）
到场政府领导级别	−0.057 （0.104）	0.159 （0.102）
参与人数	0.068 （0.066）	0.225*** （0.058）
受伤人数	0.272** （0.092）	0.348*** （0.066）
致死人数	0.232 （0.276）	−0.082 （0.208）
发生地点属性	−0.425+ （0.244）	−0.277 （0.183）
民民纠纷类型 （干群纠纷类为参考项）	−0.806*** （0.184）	−0.868*** （0.163）
民商纠纷类型 （干群纠纷类为参考项）	−0.344 （0.231）	−0.750** （0.170）
省份固定效应	YES	YES
模型其他值		
Log likelihood	−592.492	−850.497
LR chi2	74.92***	163.50***
个案数	669	1008

注：+：$p < 0.1$；*：$p < 0.05$；**：$p < 0.01$；***：$p < 0.001$.

从表5.3.3中，可以发现：警务处置措施对有组织的群体性事件抗争策略降级的概率有显著的正向影响，而对无组织的群体性事件抗争策略的影响则不显著。假设2得到了验证。

接下来本研究要考察警察维稳类型与群体性事件抗争策略变化之间的关系。我们把警察维稳分为三类：疏导型警察维稳（用警务处置措施1和警务处置措施2来表征）、暴力型警察维稳（用警务处置措施3和警务处置措施4来表征）、控制型警察维稳（用警务处置措施5来表征）。有序Logistic回归分析的结果表5.3.4所示。

表 5.3.4　警察维稳类型与群体性事件抗争策略变化的回归分析

因　变　量	抗争策略变化
自　变　量	
暴力型警察维稳 （疏导型警察维稳为参考项）	0.869*** （0.168）
控制型警察维稳 （疏导型警察维稳为参考项）	−0.198+ （0.113）
控 制 变 量	
政府人员到场情况	−0.051 （0.231）
到场政府领导级别	0.035 （0.071）
参与人数	0.125** （0.043）
受伤人数	0.267*** （0.054）
致死人数	0.001 （0.061）
组织程度	−0.194+ （0.102）
发生地点属性	−0.247+ （0.144）
民民纠纷类型 （干群纠纷类为参考项）	−0.812*** （0.121）
民商纠纷类型 （干群纠纷类为参考项）	−0.566*** （0.134）

续表

因 变 量	抗争策略变化
省份固定效应	YES
模型其他值	
Log likelihood	−1448.546
LR chi2	228.62***
个案数	1677

注：+：$p < 0.1$；*：$p < 0.05$；**：$p < 0.01$；***：$p < 0.001$

从表 5.3.4 中可以得到如下结论：本节将疏导型警察维稳作为参照组，可以发现，暴力型警察维稳使得群体性事件的抗争策略更加倾向于升级（标准化系数为 0.168，$p < 0.001$，显著正相关），控制型警察维稳使得群体性事件抗争策略更加倾向于降级（标准化系数为 0.113，$p < 0.01$，显著负相关）。

由于疏导型警察维稳与控制型警察维稳同属于非暴力维稳，而暴力型警察维稳属于暴力维稳，故可知非暴力型警察维稳会使得群体性事件中抗争者的抗争策略降级，暴力型警察维稳可能让群体性事件中的抗争策略升级。推论 1 得到验证。

（三）稳健性检验

本节进行了两项稳健性检验。诚然，警务处置措施对抗争策略变化有影响，而抗争策略变化反过来也可能对警务处置措施有影响。即本研究是否存在内生性的问题？故本研究也需要将警务处置措施作为因变量，将抗争策略变化作为自变量做回归分析。若方程显著，那么便有双向因果关系，有内生性问题；若方程不显著，那就没有内生性问题。多元回归分析结果如表 5.3.5 所示。

表 5.3.5　警务维稳与群体性事件抗争策略变化的内生性检验

因 变 量	警务处置措施
自 变 量	
抗争策略变化	−0.092 （0.054）
控制变量	
政府人员到场情况	−0.432** （0.159）
到场政府领导级别	0.024 （0.050）

续表

因 变 量	警务处置措施
参与人数	−0.192*** （0.029）
受伤人数	0.205*** （0.037）
致死人数	−0.080 （0.118）
组织程度	0.210** （0.070）
发生地点属性	0.140 （0.102）
民民纠纷类型 （干群纠纷类为参考项）	−0.001 （0.084）
民商纠纷类型 （干群纠纷类为参考项）	−0.534*** （0.091）
省份固定效应	YES
模型其他值	
常数项	2.926
方程决定系数（R^2）	0.121
调整后的 R^2	0.100
F 值检验	5.64***
个案数	1677

注：+：$p < 0.1$；*：$p < 0.05$；**：$p < 0.01$；***：$p < 0.001$.

结果显示，群体性事件抗争策略变化与警务处置措施间的关系不显著，因此，在该问题上不存在内生性问题。故前文在警务处置与抗争策略变化所得出的结论，即警务处置会显著使得群体性事件抗争策略降级，这一结论是稳健的、是可信的。

第二个稳健性检验是关于警察维稳的衡量指标之前的回归分析，是用学界常用的警务处置措施这个指标来衡量警察维稳。在此，本书也使用警察出警人数来表征警察维稳。若所得到的结论与使用警察处置措施这个指标保持一致，那么，可以说，本节所得出的结论是稳健的。

表 5.3.6　出警人数与群体性事件抗争策略变化的回归分析

因 变 量	抗争策略变化
自 变 量	
出警人数	−0.271* (0.136)
控 制 变 量	
政府人员到场情况	0.932 (0.689)
到场政府领导级别	−0.356* (0.177)
参与人数	0.208+ (0.107)
受伤人数	0.352*** (0.092)
致死人数	0.021 (0.274)
发生地点属性	−0.358 (0.282)
组织程度	−0.041 (0.224)
民民纠纷类型 （干群纠纷类为参考项）	−0.806** (0.265)
民商纠纷类型 （干群纠纷类为参考项）	−0.335 (0.325)
省份固定效应	YES
模型其他值	
Log likelihood	−338.636
LR chi2	73.23***
个案数	378

注：+：$p < 0.1$；*：$p < 0.05$；**：$p < 0.01$；***：$p < 0.001$.

从表 5.3.6 中可知，若群体性事件中警察出警人数越多，那么抗争策略则越倾向于降级。这一点与警务处置措施所得出的结论是一致的。可见，本研究所得上述结论是稳健的。

上述分析可知，警察维稳与群体性事件抗争策略变化之间的关系如下：

第一，警察处置措施对于我国群体性事件的抗争策略变化有显著影响；警务处置措施越严厉，抗争策略便越倾向于降级。

第二，警务处置措施对有组织的群体性事件抗争策略降级的概率有显著的正向影响，而对无组织的群体性事件抗争策略变化的影响则不显著。

群体性事件的组织程度对于抗争者与警察都有重要的影响。对于抗争者而言，有组织的群体性事件，使得群体性事件的抗争者之间存在着约定俗成的纪律、约束和惯例，组织者也会帮助抗争参与者清晰认识其成本与收益，会告知参与者在行动中应遵守哪些行为准则、保持何种秩序等，以尽可能地遵守法律和不触碰法律底线，减少发起和参与群体性事件的成本，提高预期的收益。因此，有组织的群体性事件，在遇到警察处警时，往往会选择降级其抗争策略。而在无组织的群体性事件中，参与者身份多样且复杂，缺乏明确的纪律约束，他们甚至会认为法不责众，在谣言或者有人鼓动情况下，易于选择抗争策略升级，甚至走向暴力化。

当群体性事件是有组织的时候，警方可以迅速判断群体性事件的组织者及关键人物，对他们采取有针对性的措施（如沟通、劝解或逮捕等），往往会迅速平息或控制事态。当群体性事件是无组织的时候，警察在群体性事件现场不易找到对话者，难以控制事件事态，就相对较难使得抗争者的抗争策略降级。

第三，相较于干群纠纷类群体性事件，警察维稳条件下，民民纠纷类和民商纠纷类群体性事件的抗争策略更倾向于降级。

在干群纠纷类群体性事件中，抗争者的内心常常存有争取集体暴力正当化的理据，这是一种根存于抗争者心中的一套非正式制度。当干群纠纷类群体性事件爆发时，这种非正式制度便会被激发和启动。警察处警，抗争者反而会认为警察与政府是"同穿一条裤子的"，甚至会认为警察处警是非正义的。在这时，抗争者将警察的处警视为一种收益，反而不会轻易降级抗争策略。

对民商类纠纷而言，警察是作为独立的第三方介入的，警察是调解者和处理纠纷的免费裁判。警察处警提高了抗争者的收益，故抗争者往往会选择降级。对民民类纠纷而言，警察依旧是作为独立的第三方介入的，警察处警增加了抗争者继续抗争的成本，警察的处置不会提高其收益，故抗争者往往会选择降级。

非暴力型警察维稳会让群体性事件中的抗争策略降级，而暴力型警察维稳则会让群体性事件中的抗争策略升级。[①] 非暴力型警察维稳包括疏导型警察维稳和控制型警察维稳。具体这两类维稳均会让群体性事件抗争策略降级。

综上所述，本节最重要的政策意义为，在合和式社会风险治理的刚性模式——警察维稳中，非暴力型警察维稳会使得群体性事件中的抗争策略降级，暴力型警察维稳会使得群体性事件中的抗争策略升级。

总体而言，合和式社会风险治理是在整合社会生态系统治理、全面风险治理和中国传统和合思想等理论与实践的基础上提出的，凸显风险与危机治理的综合性与全面性，强调系统地考虑风险，重视多元治理主体、资源的协同联动、多元治理工具的综合运用，以及全流程风险治理环节的无缝连接等。因此，合和式社会风险治理的工具运用既需要高度重视以协商谈判为主的风险治理柔性模式，也需要有效运用以警察维稳为关键手段的风险治理刚性模式，更需要两者相互包含和有机结合。

群体性事件尽管可能有敌我矛盾及对抗性，但大多数还是人民内部矛盾，并不一定具有绝对的对抗性。对敌对势力，警察维稳会主要体现专政工具与刚性治理的功能，但同时也需要刚柔相济。对人民内部矛盾更要善用民主工具、谈判协商、群众参与方法等化敌为友，化解不必要的紧张社会矛盾关系。同时，对人民内部矛盾也不能只有民主协商及谈判方法，也需要有刚性工具保障，避免事态失控导致生命财产与秩序损失。刚柔程度不同的治理工具在社会风险治理实践中应当有机融合，将金式治理、木式治理、水式治理、火式治理、土式治理策略性地辩证运用，这也是合和式社会风险治理的精髓所在。相关研究数据分析也发现，暴力型警察维稳会使得群体性事件中抗争者的抗争策略升级，特别是在无组织的群体事件处置中更可能如此，即单纯运用相对强调强制与威慑的金、火式治理在群体性事件的情景下，会造成社会矛盾激化的局面。因而，警察维稳也需要结合相对更强调沟通和协调的水式、木式、土式治理，以更有效地缓和社会矛盾。

---

① 这与结论1并不矛盾。需要强调的是，在我国语境下，"严厉"并非等同于"暴力"。在本研究中，警务处置措施的严厉程度按照到场无措施、有限措施、物理暴力、使用武器和逮捕依次升高（至于为什么逮捕的严厉程度会高于其他措施，这是基于和借鉴其他学者的划分和界定）。但警务处置措施中的"逮捕"依旧被视为是非暴力型警察维稳，但却是最为严厉的警务处置措施。这是需要特别注意和强调的一点，如果不注意便容易引起概念混淆。

第六章　主要结论与政策建议

本书在国内外社会稳定风险评估研究的基础上，从社会生态系统治理等视角提出我国社会稳定风险评估"环境—心态—行为—治理"理论框架，并遵循该框架和指标筛选科学流程，构建了中国社会稳定风险评估指标体系，进行了多元实证分析，同时对社会冲突演化机理、社会矛盾预防模式及路径和社会风险合和式治理进行了分析。本章拟对上述主要研究发现作出汇总梳理与展示，最后提出有关政策建议。

第一节　社会生态系统治理与社会稳定风险评估

一、社会生态系统与社会生态系统治理

社会生态系统，是指各类环境要素（包括自然环境、人化自然相关环境及社会环境等要素）与社会行动者相互作用而形成的各种关系系统。这种系统与自然生态系统类似，我们称之为社会生态系统。该系统涵盖自然因素、社会因素及两者的相互作用。社会生态系统打破了传统只考虑自然因素对生态影响的单一思路，构建了一个全方位思考自然和社会间相互关系的综合图景。在社会生态系统中，社会环境被看作一种社会性系统，它强调人的生存系统对分析与理解人类行为的重要价值，注重人与环境各系统的相互作用及环境对人类行为的重大影响。在社会生态系统中唯一的能动要素是作为社会行动者的个体或集体，除此之外的其他要素都是作为环境要素而存在的。因而，最终决定社会生态系统运行状态能否实现一个基本秩序，也即最终决定社会稳定与否的关键要素是作为社会行动者的个体或集体。个体或集体行动者实施社会行动一般是要实现其价值诉求，而无论是其社会行动所赖以实施的资源还是其所期望实现的价值在现实中都是相对稀缺的，从而就存在冲突的可能。

社会生态系统治理，是指社会行动者出于特定目的对相关社会行动及其后果进行的调节与控制活动。由于社会中存在个体和集体等不同层面、不同类型的社会行动者，因而，社会生态系统治理概念统括了个人及家庭自治、社区及

团体自治、国家治理乃至超国家组织治理等诸多不同层次、不同类型的治理。以上所有治理都是社会行动者基于对其社会行动后果及相关环境的认知和判断实施的活动。

二、社会稳定与社会稳定风险评估

社会稳定，指社会生态系统的一种有序运行状态，也即社会生态系统的运行所能实现的均衡的程度。其常常表现为社会生态系统内由环境、心态及其影响下的行为因素所构成的社会状态在治理因素的调节下能实现的一个基本秩序，从而保障社会存在与发展所需的各项功能能够得以有效发挥。

社会稳定风险，并非指社会稳定本身会有的风险，而是指社会生态系统运行秩序中所面临的不稳定性风险，也即社会生态系统运行秩序丧失的可能性。社会稳定风险具有极其明显的人为特征，直接源自个体或集体的社会行动。由于社会行动者对其身处其中的各种环境因素的认知和价值判断直接最终决定着其社会行动，因而，对社会稳定风险的分析不能仅限于对社会行动者自身的分析，还应将各种环境因素纳入考察之中。

影响社会生态系统运行的因素主要包括环境、心态和社会行为以及治理等因素，因而，我们对社会稳定以上四类因素应进行综合考察。社会生态系统内部的均衡，即其有序运行状态表现为社会稳定，反之则是社会不稳定；社会不稳定的表现后果就是激烈程度及影响范围不一的社会冲突；社会不稳定及社会冲突的可能性也就是社会稳定风险。由于治理可以调节和控制社会行动及社会生态系统运行的后果，因此，治理因素也是社会稳定的重要影响因素。若将社会生态系统的稳定风险视为因变量，其自变量则包括环境、心态、行为以及治理等要素，可用函数式表示如下：

社会稳定风险 = F（环境、心态、行为、治理）

社会稳定风险评估，是监测和预估社会稳定风险与维护社会稳定的一种重要工具。基于"环境—心态—行为—治理"分析视角，社会稳定风险评估的核心就是要看哪些因素可能影响社会稳定风险，探索上述四大因素与社会稳定风险的因果关系。

当我们讨论"社会稳定风险评估"时，要看的首先不是作为"因"的"社会不稳定"，而是作为"果"的"社会不稳定"。而后针对"社会不稳定"，研究其"因"是什么，也即要研究是哪些因素会导致社会不稳定事件，并进而加剧社会不稳定风险。

三、评估框架与指标构建

本研究主要根据上述社会生态系统治理理论视角，建构了中国社会稳定风险评估的"环境—心态—行为—治理"分析框架，通过指标的隶属度分析、相关性分析和鉴别力分析，构建中国社会稳定风险评估指标体系。其中，一级指标 4 个、二级指标 12 个、三级指标 27 个、四级指标 40 个，四级指标中包括环境类指标 10 个、心态类指标 12 个、行为类指标 6 个、治理类指标 12 个。并且根据专家意见我们还筛选出最重要的 21 个精简版四级指标。

在构建指标体系（包括建立数据库）的过程中，我们发现了诸多问题，集中表现为以下三点：第一，政府机构的统计数据分散、部分数据的统计口径发生过较大的变化，给我们的研究工作带来了很大的挑战；第二，政府机构一般很少进行社会心态调查，使得与社会稳定风险相关的社会心态类数据严重缺失；第三，某些关键客观指标也未统计或未公开。如发生的群体性事件数量、各级政府召开的新闻发布会次数、政府依申请公开信息数量、医患冲突量、医疗事故发生率和政府重大决策失误率等。

第二节　中国社会稳定风险评估的实证发现

根据前述理论分析框架和指标体系建构，我们分别利用现实社会心态问卷调查数据、信访行为数据和网络大数据等数据资源，对全国或有关地方的社会稳定风险进行实证研究并获得一些有价值的发现。

一、基于心态调查数据的分析发现

（一）全国调查分析发现

本研究 2014 年通过网络调查的方式收集了 1317 份有效问卷，对社会稳定风险的社会心理感知进行系统的调查，调查指标从环境、心态、行为和治理这四大领域感知维度着手。

我们对 2014 年问卷调查四个维度的心态指标得分的统计分析发现：一是治理感知的风险指数最高，为 4.08；心态本身的风险感知为 4.07；环境感知指数为 3.51；行为感知风险指数最低，为 2.42。其中环境风险数值居中，行为风险数值相对较低，但心态与治理风险值偏高，可能对行为风险未来走高有重要影响，这要引起我们的高度重视。二是不同性别、年龄、收入的居民对社会稳定风险心理感知存在显著差异，其他人口统计学变量的影响不存在显著差异。三是区域变量对心态风险的影响有差异。四是将社会稳定风险感知指标对社会心态总指数进行回归分析显示，环境感知、行为感知和治理感知都能够显著影响居民的社会心态，其中治理感知的影响最大。

（二）分区域调查结果发现

在对社会稳定风险的环境感知、行为感知这两个方面，不同地区居民的打分存在显著差异；在治理和心态这两个方面，不同地区的居民打分差异不显著。在环境感知方面，华东地区的居民打分最低，即华东地区居民感知到的环境问题的严重程度最低；而西南地区的居民打分最高，即西南地区的居民感知到的环境风险最严重；其次高的是华南与华中地区的居民。在行为感知方面，西北地区的居民打分最低；华北地区居民打分其次低；而西南地区的居民打分最高，即西南地区的居民感知到的冲突行为最多；其次高的打分为华南和华中地区的居民打出。且在社会心态方面，华东地区居民的打分相对较低，这就意味着全国各地的心态风险值普遍偏高。

二、基于信访行为数据的分析发现

信访行为数据的分析研究通过一定的计量方法，能让风险管理者系统了解现实的主要及关键社会风险的状况与走势，并据此制定相关战略政策和具体措施，把突发性社会风险尽力减少到最低。有关社会风险评估的系统方法可用于全国宏观及区域特定领域，也可用于县乡社区及微观具体领域等。不过，指标体系设计须与一定时期目标地区或部门的主要评估需求特征相匹配，这是社会风险评估的关键和基础。

新的历史时期，各级各地干部都应树立风险意识和评估预警理念，关注信访数据的治理特性，积极发挥社会风险信访评估预警系统的治理效能，推进社会风险治理的创新发展。

三、基于网络大数据的分析发现

我们对网络社区热点事件关注度的研究结果表明，关注度比较大的热点事件其社会属性基本覆盖了我国现实社会中主要社会矛盾，而现实中的主要社会矛盾是构成我国社会稳定风险的主因，因此，对网络社区的热点事件的研究可以有效地评估我国的社会稳定风险状况。网络社区的热点社会事件舆情分析与我国传统的社会事件研究相比，其大样本数据特性更具有说服力和解释力，其网络大数据应该更具有及时性与新颖性。

第三节　中国社会冲突的演化机理

一、社会冲突潜伏阶段的评估预警

在潜伏阶段，主要是要进行社会稳定风险评估，其核心是应看哪些环境因素有可能增大或放大社会稳定风险，也即构建环境因素与社会稳定风险的因果关系。

从实证的角度看，我们可以依据观察与推理，归纳建立一系列命题，然后用案例或数据去验证命题中的环境因素是否曾经确实导致过社会不稳定事件的发生，以及通过什么机理导致。由于社会不稳定事件可能是由多个因素共同导致的，因此这些经过实证的环境因素就构成了诱发社会不稳定事件发生必要外部条件。某个时空所具有的这种必要条件越多，社会不稳定事件的发生概率也就越高，也即社会稳定风险就越高。

二、社会冲突爆发阶段的主要触发因素

（一）自然灾害等突发事件

突发事件，尤其重大自然灾害，在给人类社会物质财富带来巨大损失的同时，也会给社会秩序造成极大冲击。在灾害的情境中，约束人们行为的社会规范往往失去效力，政府与社会团体等组织运行不畅，人们容易做出一些非道德、非理性甚至可能反社会的越轨行为，从而影响社会秩序的稳定。

（二）重大决策及工程项目

人为事故及其他事件的影响往往很大，同时近年重大政策或工程项目的影响更大更直接。政府的重大政策或工程项目，原本是为经济增长和提高百姓生活水平而出台或设立，但相关政策及项目可能因影响百姓切身利益等引发群体事件，给社会稳定带来风险。

重大工程项目的社会稳定风险评估的关键是要进行社会支持度调查。这些项目的自然环境影响中，水体、大气与土壤污染常常是社会民众最为关注的。有关经济社会影响，社会民众可能更为关注工程项目的直接经济影响，如对个人收入、生活成本与房屋价值的影响等。

调查发现，重大政策或工程项目总会有一定数量的社会民众不支持。人们之所以不支持，往往是基于政策相关利益得失的计算，或对工程项目存有一定的"邻避情结"。为避免公众更多诉诸媒体或采取其他方式妨碍有关政策实施或者有关工程建设，政府部门与项目单位理当扮演更为积极的角色。

三、社会冲突的突变机理

群体性事件冲突过程中的"突变"特指群体行动从非暴力冲突到暴力冲突的瞬时改变，而造成社会状态从对抗性冲突状态向暴力冲突状态的突然转化。

本节认为，群体性事件冲突升级过程通常具有突变理论的五个特征。（1）多模态。就群体性事件而言，冲突升级前和冲突升级后所造成的对社会系统的影响分属于两个完全不同的状态：非暴力的对抗性冲突状态和暴力的冲突状态，因而符合系统的多模态这个特征。（2）不可达性。在群体性事件中，群体行动从非暴力的对抗性状态向暴力的冲突状态转变过程中，几乎不存在对其是否实施暴力进行思考的中间状态。因此，该类突发社会事件体现突变模型揭示的不可达性。（3）突跳。群体性事件的后果往往都比较严重，能够在较短时间内使社会系统受到破坏，其原因在于，群体性事件行动主体从非暴力向暴力的行动转化往往在瞬间完成，使得受侵害一方往往来不及采取有效措施进行防御和抵抗。（4）发散性。在群体性事件中，事发的初始状态和紧接下来的变动往往对行动结果有相当程度的影响，由于初始状态所处的情境的不同或发展过程中受到多种因素的干预，群体性事件发展的结果也会是多样的。（5）滞后性。在大多数群体性事件中，从非暴力对抗向暴力性冲突的转变存在一个时间酝酿的过程，该过程中往往会出现不止一个可能促使冲突升级的爆发点，但大多情况下突变不会发生在第一个可能引爆的点上，而是存在一定的滞后性，更可能在后继出现的引爆点上被触发。

群体性事件冲突升级尖点突变模型能够帮助我们对群体性事件冲突升级过程做出相关预判。其一，群体性事件冲突升级过程常常是连续和突变的统一。群体行动过程中一开始的对抗性冲突程度的加深以及突变后暴力程度的加深是一个渐变的过程。突变只会发生在从非暴力对抗转化为暴力冲突的过程中。其二，突变数值的大小一般会决定事件冲突突变能够达到的最终状态。突变值越大，对社会秩序的冲击和破坏性就会越强。其三，探寻处置群体性事件的办法，就是要针对控制变量的变动情况进行深入分析和研究，从中寻找出控制变量中那些对结果造成关键性影响的分量指标。

四、社会媒体对社会冲突升级的影响

社会媒体不同于传统媒体，往往是一组基于互联网并建立在 Web2.0 之上且允许用户自主生成内容的新型社交或社会性的媒体。社会媒体的特质在于信息的生产者和生产过程的变化，它由原来的政府部门生产或者传媒企业生产，转

换成为由社会公众生产。只有社会公众和微博微信等传播技术手段相结合的时候，才是真正意义上的"社会媒体"。社会媒体突破了传统上政府和传媒企业对内容的垄断和控制，是可以由社会个体或组织撰写、编辑和发布的新型媒体。由于社会媒体的产生和发展，信息的生产者从原来的政府部门和传媒企业二元结构并以政府为主导的模式，演变成为政府、传媒和公众三足鼎立的模式。

社会媒体的传播特征主要表现在：（1）社会媒体的信息采集点大大增加；（2）社会媒体降低了信息的制作成本；（3）社会媒体的信息发布即时性更高；（4）社会媒体改变了信息的传播结构；（5）社会媒体传播的信息内容更为碎片化且模糊性更强。

社会媒体新的传播技术和方式正在赋予公众更强的政治力量，从而倾向于打破传统上政府与社会之间建立的均衡秩序。社会媒体的政治动员及影响力一般表现在两个方面：第一，形成社会舆论场，激发国民情绪，形成心理共鸣，并为集体行动提供认知强化；第二，形成非正式组织网络，并为集体行动提供有关的组织基础与协调机制。

第四节　中国社会矛盾的预防模式建设

一、社会矛盾的界定与特征

本书中的"社会矛盾"不是哲学意义上宏观性的社会结构性矛盾，而是社会学意义上微观性的社会冲突性矛盾。从哲学或宏观来讲，社会矛盾是指社会结构本身存在的缺陷或者功能性障碍，社会关系失调，导致社会子系统、社会各要素关系的不和谐。从社会学或微观来讲，社会矛盾是指社会中的个体与群体在维护自身价值与利益的过程中出现的对立和冲突关系，并导致社会秩序不同程度的非稳定状态。

本书认为，转型过程中的中国社会矛盾主要有三方面的基本特征：（1）复杂关联性；（2）利益诉求性；（3）大多非对抗性。

二、社会生态系统治理框架下社会矛盾预防路径

本节拟从社会生态系统治理理论框架出发，结合中国正处于经济社会转型的大背景，阐述改进社会矛盾预防的总体思路，进而从改善制度与社会环境，强化社会认知与心态监控与干预、调节以及建立、健全长效矛盾治理机制等三个方面入手，阐明改进中国社会矛盾预防的具体路径。

社会矛盾预防理论具有如下三方面特征：首先是强调全过程预防，即社会矛盾预防既是在社会矛盾事件发生或显现之前避免其发生，也表现为社会矛盾事件发生之后避免其进一步升级，还表现为在实际的社会矛盾事件得以控制后通过各种治理措施从根本上消除其发生的环境和社会认知与心态条件。其次是强调全面预防，即不仅强调从社会矛盾发生和演化的环境因素（包括制度环境与社会环境因素）入手，还强调从环境因素与实际的社会矛盾事件之间的社会认知与心态环节入手，即多管齐下预防社会矛盾的发生与演化。最后是强调全社会参与预防，即一方面强调政府治理在社会矛盾预防中的主导作用，同时也强调社会参与对于矛盾预防的重要价值，认为社会矛盾的预防工作不能仅是政府的"独角戏"，而应是各个环节都要充分吸纳社会力量参与，重视发挥公众的参与作用。

三、社会矛盾预防的实证分析发现

本书基于浙江枫桥、四川遂宁、北京朝阳以及吉林安图四个地方性社会矛盾预防模式，认为社会矛盾预防具有如下共同经验：（1）从制度和社会环境入手，通过改善制度和社会环境，减少社会系统中紧张与冲突性因素，消减社会的矛盾因子，从根本上预防社会矛盾的发生；（2）营造社会公平、公正、公开的良好环境；（3）积极主动调节和改善社会认知与心态；（4）结合本地方实际，充分发动社会力量参与，形成社会矛盾预防长效机制，并确保其有效实施。

基于以上分析，为有效预防社会矛盾，应做好如下工作：（1）要不断改进社会的制度环境，并及时关注社会冲突的风险因素并予以干预调节；（2）要完善民众的利益诉求表达机制及政府的回应机制；（3）要健全重大决策公众参与，促成重大决策的民主化与科学化，这从根本上仍然是要建立并落实民众利益诉求表达机制，要从重大决策的一开始便为民众提供参与机会；（4）还要努力构建各种制度措施，及时发现并有效改善民众尤其是社会弱势群体的生存境况，从根本上消除社会不满的物质基础；（5）社会系统中普遍存在着可能引发社会矛盾事件的矛盾因子，对之要及时有效地监控并加以干预、调节；（6）要强化法治宣传教育，培育公民的理性精神。

分析表明，社会矛盾预防无论是什么模式，都可以从环境、心态、行为和治理四个方面加以分析，这也就说明有效的社会矛盾预防，必须着眼于不断改善制度与社会环境因素，实时监控并及时干预和调节社会认知与心态及行为，并针对社会矛盾发生和发展的不同阶段特征建立长效治理机制并确保其有效实施。

四、中国社会矛盾预防的改进路径

结合以上理论和实证分析结论，可将中国社会矛盾预防的具体改进路径总结为如下几个方面：（1）继续推进政府转型、强化社会治理，不断改善制度和社会环境，不断消除和减缓社会系统内部的紧张因素；（2）建立常态化的社会认知与心态监控和干预、调节机制，避免制度和社会环境中的社会矛盾因子转化为可能导致不利或破坏性后果的个体和集体行动的社会认知与心态；（3）除了在社会矛盾发生和演化的各个阶段有针对性地采取干预和调节措施外，还要针对可能发生的社会矛盾事件建立长效治理机制，从而在社会矛盾事件发生之后能够及时控制事态升级，并在事件结束后尽可能从根本上解决社会系统中的紧张和冲突因素，防止社会矛盾事件的再次发生。

在上述三个方面中，改善制度与社会环境具有最为根本的意义，这是因为从源头上改善社会及制度环境，消除社会冲突的风险因素，能够从根本上预防社会矛盾的发生和升级。但由于社会矛盾分散分布于社会环境中，即便再有效的预防机制也难免百密一疏，因此，强化对社会认知和心态的监控并及时加以干预和调节，避免因社会矛盾因子促成社会认知和心态朝向不利方向发展也极为重要。

第五节　中国合和式社会风险治理模式构建

一、合和式社会风险治理

根据社会风险与矛盾冲突的演化机理，本书尝试利用中国传统的民本、阴阳五行与合和链式风险治理等思想，明确提出有我国自身文化特色的一个核心风险治理概念就是：合和式社会风险治理，即针对社会安全事件等多元性、衍生性及复合性的"环境—心态—行为—治理"社会风险与危机，党政机关、市场（企业）、社会（公民）、媒体与国际组织等多元主体综合运用政治动员及行政管制、经济激励、社会参与、媒体沟通、外部合作等政策工具，积极做好社会风险评估、社会矛盾预防、社会冲突应急、社会秩序恢复和社会学习提升五阶段全流程的管理与治理，尽可能规避和减少各类社会风险与危机中民众的生命财产损失，转危为安，变威胁为机遇，确保社会和谐稳定与国家长治久安。

根本的出发点和落脚点就是要以民为本，保障民众利益与社会及国家的安全稳定与和谐发展。也就是说传统的民本、和合与链式治理等思想与今天我们所倡导的总体国家安全观和所追求的"一本四全"的全面风险治理是非常契合的，完全可以发挥其很强的概括、抽象、指导与参考作用，是真正有中国文化特色的概念术语与实践模式。

二、合和式风险治理：五大转型方略

为了实现上述合和式社会风险治理框架，我们需要注重运用五大转型方略：（1）从重视社会安全事件与危机发生后临时组建指挥部应对模式向更重视长远社会矛盾预防规划方面转变；（2）从重视社会群体事件的应急管理向更重视群体事件的社会风险治理转型；（3）从过去党政维稳部门的单兵作战向未来多方主体协调合作治理转变；（4）从过于重视刚性维稳和行政管制工具的运用到刚柔相济多元治理工具的综合运用转变；（5）从以前偏重"一案三制"的社会安全事件应急制度建设到更加关注社会安全风险治理能力提升。

实现合和式社会风险治理的主要举措主要涉及五大"合和"概念：（1）理念合和，即重视"以民为本""和为贵""和而不同""和合共生"等价值理念，允许国内外不同的风险治理理念并存，相互借鉴并有机整合，比如政府主导与社会参与共生，忧患意识与吉祥文化并存，快速决策和慎重问责相结合等等；（2）利益合和，这是一切合和难题中的核心问题，我们首先应该承认社会风险治理中各方的利益关切很可能是不同的，既需要紧急情况下的紧急协同，也需要平常能有更多的沟通、交流、协商与谈判机会，以解决彼此的利益冲突，实现真正的利益合和；（3）制度合和，主要指为了贯彻有关理念合和与实现利益合和，需要不同层级、不同部门、不同领域的社会安全风险治理体系、制度与机制完善地建立起来，能彼此兼容并有效实施，建构和运行社会风险治理一体化的制度保障体系；（4）组织合和，再好的制度也需要有关组织的建立与运行，社会风险与危机治理涉及不同地域、层级、领域和专业的有关组织能经常化的相互沟通、协调与支持，才能真正实现组织协同合和；（5）工具合和，社会风险与危机治理的工具纷繁多样，有效治理有关社会风险与危机自然离不开各类工具的综合运用。

借用金、木、水、火、土五行和合概念，我们把社会风险治理工具分为"金式"治理、"木式"治理、"水式"治理、"火式"治理、"土式"治理五大类：（1）"金式"治理强调政府刚性强制权力的运用，适用于社会安全秩序的持续维持与快速恢复；（2）"水式"治理是一种柔性治理工具，更多重视的是市场社会自治与志愿参与行动；（3）"木式"治理重视在刚性强制与柔性志愿两类工具中间状态的工具运用，强调激励与沟通；（4）"火式"治理也是介于"金式"治理与"水式"治理之间的一种工具，但不同于也相对于"木式"

治理，具有更强的威慑性；（5）"土式"治理类似于"水式"治理，但与"水式"治理相对应，具有更多的规范性。通过以上多种治理方式的整合以有效化解社会矛盾，并推动我国政治、经济与社会等全面稳定、和谐与持续发展。

三、刚柔相济治理的实证研究发现

针对国内绝大多数社会风险与冲突，我们要高度重视柔性手段与刚性手段的综合运用。柔性手段主要包括判决、仲裁、调解和谈判等方式。其中谈判的方法是通过当事人之间直接协商化解冲突的重要手段，这对于政府作为冲突一方的冲突管理尤为关键。我们的研究总结了协商式社会冲突管理中谈判的模式、过程和方法。政府相关部门熟练掌握这些模式、过程和方法将有助于从容有效地实施社会管理。该方法以柔性为主，但也需要适当配合使用一些刚性政策约束与管理程序限制，甚至一些最坏情况的刚性举措准备，两者结合起来往往会有更好的治理效果。

我们也专门研究了可以作为刚性手段的警察维稳与群体性事件的抗争策略变化之间的关系。研究发现是：第一，警务处置措施能够显著影响我国群体性事件抗争策略变化；警务处置措施越严厉，抗争策略便越倾向于降级。第二，警务处置措施对有组织的群体性事件抗争策略降级的概率有显著正向影响，而对无组织的群体性事件抗争策略变化的影响不显著。第三，相较于干群纠纷类群体性事件，民民纠纷类和民商纠纷类群体性事件的抗争策略更倾向于降级。第四，非暴力型警察维稳会使得群体性事件中抗争者的抗争策略降级，暴力型警察维稳会使得抗争策略升级。这些发现也说明警察维稳中可以刚性严厉举措为主，但其中也要有针对性地运用一些必要的非暴力柔性举措才能实现更好的治理效果。

第六节　主要政策启示

（一）统筹发展和安全，继续处理好改革、发展与稳定间的辩证关系，需要高度关注中等收入陷阱风险和新冠疫情后经济下滑继而社会风险上扬和社会风险治理体系改革后的有关风险

坚持全面深化改革，推动对外开放事业持续进步，切实贯彻五大发展理念，以高质量经济发展推动社会发展和其他各类发展，以改革推动发展和稳定，在不断稳定发展中实现国家长治久安，并在稳定的环境中保障改革和发展均顺利推进。

近年我们的社会风险形势依然复杂，在很大程度上与我们已经进入中等收入发展阶段、经济发展风险以及国际大变局等等有关。一些积累的社会矛盾在经济下行区间很可能集中爆发，需要综合系统治理。环境类风险中要更多关注民生环境、经济环境与国际环境等风险的预防与应对。行为类风险中要更多关注舆情事件风险、个人极端行为风险和群体事件风险等的预防与治理。同时还需特别重视社会心态风险和治理风险，它们在环境风险与行为风险之间可能起重要的中介作用。心态类风险中要更多预防和控制信心度风险、信任度风险和满意度风险的上扬。治理类风险中要重视法治性风险和问责性风险的预防与治理。

近年我国中央政府和省级政府启动了党政机构改革，其中也涉及社会风险治理体制改革。如中央维稳办等部门的职能主要并入中央政法委和公安部，成立退役军人事务部和社会工作部等，这将有助于推动我国社会风险综合治理体系构建和完善。

（二）高度重视基于多元数据的新时代社会稳定风险评估工作，更多引入独立的第三方社会稳定风险评估机制

一要建立统一的社会稳定风险数据发布与分享平台，提供政府所拥有的"大数据"，以满足学界、商界和公众对数据的需求。这就要更新我国政府统计系统的统计指标，增加有关社会稳定风险监测的指标，并推进一些相关指标、数据的非密化工作，使得关键性的指标不仅可以纳入政府工作人员的视野，也可以供学界或公众使用。

二要开展逐年甚至逐季或逐月等频度的社会心态调查，及时了解公众的心理，以更好地预测社会稳定风险，完善我国社会风险治理体系并改善政府公共服务的供给质量与效率。

三要充分运用好信访行为数据，完善社会风险预警体系。加强和改进人民信访工作，应用信访行为数据建立社会风险评估预警体系，建造智能化辅助决策支持系统，提升基层治理能力，把矛盾纠纷化解在基层。

四要高度重视充分运用大数据进行社会舆情风险不同阶段的预警与分析。在网络舆情危机潜伏期，要进行实时准确的监测预警，并采取适当的预防行为对潜在舆情风险进行妥善处置；在舆情危机大爆发快蔓延阶段，对舆情危机的应对更多的应该使用对话沟通等积极的行为；在危机的平息及修复阶段，要积极修复组织形象，重建价值共识，实现对舆情危机的良好管理。

五要高度重视重大政策和重大工程决策过程引入独立的第三方社会稳定风

险专业性评估机制。在总体社会稳定条件下既要关注重大政策与重大工程项目决策前的社会稳定风险评估，也要重视在一些中小型政策出台与工程上马前尽力引入简易的社会稳定风险评估机制。未来各级各地各部门更要重视引入独立第三方的专业评估。

（三）高度重视社会心理服务与建设，培育积极社会心态

要关注重点群体的利益诉求，如进城务工群体、中低收入群体、退役军人群体、少数民族群体等。加强城乡基层社会风险治理，将居民的社会稳定风险感知和社会心态等指数引入社会稳定风险评价体系，并定期开展专门社会心态调查，切实重视调查数据的应用。高度关注并做好网络舆情工作，加大民生问题解决力度，提升政府治理能力，增强民众的信任与信心。

对于某些特定民族地区，以"社会稳定和长治久安"为目标的公共安全和社会治理，必须加强对少数民族群众心态的调查和研究。同时，更加重视构建民族之间的信任关系，着力增强民族融合和民族团结。习近平总书记在第三次中央新疆工作座谈会上强调：当前和今后做好新疆工作，要完整准确贯彻新时代党的治疆方略，牢牢扭住新疆工作的总目标，做到依法治疆、团结稳疆、文化润疆、富民兴疆、长期建疆，推进治理体系和治理能力现代化，多谋长远之策，多行固本之举，努力建设团结和谐、繁荣富裕、文明进步、安居乐业、生态良好的新时代中国特色社会主义新疆。

（四）在重视做好社会稳定风险评估基础上，积极做好社会冲突突变升级和社会矛盾的全面预防

从社会生态系统治理理论框架下的社会矛盾预防理论路径出发，结合中国正处于经济社会转型的大背景，形成改进社会矛盾预防的总体思路，进而从改善制度与社会环境，强化社会认知与心态监控与干预、调节以及建立、健全长效矛盾治理机制等三个方面入手，创新发展"枫桥经验""浦江经验"，全面改进中国社会矛盾预防路径。

在上述三个方面中，改善制度与社会环境具有最为根本的意义，这是因为从源头上改善制度和社会环境，消除社会风险因素，可以从根本上避免和预防社会矛盾的发生与演化。同时应强化对社会认知和心态的监控并及时加以干预和调节，避免因社会矛盾因子促成社会认知和心态朝向不利方向发展。最后，对于可能发生的社会矛盾事件，以事件应对为契机进一步改进制度和社会环境、强化对社会认知与心态的监控和干预、调节。

（五）充分运用合和式社会风险治理有关理念指导实践，提高社会风险治理现代化的能力与水平

合和式社会风险治理理论是在整合社会生态系统治理、全面风险治理和中国传统和合思想等理论与实践的基础上提出的，凸显风险与危机治理的综合性与全面性，强调系统地考虑风险，重视多元治理主体、资源的协同联动、多元治理工具的综合运用，以及全流程风险治理环节的无缝连接等。因此，合和式社会风险治理需要在前述运用"环境—心态—行为—治理"框架做好社会稳定风险评估和社会矛盾预防的基础上，重视多元治理工具综合运用，既需要高度重视以协商谈判为主的风险治理柔性模式，也需要有效运用以警察维稳为关键手段的风险治理刚性模式，更需要两者相互包含和有机结合。

对人民内部矛盾更要善用谈判协商、群众参与等方法，化解不必要的紧张社会矛盾关系。同时，在必要时采取有刚性工具保障，避免事态失控导致生命财产与秩序损失。刚柔程度不同的治理工具在社会风险治理的实践中应当有机融合，将"金式""木式""水式""火式"和"土式"等治理策略性地辩证运用，这也是合和式社会风险治理的精髓所在。相关研究数据分析也发现，暴力型警察维稳会使得群体性事件中抗争者的抗争策略升级，特别是在无组织的群体性事件处置中更可能如此，即单纯运用相对强调强制与威慑的"金式""火式"治理在群体性事件的情景下，会造成社会矛盾激化的局面。因而，警察维稳也需要结合相对更强调沟通和协调的"水式""木式""土式"治理，以更有效地缓和社会矛盾。

总之，中国社会稳定风险评估与社会矛盾预防是一个宏大的实践问题与学术问题，我们课题组历经十年不断探索，尽管尽力见微知著，并获得不少难得的发现与启发，但总归还只是沧海之一粟，难以完全深入、系统并准确地为我国社会安全风险及治理问题把脉问诊，还有很多相关更具体的重要实践问题与学术问题等着我们去做更多更细致的探究与分析，也需要与学术界和实务界同仁更多地交流与合作。本书权作这一领域的阶段性研究成果面世，希望抛砖引玉，期待该领域未来有更多更成熟的研究发现与成果应用，持续推动新时代中国社会稳定发展，经济繁荣昌盛，国家长治久安！

参 考 文 献

领导人文献

1. 马克思、恩格斯：《马克思恩格斯选集》（第 2 卷），北京，人民出版社，1972。

2. 毛泽东：《毛泽东选集》（第 5 卷），北京，人民出版社，1977。

3. 毛泽东：《毛泽东文集》（第 7 卷），北京，人民出版社，1999。

4. 邓小平：《邓小平文选》（第 2 卷），北京，人民出版社，1993。

5. 邓小平：《邓小平文选》（第 3 卷），北京，人民出版社，1993。

6. 江泽民：《江泽民论有中国特色社会主义（专题摘编）》，北京，中央文献出版社，2002。

7. 江泽民：《江泽民文选》（第 1 卷），北京，人民出版社，2006。

8. 胡锦涛：《在纪念党的十一届三中全会召开 30 周年大会上的讲话（节选）》，载《党的建设》，2009（01）。

9. 习近平：《确保人民安居乐业社会安定有序国家长治久安》，新华网，2013 年 5 月。

10. 习近平：《正确认识和把握中长期经济社会发展重大问题》，《求是》，2021（02）。

中文著作

1. 薄燕：《国际谈判与国内政治：美国与〈京都议定书〉谈判的实例》，上海，上海三联书店，2007。

2. 常健等：《公共冲突管理》，北京，中国人民大学出版社，2012。

3. 陈秋玲：《社会风险预警研究》，北京，经济管理出版社，2010。

4. 程新英：《转型时期的当代中国社会发展》，北京，当代中国出版社，2000。

5. 窦玉沛：《社会管理与社会和谐》，北京，中国社会出版社，2005。

6. 范愉、李浩：《纠纷解决——理论、制度与技能》，北京，清华大学出版社，2010。

7. 范愉、史长青、邱星美：《调解制度与调解人行为规范——比较与借鉴》，北京，清华大学出版社，2010。

8. 郭亮：《微博将带来什么》，北京，中华联合工商出版社，2010。

9. 胡税根：《公共危机管理通论》，杭州，浙江大学出版社，2009。

10. 靳江好、王郅强：《和谐社会建设与社会矛盾调节机制研究》，北京，人民出版社，2008。

11. 李君如：《社会主义和谐社会论》，北京，人民出版社，2005。

12. 凌复华：《突变理论及其应用》，上海，上海交通大学出版社，1987。

13. 刘泽华主编：《中国政治思想史》（先秦卷），杭州，浙江大学出版社，1996。

14. 梁漱溟：《东西文化及其哲学》，北京，商务印书馆，2004。

15. 苗东升：《系统科学精要（第 3 版）》，北京，中国人民大学出版社，2010。

16. 彭国甫：《地方政府公共事业管理绩效评价研究》，长沙，湖南人民出版社，2004。

17. 彭宗超、马奔、刘涛雄：《合作博弈与和谐治理——中国合和式民主研究》，北京，清华大学出版社，2013。

18. 沈瑞英：《矛盾与变量：西方中产阶级与社会稳定研究》，北京，经济管理出版社，2009。

19. 宋士昌主编：《马克思主义社会稳定理论与实践：新世纪新阶段中国社会稳定问题研究》，济南，山东人民出版社，2003。

20. 陶德麟：《社会稳定论》，济南，山东人民出版社，1999。

21. 汪世荣：《枫桥经验——基层社会治理的实践》，北京，法律出版社，2008。

22. 王来华：《舆情研究概论——理论、方法和现实热点》，天津，天津社会科学院出版社，2003。

23. 王绍光、胡鞍钢、丁元竹：《安邦之道：国家转型的目标与途径》，北京，生活·读书·新知三联书店，2007。

24. 徐显国：《冲突管理：有效化解冲突的10大智慧》，北京，北京大学出版社，2006。

25. 俞可平：《治理与善治》，北京，社会科学文献出版社，2000。

26. 张立文：《和合学：21世纪文化战略的构想》，北京，人民大学出版社，2006。

27. 赵鼎新：《社会与政治运动讲义》，北京，社会科学文献出版社，2006。

28. 郑杭生：《社会学概论新修》，北京，中国人民大学出版社，2005。

29. 朱庆芳、吴寒光：《社会指标体系》，北京，中国社会科学出版社，2001。

30. [德]达伦多夫：《现代社会冲突》，林荣远译，北京，中国社会科学出版社，2000。

31. [德]乌尔里希·贝克：《风险社会》，何博文译，南京，译林出版社，2004。

32. [德]尤尔根·哈贝马斯：《合法化危机》，刘北成、曹卫东译，上海，上海人民出版社，2019。

33. [法]古斯塔夫·勒庞：《乌合之众：大众心理研究》，冯克利译，北京，中央编译出版社，2005。

34. [荷]丹尼斯·麦奎尔：《麦奎尔大众传播理论》，崔保国、李琨译，北京，清华大学出版社，2010。

35. [美]爱德华·罗斯：《社会控制》，北京，华夏出版社，1989。

36. [美]查尔斯·蒂利：《集体暴力的政治》，谢岳译，上海，上海人民出版社，2006。

37. [美]丹尼尔·贝尔：《资本主义文化矛盾》，赵一凡等译，北京，生活·读书·新知三联书店，1999。

38. [美]赫布·科恩：《谈判无处不在：如何通过谈判赢得你想要的一切》，广州，广东人民出版社，2011。

39. [美]詹姆斯·N.罗西瑙：《没有政府的治理》，南昌，江西人民出版社，2001。

40. [美]刘易斯·科塞：《社会冲突的功能》，北京，华夏出版社，1989。

41. [美]罗伯特·达尔：《现代政治分析》，上海，上海译文出版社，1987。

42. [美]罗杰·道森：《优势谈判》，深圳，海天出版社，2012。

43. [美]马尔库塞：《单向度的人——发达工业社会意识形态研究》，刘继译，上海，上海译文出版社，2014。

44. [美] 斯蒂芬·B. 戈尔德堡等：《纠纷解决：谈判、调解和其他机制》，北京，中国政法大学出版社，2004。

45. [美] 斯蒂芬·P. 罗宾斯：《组织行为学》，北京，中国人民大学出版社，1997。

46. [美] 沃伦·H. 施米特等：《〈哈佛商业评论〉精粹译丛：谈判与冲突化解》，北京，中国人民大学出版社，2004。

47. [苏联] 马尔科夫：《社会生态学》，锥启珂、刘志明、张耀平译，北京，中国环境科学出版社，1989。

48. [瑞士] 汉斯彼得·克里西等：《西欧新社会运动——比较分析》，张峰译，重庆，重庆出版社，2006。

49. [英] 安德鲁·查德威克：《互联网政治学：国家、公民与新传播技术》，任孟山译，北京，华夏出版社，2010。

50. [英] 芭芭拉·A. 布贾克·科尔韦特：《谈判与冲突管理》，北京，中国人民大学出版社，2009。

51. [英] 维克托·迈尔 - 舍恩伯格，[英] 肯尼思·库克耶：《大数据时代》，浙江：浙江人民出版社，2013。

中文论文（包括学位论文）

1. 安蔚：《网民心态对网络舆情影响的相关性研究》，江西师范大学硕士学位论文，2015。

2. 白书祥：《就业不充分是影响社会稳定的重要因素》，载《宁夏社会科学》，2008（03）。

3. 白书祥：《收入差距过大与社会稳定的负相关探析》，载《理论前沿》，2008（19）。

4. 白艳艳：《论新形势下社会矛盾的成因及其化解路径》，载《探索》，2011（03）。

5. 鲍宗豪、李振：《社会预警与社会稳定关系的深化》，载《浙江社会科学》，2001（04）。

6. 毕天云：《论社会冲突的根源》，载《云南师范大学学报（哲学社会科学版）》，2000（05）。

7. 毕天云：《论社会冲突的协调和控制》，载《学术探索》，2001（02）。

8. 毕天云：《社会冲突的双重功能》，载《思想战线》，2001（02）。

9. 曹峰、李海明、彭宗超：《社会媒体的政治力量——集体行动理论的视角》，载《经济社会体制比较》，2012（06）。

10. 曹峰、邵东珂、李贺楼等：《我国社会稳定风险治理的评估框架与方法——基于社会生态系统的"环境—行为"视角》，载《经济社会体制比较》，2014（04）。

11. 曹峰、邵东珂、王展硕：《重大工程项目社会稳定风险评估与社会支持度分析——基于某天然气输气管道重大工程的问卷调查》，载《国家行政学院学报》，2013（06）。

12. 常健、许尧：《论公共冲突管理的五大机制建设》，载《中国行政管理》，2010（09）。

13. 陈朝宗：《社会控制论与社会治理理论》，载《福建行政学院福建经济干部管理学院学报》，2005（04）。

14. 陈刚：《社会管理创新与基层维稳实践——以北京市朝阳区"一网、两库、三关"科学维稳体系为例》，载《中国延安干部学院学报》，2011（01）。

15. 陈恢忠：《论社会分层的功能及社会冲突》，载《华中理工大学学报（社会科学版）》，2000（01）。

16. 陈静：《建立社会稳定风险评估机制探析》，载《社会保障研究》，2010（03）。

17. 陈宁：《当前我国社会矛盾的特点及其经济分析》，载《华东经济管理》，2006，020（12）。

18. 陈秋玲、张青、肖璐：《基于突变模型的突发事件视野下城市安全评估》，载《管理学报》，2010，7（06）。

19. 陈文：《论重大灾害事件中的网络谣言传播及法律应对——以新型冠状病毒肺炎疫情为例》，载《北方法学》，2020，14（05）。

20. 陈曦：《积极稳妥地推行社会稳定风险评估工作》，载《中国行政管理》，2011（08）。

21. 陈晓红等：《全球变局下的风险管理研究》，载《管理科学学报》，2021（08）。

22. 程洪宝：《农村基层民主与农村社会稳定的关联分析》，载《求实》，2007（11）。

23. 仇立平、程福财：《现代化进程中的上海社会稳定及其问题》，载《社会》，2002（12）。

24. 褚松燕：《论政府冲突管理能力的强化》，载《中国行政管理》，2010（02）。

25. 蔡炉明：《农村社会稳定风险的生成逻辑》，载《华南农业大学学报（社会科学版）》，2021（06）。

26. 戴桂斌：《第三部门对社会矛盾冲突的调控作用探析》，载《江西社会科学》，2008（11）。

27. 戴辉、戴大新、金海燕：《规避涉民利益冲突 减少社会稳定风险——基于构建重大事项社会稳定风险评估制度研究》，载《学理论》，2010（36）。

28. 戴子刚：《化解现阶段社会矛盾的哲学思考》，载《前沿》，2008（01）。

29. 戴亮：《中国特色社会主义治理实践对风险社会理论的新突破》，载《领导科学》，2021（20）。

30. 党国英：《非正式制度与社会冲突》，载《中国农村观察》，2001（02）。

31. 邓伟志：《论社会矛盾》，载《上海大学学报（社会科学版）》，2009，16（04）。

32. 丁建定、孙健：《从社会分层到社会冲突——基于我国阶层现状的分析》，载《华北电力大学学报（社会科学版）》，2005（04）。

33. 丁宁等：《征地社会稳定风险评估规范化研究》，载《中国土地科学》，2013，27（01）。

34. 董幼鸿：《重大事项社会稳定风险评估制度的实践与完善》，载《中国行政管理》，2011（12）。

35. 董玉萍：《农村社会组织在维护农村社会稳定中的作用》，载《安徽农业科学》，2010，38（17）。

36. 杜胜利：《农村利益分化与农村社会稳定的关联分析》，载《经济问题探索》，2008（03）。

37. 段超：《当前影响民族团结和社会稳定的因素分析》，载《中南民族大学学报（人文社会科学版）》，2003（05）。

38. 范柏乃、朱华：《我国地方政府绩效评价体系的构建和实际测度》，载《政治学研究》，2005（01）。

39. 樊纲：《中华文化、理性化与经济发展》，载樊纲，《经济文论》，北京，生活·读书·新知三联书店，1995。

40. 方盛举、陈立春：《影响边疆民族地区社会政治稳定的主要因素分析》，载《思想战线》，1999（05）。

41. 房宁：《论民主政体的政治稳定功能》，载《战略与管理》，1998（02）。

42. 冯海波：《后危机时代中国社会矛盾特征分析》，载《理论研究》，2010（05）。

43. 冯海波：《社会矛盾视域中的社会转型》，载《理论研究》，2010（02）。

44. 冯周卓、黄震：《原生与次生：社会稳定风险的分类与治理》，载《北京师范大学学报（社会科学版）》，2014（05）。

45. 冯钺：《冲突与优越感并存的西方文明观》，载《人民论坛》，2019（26）。

46. 傅广宛：《信访大数据与重复上访现象治理的变革》，载《中国行政管理》，2019（11）。

47. 高峰：《社会秩序的存在何以可能？》，载《中共中央党校学报》，2010，14（04）。

48. 高和荣：《试论中国社会稳定的特征、类型及发展》，载《唯实》，2003（05）。

49. 高艳辉、许尧：《论非直接利益群体性事件冲突升级的四个阶段》，载《法制与社会》，2013（01）。

50. 龚维斌：《稳定风险如何降到最低限度》，载《人民论坛》，2011（03）。

51. 龚文婧：《我国地震灾害预警机制中的政府行为分析》，中共中央党校硕士学位论文，2008。

52. 郭建宁：《从正确处理人民内部矛盾到构建社会主义和谐社会——关于国家政治生活主题和党的执政理念的思考》，载《北京行政学院学报》，2006（01）。

53. 郭金荣、衡昌军、李乐飞等：《试析民间组织在社会矛盾消解中的作用》，载《内江师范学院学报》，2006（S1）。

54. 郭志远：《我国基层社会矛盾预防与化解机制创新研究》，载《安徽大学学报（哲学社会科学版）》，2014（02）。

55. 郭星华、刘正强：《当代中国互构中的社会失范与社会矛盾》，载《探索与争鸣》，2007（06）。

56. 国家计委宏观经济研究院课题组：《1998—1999：我国社会稳定状况跟踪分析》，载《管理世界》，1999（05）。

57. 国家统计局课题组：《和谐社会统计监测指标体系研究》，载《统计研究》，2006（05）。

58. 侯玉娟：《大数据背景下媒体融合发展趋势探讨》，载《广播电视信息》，2021，28（04）。

59. 胡鞍钢、王磊：《社会转型风险的衡量方法与经验研究（1993—2004）》，载《管理世界》，2006（06）。

60. 胡联合、胡鞍钢、王磊：《影响社会稳定的社会矛盾变化态势的实证分析》，载《社会科学战线》，2006（04）。

61. 胡象明、陈一帆：《突发公共卫生事件社会稳定风险的生成逻辑》，载《行政论坛》，2020，27（03）。

62. 黄玲：《党内腐败对社会矛盾的负效应分析》，载《理论参考》，2004。

63. 黄俏：《社会转型期的制度变迁与社会矛盾》，载《湖北社会科学》，2008，000（012）。

64. 黄杰、朱正威、吴佳：《重大决策社会稳定风险评估法治化建设研究论纲——基于政策文件和地方实践的探讨》，载《中国行政管理》，2016（07）。

65. 黄义英：《等级结构与古代中国社会矛盾的生成》，载《学理论》，2010（15）。

66. 贾林祥：《社会偏见：制约和谐社会构建的社会心理因素》，载《陕西师范大学学报（哲学社会科学版）》，2010，39（03）。

67. 贾玉娇：《社会秩序何以可能——对中国社会秩序重建的理论考量与路径探索》，

载《河南社会科学》，2013，21（04）。

68. 姜国兵：《关于中国转型期社会稳定与政府对策的思考》，载《云南行政学院学报》，2003（01）。

69. 金太军：《创新社会治理与社会稳定长效机制的重点场域》，载《江苏行政学院学报》，2014（05）。

70. 靳江好、王郅强：《当前社会矛盾呈现五大特征》，载《瞭望》，2007，000（046）。

71. 经纬、刘绍兰：《边疆少数民族地区的政治文化和政治稳定》，载《云南民族学院学报（哲学社会科学版）》，1999（04）。

72. 康超光：《体制转轨时期社会矛盾基本类型探析》，载《天府新论》，1998（03）。

73. 柯平、赵益民：《从关键词与高频词的相关度看自动标引的可行性》，载《情报科学》，2009（03）。

74. 克雷格、宾建成：《社会指标的历史教训》，载《经济社会体制比较》，2011（05）。

75. 孔萍：《化解社会矛盾三论》，载《经济研究导刊》，2009（10）。

76. 乐国安、江国平：《封建迷信与社会稳定》，载《赣南师范学院学报》，1998（01）。

77. 李亚：《中国的公共冲突及其解决：现状、问题与方向》，载《中国行政管理》，2012（02）。

78. 李传柱：《当代中国社会稳定：历史、挑战、对策》，中共中央党校博士学位论文，2001。

79. 李笃武：《政治发展与社会稳定——当前转型时期中国社会稳定问题研究》，华东师范大学博士学位论文，2005。

80. 李刚、程砚秋：《基尼系数客观赋权方法研究》，载《管理评论》，2014（01）。

81. 李贺楼、彭宗超：《信访研究：两个既有主题与未来发展方向》，载《南京社会科学》，2014（04）。

82. 李金龙、黄峤：《挑战与应对：网络群体性事件下的政府信息管理》，载《湖南师范大学社会科学学报》，2010，39（01）。

83. 李亮、王国聘：《社会生态学的谱系比较及发展前瞻》，载《南京林业大学学报（人文社会科学版）》，2008（03）。

84. 李一涵：《基于突变理论的中国群体性事件冲突升级研究》，清华大学硕士论文，2013 年 6 月。

85. 李永祥：《灾害管理过程中的矛盾冲突及人类学思考》，载《云南民族大学学报（哲学社会科学版）》，2013，30（02）。

86. 李文姣：《风险管理框架下第三方介入重大决策社会稳定风险评估研究》，载《领导科学》，2021（12）。

87. 梁栋、常贵祥：《社会资本与柔性社会稳定机制的构建》，载《当代世界与社会主义》，2013（03）。

88. 梁力东：《冲突管理研究》，载《今日南国：理论创新版》，2008（04）。

89. 梁立超：《网络热点事件中"新闻标签"现象研究》，河北大学硕士学位论文，2011。

90. 辽宁省建设厅调研组：《城市房屋拆迁影响社会稳定的原因和对策》，载《辽宁法治研究》，2007（04）。

91. 林鸿潮：《社会稳定风险评估性质考辨》，载《中国行政管理》，2019（01）。

92. 林闽钢、战建华：《灾害救助中的 NGO 参与及其管理——以汶川地震和台湾 9·21 大地震为例》，载《中国行政管理》，2010（03）。

93. 刘宝霞、彭宗超：《风险、危机、灾害的语义溯源——兼论中国古代链式风险治理流程思路》，载《清华大学学报（哲学社会科学版）》，2016，31（02）。

94. 刘建荣：《保持农村社会稳定的道德思考》，载《湖南师范大学社会科学学报》，2001（03）。

95. 刘少杰：《社会矛盾的制度协调》，载《天津社会科学》，2007（03）。

96. 刘升：《城镇集中安置型易地扶贫搬迁社区的社会稳定风险分析》，载《华中农业大学学报（社会科学版）》，2020（06）。

97. 刘晓娟、王昊贤、肖雪等：《基于微博特征的政务微博影响因素研究》，载《情报杂志》，2013（12）。

98. 刘新传：《社会生态系统治理视角下社会稳定风险感知与社会心态研究》，清华大学博士后出站报告，2015。

99. 刘勇：《从利益视角解读转型时期的社会矛盾特点》，载《党政干部学刊》，2006（09）。

100. 刘裕国：《四川遂宁推行社会稳定风险评估》，载《人民日报》，2006-06-06（010）。

101. 刘正奎、吴坎坎、王力：《我国灾害心理与行为研究》，载《心理科学进展》，2011，19（08）。

102. 刘忠定：《转型社会与社会治理工作的转型》，载《中国司法》，2004（08）。

103. 刘泽照、朱正威：《掣肘与矫正：中国社会稳定风险评估制度十年发展省思》，载《政治学研究》，2015（04）。

104. 龙小霞、延军平、孙虎等：《基于可公度方法的川滇地区地震趋势研究》，载《灾害学》，2006（03）。

105. 娄胜华、姜姗姗：《"邻避运动"在澳门的兴起及其治理 vs 以美沙酮服务站选址争议为个案》，载《南京社会科学》，2012（04）。

106. 卢枫：《墨子的社会矛盾观》，载《湘潭大学学报（社会科学版）》，1987（03）。

107. 芦红、吕庆华：《冲突管理：研究动态与展望》，载《广西财经学院学报》，2009（02）。

108. 鲁刚：《当前云南边疆问题综合治理研究——以维护社会稳定为中心》，载《云南师范大学学报（哲学社会科学版）》，2018（01）。

109. 陆杰华、刘芹：《转型期重大决策社会稳定风险评估体制机制探究》，载《中国特色社会主义研究》，2019（03）。

110. 吕孝礼、陶鹏、彭宗超等：《从汶川到芦山：公民自救互救行为研究》，载《危机管理研究通讯》，2013。

111. 吕永红、刘德福：《"共识式"稳定建构的理论逻辑与基本路径》，载《中共福建省委党校（福建行政学院）学报》，2021（05）。

112. 吕文栋、赵杨、韦远：《论弹性风险管理——应对不确定情境的组织管理技术》，载《管理世界》，2019（09）。

113. 马新建：《冲突管理：基本理念与思维方法的研究》，载《大连理工大学学报（社会科学版）》，2002，23（03）。

114. 马原：《政策倡导与法治维稳：多元参与视角下的社会冲突治理》，载《治理研究》，2019，35（05）。

115. 孟庆仁：《论社会矛盾体系的发展和结构》，载《理论学刊》，2005（11）。

116. 孟小峰、慈祥：《大数据管理：概念、技术与挑战》，载《计算机研究与发展》，2013，50（01）。

117. 牛文元：《社会物理学与中国社会稳定预警系统》，载《中国科学院院刊》，2001（01）。

118. 牛文元、叶文虎：《全面构建中国社会稳定预警系统》，载《中国发展》，2003（04）。

119. 彭勃：《社会冲突困局与地方发展主义》，载《经济社会体制比较》，2009（02）。

120. 彭宗超、曹峰、李贺楼等：《社会生态系统治理视角下的中国社会稳定风险评估的理论框架与指标体系新探》，载《公共管理评论》，2013，15（02）。

121. 彭宗超、李贺楼：《社会指标运动的源起、评价及启示》，载《南京社会科学》，2013（06）。

122. 彭宗超、刘新传：《基于全面风险治理视角的我国暴恐事件处置分析》，载《中国社会公共安全研究报告》，2014（02）。

123. 彭宗超、马奔、徐佳君：《合和式社会主义民主——一种可能的中国民主模式探讨》，载《经济社会体制比较》，2010（06）。

124. 彭宗超：《政治制度对应急管理体系及其运行绩效的影响——中美比较的视角》，载《新视野》，2014（02）。

125. 彭宗超：《中国合和式风险治理的概念框架与主要设想》，载《社会治理》，2015（03）。

126. 彭宗超：《中国社会矛盾的全面风险治理——兼谈"枫桥经验"》，载《公安学刊（浙江警察学院学报）》，2013（03）。

127. 戚志如、陈莺：《群体性事件突变理论模型的建立和分析》，载《江苏警官学院学报》，2012，27（02）。

128. 秦麟征：《关于美国的社会指标运动》，载《国外社会科学》，1983（02）。

129. 秦馨：《农村"非利益性社会矛盾"与人的现代性差异关系研究》，载《求实》，2009（S1）。

130. 冉昌光：《论宗教与社会稳定》，载《西南民族学院学报（哲学社会科学版）》，1997（06）。

131. 闪淳昌：《提高应急管理能力健全公共安全体系》，载《中国应急救援》，2015，9（01）。

132. 单光鼐：《官民良性互动》，载《南方周末》F31 版，2011-02-24。

133. 上海"社会稳定指标体系"课题组：《上海社会稳定指标体系纲要》，载《社会》，2002（12）。

134. 邵东珂、吴进进、彭宗超：《应急管理领域的大数据研究：西方研究进展与启示》，载《国外社会科学》，2015（06）。

135. 邵东珂：《我国警察维稳与群体性事件抗争策略变化研究》，清华大学博士学位论文，2016。

136. 沈立新：《转型期中国社会矛盾研究——以上海地区为例》，华东师范大学硕士学位论文，2004。

137. 师海玲、范燕宁：《社会生态系统理论阐释下的人类行为与社会环境》，载《首都师范大学学报（社会科学版）》，2005（04）。

138. 施雪华、蔡义和：《利益均衡合作博弈模型与社会秩序稳定》，载《北京师范大学学报（社会科学版）》，2020（04）。

139. 石国臻：《论社会稳定的特征、影响因素和对策》，载《公安大学学报》，2000（06）。

140. 史献芝：《预防社会矛盾：理论框架与实现机制》，载《理论探讨》，2019（04）。

141. 史小婧：《少数民族地区的社会心态与行为 研究——以 X 自治区为例》，清华大学硕士论文，2016 年 6 月。

142. 史云桐：《"集成治理"的实现形式及其内在逻辑——以社会矛盾纠纷调处化解中心为例》，载《南京社会科学》，2021（12）。

143. 宋林飞：《"少数人闹事"与早期警报系统》，载《青年学者》，1989（01）。

144. 宋林飞：《社会风险指标体系与社会波动机制》，载《社会学研究》，1995（06）。

145. 宋林飞：《中国社会风险预警系统的设计与运行》，载《东南大学学报（社会科学版）》，1999（01）。

146. 宋宝安：《论我国社会矛盾的生成逻辑与社会调节》，载《社会科学辑刊》，2021（06）。

147. 宋湘琦：《行政决策风险评估的预见性与可持续性研究》，载《人民论坛》，2020（23）。

148. 孙立平：《中国社会结构的变迁及其分析模式的转换》，载《南京社会科学》，2009（05）。

149. 孙元明：《三峡库区社会政治稳定风险评估研究》，载《重庆三峡学院学报》，2011，27（02）。

150. 时和兴：《走出地方冲突治理的误区》，载《北京行政学院学报》，2012（04）。

151. 时和兴：《冲突管理学源流探析——兼论公共冲突管理学的发轫》，载《国家行政学院学报》，2013（05）。

152. 谭江涛、章仁俊、王群：《奥斯特罗姆的社会生态系统可持续发展总体分析框架述评》，载《科技进步与对策》，2010，27（22）。

153. 汤汇浩：《邻避效应：公益性项目的补偿机制与公民参与》，载《中国行政管理》，2011（7）。

154. 唐涛：《基于大数据的网络舆情分析方法研究》，载《现代情报》，2014，34（03）。

155. 唐皇凤、黄小珊：《百年大党防范化解社会风险的基本历程与主要经验》，载《贵州社会科学》，2021（10）。

156. 陶鹏、童星：《邻避型群体性事件及其治理》，载《南京社会科学》，2010（08）。

157. 田翠琴：《社会转型期的社会稳定与社会控制》，载《领导之友》，1999（03）。

158. 童星：《对重大政策项目开展社会稳定风险评估》，载《探索与争鸣》，2011（02）。

159. 汪信砚：《社会稳定及其基本特征探微》，载《武汉大学学报（哲学社会科学版）》，1999（01）。

160. 王彩元：《21 世纪初期影响我国社会稳定的因素分析》，载《求索》，2005（06）。

161. 王辰瑶、金亮：《网络新闻"标题党"的现状与叙述策略——对 8 家网站新闻排行榜的定量分析》，载《新闻记者》，2013（02）。

162. 王道勇：《匿名的狂欢与人性的显现——对 2006 年若干网络集群事件中网民行为的分析》，载《当代青年研究》，2007（03）。

163. 王锋、胡象明：《重大项目社会稳定风险评估模型研究——利益相关者的视角》，载《新视野》，2012（04）。

164. 王锋、赵凌云：《我国被征地拆迁居民满意度调查——以浙江省湖州市为例》，载《华中农业大学学报（社会科学版）》，2010（02）。

165. 王建武：《新时期影响社会稳定的精神文化因素分析》，载《发展论坛》，1997（04）。

166. 王凯：《激活信访的"智库效能"（新论）》，载《人民日报》，2019-8-26（5）。

167. 王鲁宁：《发展哲学视野中的社会矛盾与社会制度——关于社会矛盾、社会制度和社会发展的再认识》，载《学海》，2001（05）。

168. 王慕华：《基于 WSR 和霍尔三维结构的气象防灾减灾监控管理研究》，载《灾害学》，2020，35（04）。

169. 王鹏程：《论重要战略机遇期的社会稳定》，载《湖北行政学院学报》，2003（02）。

170. 王文章：《维持社会稳定性的根本要素及其重要支撑》，载《人民论坛》，2021（08）。

171. 王小章：《社会稳定：现状和形势分析》，载《浙江社会科学》，1997（06）。

172. 王延中、宁亚芳：《民族地区的廉政建设与社会稳定——基于云南、西藏、新疆干部问卷数据的分析》，载《政治学研究》，2017（03）。

173. 王阳：《重大决策社会稳定风险评估制度的效果分析——以"评估主体"的规定为重点》，载《中国行政管理》，2016（03）。

174. 汪衔石：《现状、困境及对策：对西印度洋非传统安全的风险评估》，载《情报杂志》，2021（04）。

175. 魏娜、袁博：《城市公共政策制定中的公民网络参与》，载《中国行政管理》，2009（03）。

176. 文军：《转型中的社会差异及其对中国社会稳定的影响》，载《探索与争鸣》，2010（09）。

177. 吴辉：《"标题党"现象的成因与危害》，载《新闻传播》，2008（11）。

178. 吴锦良：《"枫桥经验"演进与基层治理创新》，载《浙江社会科学》，2010（07）。

179. 吴施楠：《社会利益结构与社会稳定》，载《延边大学学报（哲学社会科学版）》，1997（04）。

180. 吴忠民：《我国现阶段社会矛盾演变的特征》，载《决策与信息》，2010（09）。

181. 吴忠民：《网络时代社会矛盾的主要特征分析》，载《马克思主义与现实》，2014（06）。

182. 吴忠民：《转型期社会矛盾冲突的三个层级及主要影响因素》，载《社会科学》，2020（01）。

183. 夏瑛：《信访制度的双重逻辑与"非行政信访"——以 A 市重复集体访为例（2010—2014 年）》，载《政治学研究》，2019（04）。

184. 肖飞：《我国社会稳定预警机制构建探略》，载《公安研究》，2000（01）。

185. 肖唐镖：《当代中国的"群体性事件"：概念、类型与性质辨析》，载《人文杂志》，2012（04）。

186. 肖唐镖：《群体性事件中的暴力何以发生——对 1189 起群体性事件的初步分析》，

载《江苏行政学院学报》，2014（01）。

187. 谢海光、陈中润：《互联网内容及舆情深度分析模式》，载《中国青年政治学院学报》，2006（03）。

188. 谢海军：《新时代我国社会矛盾结构的整体性与层次性论析》，载《中州学刊》，2020（08）。

189. 谢金林、张艺：《论网络时代舆论安全与西部边疆民族地区社会稳定》，载《新疆社会科学》，2010（04）。

190. 谢秀军、陈跃：《新中国 70 年就业政策的变迁》，载《改革》，2019（04）。

191. 徐水森：《四川强地震活动的可公度性初探》，载《四川地震》，2007（02）。

192. 徐铜柱：《民族地区农村社会稳定因素探究》，载《湖北民族学院学报（哲学社会科学版）》，2008，26（03）。

193. 许波：《新时期我国社会矛盾解决机制研究》，湖南师范大学硕士学位论文，2012。

194. 许尧：《社会冲突治理的网络渠道：比较优势及其发挥》，载《南开学报（哲学社会科学版）》，2020（03）。

195. 许振宇、吴金萍、曹蓉：《基于知识图谱的社会稳定风险研究热点及趋势分析》，载《西北大学学报（哲学社会科学版）》，2020（03）。

196. 薛澜：《中国应急管理系统的演变》，载《中国应急管理》，2010（08）。

197. 薛立强、杨书文：《当代中国社会矛盾的变化》，载《学习与探索》，2007（03）。

198. 阎耀军、雷鸣：《我国社会和谐稳定的时序分析及模拟预警——运用社会指标理论和方法施行前馈控制可行性探索》，载《天津行政学院学报》，2006（02）。

199. 阎耀军：《超越危机——构建新的社会预警指标体系及其运行平台的设想》，载《甘肃社会科学》，2005（03）。

200. 阎耀军：《社会稳定的计量及预警预控管理系统的构建》，载《社会学研究》，2004（03）。

201. 晏晓明：《正确处理人民内部矛盾与社会稳定》，载《毛泽东思想研究》，1999（05）。

202. 杨芳勇：《论社会燃烧理论在"重大事项"上的应用——重大事项社会稳定风险评估的理论基础与方法模型》，载《中共浙江省委党校学报》，2012（04）。

203. 杨琳、罗鄂湘：《重大工程项目社会风险评价指标体系研究》，载《科技与管理》，2010（02）。

204. 杨雄、刘程：《加强重大项目社会稳定风险评估刻不容缓》，载《探索与争鸣》，2010（10）。

205. 杨宜勇：《运动式维稳是不可取的》，载《人民论坛》，2010（07）。

206. 杨清涛：《中国共产党对社会主义社会矛盾学说的探索与发展》，载《郑州大学学报（哲学社会科学版）》，2021（06）。

207. 易海涛：《社会政治稳定理论体系的建构与应对策略分析》，载《求索》，2005（07）。

208. 原珂：《公共冲突治理视域下中国社会治理制度建设的反思与前瞻》，载《江海学刊》，2021（06）。

209. 于恒奎、刘继学：《对国际金融危机背景下我国就业问题的思考》，载《哈尔滨市委党校学报》，2009（06）。

210. 于立深、刘东霞：《论社会稳定风险评估制度的行政自制功能》，载《东北大学学报（社会科学版）》，2015（04）。

211. 于咏华、周克勤：《影响农村稳定的十大因素》，载《学习论坛》，2001（09）。

212. 余国林：《当前社会矛盾的主要特点和处理办法》，载《江西社会科学》，2004（03）。

213. 俞怀宁、俞秋阳：《我国公民网络政治参与的形式、特点及其政治影响》，载《社会主义研究》，2011（05）。

214. 喻国明、李彪：《网络事件中元信息文本的议题建构与微观修辞研究》，载《现代传播（中国传媒大学学报）》，2011（11）。

215. 喻彤钰：《政府危机决策协调机制研究及其评价指标体系构建》，清华大学硕士学位论文，2005。

216. 曾超群：《广东省 Z 城 D 村事件中的网络舆情危机管理机制分析》，清华大学MPA 论文，2015 年 6 月。

217. 曾燕波：《大学毕业生就业问题对和谐社会发展的影响》，载《上海经济研究》，2007（09）。

218. 曾永泉：《转型期中国社会风险预警指标体系研究》，华中师范大学博士学位论文，2011。

219. 张传香：《网络群体性事件聚合效应研究》，载《现代传播（中国传媒大学学报）》，2012，34（09）。

220. 张海波：《当前我国社会矛盾的总体特征、生成逻辑与化解之道》，载《学海》，2012（01）。

221. 张军：《新中国成立以来中国共产党维护新疆社会稳定的理论与实践研究》，陕西师范大学博士学位论文，2017。

222. 张克生：《舆情机制是国家决策的根本机制》，载《理论与现代化》，2004（04）。

223. 张莉：《论农村稳定是整个社会稳定的基础》，载《辽宁公安司法管理干部学院学报》，1999（04）。

224. 张乃剑、王云骏、谷至平：《对江苏农村社会稳定状况的思考及对策构想》，载《唯实》，1997（04）。

225. 张琴、陈柳钦：《企业全面风险管理（ERM）理论梳理与框架构建》，载《当代经济管理》，2009（07）。

226. 张维功、陈建敏、丁德勤：《企业全面风险管理研究综述》，载《软科学》，2008（12）。

227. 张卫：《西方社会冲突理论的形成与发展》，载《世界经济与政治论坛》，2007（05）。

228. 张晓玲：《社会稳定与弱势群体权利保障研究》，载《政治学研究》，2014（05）。

229. 张悦鸿、武建君、吴绍洪等：《现代综合风险治理与后常规科学》，载《安全与环境学报》，2008（05）。

230. 张允熠：《论社会心态与社会稳定》，载《社会科学研究》，1992（04）。

231. 张宗林、王凯：《国家治理视野下信访制度特性和功能的再审视》，载《行政论坛》，2019（04）。

232. 张康之：《风险社会中人的存在及其行动》，载《中州学刊》，2022（01）。

233. 张劲松：《风险社会视域下的人类命运共同体理念》，载《上海交通大学学报（哲学社会科学版）》，2021（06）。

234. 张玉磊、朱德米：《重大决策社会稳定风险评估中的利益相关者参与：行动逻辑与模式构建》，载《上海行政学院学报》，2018（05）。

235. 张玉磊、贾振芬：《基于利益相关者理论的重大决策社会稳定风险评估多元主体模式研究》，载《北京交通大学学报（社会科学版）》，2017（03）。

236. 张欢：《从评估到监测：社会稳定风险应对的新策略》，载《四川大学学报（哲学社会科学版）》，2016（06）。

237. 张红显：《行政决策风险评估主体机制研究》，载《齐鲁学刊》，2020（02）。

238. 张芳芳等：《中南半岛地缘综合风险评价与机制分析》，载《世界地理研究》，2021（06）。

239. 张婷婷、赵美玲：《社会治理现代化视域下社会矛盾预防化解的多维路径》，载《理论导刊》，2021（12）。

240. 赵高锋等：《汶川地震极重灾区社区居民创伤后应激障碍发生率及影响因素》，载《中国心理卫生杂志》，2009，23（07）。

241. 赵来军、程晶晶：《基于突变理论的非常规突发事件下个体行为状态研究》，载《中国安全科学学报》，2010，20（12）。

242. 郑大兵、封海东、封飞虎：《网络群体性事件的政府应对策略》，载《信息化建设》，2006（11）。

243. 郑杭生：《当前我国社会矛盾的新特点及其正确处理》，载《中国特色社会主义研究》，2006（4）。

244. 郑杭生：《警惕"类发展困境"——社会学视野下我国社会稳定面临的新形势》，载《中国特色社会主义研究》，2002（3）。

245. 郑晓均：《国家重大工程建设中的社会稳定保障对策研究》，载《云南社会科学》，2008（03）。

246.《中央维稳办推广遂宁社会稳定风险评估经验》，载《领导决策信息》，2007（28）。

247. 钟开斌：《风险管理研究：历史与现状》，载《中国应急管理》，2007（11）。

248. 钟水映、李魁：《工程性移民征地满意度的影响因子分析——以某公路征地拆迁为例》，载《华中农业大学学报（社会科学版）》，2008（01）。

249. 钟宗炬、张海波、孔祥涛：《重大决策社会稳定风险评估如何更科学——基于社会调查方法运用的实证分析》，载《中南民族大学学报（人文社会科学版）》，2021（07）。

250. 钟宗炬、张海波：《重大决策社会稳定风险评估制度发展的三重逻辑——基于江苏省的个案分析》，载《公共管理学报》，2022（01）。

251. 周利敏：《灾害情境中的集体行动及形成逻辑》，载《北京理工大学学报（社会科学版）》，2012，14（03）。

252. 周罗庚：《把握我国社会矛盾的主要特点 构建社会主义和谐社会》，载《毛泽东邓小平理论研究》，2007（02）。

253. 周庆智：《发挥人民调解的农村社会稳定作用》，载《人民论坛》，2020（27）。

254. 周枭：《武警部队灾害救援危机管理的法律保障》，西南财经大学硕士学位论文，2014。

255. 周星宇、刘吉隆、赵伟：《社会稳定预警研究综述》，载《学理论》，2012（13）。

256. 周亚东、孙钦东、管晓宏等：《流量内容词语相关度的网络热点话题提取》，载《西安交通大学学报》，2007（10）。

257. 周志强：《论毛泽东"人民内部矛盾"学说对构建和谐社会的价值——兼论"人民内部矛盾"与"社会矛盾"》，载《重庆邮电大学学报（社会科学版）》，2007（02）。

258. 朱德米：《"重大决策社会稳定风险评估"不能走样》，载《北京日报》，2013-1-28（18）。

259. 朱华桂、李世雄：《突发灾害群体行为分析：基于代价损失模型》，载《学海》，2013（02）。

260. 朱力：《中国社会矛盾70年演变与化解》，载《学海》，2019（06）。

261. 朱力、袁迎春：《我国居民社会矛盾的解决方式——基于全国9市调查数据的分析》，载《中共中央党校（国家行政学院）学报》，2020（02）。

262. 朱力：《关于社会矛盾内涵、研究视角及矛盾性质的探讨》，载《中共中央党校学报》，2018（03）。

263. 朱力、邵燕：《社会预防：一种化解社会矛盾的理论探索》，载《社会科学研究》，2016（02）。

264. 朱明：《韩非子社会矛盾观述论》，载《南通师专学报（社会科学版）》，1996（02）。

265. 朱庆芳：《小康社会指标体系及2000年目标的综合评价》，载《中国社会科学》，1992（01）。

266. 朱士群、文军：《社区精神文明建设与维护农村社会稳定》，载《江淮论坛》，2000（06）。

267. 朱书刚：《试论社会主义社会的矛盾体系》，载《江淮论坛》，1997（01）。

268. 朱颖华：《简析网络传播条件下议程设置的"三部曲"——以大旗网为例》，载《今传媒》，2010（08）。

269. 朱正威、刘泽照、张小明：《国际风险治理：理论、模态与趋势》，载《中国行政管理》，2014（04）。

270. 朱正威、吴佳：《社会稳定风险评估机制的运行困境与优化策略》，载《中国党政干部论坛》，2017（05）。

271. 朱筱煦、袁同凯：《论教育与民族地区社会和谐稳定》，载《西北民族研究》，2019（02）。

272. 朱正威、胡永涛、郭雪松：《基于尖点突变模型的社会安全事件发生机理分析》，载《西安交通大学学报（社会科学版）》，2011（03）。

273. 朱正威、胡向南、石佳：《社会稳定风险评估机制的实践进展、现实问题与完善策略——基于社会稳定风险评估报告的内容分析》，载《南京社会科学》，2019（11）。

274. 祝明、孙舟、唐丽霞等：《灾害社会影响评估基本框架研究》，载《自然灾害学报》，2015，24（04）。

275. 邹东升、陈昶：《"数据式"社会稳定风险评估：困境、逻辑与路径》，载《情报杂志》，2020（05）。

276. 邹东升、陈昶：《"循证式"重大行政决策社会稳定风险评估建构》，载《电子政务》，2019（12）。

277. 左亚文：《论社会稳定诸要素的辩证关系》，载《科学社会主义》，2003（01）。

英文著作

1. Adams, J. Risk. London: UCL Press, 1995.

2. Alaszewski A, Harrison L, Manthorpe J. Risk, Health and Welfare. Policies, strategies and practice. Columbus: Open University Press, 1998.

3. Albany, Jeffrey Z. Rubin, Dean G. Pruitt, Sung Hee Kim. Social Conflict: Escalation, Stalement, and Settlement (2nd ed.). NY: McGraw-Hill, Inc., 1994.

4. Beck, U. Risk society: Towards a New Modernity. London: Sage Publications Ltd., 1992.

5. Bookchin M. The Ecology of Freedom: The Emergence and Dissolution of Hierarchy. CA: Cheshire Books, 1982.

6. Campbell, Angusand Converse, Philip E. The Human Meaning of Social Change. New York: Russell Sage Found, 1970.

7. Denny, D. Risk and Society. London: Sage, 2005.

8. Douglas M. Risk and Blame: Essays in Cultural Theory. London: Routledge, 1992.

9. Duncan, O D. Towards Social Reporting: Next Steps. New York: Russell Sage Found, 1969.

10. Gabe, J. Health, Medicine and Risk: The Need for a Social Approach, in Medicine, Health and Risk: Sociological approaches. Oxford: Blackwell, 1995.

11. Giddens, A. Beyond Left and Right: The Future of Radical Politics. Stanford, CA: Stanford University Press, 1994.

12. Giddens, A. Modernity and Self-Identity. Cambridge: Polity Press, 1991.

13. Giddens, A. The Third Way: The Renewal of Social Democracy. Malden, Mass: Policy Press, 1999.

14. Hellriegel D, Slocu M J W, Woodm An R W. Organizational Behavior. Seventh Edition. New York: West Puplishing Company, 1995.

15. James A, Schellenberg. Conflict Resolution: Theory, Research and Practice. NY: State University of New York Press, 1996

16. Louis Kriesberg. Social Conflict (2nd ed). Englewood Cliffs. N.J.: Prentice-Hall, Inc, 1982.

17. Lupton, D. Risk. London: Routledge, 1999.

18. McAdam, D. Political Process and the Development of Black Insurgency 1930-1970. Chicago: University of Chicago Press, 1982.

19. Pidgeon, N, et al. Risk: analysis, perception and management. London: The Royal Society, 1992.

20. Rex, J. Key Problems of Sociological Theory. London: Routledge & Kegan Paul,1961

21. Rheingold, H. Smart Mobs: The Next Social Revolution. London: Pine Forge, 1993.

22. Smelser, Neil J. Theory of Collective Behavior. New York: Free Press, 1962.

23. Tierney K. The Social Roots of Risk: Producing Disasters, Promoting Resilience. Stanford, CA: Stanford University Press, 2014.

24. Tilly, Charles (ed.). The Formation of National States in Western Europe. Princeton: Princeton University Press, 1975.

英文论文

1. Biderman, Albert D. Information, Intelligence, Enlightened Public Policy: Functions and Organization of Societal Feedback. Policy Sciences. 1970, 1(1).

2. Bolin, B. Race, Class, Ethnicity, and Disaster Vulnerability. Rodriguez, H. Handbook of Disaster Research. NY: Springer, 2007.

3. Dan Haendel, et al. Overseas Investment and Political Risk. Foreign Policy Research Institute, 1975(21).

4. Epfl Irgc. The Governance of Decision-Making Algorithms. Lausanne: EPFL International Risk Governance Center, 2018.

5. Freudenburg, W. Perceived Risk, Real Risk: Social Science and The Art of Probabilistic Risk Assessment. Science, 1988, 242(4875).

6. Fritz, C E, et al. Contemporary Social Problems. New York: Harcourt, Brace and World, 1961.

7. Galnoor, Itzhak. Social Indicators for Social Planning: The Case of Israel. Social Indicators Research, 1974, 1(1).

8. Granovetter, Mark S. The Strength of Weak Ties. The American Journal of Sociology, 1973, 78(6).

9. Guttman, Louis. Social Problem Indicators. The Annals of the American Academy of Political and Social Science, 1971, 393(1).

10. Holzmann, Robert, and Steen Jørgensen. Social Risk Management: A New Conceptual Framework for Social Protection and Beyond. International Tax and Public Finance, 2001.

11. Hughes, A L, et al. Online Public Communications by Police & Fire Services during the 2012 Hurricane Sandy. Proceedings of the SIGCHI Conference on Human Factors in Computing Systems, 2004.

12. IRGC. Involving Stakeholders in the Risk Governance Process. Lausanne: EPFL International Risk Governance Center, 2020.

13. Jones, A. Wired World: Communications Technology, Governance and the Democratic Uprising. In Comor, E (ed.), The Global Political Economy of Communication: Hegemony, Telecommunication and the Information Economy. Basingstoke, UK: Macmillan, 1994.

14. Kaplan, A. M, Haenlein, et al. Users of the World, Unite! The Challenges and Opportunities of Social Media. Business Horizons Bloomington, 2010, 53(1).

15. Klinke A, Renn O. A New Approach to Risk Evaluation and Management: Risk-Based, Precaution-Based, and Discourse-Based Strategies. Risk Analysis: an Official Publication of the Society for Risk Analysis, 2002, 22(6).

16. Land, Kenneth C. Social Indicators. Annual Review of Sociology, 1983.

17. Leslie A. Dechurch, Michelle A. Marks. Maximizing the Benefits of Task Conflict: the Role of Conflict Management. The International Journal of Conflict Management, 2001.

18. Liu, B. F., S. Kim. How Organizations Framed the 2009 H1N1 Pandemic via Social and Traditional Media: Implications for US Health Communicators. Public Relations Review, 2011, 37(3).

19. Martin, J, Smith. Mad Cows and Mad Money: Problems of Risk in the Making and Understanding of Policy. The British Journal of Politics & International Relations, 2004, 6(3).

20. Mckenna S, Richardson J. Business Values, Management and Conflict Handling: Issues in Contemporary Singapore. Journal of Management Development, 1995, 14(4).

21. Ortwin R. Risk Governance: Towards and Integrative Approach. Geneva: International Risk Governance Council, 2006.

22. Ortwin Renn, etc. Coping with Complexity, University and Ambiguity in Risk Governance: A Synthesis. Ambio, Coping with Complexity in Baltic Sea Risk Governance, 2011.

23. Ostrom E. A General Framework for Analyzing Sustainability of Social-Ecological Systems. Science, 2009, 325(5939).

24. Ostrom E. An Agenda for the Study of Institutions. Public Choice, 1986, 48(1).

25. Philip, N, Mrajolein R. Natural Disasters and the Risk of Violent Civil Conflict. International Studies Quarterly, 2008, 52(1).

26. Quarantelli, E.L. Images of Withdrawal Behavior in Disasters: Some Basic Misconceptions. Social Problems, 1960, 8(1).

27. Rex, J. Key Problems of Sociological Theory. London: Routledge & Kegan Paul, 1961.

28. Rimmington, J. Overview of Risk Assessment, Risk Assessment Conference, Queen Elizabeth II Conference Centre, London, 1992.

29. Schweizer P J. Systemic risks—concepts and Challenges for Risk Governance. Journal of Risk Research, 2019(3859).

30. Smith, Tom W. Social Indicators: A Review Essay. Journal of Social History, 1981, 14(4).

31. Springer M. Social Indicators, Reports and Accounts: Toward the Management of Society. The Annals of the American Academy of Political and Social Science, 1970, 388(1).

32. Stats, Elmer B. Social Indicators and Congressional Needs for Information. The Annals of the American Academy of Political and Social Science, 1978, 435(1).

33. Susan K. Boardman, Sandra V. Horowitz. Constructive Conflict Management and Social Problems: An Introduction. Journal of Social Issues, 1994, 50(1).

34. Taylorgooby P. Risk, Contingency and the Third Way: Evidence from BHPS and Qualitative Studies Acknowledgements The focus group interviews were carried out by Surrey Social and Market Research at the University of Surrey. The British Household Panel Survey is carried. Social policy & administration, 2010, 35(2).

35. Tierney K J. Toward a Critical Sociology of Risk. Sociological Forum. Kluwer Academic Publishers-Plenum Publishers, 1999, 14(2).

36. Tierney K J. Towards a Critical Sociology of Risk. University of Delaware. Disaster Research Center. Article, 1999, 336.

37. Tierney, K J. From the Margins to the Mainstream? Disaster Research at the Crossroads. Annual Review of Sociology, 2007, 33.

38. Vogel, J. Social Indicators: A Swedish Perspective. Journal of Public Policy, 1989, 9(4).

39. Weible C M, Heikkila T. Policy Conflict Framework. Policy Sciences, 2017, 50(1).